高等学校食品营养与健康专业教材　中国轻工业"十四五"规划教材

运动食品营养学

冯宪超　陈　琳　主编

中国轻工业出版社

图书在版编目（CIP）数据

运动食品营养学/冯宪超，陈琳主编．—北京：中国轻工业出版社，2024.1

高等学校食品营养与健康专业教材　中国轻工业"十四五"规划教材

ISBN 978-7-5184-4233-1

Ⅰ.①运… Ⅱ.①冯… ②陈… Ⅲ.①体育卫生—营养学—高等学校—教材　Ⅳ.①G804.32

中国版本图书馆CIP数据核字（2022）第255641号

责任编辑：钟　雨　　责任终审：白　洁　　整体设计：锋尚设计
文字编辑：贠紫光　　责任校对：朱燕春　　责任监印：张　可
策划编辑：钟　雨

出版发行：中国轻工业出版社（北京鲁谷东街5号，邮编：100040）

印　　刷：三河市万龙印装有限公司

经　　销：各地新华书店

版　　次：2024年1月第1版第1次印刷

开　　本：787×1092　1/16　印张：20

字　　数：462千字

书　　号：ISBN 978-7-5184-4233-1　定价：59.00元

邮购电话：010-85119873

发行电话：010-85119832　010-85119912

网　　址：http://www.chlip.com.cn

Email：club@chlip.com.cn

版权所有　侵权必究

如发现图书残缺请与我社邮购联系调换

210192J1X101ZBW

高等学校食品营养与健康专业教材编委会

主　　任　孙宝国　　　　北京工商大学
　　　　　　 陈　卫　　　　江南大学
副 主 任　金征宇　　　　江南大学
　　　　　　 王　敏　　　　西北农林科技大学
委　　员（按姓氏笔画顺序排列）
　　　　　　 王子荣　　　　新疆农业大学
　　　　　　 王　静　　　　北京工商大学
　　　　　　 艾连中　　　　上海理工大学
　　　　　　 刘元法　　　　江南大学
　　　　　　 刘书成　　　　广东海洋大学
　　　　　　 刘东红　　　　浙江大学
　　　　　　 刘学波　　　　西北农林科技大学
　　　　　　 孙庆杰　　　　青岛农业大学
　　　　　　 杜欣军　　　　天津科技大学
　　　　　　 杨月欣　　　　中国营养学会
　　　　　　 杨兴斌　　　　陕西师范大学
　　　　　　 李永才　　　　甘肃农业大学
　　　　　　 李国梁　　　　陕西科技大学
　　　　　　 李学鹏　　　　渤海大学

	李春保	南京农业大学
	李　斌	沈阳农业大学
	邹小波	江苏大学
	张宇昊	西南大学
	张军翔	宁夏大学
	张　建	石河子大学
	张铁华	吉林大学
	岳田利	西北大学
	周大勇	大连工业大学
	庞　杰	福建农林大学
	施洪飞	南京中医药大学
	姜毓君	东北农业大学
	聂少平	南昌大学
	顾　青	浙江工商大学
	徐宝才	合肥工业大学
	徐晓云	华中农业大学
	桑亚新	河北农业大学
	黄现青	河南农业大学
	曹崇江	中国药科大学
	董同力嘎	内蒙古农业大学
	曾新安	华南理工大学
	雷红涛	华南农业大学
	廖小军	中国农业大学
	薛长湖	中国海洋大学
秘　书	吕　欣	西北农林科技大学
	王云阳	西北农林科技大学

本书编写人员

主　　编　冯宪超　　西北农林科技大学
　　　　　　　陈　琳　　西北农林科技大学
副 主 编　李春保　　南京农业大学
　　　　　　　李　健　　北京工商大学
　　　　　　　朱振元　　天津科技大学
编　　者（**按姓氏笔画顺序排列**）
　　　　　　　王　敏　　西北农林科技大学
　　　　　　　王兆明　　合肥工业大学
　　　　　　　王远亮　　湖南农业大学
　　　　　　　王洪霞　　西南大学
　　　　　　　卢　旭　　福建农林大学
　　　　　　　边媛媛　　沈阳农业大学
　　　　　　　闫　爽　　河南农业大学
　　　　　　　刘　军　　山东禹王集团
　　　　　　　刘秀英　　武汉轻工大学
　　　　　　　陈　伟　　合肥工业大学
　　　　　　　林　琳　　合肥工业大学
　　　　　　　周鸿媛　　西南大学

赵祥祥　　山东第二医科大学
郭　婷　　西南大学
扈　麟　　湖南农业大学
樊凤娇　　南京财经大学

前 言

运动食品营养学是运用营养学的基本原理和方法研究人体在运动过程中的膳食搭配、营养需求、营养因素与运动能力、机能适应、体力恢复及疾病预防之间关系的一门学科，是营养学的分支。相比于聚焦专业运动员的运动营养学而言，运动食品营养学覆盖范围更广的大众健身人群，从食品学科角度出发，主张以膳食搭配为健身运动过程中的营养补充，提供更全面、更专业的指导，服务于健康中国战略。

随着我国经济的快速发展和人们物质生活水平的提高，全民健身意识逐渐加强，但与此不相适应的是人们普遍缺乏运动营养知识和膳食指导，这就对运动、膳食、营养以及健康工作提出了更新、更高的要求，使得膳食和健康的有机结合趋于更加科学化、标准化、精确化、多样化和智慧化。因此，在这样的大背景下，运动食品营养学应该充分发挥自己的学科优势、围绕健康产业发展需求、用科学合理的膳食理念提高全民运动能力和健康状况，使其形成有利于健康的生活方式和膳食习惯，进而塑造出自主、自律的健康行为。

本书围绕"运动、膳食与健康"这一主题，重点突出膳食补充而非直接的营养素补充，从而可以更好地服务大众健身人群。书中首先系统地介绍了运动行为与机体生理变化、营养素补充以及能量代谢之间的关系，进一步提炼了健身人群、不同类型运动、不同人群、慢性病患者的运动行为特点，然后重点阐述了如何科学合理地在运动前、中、后进行膳食营养补充，最后讲解了如何将营养学的理论知识科学地应用于食品生产中，从食品学科的角度介绍了运动营养食品的研发策略。值得注意的是，书中涉及的某些活性物质来源于食品，但并不适用于专业运动员，在针对专业运动员的运动营养食品研发过程中还需要查阅相关规定。本书以系统性、科学性、实用性为宗旨，可作为运动科学与食品营养学相关专业的本科生、研究生的教材或参考书。

  本书主编为冯宪超、陈琳。第一章由冯宪超、陈琳、李春保编写；第二章由冯宪超、陈琳、卢旭、边媛媛、赵祥祥编写；第三章由冯宪超、陈琳、李健、朱振元、陈伟、林琳编写；第四章由冯宪超、陈琳、赵祥祥、王洪霞、王兆明编写；第五章由冯宪超、陈琳、赵祥祥编写；第六章由冯宪超、陈琳、赵祥祥、刘秀英、闫爽编写；第七章由冯宪超、陈琳、赵祥祥、王远亮、周鸿媛、郭婷、扈麟编写；第八章由冯宪超、樊凤娇、陈琳、赵祥祥、李春保编写；第九章由冯宪超、陈琳、赵祥祥、王敏、刘军编写。全书由冯宪超、陈琳统稿。

  由于编写人员的专业水平有限，书中存在的缺点和不足，恳请本教材的同行专家、广大师生及读者提出宝贵意见，以便在今后的教学和再版过程中不断改正和提升。本书编写过程中参考了大量国内外专业学者的文献，得到了众多院校的支持，在此一并致谢。

主编
2024 年 1 月

目 录

第一章　绪论 ·· 1

第二章　运动行为与机体生理变化 ·· 6

　第一节　引言 ·· 6
　第二节　运动行为与人体生理 ·· 7
　第三节　运动行为与肌肉生理变化 ·· 9
　第四节　运动行为与骨组织生理变化 ·· 12
　第五节　运动行为与脏器生理变化 ··· 15
　第六节　运动行为与脑生理变化 ·· 23
　第七节　运动行为与体液生理变化 ··· 26
　第八节　运动行为与肠道菌群 ··· 29

第三章　运动行为与营养素供给 ··· 40

　第一节　引言 ·· 40
　第二节　运动行为与营养素的关系 ··· 41
　第三节　运动行为与蛋白质供给 ·· 44
　第四节　运动行为与碳水化合物供给 ·· 51
　第五节　运动行为与脂类供给 ··· 56
　第六节　运动行为与矿物质供给 ·· 61
　第七节　运动行为与维生素供给 ·· 65
　第八节　运动行为与膳食纤维供给 ··· 70
　第九节　运动行为与水供给 ·· 73

第四章　运动行为与能量代谢 ··· 79

第一节　引言 ·· 79
第二节　机体能量代谢途径 ·· 81
第三节　能源物质与能量供给 ··· 93
第四节　影响能量有效利用的因素 ·· 101
第五节　运动后的能量补充 ·· 107

第五章　健身人群的运动行为特点与营养补充 ······························ 115

第一节　引言 ·· 115
第二节　健身运动的分类 ··· 116
第三节　减脂健身运动行为与营养补充 ··· 119
第四节　增强肌肉力量健身运动行为与营养特点 ·································· 124
第五节　增加体重健身运动行为与营养特点 ······································· 129
第六节　增加机体耐力健身运动行为与营养特点 ·································· 133
第七节　提高身体代谢机能健身运动行为与营养特点 ···························· 137

第六章　不同类型运动行为特点与营养补充 ·································· 144

第一节　引言 ·· 144
第二节　跑步项目运动行为与营养特点 ··· 148
第三节　大球类项目运动行为与营养特点 ·· 153
第四节　小球类项目运动行为与营养特点 ·· 157
第五节　体操类项目运动行为与营养特点 ·· 163
第六节　水上项目运动行为与营养特点 ··· 167
第七节　射击项目运动行为与营养特点 ··· 177

第七章　不同人群运动行为特点与营养补充 ·································· 181

第一节　引言 ·· 181
第二节　儿童运动行为与营养特点 ··· 183
第三节　青少年运动行为与营养特点 ·· 188
第四节　成年人运动行为与营养特点 ·· 192
第五节　老年人运动行为与营养特点 ·· 196
第六节　妊娠期人群运动行为与营养特点 ·· 200

第七节　围绝经期女性运动行为与营养特点 ·· 205
　　第八节　繁重体力劳动者运动行为与营养特点 ···································· 208
　　第九节　野外作业人员运动行为与营养特点 ······································· 214

第八章　慢性病患者运动行为特点与营养补充 ·· 224
　　第一节　引言 ·· 224
　　第二节　高血压患者运动行为与营养特点 ··· 229
　　第三节　高脂血症患者运动行为与营养特点 ··· 234
　　第四节　糖尿病患者运动行为与营养特点 ··· 238
　　第五节　肥胖症患者运动行为与营养特点 ··· 243
　　第六节　骨质疏松症患者运动行为与营养特点 ····································· 248
　　第七节　阿尔茨海默病患者运动行为与营养特点 ································· 253
　　第八节　抑郁症患者运动行为与营养特点 ··· 258

第九章　运动营养食品研发策略 ··· 265
　　第一节　引言 ·· 265
　　第二节　增加肌肉的运动营养食品 ··· 274
　　第三节　增加爆发力和耐力的运动营养食品 ·· 277
　　第四节　减脂运动营养食品 ··· 281
　　第五节　抗疲劳和体能恢复的运动营养食品 ·· 284
　　第六节　特殊人群的运动营养食品 ··· 288
　　第七节　调节肠道菌群的运动营养食品 ··· 292

参考文献 ··· 298

第一章 绪 论

> **学习目标**
>
> 1. 掌握运动食品营养学的基本概念、研究内容及特点，深入理解运动食品营养学在全民健身与竞技体育领域的重要地位，了解运动食品营养学对不同人群进行体育锻炼或运动训练的指导意义。
>
> 2. 掌握运动食品营养学研究范围，熟悉运动食品营养学的发展简史及国内外当前的研究热点，了解运动食品营养学课程的重要性及学习方法。

运动食品营养学是运用营养学的基本原理和方法研究人体在体育运动过程中的营养需要、营养因素与运动能力、机能适应、体力恢复及疾病预防之间关系的一门学科，是营养学的一个分支，是营养学在运动实践中的具体应用，也可以被视作应用营养学或特殊营养学。

运动食品营养学的实施对象：主要涉及普通健身人群。早期运动食品营养学是研究运动员在不同的训练或比赛情况下的营养需要、营养因素和机体机能、运动能力、体力适应和恢复以及与运动性疲劳防治关系的科学。近几年随着经济、社会的进一步发展，追求健康生活方式的普通人群比例不断增高，因此，开辟和发展服务于普通健身群众的运动食品营养学恰逢其时，也符合国家推崇的全民健身的强国战略。

运动食品营养学的研究内容：主要针对普通健身人群在锻炼中的营养补充及搭配。运动食品营养学可以通俗描述为研究及指导人在运动前、运动中和运动后如何"吃"的一门科学。首先要阐明"为什么吃"，即研究运动前后身体的生理生化状态，身体生理功能保持、提升、恢复与食品营养元素之间的关系；其次要阐明"怎么吃"，即研究食品营养元素的存在形式，还要研究食品营养素在体内的吸收、代谢及生理功能；然后研究"吃的效果"，即研究食品营养元素对身体机能、运动能力的调节效能；最后提出改善方案与措施，进一步体现运动食品营养学的指导与服务功能。

运动食品营养学的任务：

（1）明确不同运动锻炼项目对能量平衡的要求　运动过程中平衡膳食需要合理的营养搭配，而在此基础上，应针对性地制定个性化的膳食调整方案，确保机体在运动过程中处于最佳的健康状态和运动能力。

（2）明确不同运动锻炼项目对营养素平衡的要求　不同运动项目对营养素的平衡要求不同，明确不同运动锻炼项目对营养素平衡的要求是营养学的重要任务之一。

（3）明确普通健身人群参加运动锻炼的膳食要求。

（4）掌握膳食计划的制订策略及效果评价方法，是确保膳食计划科学合理且确定其最终效果的重要考量标准。

（5）运用营养学知识提升人群的健康状况和运动效果　扩大知识普及，提升运动人群健康意识进而提升其健康状况、改善运动效果、促使全民科学运动、进而推动建设健康中国。

运动和营养是促进健康的两大基本要素，运动中合理的营养对增进人体健康、提高运动能力有重要的意义。

运动食品营养学的意义：

（1）合理膳食是运动过程中能量平衡的重要保障　能量平衡对于维持运动过程中的身心健康十分重要，膳食作为人体摄能的必要途径，对于运动过程中能量平衡起到重要保障作用。

（2）合理膳食是运动过程中营养素平衡的重要保障　合理的膳食搭配能解决运动过程中营养素平衡的问题，膳食营养素的需要应当满足运动过程中能量消耗的需要，而其摄入量也应保证全面营养素需要和适当的比例。

（3）合理膳食是运动过程中有效延缓疲劳和预防运动损伤的方法　合理膳食才能辅助科学运动，膳食不合理可能会降低运动训练效果、引起机体疲劳甚至损伤机体功能。

（4）合理膳食是运动过程中有效增强机体免疫力的方法　营养是机体免疫功能的重要影响因素，合理的膳食、充足的营养是免疫系统强大的根本。

身体素质的提升不仅需要合适的锻炼方法，还需要相应的健康饮食，二者结合起来，才能达到理想效果。在合理膳食的有效配合下，运动被公认是促进健康的有效手段。运动营养已不仅局限于研究"膳食营养对运动员在赛前、赛中及赛后恢复能力的影响"，还将研究营养对以各种目的健身的人群、慢性疾病运动康复人群的影响，甚至还起到提高居民科学素养、促进健康的作用。

1-1 延伸阅读　关于竺可桢的故事

1-2 延伸阅读　营养与自律

一、运动食品营养学的研究现状

运动食品营养学是营养学的一个分支。我国运动营养学的研究始于20世纪50年代后期。北京医科大学运动医学研究所率先成立运动营养生化研究室，对我国运动营养的创立、研究发展做出了重要的贡献。随后，原国家体育运动委员会于1987年正式成立了运动营养研究中心。

早期，我国运动食品营养学是研究运动员的营养需要、利用营养因素来提高运动能力、促进体力恢复和预防疾病的一门学科，是营养学在体育实践中的应用。研究对象主要为运动员，研究目的主要为提高运动技能。随着我国社会经济的发展和人们对保健要求的提高，运动食品营养学的重要性逐渐被人们所认可。在此基础上，运动食品营养学的服务人群和范围得到了进一步推广，成为了一门用营养学和生物化学的手段来研究和评估运动人体的代谢和体能状况，并提供营养学指导和恢复手段的学科。

现阶段，随着我国经济建设的发展、信息化水平和人们物质生活水平的提高，进入了大数据和人工智能时代，全民健身意识逐渐加强，但与此不相适应的是人们普遍缺乏运动营养知识和营养指导，这就对运动、营养以及健康工作提出了更新、更高的要求，使得营养和健康更加科学化、标准化、个性化、精确化和智慧化。在这样的大背景下，运动食品营养学应该充分发挥学科优势，围绕健康产业发展需求，以营养为主线，培养传播健康理念和文化，用科学合理的营养理念提高全民健康素养，提升自身及人群的健康素养，改善重点人群的健康状况，形成有利于健康的生活方式和膳食习惯，进而塑造出自主自律的健康行为。

运动食品营养学研究范围：

（1）对各类食物营养价值的分析，研究食物所含的营养素，以及各种营养素的来源、功能、供给量、消化吸收过程。

（2）研究能量的获得，机体的机械功、渗透功、化学功的能量供给与平衡。

（3）研究机体的组成成分以及生物活性物质的合成与补充。

（4）依据生理学、生物化学的基本原理及机体的需要，利用高科技技术，不断开发、研制具有提高运动能力的营养产品，以纠正运动性营养不足，治疗运动性疾病。

（5）从分子生物学、生物化学角度，探讨营养物质尤其是维生素、微量元素以及中草药有效成分在抗疲劳、提高运动能力方面的机制，为进一步探寻营养物质新机制奠定理论基础。

二、运动食品营养学与普通健身人群

近几年来，随着我国人民健康意识的不断提高，运动营养健康知识不断得到普及。然而，参与体育锻炼的大部分人由于缺少专业指导，缺乏合理营养保证，消耗得不到补充，机体处于一种"亏损"状态。久而久之，于健康不利，造成对身体的损耗。因此，合理营养与运动锻炼是维持和促进健康的两个重要条件。以科学合理的营养为物质基础，以体育锻炼为手段，二者相互促进，相互影响。

（1）合理营养可以保证健身的质量和效果　运动时机体会发生一系列的变化，一方面使身体功能得到改善，另一方面也使机体的营养状况发生改变。通过良好的营养膳食配给，可以帮助健身人群完成所规定的训练计划和获得最大的训练效果。

（2）合理营养可以促进运动后体能恢复、消除疲劳　运动会消耗大量能量，蛋白质大量分解，电解质丢失，酸性代谢产物堆积等多种原因，会导致身体出现疲劳。及时、合理的营养补充措施不仅可以在运动中延缓疲劳出现的时间、减轻疲劳的程度，而且可以促进疲劳快速消除，使体能迅速恢复。

（3）合理营养可以促进运动后的新陈代谢和有害物质的清除　运动以后补充维生素和微量元素有利于促进新陈代谢。此外，运动以后机体产生很多酸性代谢产物和自由基，合理补充营养有助于这些代谢废物的清除和体内环境的稳定。

（4）合理营养有助于特殊健身目的的实现和保证特殊人群的需求。

总之，通过良好的营养膳食配给，可以帮助运动人群完成所规定的训练计划并获得最大的训练效果；持续地保持高水平的精力集中和灵敏性；使身体得到最佳的生长发育；能够提高免疫力和提高适应外部环境改变的能力。

三、运动食品营养学与"健康中国"

健康是促进人类全面发展的必然要求，是经济社会发展的基础条件，党和国家历来高度重视人民健康，将人民健康事业放在第一位。为进一步推进健康中国建设，提高人民健康水平，2016年10月下旬，国家发布《全民健身计划2016—2020》，随后又发布《国民营养计划2017—2030》《"健康中国2030"规划纲要》《健康中国行动2019—2030》，要通过"普及健康生活、加强健康教育、塑造自主自律的健康行为、提高全民身体素质"等措施切实推进健康中国战略。健康是一个人全面发展的基础，更是国家富强和人民幸福的直接体现。习近平总书记强调："没有全民健康，就没有全面小康"。

实现"健康中国"战略归根到底是要实现全民健康，要实现全民健康，科学健身必不可少。科学健身就是科学合理地进行健身活动，包括制定科学合理的运动方案。随着人们经济收入和生活水平的不断提高，我国居民的健身热情不断高涨，健身方式多种多样，健身内容丰富多彩，但由于绝大多数居民缺乏科学的健身知识，运动前后的营养供应更是大多数居民最容易忽略的知识盲区，这种无意识的忽略则会造成运动能力下降、体力恢复缓慢并有可能引发运动疾病。因此，深入研究、系统总结并且普及运动食品营养学相关知识是促使全民科学健身、实现"健康中国"的必要环节和重要途径。

本章小结

随着经济水平的提高，人们对体育锻炼的关注度也越来越高，目前国内外关于运动营养进行了很多研究，人体的正常运行离不开多种营养元素的支持，尤其对于运动状态的人而言，补充充足的蛋白质、氨基酸可实现增加肌肉、减少脂肪的目标。与此同时，虽然日常生活饮食提供的营养能够在一定程度上满足人体的基础运转需求，但是对于运动状态的人体而言，仅凭日常食品中的营养物质来供给上述营养元素是十分有限的。所以，在这一需求下，运动营养食品出现在人们面前，以其不同的营养食品配料为人们提供不同的营养补充，进而实现保护人体机能、强化运动效果的目标。

思考题

1. 什么是运动食品营养学？运动营养的意义所在？
2. 运动食品营养学如何更好地发展？

第二章
运动行为与机体生理变化

学习目标

1. 掌握肌肉、骨组织、脏器、脑和体液的生理特征，了解运动行为如何引起肌肉、骨组织、脏器、脑和体液产生生理变化，进一步明确运动行为对肌肉、骨组织、脏器、脑和体液的良性干预和不良影响。

2. 掌握营养素在机体运动过程中针对肌肉、骨组织、脏器、脑和体液发挥的不同作用，以及如何针对运动行为对不同组织、器官、系统进行合适的营养素补充。

3. 了解运动与肠道菌群间的关系，认识不同运动强度对机体肠道菌群的影响，深度理解并掌握运动行为与肠道菌群间的相互作用机制，为运动作为非药物治疗手段预防和治疗肠道疾病奠定基础。

第一节 引言

人体是一个极为复杂的有机体，人体各器官、系统的功能不是孤立的，它们之间相互联系、相互制约构成了一个矛盾的、系统的统一体。人体生活在一个不断变化的环境中，外界环境的变化影响着机体内各种生理功能的变化。机体在运动时，除了相应的运动肌肉参与活动，人体各器官、系统都参与活动，为运动系统的活动而服务。同时身体的各个肌群之间、肌肉活动与内脏活动之间、各脏器活动之间，也表现出了同时性和续时性协作一致的现象。运动是人体在中枢神经系统控制下完成某种技术动作的肌肉活动,而肌肉的活动是通过肌肉收缩这一基本功能实现的。机体在运动过程中,涉及各个组织、器官和系统的生理变化,主要包括肌肉组织、骨、脏器、脑和体液。机体的能量代谢是以三磷酸腺苷(adenosine triphosphate,ATP)为直接能源的能量释放、转移和利用,其中能量的释放主要是三大营养物质——糖、脂肪、蛋白质的氧化分解,这一系列复杂的生化反应都需要氧气和酶的参与。机体中氧气的供应依赖氧运输系统,氧运输系统包括呼吸系统和血液循环系统,酶的生成、运输与调节也离不开血液循环系统和内分泌系统。同时在运动中由于能量的消耗增加,机体内代谢增强,代谢产物增多,排泄系统的功能活动随之增强。

"发展体育运动,增强人民体质"是我国体育工作的根本任务。生命在于运动,健康在于锻炼。随着经济社会的不断发展,人民群众对全民健身的需求越来越多元化。适当运动可使人体精神状态和身体素质得到锻炼和提高,有益于身心健康。运动能够加速血液循环,促进机体新陈代谢,有利于有毒有害物质的排放,使机体处于良好的生理状态,提高机体的抵抗力和免疫力。经常锻炼还能增强四肢肌肉的收缩能力,改善骨骼代谢,预防老年骨质疏松。但是,运动要适度,过度运动会导致机体劳损。大强度运动会消耗机体较多体力和能量,使机体没有足够的能量来保持其正常运作,导致机体免疫系统减慢,身体处于极度虚弱无力的状态。同时膝关节及周边软骨也会因为过度运动不断发生磨损,使得双膝关节会发生不同程度的磨损。此外,长期的过度运动会导致心律不齐,肾上腺会负担过重,加速分泌激素,从而导致激素失衡,甚至增加心脏病发作或中风的风险。因此,要坚持健康第一的理念合理运动,在运动的同时享受乐趣、增强体质、锻炼意志。同时,要倡导健康文明的生活方式,树立大卫生、大健康的观念,充分认识体育对提高人民健康水平的积极意义,普及全民健身运动,提升全民健康素养,推动全民健身和全民健康深度融合,促进健康中国建设。

运动行为与人体的生理生化状态密切相关,运动的质量是由机体的生理生化状态决定,而机体的生理生化状态又受到营养膳食的影响。在运动过程中,无论是职业运动员还是普通运动者,安全合理的营养摄入是增强体质、提高运动能力的重要因素,膳食营养对健康及运动能力的影响受到人们越来越多的关注和重视。运动过程中吃什么?吃多少?什么时间吃?这些对运动锻炼的效果起着非常重要的作用。运动前、中、后及时补充运动过程中损失的能量,才能更好地达到运动的效果。因此,科学运动和合理膳食相统一才能达到理想的健身效果。

第二节 运动行为与人体生理

运动生理学研究在体育活动和运动训练作用下人体机能的变化规律,探究人体运动能力发展和完善的生理学机制,从而为体育运动制定科学的训练制度和训练方法提供科学合理的指导，运动生理学是运动食品营养学的理论基础和重要支撑。下面将从人体能量平衡、肌肉收缩与舒张、心血管输送、机体疲劳与恢复等方面探讨运动过程中人体的生理生化反应。

一、运动与人体能量平衡

人体运动时的供能系统，依据运动强度和运动持续时间的不同，可分为三类：磷酸原系统、无氧糖酵解（乳酸）系统和有氧氧化系统。能量来源于糖类、脂肪、蛋白质。机体所需能量的50%~70%来自糖类，1g糖在体内完全氧化可释放约16.72kJ的热量，体内糖类以糖原和葡萄糖的形式存在，其分解形式有无氧酵解和有氧氧化两种。超长时间的运动可导致机体糖原的耗竭，因此应适当补糖。脂肪是细胞能量的主要储存形式，1g脂肪在体内完全氧化可释放约37kJ的热量。机体摄入并吸收过多的能源物质，在活动量减少时，脂肪储存会增多。蛋白质主要由氨基酸组成，成人每天约有18%的能量来源于蛋白质，1g蛋白质在体内完全氧化可释放约18kJ的热量，体内储备的能源物质不断被消耗且不能及时补充时，脂肪和蛋白质提供的能量会增多。物质分解释放能量的最终去路包括：细胞合成代谢中储存的化学能，肌肉收缩完成的机械外功转变为热能。

二、运动与肌肉收缩与舒张

肌纤维是肌肉结构和功能的基本单位。肌肉的物理特性指它的伸展性、弹性和黏滞性，肌肉在运动过程中受外力作用可被拉长，这代表了肌肉的伸展性。肌肉被拉长后，当外力消失时肌肉又逐渐恢复原来的形态，这代表着肌肉的弹性。横桥与肌动蛋白分离，粗、细肌丝退回到原来的位置，肌小节变长，肌肉产生舒张。

三、运动与心血管输送

在运动过程中，心血管血容量明显增大，以满足机体氧气和能量的需要以及代谢产物排出的需求。剧烈运动时，由于肌肉组织局部血管舒张，血流阻力下降、交感神经兴奋性增强，人体心输出量（每分钟左心室或右心室射入主动脉或肺动脉的血量）可以达到最大输出量的85%。运动时，心输出量增加，血液重新分配，总的外周阻力变化不大甚至略有下降。因此，动脉压升高，主要表现为收缩压升高，舒张压变化不大或略有下降。静力性运动时，心输出量增加幅度较小，肌肉持续收缩压迫血管，腹腔内脏血管收缩，总的外周阻力增大，动脉压升高且以舒张压升高为主。

四、机体疲劳与恢复

运动过程中，神经细胞承担的运动量过于繁重，对血液和氧的供应要求便会更高。由于运动量过大，运动时间过长，大量的血液流入肌肉而相应减少对大脑的供应量，使大脑神经的供氧量暂时不足，造成运动能力下降，产生疲劳之感。此外，人体在运动时，体内能量物质消耗比平时多，当消耗达到一定程度而又得不到补充恢复时，代谢产物在体内堆积，造成体内环境的变化或破坏，使机体不能完全适应各种应激反应和人体活动能力的下降导致疲劳。人体在体育锻炼中，锻炼动机（内在动机和外在动机）的丧失、体育锻炼与比赛的复杂性和紧张性、锻炼内容的单调性和恢复措施的局限性都会导致心理疲劳。

剧烈运动后，应继续慢跑或走一段时间，以利于肌肉泵的作用，促进静脉回流，从而促进疲劳的消除。因为下肢节律性的收缩和舒张可以促进静脉血液回流，当肌肉收缩时，会挤压肌肉内的静脉血管，使静脉回流加速，当肌肉舒张时，静脉内压力降低，有利于微静脉和毛细血管中的血管流入静脉，使静脉充盈。所以在较长时间的剧烈运动结束时，如果骤然停止并站立不动，由于肌肉泵消失，加上重力作用，会使大量静脉血沉积在下肢的骨骼肌中，回心血量减少，心输出量随之减少，动脉血压迅速下降，使脑部暂时供血不足而出现昏厥，这种现象称为重力性休克，因此为了避免重力性休克需要采取以上的办法加以缓解。

第三节　运动行为与肌肉生理变化

正常人体全身的肌肉共有 639 块，分布于机体全身，联结骨骼关节，维持人体正常的生命活动。人体各种形式的运动均需肌肉、筋膜和骨节的协调合作，但主要靠肌肉的舒缩活动来完成。肌肉包绕着骨骼、内脏、神经、血管等重要的人体组织，当人体受到外力侵袭时，肌肉可以保护人体重要器官免受伤害。适当的体育锻炼，保持营养均衡的饮食以及规律的生活起居，对于保持肌肉组织的健康活力至关重要。

一、肌肉组织的生理特征

肌肉组织是由大量特殊分化且聚集在一起的肌细胞构成，肌细胞被结缔组织包围形成肌束，且与毛细血管和纤维共同分布在全身各部位，主要通过收缩来完成机体的各种动作。根据肌肉组织结构和功能的不同，可将其分为骨骼肌、心肌和平滑肌三种。

骨骼肌主要负责人体的新陈代谢、能量稳态和运动行为等；心肌运动主要消耗 ATP 作为能量，能量产生过程主要以糖类酵解和脂肪有氧代谢为主；平滑肌主要分布于人体消化与呼吸道、血管和泌尿、生殖系统等器官，大多数平滑肌受自主神经支配。

肌肉组织中的能量代谢主要以糖酵解和有氧代谢两种方式进行（图2-1）。肌糖原是肌肉中碳水化合物的主要储存形式，主要为肌肉收缩提供能量。静息时细胞内 ATP 和 6-磷酸葡萄糖水平较高，有利于葡萄糖合成糖原；而活动应急时，腺嘌呤核糖核苷酸（adenosine monophosphate，AMP）和钙离子等升高会促进肌糖原的分解。

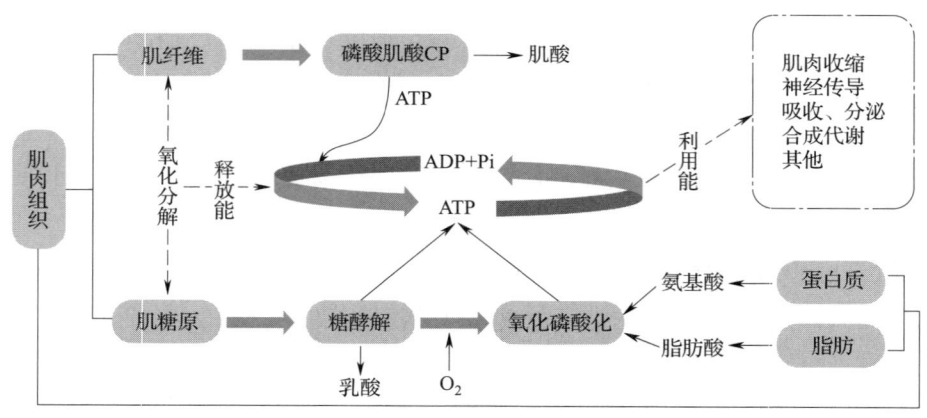

图 2-1　肌肉组织中的能量代谢过程

二、运动行为对肌肉组织变化的影响

肌肉是人体进行运动的基本组织，表现为结构及功能的可塑性。规律性耐力运动可有效增加骨骼肌磷酸氧化水平并减缓疲劳现象的发生。相反地，身体活动不足则容易导致肌肉萎缩和功能下降，从而增加代谢及退行性疾病发生的风险。

1. 运动行为对肌肉组织的影响

（1）有氧运动对肌肉组织的影响　有氧运动是一种由身体大肌肉参与的持续性节律运动，能激活线粒体氧化通路，促进碳水化合物和脂肪的氧化并产生 ATP。有氧运动不仅能改善心肺功能，降低机体体脂和腰围，还能增加骨骼肌去乙酰化酶的蛋白表达以促进能量物质的氧化代谢，显著抑制肌肉萎缩相关基因 mRNA 的表达，从而抑制肌肉萎缩。游泳和跑步是常见的两种有氧运动形式。游泳可显著提高骨骼肌中的甘油三酯、胆固醇和内质网应激促凋亡因子的含量，调节脂肪分解相关酶的活性和内质网应激水平，从而促进骨骼肌的脂肪分解。此外，短时间剧烈有氧运动训练还可提高肌肉中氧化酶的活性和肌肉含水量。单车、散步、跳绳等有氧运动会扩大血管内水分，从而改善心脏功能、皮肤血流量和汗腺流体供应等。

（2）无氧运动对肌肉组织的影响　无氧运动主要通过肌肉的拉伸牵引作用与雄性激素受体的表达促进肌纤维肥大，一般是指高强度、高频率、持续性短的运动项目，如百米冲刺跑、举重等。其中抗阻运动（力量训练）能有效增强肌肉质量和力量、强壮骨骼和关节、延缓运动功能丢失。根据肌肉长度的变化，抗阻运动可以分为等长收缩、向心收缩和离心收缩运动，其中向心收缩运动最为普遍。向心收缩运动一般是利用器械或者自由重物进行运动，该运动的负荷远高于肌肉在有氧状态下的能力，具有强度大、持续时间短、力竭性等特征；离心收缩运动是指在肌肉张力增大，但长度却被拉长的肌肉运动，它的运动方向与向心运动的方向相反。离心收缩运动过度会导致肌肉力量降低、肌肉特异性蛋白质水解酶活性与炎症增多。抗阻运动是增加无质量脂肪和肌肉耐力的有效方法，主要通过调控过氧化物活化受体的基因表达，促进肌细胞的糖原合成，从而降低血糖水平，是预防慢性疾病的重要运动方式之一。

2. 运动行为对肌肉组织变化的良性干预

老年人是骨骼肌衰减征的主要群体，运动（尤其是抗阻运动）是目前预防和改善骨骼肌质量和功能下降的最佳方式。适度运动可减缓骨骼肌质量和功能的下降、增加胰岛素的敏感性和葡萄糖转运、改善线粒体功能。其中渐进性的抗阻运动可增加老年人骨骼肌纤维的横断面积与骨骼肌力量，如完成一些多关节和单关节的力量练习。此外，快速力量训练可延缓骨骼肌衰减征，维持肌纤维和骨骼肌的整体功能水平，同时也可进行相关力量练习延缓骨骼肌纤维萎缩。

3. 运动行为对肌肉组织变化的不良影响

肌肉损伤为一种常见的多发性疾病，发病人群以老年人、大强度和剧烈离心运动人群及运动员居多，常表现为延迟性肌肉酸痛。深蹲、下坡跑等运动的痛感通常在 1～2d 时达到峰值，3～7d 后减轻。除酸痛外，常见的运动性肌肉损伤症状还包括肌肉触痛与僵硬、肌肉体积增大、肌力减弱等，肌细胞损伤与胞内钙超载、线粒体钙代谢异常、机械损伤、炎症反应等相关。此外，大强度运动时会导致肌小节和肌质网膜的损伤，引起 Ca^{2+} 内流，激活蛋白酶和磷脂酶 A 使肌纤维降解。

三、运动过程中营养素对肌肉组织的调节作用

1. 碳水化合物

碳水化合物是人体内最主要的能量来源，运动过程中机体会消耗大量的碳水化合物进行供能，糖原储备减少。剧烈运动时肌肉会从血浆中吸收葡萄糖和脂肪酸，以满足能量需求。中等强度运动则利用储存的糖原作为能量来源，防止糖原以脂肪形式储存。因此，运动前和运动中合理补充碳水化合物可减少糖原消耗，提高血糖水平，有利于提高运动能力，如大麦、燕麦、藜麦、香蕉、玉米等。

2. 蛋白质

运动会使得机体体内蛋白质代谢发生变化。耐力型运动使蛋白质分解加强；而力量型运动在使蛋白质分解加强的同时，其肌群蛋白质合成速度大于分解速度，使得肌肉壮大。因此，适量补充蛋白质有助于增强肌肉力量、促进血红蛋白合成，对加速运动后机体恢复

有重要帮助。此外，肌肉衰减也与蛋白质摄入不足有关。低蛋白质饮食的老年人身体长期处于负氮平衡状态，会导致机体肌肉萎缩与衰老退化。而蛋白质营养充足的老年人能够较好地维持着氮平衡，肌肉数量和机体活动能力得到保持。因此运动人群在运动前和运动后都要注意摄入足够的蛋白质，其中以牛乳、鸡蛋、大豆、绿豆、鱼肉、牛肉等优质蛋白为主。

3. 脂类

炎症是导致肌肉衰减的一个重要因素，其中 ω-3 多不饱和脂肪酸可作为抗氧化剂和抗炎因子，其含量与肌肉质量、强度、力量和运动体能表现呈正相关性。此外，ω-3 多不饱和脂肪酸也有助于减轻延迟性肌肉酸痛。鱼类特别是海鱼是膳食不饱和脂肪酸的主要来源，运动中可通过补充鱼油提高机体肌力和肌肉蛋白合成能力。但是，日常饮食中应严格控制脂肪摄入总量，以补充植物性脂肪为主，如棕榈油、橄榄油、坚果等，避免摄入过多的动物性脂肪导致机体肥胖。

4. 维生素

运动不仅能消耗能量物质，还会导致维生素的流失，水溶性维生素常在运动后伴随尿液和汗液的排出。维生素 D 与人体肌肉健康密切相关，运动时补充维生素 D 可以提升肌肉力量、增强运动能力、改善身体机能、减少跌倒次数并降低骨折风险等。维生素 C 可延缓肌肉疲劳与损伤，改善肌肉的收缩能力，对运动后机体恢复具有良好的效果。脂溶性维生素具有清除自由基、降低脂质过氧化物水平的作用。因此，对于运动人群而言，运动后应该适量补充维生素来维持肌肉力量，膳食中应该增加如菠菜、番茄、白菜、茄子、橘子、橙子、柠檬等维生素含量丰富的蔬菜、水果的摄入。

5. 水和矿物质

矿物质在人体内的含量极少，但人体每天都有一定量的矿物质排出，因此必须从食物中进行相应补充以维持体内动态平衡。体内缺钙将会导致肌肉力量、反应速度等能力下降，运动后容易引起肌肉痉挛。铁是人体含量最多的必需微量元素，在肌肉中主要起转运和储存氧气的作用。运动人群出汗后失钾较多，缺钾将会造成肌无力、心律失常等，严重时易导致横纹肌溶解。在运动过程中适量补充锌元素可提升糖的无氧分解能力，进而提升肌肉力量与耐力。此外，运动中要格外注意水分补充，防止脱水。因此，运动后要适当摄入矿物质高的食物，如豆腐、蚕豆、扁豆、鸡蛋、橘子、海产品等。

第四节 运动行为与骨组织生理变化

正常的骨组织代谢是以骨相关激素的功能程度为基础，平衡协调的激素水平对骨组织结构和功能的维持起着重要的作用。运动能改善人体的内环境，影响骨代谢，不同强度的运动刺激机体激素分泌的水平不一样。此外，运动与性激素分泌具有协同作用，共同对骨代谢起作用，从而影响骨量、改善骨强度。当骨组织的生物力学下降，将直接增加骨折的可能性，进而演变成骨质疏松。

一、骨组织的生理特征

骨组织主要由细胞、骨胶纤维和基质（含大量固体无机盐）组成，是各种骨的主要组分。在生命各阶段，骨组织不断处于降解和重塑（新骨替代旧骨的过程）的平衡过程，破骨细胞可促进骨的营养物质吸收，而成骨细胞则促进新骨的形成。骨量是指单位体积内骨组织和骨基质（骨胶原、蛋白质、无机盐等）的含量，可代表骨骼的健康情况。人体在儿童和青少年时期骨量会快速增加，青春期前即可获得50%以上的成人总骨量。

二、运动行为对骨组织变化的影响

1. 运动行为与骨骼

运动能够介导激素的分泌以调节骨量，可作为一种物理刺激从而直接影响骨代谢，并且通过影响营养物质的吸收来维持正常骨量。运动产生的机械信号可刺激成骨细胞，导致新骨基质的形成，防止骨骼系统组织的减少，对骨骼具有保护作用。

适量的运动强度有益于骨量增加和骨骼强健。运动可有效刺激骨的发育和重建，不仅可以保持骨的重量和加强骨密度，还能使骨的韧性加强，增强抗弯曲、抗挤压和抗扭转能力。经常进行锻炼和适度运动的人群，其骨密度明显高于一般人，而且在停止运动后骨密度仍保持一定水平。有氧运动如骑自行车、散步、瑜伽和游泳等方式不利于成骨，但高冲击或有规律的负重运动（如慢跑、网球、健身操、举重和散步等）形式与有氧运动的结合，可有效防止骨量和骨密度的损失，同时提高骨骼肌肉力量和平衡能力。肌力训练可以令肌力增强，坚强的肌力不仅使骨强度提高，还可以保护关节免受损伤。负重运动（如体操和跑步）可有效提高骨密度，而非负重运动（如游泳和水球）则没有同等的有益效果，一般来说负重运动的运动员通常比非运动员的骨密度高5%~15%。但久坐不动的生活、卧床休息、低体重或机体营养供给不足和过度体育锻炼等方式则会导致骨量丢失。

2. 运动行为对骨组织变化的影响

（1）运动行为对骨组织变化的良性干预　骨质疏松是一类因骨量和骨小梁数量减少、骨质丢失、骨强度降低和骨的微结构退化致使骨的脆性及骨质危险性增加的一种全身性骨骼疾病。随着机体年龄的增长，新骨的成骨细胞不能替代被破坏的骨组织，从而导致骨量减少，而这种损失加重时，则会形成骨质疏松症。运动主要通过增加肌力，不停刺激骨组织，使其钙质不易丢失，从而增加人群的骨密度，减少骨质疏松和骨折发生。此外持续有氧运动训练可显著减轻因衰老而引发的骨质丢失，增加股骨和椎骨的骨密度。但年老体弱的骨质疏松患者进行运动时一定要根据自身身体状况、场地条件、运动方式和强度等合理运动，建议进行轻柔的运动类型，包括伸展肩臂、关节训练等方式，均可有效减缓老年人因骨质疏松而引发的疼痛。

（2）运动行为对骨组织的不良作用　长期剧烈运动会导致骨骼受损。运动过量容易使小腿的胫骨、腓骨，足部的跟骨、舟骨、跖骨等受到损害，这些部位的骨骼反复承重并损伤，就可能超出骨细胞自我更新的承受范围，而出现"疲劳性骨折"。除此之外，过量的运动也会使关节部位的骨骼磨损过度，造成关节软骨面的不平整，使应力在关节软骨上分布不均匀，引起关节的骨质破坏和增生。因此运动过程中要控制好运动强度和运动时间，科学的运动能够促进全身血液循环，加强代谢，同时避免关节磨损及退行性变化。

2-1 延伸阅读　运动与身高有关系吗？

三、运动过程中营养素对骨骼组织的调节作用

1. 碳水化合物

碳水化合物是延长运动时间的强效辅助剂，其可抑制骨组织的体积和密度下降，摄入不足会损害骨密度。碳水化合物在运动过程中会被大量消耗，碳水化合物搭配蛋白质能够加速肌肉恢复。研究发现，跑步之后摄入碳水化合物能促进骨骼的健康。因此在运动后及时补充碳水化合物对于运动人群是至关重要的，如玉米、燕麦、糙米、大豆等。

2. 蛋白质

蛋白质有助于维持骨骼和肌肉功能，降低骨质疏松性骨折等并发症的风险。蛋白质是骨合成胶原蛋白的主要营养物质，少量氨基酸摄取时，有助于刺激骨骼肌蛋白质合成，而摄入高质量的蛋白质可提高机体对抗阻运动的适应性。蛋白质缺乏与骨密度以及骨质疏松性骨折之间存在正相关性，运动过程中蛋白质大量被消耗，当蛋白质摄入不足时，会影响胰岛素样生长因子的分泌及活性，降低靶器官对胰岛素样生长因子的敏感性，导致骨形成减少、骨吸收增加、骨脆性显著增加。饮食中的蛋白质减少会导致钙的吸收量降低，而引发继发性甲状旁腺功能亢进。因此，无论对于运动员还是普通健身人群，膳食中应多摄入牛乳、羊乳、牛肉、鸡蛋、酸乳、鱼肉、大豆等富含优质蛋白的食物。

3. 脂质

膳食中的脂质对脂溶性维生素的吸收和性激素的稳态起至关重要的作用，内源性雌激素较低是引起骨丢失的重要原因。研究表明脂肪组织能够刺激前青春期儿童的骨骼生长。相反，青春期的到来导致脂肪重量刺激骨骼生长趋势的减弱。因此，对于青春期儿童来说，适当增加脂肪的摄入对于骨骼的生长是有益的。值得注意的是，日常膳食中以摄入植物性脂肪为主，避免摄入过多动物性脂肪导致肥胖。植物性脂肪包括花生、核桃、菜籽油、橄榄油等。

4. 维生素

维生素是维持人体正常物质代谢和特殊生理功能不可或缺的低分子有机化合物。其中维生素 D 在人体骨骼健康中发挥着主要作用，维生素 D 主要与骨骼代谢相关联，其活性产物是维持骨健康的重要激素，能够促进小肠对钙的吸收，有利于骨骼的矿物质化。维生素 D 不仅可以从饮食中获得，同时也能由紫外线照射皮肤而合成。运动干预和维生素 D 的补充更有助于骨骼质量的提高。

5. 水与矿物质

骨骼是储存矿物质的重要组织，主要包括钙、镁、磷及钠元素等。矿物质的摄入水平与骨质疏松症的发生密切相关。钙是人体骨骼生长发育不可缺少的无机物，人体内约 99% 的钙储存于骨骼中。科学的运动能够促进钙在骨的沉积并增加骨密度，有效降低因年龄增长而造成的骨质流失。镁与钙相辅相成，巩固机体牙齿和骨骼。除此之外，铜、锌、锰等与钙、镁一起维持着骨骼矿物质的内稳态。

第五节　运动行为与脏器生理变化

运动是新陈代谢强有力的调节剂，也是对抗代谢疾病强有力的保护剂。运动可改善非骨骼肌肉组织（包括心脏、肝脏、肺、脾脏、肾脏、脂肪组织、脉管系统和胰腺等）。适宜运动可以降低体脂、改善胰岛素敏感性和血糖调节异常，有效防止代谢综合征的发生。同时，在促进体内物质的代谢过程中，运动使具有保护性的高密度脂蛋白增加，从而对心血管疾病的预防起到积极作用。然而过度运动则会造成神经系统、呼吸系统、消化系统、免疫系统、生殖系统以及心、肝、肾、横纹肌（骨骼肌）和骨关节等不可逆损伤，严重者导致脏器功能衰竭甚至死亡。

一、运动行为与心脏的生理变化

机体在运动时，营养物质的代谢和消耗有所增加，机体对某些营养素的需求也会增加，良好的营养补充可增强体力并提高运动能力。但不同性质的运动行为对体内脏器的生理变化不同，进而对营养也有特殊的要求。因此，在运动的同时进行科学合理的营养膳食不仅会增强运动引起的生理适应，还会改善机体代谢、缓解代谢性疾病。

1. 心脏的生理特征

心脏是人体最重要的一个器官，是循环系统中的动力之源。它是一个由心肌组织构成并具有瓣膜结构的空腔器官，是血液循环的动力装置。血液循环是其他器官机能得以维持的重要通路,是一切生命活动的前提,心脏通过心肌有规律地收缩和舒张进行搏动,完成动脉血流出和静脉血回流这一重要循环。

2. 运动行为对心脏组织变化的影响

运动可以使心脏得到有效的锻炼,提高心肌的运动耐力,增加心肌的收缩性和心脏的输出量,让心脏的收缩变得有力。此外,运动促进体内的燃烧脂肪,可以降低心脏的压力和负担,对预防心脑血管疾病有积极的作用。不同的运动方式对心脏疾病的改善发挥着不同的调控作用(表2-1)。

表2-1 运动方式对心脏疾病的改善

运动方式	生理改变或疾病类型	作用结果	作用机制	检测位置
运动员日常训练	生理性心肌肥大	促进	胰岛素样生长因子-1	血清
耐力运动	生理性心肌肥大	促进	PI3K-AKT-C/EBPβ-CITED4	心脏
跑步、游泳	生理性心肌肥大	促进	miR-222	心脏
运动预热	病理性心肌肥大	改善	miRNAs、NF-κB	心脏
跑步	病理性心肌肥大	改善	一氧化氮合酶	心脏
跑步、游泳	心肌梗死	改善	miR-222	心脏
坡道自行车	心肌梗死	改善	扭转心肌梗死引起骨骼肌脱氧能力	心肌
有氧运动	心肌梗死	改善	一氧化氮信号	心脏
仰卧自行车	动脉粥样硬化	改善	冠状动脉侧支循环	心脏
体育活动	心力衰竭	改善		心脏

(1)有氧运动对心脏组织变化的影响 经常进行有氧运动的人群由于心肌等得到了锻炼,其心肌细胞能获得更加充足的氧气和营养,使得心脏的容积增加、搏动更加有力、每搏输出量增多、心力储备增大。科学运动使得机体安静时心跳次数减少,心跳的减慢能使心脏获得更多的休息时间,有利于心脏的保护和功能的储备。此外,长期的有氧运动可以使心脏收缩力增强,心输出量增加,从而增加人体对氧气的吸入、运输和利用效率,起到改善呼吸和心血管系统的作用。

(2)耐力运动对心脏组织变化的影响 耐力运动是锻炼耐力和心肺功能的运动,长期耐力运动能有效改善人体心血管功能、提高整体健康水平,从而防治一些常见的慢性疾病,如心力衰竭、冠心病、肥胖、糖尿病、高血压和抑郁症等。中等强度长期运动能有效提高心肌线粒体数量与质量,减少衰老或受损线粒体的数量,满足运动时心脏血液输出量的要求,增强心肌功能,有利于心脏供血供氧。但持续超过1~2h大强度耐力运动会引起心房和右心室负荷增加,使得心肌过度伸展,造成心肌微损伤。尽管这一变化在一周内可恢复到基础值,但长年累月过度大强度运动和重复损伤,会导致心肌纤维化(慢性缺血性心脏病),进而引起房性和室性心律失常。

(3)运动行为对心脏组织变化的影响　心肌梗死是指心肌的缺血性坏死,冠状动脉血流急剧减少或中断,导致相应心肌严重而持久的急性缺血,周围心肌区缺乏氧气供应,最终导致心肌缺血性坏死。有氧运动可使心肌梗死区心肌细胞增殖,心脏形态结构和功能重塑,改善心脏收缩和舒张功能,可预防心肌梗死引起的心室功能障碍和压力反射敏感。同时短期(3~5d)和长期(几周)运动也能减少由心肌缺血再灌注损伤引起的梗死面积和心律失常。但长期高强度的耐力运动会加速心脏衰老,产生如冠状动脉钙化、心室舒张功能障碍、大动脉血管壁变硬等问题。

过度运动时心跳增快、心脏负荷加大、心肌耗氧量增高,长此以往会导致心肌受损,诱发心脏疾病(图2-2),病情严重者导致心力衰竭。因此,运动人群要科学运动,循序渐进,不能突然增加运动量或者长时间进行重体力活动,特别是对于存在器质性心脏病的患者,要以自身运动耐量为标准,适量运动。

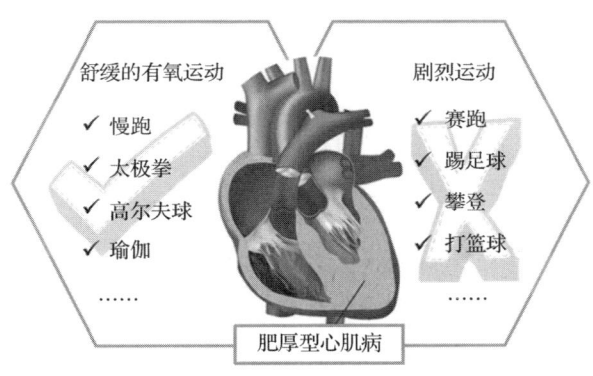

图2-2　过度运动引起的肥厚型心肌病

3. 运动与心脏营养需求

机体运动后伴随着大量碳水化合物、脂质、蛋白质、维生素和矿物质的损失,因此运动人群在运动前、中、后都要及时补充营养素。碳水化合物,尤其是膳食纤维,有助于调节心脏的血压,减少心血管疾病发病风险。蛋白质是维持心脏必需的营养物质,能够增强抵抗力,但摄入过多的蛋白质会加快新陈代谢,增加心脏的负担。此外,过多摄入动物蛋白质,反而会增加冠心病的发病率,因此膳食中宜增加植物性蛋白质的摄入,以替代一定量的动物性蛋白质的摄入。维生素对心脏及脑血管有疏通的作用,可以增加血管的弹性,使血管壁不易破裂。膳食中应包括足量的碳水化合物和足够的 ω-3 脂肪酸来维持心脏整体功能。其中鱼类和植物来源的 ω-3 多不饱和脂肪酸有利于心血管健康。值得注意的是,对于高血压患者来说,还要控制盐的摄入,低盐饮食对冠心病有较好的保护作用。

二、运动行为与肝脏的生理变化

肝脏是机体物质代谢的核心器官，是研究脂类代谢的重要靶器官，能够合成和释放各种脂蛋白及脂代谢酶类，在维持脂代谢平衡中发挥着重要的作用。除此之外，肝脏在2型糖尿病的发生与发展中发挥重要作用。近年来，运动疗法因其独特性和低成本效益被作为预防和治疗胰岛素抵抗和2型糖尿病的重要手段之一。

1. 肝脏的生理特征

肝脏是脊椎动物身体内以代谢功能为主的一个重要器官，在蛋白质、脂肪和碳水化合物等基本营养物质向身体各个部位的供应、运输和新陈代谢中起着至关重要的作用。除此之外，还具有抗氧化、储存肝糖和合成蛋白质等功能。肝脏对来自体内和体外的许多非营养性物质如各种药物、毒物以及体内某些代谢产物具有生物转化作用，通过新陈代谢将它们彻底分解或以原形排出体外，这种作用也被称作"解毒功能"。

2. 运动行为对肝脏组织变化的影响

合理的运动可通过调节新陈代谢为机体带来益处。有氧运动会加速肝脏脂肪酸氧化，通过增加柠檬酸合成酶活性和细胞色素C含量来改善线粒体呼吸。中等强度有氧运动能增强肝脏抗氧化酶活性和自由基清除能力，从而改善脂代谢异常及功能紊乱。抗阻运动主要通过改善胰岛素敏感性使肝脏游离脂肪酸减少从而延缓脂肪肝的发生和发展。酮体是肝脏脂肪酸氧化分解的中间产物。短时间剧烈运动后，血酮体浓度没有明显改变；但在长时间运动时，尤其是在糖储备低下的运动过程中，血酮体水平明显升高。

过多的脂肪堆积会超出肝细胞对脂肪酸的转运和氧化能力，导致脂肪在肝细胞中大量积存，形成脂肪肝，引发非酒精性脂肪性肝病（图2-3）。非酒精性脂肪肝的恶性发展会增加患2型糖尿病的风险。脂肪肝具有良好的运动敏感性，运动是全身胰岛素敏感性的强大调节器，有规律的运动可以增加胰岛素的敏感性。运动后全身敏感性的增强还会造成空腹和进食后胰岛素水平的降低，从而降低了胰岛素促进肝脏脂质合成途径的能力。因此，科学运动在减重、改善胰岛素抵抗、调节脂代谢等方面发挥重要作用。

3. 运动与肝脏营养需求

膳食纤维能抑制葡萄糖及脂类的吸收，增加胰岛素的敏感性，促进胰腺功能修复作用。不饱和脂肪酸可改善胰岛素抵抗，降低葡萄糖的利用，降低糖化血红蛋白水平。因此运动前和运动后应多选

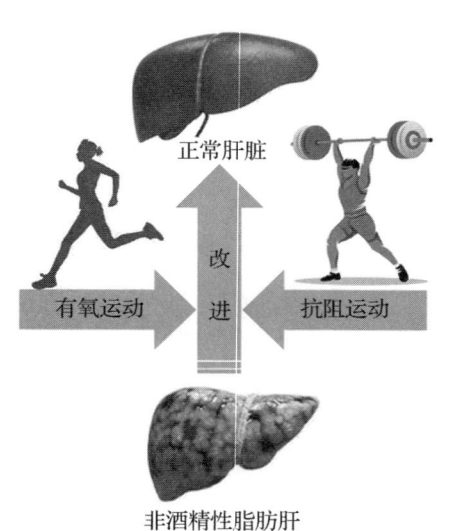

图2-3 有氧运动和阻力运动改善非酒精性脂肪肝的不同机制

择富含膳食纤维和不饱和脂肪酸的食物，如粗粮、鱼类、菌类等。长时间剧烈运动会诱导机体产生氧化应激，从而导致机体胰岛素抵抗。维生素 C、维生素 E、β- 胡萝卜素等均可改善剧烈运动的氧化应激指标和脂质过氧化作用，降低胰岛素抵抗。镁的摄入可修复或保护胰岛 β 细胞的生理功能，促进葡萄糖及其酵解产物的磷酸化，增加机体对胰岛素的敏感性，从而将血糖调至正常水平，起到保护肝脏的作用。

三、运动行为与肺的生理变化

肺是人体的呼吸器官，也是人体重要的造血器官。它主要通过保证机体吸入新鲜氧气，呼出二氧化碳，实现机体与外界环境之间的气体交换，以维持人体的生命活动。在运动过程中肺依靠增强通气和弥散功能来适应暂时性低氧环境。随着生活方式的改变，运动锻炼已成为干预多种心肺疾患的主要手段之一。

1. 肺的生理特征

肺是机体和外界大气环境直接接触的门户脏器，肺泡是肺进行气体交换的物质基础，其形态结构的变化直接影响着气体交换的效率。肺具有呼吸、防御、代谢等多种功能。

2. 运动行为对肺组织变化的影响

适量的运动可以使呼吸肌发达，收缩有力，胸廓增大。中等强度长期体育运动能够刺激呼吸系统，显著增加肺通气量，提升肺的功能。例如，游泳运动员的呼吸肌（包括横膈肌）在呼吸周期中会因浸入水中而产生更大的压力，可能导致其肌肉功能改善以及肺、胸壁或呼吸肌弹性的改变，从而使游泳运动员的肺活量和其他肺功能有所改善。

有氧运动能力是衡量人体心肺功能的一个良好指标，良好的心肺功能离不开呼吸系统和心血管系统。有氧运动可以使心肺得到充分的锻炼，有利于提高心肺功能，从而使全身组织和器官维持最佳的功能状态，增强身体抵抗力。因此呼吸系统患者通过运动可以增强呼吸肌的肌肉强度和力度，改善肺的顺应性，增强肺功能及肺局部的抵抗力等。无氧运动如短跑、举重、投掷、跳高、跳远、拔河、俯卧撑、潜水等也能提升心肺能力。但人做无氧运动时经常需要憋气，这就会导致血压迅速上升，这对血管的冲击力特别大，对心肺功能欠佳或有心血管疾病的人十分危险。因此，无论是有氧运动还是无氧运动，对于心肺功能有问题人群，最好在确立运动目标前，进行体质监测或到医院接受心肺运动实验测试，以确定自己能够承受的运动强度、运动量和运动时间，以避免心脏负荷加重带来"运动风险"。

慢性阻塞性肺病是一种具有气流阻塞特征的慢性支气管炎和（或）肺气肿，可进一步发展为肺心病和呼吸衰竭的常见慢性疾病。它会导致肺部和全身的氧化应激和炎症，使肺功能发生退行性损伤，进而引起运动受限、日常活动减少、肌肉萎缩等一系列生理变化，严重影响生活质量。有氧运动能够下调核糖体蛋白基因（包括 *PRL28*、*PRS19*、*SNRPF*、

RPS21、*SNRPE*)表达,促进内毒素抑制蛋白基因表达上调,从而抑制慢性阻塞性肺病患者的炎症细胞,减少氧化应激和上呼吸道感染的频率。除此之外,运动可以促进前列环素的形成,减少血栓烷 A_2 的生成,从而导致血管扩张和血小板聚集减少。这些因素的失衡与原发性和继发性肺动脉高压有关,因此也可能与慢性阻塞性肺疾病的进展有关。

3. 运动与肺部营养需求

强度小、时间长的有氧运动可以提高心肺功能及全身的抗疲劳工作能力,但其体力消耗较大。因此要求膳食中含有较全面的营养成分,增加机体能源物质的储备。维生素 C 具有抗氧化和解毒作用,对机体肺部起良好的保护作用;蛋白质能够修复机体细胞,因此在运动前后注意补充适当蛋白质,对于损失肺部的修复起着重要的作用。当在干燥的环境中运动时要注意水果和蔬菜的补充,达到滋养和保护肺部的作用。对于游泳运动而言,机体散热较多、较快。游泳需要一定的力量与耐力,要求在膳食中含有丰富的蛋白质、糖、适量脂肪和维生素,其中以维生素 A、维生素 B_1、维生素 C、维生素 E 为主。

四、运动行为与脾脏的生理变化

脾脏是人体的"血库",在人体处于休息、安静状态时储存血液,在处于运动、失血、缺氧等应激状态时,将血液排送到血循环中,以增加血容量。脾脏是体内最大的淋巴器官,在机体的免疫功能中具有重要的作用。

1. 脾脏的生理特征

脾脏由被膜、小梁及淋巴组织构成,是淋巴细胞定居、增殖和产生免疫应答的场所。脾脏中的巨噬细胞、淋巴细胞能够吞噬并清除血液中出现的异物、病菌、抗原以及衰老死亡的细胞,特别是红细胞和血小板,脾功能亢进时可能会引起红细胞及血小板的减少。除此之外,脾脏还可以制造免疫球蛋白和补体等免疫物质,发挥免疫作用。

2. 运动行为对脾脏组织变化的影响

淋巴细胞功能的变化与运动量有着密切的关系,长期有规律的有氧运动可以增强脾脏淋巴细胞的功能,提高脾脏介导的免疫功能。此外,长期有规律的有氧运动可下调下丘脑结节部的儿茶酚胺水平,降低交感神经的兴奋性,增强脾脏免疫功能。高强度运动后免疫球蛋白含量相对降低,说明高强度运动会使淋巴细胞合成分泌免疫球蛋白的能力进一步下降。在正常氧气供应环境中,进行强度适中的有氧运动,可以使机体内免疫球蛋白的合成能力得到提高,从而提高机体免疫力。

运动会导致脾脏收缩,在机体剧烈运动或突然失血时,脾的平滑肌收缩,放出储存的血液以补充机体的需要。在进行运动时,脾脏体积和重量减小,并且在运动后逐渐恢复。长期多次的运动应激对脾脏体积和重量产生的累积影响与运动强度有关。长期有规律中等强度的运动可以适度增加脾脏系数(表 2-2),脾脏系数的增加可以一定程度上反映机体的免疫功能增强。长期的负荷运动使脾脏系数与运动前相比显著下降，而随着负荷运动时间的延长，运动对脾脏系数的影响也越来越大，脾脏系数逐渐下降。

表 2-2 四种特定工作量后的脾脏系数

组别		人数	锻炼前的脾脏体积 /%	标准偏差	显著性
第一次工作量之后	优秀长跑运动员	8	73.17	±15.16	$P>0.05$
	休闲跑步者	8	79.65	±8.28	
第二次工作量之后	优秀长跑运动员	8	65.18	±15.26	$P>0.05$
	休闲跑步者	8	71.96	±8.32	
第三次工作量之后	优秀长跑运动员	8	51.35	±12.78	$P>0.05$
	休闲跑步者	8	61.04	±7.98	
第四次工作量之后	优秀长跑运动员	8	53.76	±12.36	$P>0.05$
	休闲跑步者	8	59.46	±6.79	

3. 运动与脾脏营养需求

长期久坐不动会导致身体新陈代谢速率下降，毒素无法正常排出，影响脾胃健康。每天进行 40min 以上的有氧运动，有助于脾脏的健康。膳食纤维能够帮助促进肠胃的蠕动，提高消化和吸收功能，减轻脾脏的负担，起到很好的开胃健脾的功效。蛋白质在人体中能够分解成氨基酸，氨基酸能够促进脾脏修复。值得注意的是，蛋白质缺乏对免疫系统的影响非常显著，脾脏和肠系膜淋巴结中细胞成分减少，对异种红细胞产生的抗体滴度（用来衡量某种抗体识别特定抗原表位所需要的最低浓度）明显下降，特异性抗体明显降低。此外，维生素和胡萝卜素能促进脾胃的消化和吸收功能，而且还能够帮助促进体内的血液循环，更好的滋养脾脏，提高脾脏的新陈代谢速率。低钠可能是脾虚产生肌乏力的主要内在因素，脾脏虚弱失调会影响机体营养供给及能量代谢，久之影响人体造血功能、内分泌调节、免疫功能等。因此，运动人群在运动结束后要及时补充蛋白质，维生素和矿物质。主要以优质碳水和优质蛋白质为主，适量增加矿物质和维生素的补充，如燕麦、小米、玉米、鸡蛋、牛乳、菠菜、菜花、橘子、葡萄、香蕉、猕猴桃等。

五、运动行为与肾脏的生理变化

肾脏是人体重要的排泄和分泌器官，对机体内环境的稳定起着重要的作用。肾脏通过产生尿液排出人体代谢废物、毒物和药物。同时，其对体内的各种离子/电解质（Na^+、P^{5+}、Ca^{2+}、Mg^{2+}）和体内酸碱平衡具有调节作用。肾脏也是机体部分内分泌激素的降解场所和肾外激素的靶器官。过度运动会引起肾脏功能的损伤，如不适宜的运动强度会引起肾组织中大量自由基产生及细胞凋亡的产生。

1. 肾脏的生理特征

肾脏主要由约 100 万个具有相同结构与机能的肾单位和少量结缔组织所组成，其中有大量血管和神经纤维。肾单位由肾小体和肾小管两部分组成。肾小体由肾小球和肾小囊两部分组成，肾小球毛细血管壁由内皮细胞、基底膜和脏层上皮细胞构成，形成具有半透膜性质的滤过膜，肾小管汇合入集合管。机体在新陈代谢过程中会产生许多代谢产物和毒性物质，这些物质的排泄主要是由肾脏完成的。

2. 运动行为对肾脏组织变化的影响

适量的有氧运动使机体体内氧气充足，新陈代谢加强，有利于提高肾功能，如慢跑、游泳和脚踏车等。仰卧起坐可以锻炼腹部，包括腹部内部的肾血管；深蹲、游泳、慢跑等能加快血液循环，锻炼身体局部肌肉，提高机体免疫力，增强肾功能。规律性的有氧运动可以减少蛋白尿的排出、减轻肾脏氧化应激状态、改善肾功能、保护肾脏。中等强度的有氧运动能够提高机体中的抗氧化物酶活性，同时还增强氧化应激反应、改善机体的防御能力、降低肾脏的缺血再灌注程度、使肾组织中的脂质过氧化水平减弱。

不科学、高强度的运动会造成肾损伤。剧烈运动后的大量出汗、高热脱水都可引起有效循环血量减少，导致肾血流量急骤下降，最终可造成肾缺血缺氧，形成肾脏结构的异常。肾病患者不建议进行无氧运动。无氧运动时氧气的摄取量非常低，人体内的糖分来不及经过氧化分解，而不得不依靠无氧供能，易出现血压和心率的攀升。除此之外，无氧运动易造成乳酸堆积，肾病患者肾小球滤过率偏低，患者剧烈无氧运动后出现乳酸性酸中毒和电解质紊乱的风险更高。因此肾虚的人不建议无氧运动。

2-2 延伸阅读 运动会造成肾衰竭?

慢性肾脏病是指各种原因引起的慢性肾脏结构和功能障碍，患者长期为病痛折磨，随着疾病发展可出现肾性贫血、肾性骨病、心肺功能减退等并发症，严重影响患者的生活质量。科学运动有利于增加慢性肾病患者运动耐受力，强壮骨骼肌，减轻机体炎症状态，改善营养状态。除此之外，还可减缓透析前慢性肾脏病患者的肾功能进展，提升患者的生活质量。

3. 运动与肾脏营养需求

运动会造成机体能量大量消耗，因此在运动前要保证充足的能量摄入，防止蛋白质被作为能量消耗，产生更多的代谢废物，从而进一步加重肾脏的负担，损害肾脏。同时限制蛋白质的摄入，尽量补充优质蛋白，如牛乳、鸡蛋、瘦肉等。高热负荷条件下进行长时间运动时，出汗会导致维生素和矿物质的大量流失，因此运动后要注意矿物质和维生素的补充，多吃水果、蔬菜等。肾病患者大多伴随着贫血，运动后宜多摄入牛肉、木耳、红枣等含铁较高的食物。除此之外，运动后补充硝酸盐可以增大肾小球膜通透性、肾小球滤过和肾小管重吸收率。硝酸盐的蔬菜摄入量为 146~428g/d，甜菜根汁是目前最有效的硝酸盐补充剂。

第六节　运动行为与脑生理变化

运动是人类日常思维与活动最基本、最重要的必需功能之一，各式动作通过神经系统调节肌肉收缩或舒张得以实现。运动不仅能够促进人体身心健康发展，而且可以通过改变执行功能相关的脑区激活模式，从而改善和提高人脑的执行功能。研究发现，运动能够影响大脑前额叶激活水平、中枢神经递质合成、相关基因表达以及海马神经突出的再生成，进而影响执行功能。当执行功能发生异常时，会引起多种相关疾病，如阿尔茨海默病、儿童注意缺陷多动障碍、抑郁症等疾病。因此，研究运动行为对脑生理变化，及有效改善大脑执行功能已成为脑科学和神经科学领域的研究热点。

一、脑组织的生理特征

脑是中枢神经系统的主要部分，位于颅腔内。脑包括端脑（大脑）、间脑、小脑和脑干，其中分布着很多由神经细胞集中而成的神经核或神经中枢，并有大量上、下行的神经纤维束通过，连接大脑、小脑和脊髓，在形态上和机能上把中枢神经各部分联系为一个整体。脑是生命机能的主要调节器，是思维的器官，是心理、意识的物质本体。

二、运动行为对脑组织变化的影响

人类大脑具有"可塑性"，其结构缩减与认知功能衰退现象并非完全不可逆，许多生活因素可能正向地影响大脑或认知功能，如参与智力活动、教育程度、社会互动、健身运动等，其中运动引发的个体生理与心理的正向效益受到了广泛关注。运动通过影响体内神经递质表达水平和延缓大脑部分功能区萎缩，从而增进大脑的认知功能。运动行为对不同年龄段人群脑生理变化影响不同。

1. 运动行为与脑组织

（1）有氧运动对脑组织变化的影响　常见的有氧运动项目有：步行、慢跑、滑冰、游泳、骑自行车、打太极拳、跳健身舞等。有氧运动对大脑活动有明显影响，主要表现在引起大脑皮层的中央前回、左侧额下回和右中心旁小叶和右脑前叶的激活增加。少年儿童长期进行有氧健身运动，其心肺适能、记忆储存、健康心智、大脑执行功能等均可获得显著提高。短时有氧运动后，儿童有关执行功能的脑区（双侧额上回、双侧额中回、双侧顶上小叶和左侧顶下小叶）发生了积极变化，改善儿童的执行功能任务表现。中等强度有氧运动能够改善注意缺陷多动障碍儿童的大脑执行功能，且改善效果优于正常儿童。中老年人定期进行有氧运动，有利于降低阿尔茨海默病风险。运动可以改善大脑功能，防止整个生命周期的认知衰退，不同人群应该结合自身状况来选择适合自己的运动强度和量度才能更好地改善认知功能健康水平。

（2）无氧运动对脑组织变化的影响　无氧运动后机体对听觉任务的抑制功能有显著增强的作用。在渐增力竭运动从50%最大摄氧量至最大摄氧量峰值的运动过程中，前额叶皮质与运动皮质上脑电图活化增加，而运动结束后脑电图活化则会下降，这表示运动强度升高时，前额叶皮质、运动皮质也会随之活化。无氧运动介入不仅对于认知行为有正面影响，更对于其脑电图有显著正向效益。但目前关于无氧运动对机体脑组织变化影响研究较少，而且无氧运动对于成年人及高龄人群的神经生理变化目前鲜见学者进行探讨。

2. 运动行为对脑组织变化的影响

（1）运动行为对脑组织变化的良性干预　脑卒中是中枢神经系统最常见的疾病之一，其炎症反应、氧化应激和神经细胞凋亡是缺血性脑损伤的重要病理机制。运动会增加脑源性神经营养因子（brain-derived neurotrophic factor，BDNF）、血管内皮生长因子（vascular endothelial growth factor，VEGF）和胰岛素样生长因子-1（insulin-like growth factor -1，IGF-1）水平。BDNF作为具有神经营养作用的生长因子，在具有高度可塑性的大脑区域高表达。对早期阿尔茨海默病患者进行为期1年的运动干预，结果显示运动可以升高早期阿尔茨海默病患者血清中BDNF水平，延缓患者认知功能下降。VEGF是血管生成必需的生长因子，可影响神经发生，抑制VEGF信号转导，会损伤患者记忆功能。运动会刺激IGF-1进入特定的大脑区域，包括海马，进而引起海马新生神经元数量增加。除此之外，谷氨酸是中枢神经系统中最重要的一种兴奋性神经递质，运动可以增加N-甲基-D-天冬氨酸受体（N-methyl-D-aspartate receptor，NMDAR）的表达，这对阿尔茨海默病相关NMDAR表达降低可能是有益的。

（2）运动行为对脑组织变化的不良影响　高强度运动可通过多种途径对大脑机能造成损害。运动时能源物质ATP的耗竭，可能是中枢神经功能下降的主要原因。运动过程中机体血液的重新分配、自由基的大量堆积及血流加速造成血管内皮损伤使脑的血液和氧供应减少，局部酸性产物的堆积等不仅影响脑的能量供应，而且直接遏制神经的活动，使脑机能下降。此外，有研究表明，短期的高强度运动使大脑皮层活动减少，长时间高强度运动则使广泛的脑组织兴奋性降低。因此，人群应根据自己的年龄、性别、职业特点、体力状况、健康水平、体育基础、生活环境、目的任务等不同情况来把握科学的运动量。

2-3 延伸阅读　运动与智力有关

三、运动过程中营养素对脑组织的调节作用

1. 碳水化合物

碳水化合物是大脑智能活动的最佳能量来源，它为大脑提供源源不断的能量，以保持脑部的正常发育和运作。碳水化合物经过消化分解成葡萄糖，葡萄糖是大脑神经细胞活动热能的最佳来源，也是维持大脑正常功能的必需营养素。当脑部葡萄糖供养不足，脑组织可因缺乏能源而使脑细胞功能受损，造成功能障碍，并出现头晕、心悸、出冷汗、昏迷等症状。而适当补充碳水化合物就可以提升血糖的浓度，为大脑提供充足的动力和能量。运动过程中伴随着大量碳水化合物的消耗，因此在运动前、中、后都要注意碳水化合物的补充。

2. 蛋白质

蛋白质是智力活动的物质基础，是控制脑细胞的兴奋与抑制过程的主要物质，在记忆、语言、思考、神经传导等方面都有重要的作用。此外，蛋白质是大脑细胞分裂活动的动力，脑细胞中很大一部分是胶原细胞，它们由胶原蛋白构成，这些胶原蛋白不仅构成大脑细胞，还形成血脑屏障，有效保护大脑。运动使得蛋白质代谢加强，蛋白质被大量消耗，因此运动前、中补充优质蛋白质和氨基酸，对机体加速消除疲劳具有重要意义。

3. 脂类

脂类是构成大脑和神经细胞的主要成分，饮食中如果缺乏脂肪会妨碍大脑的发育。脂肪中的卵磷脂、胆碱、亚油酸和亚麻酸对大脑功能的正常运转尤为重要。二十二碳六烯酸和二十碳五烯酸是两种高效力的益脑脂肪，在海鲜、鱼肉和鱼油中含量丰富。机体运动时会调动体内已经储存的脂肪，转化为能量供身体参与活动，若没有能量的继续摄入，那么脂肪被调动的量就会越来越多。因此，在运动前和运动后要及时补充脂类，主要以脂肪含量丰富的鱼肉、坚果、亚麻油为主，避免过多摄入饱和动物脂肪、全乳、黄油、干酪等。

4. 维生素

维生素对大脑有益。维生素 C 能促进脑细胞结构坚固，消除脑细胞结构的松弛或紧缩，使脑机敏灵活。维生素 E 有较强的抗氧化作用，防止脑内产生过氧化脂质，预防脑疲劳，延缓脑的衰老。B 族维生素，如维生素 B_1、维生素 B_2、维生素 B_6、烟酸、泛酸、维生素 B_{12}，它们在脑内的共同作用是帮助蛋白质的代谢。运动会造成维生素大量流失，因此运动后需要及时补充维生素，多吃蔬菜、水果、粗粮等。

5. 水和矿物质

矿物质可使大脑保持灵活。钙是脑神经元代谢不可缺少的重要元素，充足的钙能抑制脑神经的异常兴奋，使人保持镇静。缺钙可影响神经传导，使神经、肌肉的兴奋性失调。锌是人体海马的重要微量元素，海马位于人脑控制学习和记忆活动的中枢，主要负责形成和储存长期记忆。锰元素能够维持正常的脑功能，对人脑的中枢神经系统有着重要作用。大脑含水量为 75% 以上，水有助于促进大脑神经元之间的链接，提高大脑活力。若体内缺

水，会显著降低机体的注意力、记忆力、反应速度。运动中大量矿物质会随着汗水丢失，因此运动后要及时补充水分和矿物质，维持机体正常运转。膳食中要多摄入多吃红肉、动物肝脏、鱼类、菠菜、萝卜等。

第七节 运动行为与体液生理变化

人体内的液体由水及溶解在水中的无机盐、有机物一起构成，统称体液。水是体液中的主要成分，也是人体内含量最多的物质。体液具有保护人体内环境稳定、维持血压、参与免疫等功能。它是机体营养物质及氧和二氧化碳的交换场所，参与机体的各项代谢活动，保证机体的新陈代谢，从而影响机体生长、发育和生殖等重要生理过程。

一、体液的生理特征

体液约占体重的60%，是人体的重要组成部分，分为细胞内液和细胞外液。细胞内液指细胞内的液体，占人体总体液的2/3。细胞外液就是指细胞外的液体，只占1/3，主要包括血浆、组织间隙液（简称组织液或者是细胞间液）、脑脊液和淋巴液。细胞外液1/5是血浆，剩余4/5以组织液形式存在于细胞间隙。虽然血浆、淋巴、脑脊髓液及组织液各种液体彼此分开，且成分也不完全相同，但它们之间是互相联系的，维持体内环境的相对稳定。

二、运动行为对体液变化的影响

体液的变化与人体的各项活动息息相关。运动可加速体内新陈代谢的速率，运动过程中体内代谢强度为正常情况下的5~15倍，因此会产生大量的热量使体温升高。体内的热量主要以出汗的形式蒸发散热，随之排出的还有体内大量毒素、代谢废物等，使身体变得更干净、轻松。但同时大量的出汗可导致体液的丧失而造成身体脱水和电解质紊乱，从而减弱运动能力和增加热损伤的发生。因此良好的体液平衡是维持理想运动能力的一个重要因素，在维持血容量、心血管功能和体温调节等方面有不可忽视的作用。

1. 运动行为对体液的影响

机体内环境会因运动形式、运动强度等因素做出不同的应激反应，体液也随之产生不同的变化。大多数运动导致体液中水分含量下降是普遍存在的。

（1）有氧运动对体液的影响　有氧运动如慢跑、散步、太极、瑜伽等会使得机体轻度出汗，过滤的汗液就会慢慢地经过周围组织，汗液中的无机盐有充足的时间被吸收。因此，在一些低强度有氧运动的过程中，流失无机盐的量是非常少的。一般来说，有氧运动后红细胞增加程度比长时间耐力运动后更加明显，而在同样时间的运动中，运动量越大，红细胞增加越多。运动后，血液中白细胞会增多，主要以中性粒细胞和淋巴细胞（B 淋巴细胞）增多为主。运动会使单核细胞和巨噬细胞上 Toll 样受体（Toll-like receptors，TLRs）表达降低，自然杀伤细胞（natural killer cells，NK 细胞）有所提高，这对机体免疫功能提升有一定的作用。此外，运动会使肾上腺皮质醇、肾上腺激素、骨骼肌白细胞介素 -6(interleukin-6，IL-6）及白细胞介素 -10（interleukin-10，IL-10）和其他激素的产生和释放增加，这些激素有利于机体形成抗炎环境，从而提高机体免疫能力。

（2）无氧运动对体液的影响　无氧运动时，汗液的分泌量增加，分泌速率加快，从而导致汗液过滤并重新吸收回血液的时间减少，因此，汗液被重新吸收回血液中的无机盐就会大量减少，造成体液中 Ca^{2+}、K^+、Na^+ 浓度下降。但在做一些高强度运动如俯卧撑、短跑、哑铃等或一些长时间的耐力运动（马拉松）时，机体由于运动相对过度会产生大量乳酸堆积。堆积的乳酸一部分会通过体液循环进入血液从而导致血液 pH 下降，进而影响其内环境。此外，高强度无氧运动会导致体液中抗利尿激素和醛固酮水平显著上升。人体进行大强度急性运动时会发生特异性反应，分泌应激激素，出现免疫抑制现象。值得注意的是，长时间、大强度运动后，机体的许多免疫指标发生的改变虽然短暂，但免疫系统功能却受到一定程度抑制。这个免疫机能减弱时期即为免疫开窗期，细菌和病毒易于侵入，增加了感染的发病率。

2. 运动行为对体液的良性干预

更年期综合征是女性卵巢功能逐渐衰退至完全消失的过渡时期，其主要表现为神经紧张、焦虑恐惧、失眠健忘、抑郁多疑、潮热出汗、心慌心悸和睡眠障碍等。处于更年期的女性体内性激素水平有明显变化，有氧运动如散步、健身跑、交谊舞、游泳、自行车、太极拳等能够使血清雌二醇和血清卵泡刺激素发生相应的变化，而这些变化的发生在改善卵巢功能，促进机体内分泌系统的平衡等方面发挥着积极作用。此外，长期进行体育舞蹈运动，能促进机体对增强免疫能力的细胞因子及生长素、内啡肽的释放，从而提高了血清免疫球蛋白水平，增强机体免疫能力。有氧运动是受关注最多的有效缓解更年期综合征的体育运动。

2-4 延伸阅读　运动中的"冻龄秘诀"

3. 运动行为对体液的不良影响

过度运动会导致机体脱水，脱水使心房灌注压减小，从而改变压力感受器传入下丘脑体温调节中枢的神经信息，导致排汗率下降；另外，脱水使血容量下降，静脉回流减少，从而心输出量下降致使氧运输功能受损。而当脱水大于 2% 体重则可造成有氧运动能力、热耐受力和认知能力的损害。因此，运动

2-5 延伸阅读　水中毒

过程中合理的补液可改善和预防脱水状态，从而维持和提高运动能力。此外，运动过量会造成"运动型贫血"。运动过程中，身体会流出大量的汗液，汗液里除了会有水分外，还有很多金属离子，如血液里的铁离子，汗液的大量流失就导致血液里铁离子减少，从而造成贫血。

三、运动过程中营养素对体液的调节作用

1. 碳水化合物

碳水化合物是人体维持生命活动所需热能的主要来源，长时间不摄入碳水化合物会导致身体热能代谢不足，影响免疫器官、免疫细胞及免疫分子的正常代谢，表现在免疫功能、免疫力水平下降。在剧烈运动期间或结束后立即补充碳水化合物，有助于减轻锻炼引发的免疫系统功能紊乱，并有助于身体的恢复。这些食物包括含有碳水化合物的液体、凝胶和能量棒，或是含有不同种类碳水化合物的食物，如含有果糖和葡萄糖的香蕉、葡萄、甜菜等。

2. 蛋白质

在各种营养物质中，蛋白质、氨基酸与机体免疫系统的关系尤为密切。充足的蛋白质营养补充有助于机体自身免疫系统的维持和稳定。蛋白质营养摄入不足，一方面会影响胸腺及外周淋巴器官的正常结构，另一方面影响T淋巴细胞的数量和功能，导致机体免疫能力下降。机体在运动过程中蛋白质代谢加快，蛋白质被大量消耗，因此在运动后要及时补充蛋白质，其中以优质蛋白为主，如牛乳、鸡蛋、肌肉、鱼、虾、大豆等。

3. 脂类

脂类分泌的瘦素能参与单核细胞、巨噬细胞、NK细胞和T淋巴细胞的免疫调节，提高机体免疫力。此外，大多数激素的分泌需要脂肪参与，慢跑、游泳、快走等有氧运动以脂肪代谢为主，运动后脂肪被大量消耗，体内脂肪不足会导致内分泌紊乱。因此，运动后要及时补充脂类，如深海鱼类、橄榄油、坚果、亚麻籽等。

4. 维生素

维生素是维持正常免疫功能的重要条件。B族维生素在免疫系统正常运作的过程中起到至关重要的辅助作用，如维生素B_6参与淋巴细胞的分化、增殖、成熟和激活，能够调节趋化因子和细胞因子的产生。维生素C促进抗体的形成，并提高白细胞的吞噬能力，进而有助于增强人体的免疫防御。此外，维生素E能够帮助机体细胞组织对抗脂质过氧化，减少自由基对细胞膜的损害，从而有利于维持免疫细胞的正常功能。运动时机体能量消耗增加，加速了代谢过程，各种酶的活性增加，使得维生素消耗相应增加。同时，运动时出汗使得水溶性维生素流失严重。因此，运动中和运动后要及时补充维生素，多摄入菠菜、橙子、猕猴桃等维生素含量丰富的蔬菜和水果。

5. 水与矿物质

矿物元素在人体内有着重要的生理功能，它们大多通过参与机体核酸及酶的形成和能量代谢，维持免疫细胞的完整性，对机体特异性免疫和非特异性免疫产生一定影响。一方面，铁、硒、锌、铜元素不仅有助于抗体的形成，而且能促进淋巴细胞的增殖和活化，对维持免疫力有一定的作用。另一方面，免疫应答过程中会产生自由基，铁、锌、硒、铜作为酶的组成，通过酶促反应来发挥抗氧化作用。运动时，大量无机盐和水分随着汗液蒸发，其中主要包括 Ca^{2+}、K^+、Na^+ 等。过度运动会导致机体脱水，因此，在运动过程中要及时补充水分，运动结束后及时补充矿物质，多摄入谷物、豆类、贝壳类、坚果等矿物质含量丰富的食物。

第八节 运动行为与肠道菌群

运动是保持身体健康的重要因素，长期坚持运动可以改变身体的形态结构、增强体质、增进健康和提高生活质量。适当的运动如散步、慢跑可以促进肠道节律性运动，帮助排便，降低便秘及其他肠道疾病的发生。健康的肠道菌群具有保护肠道、改善代谢、调节机体免疫、抗炎、抗肿瘤等作用。研究表明，科学的运动和健康的膳食确保了功能性生理菌群的维持。而不规律、超负荷或长期训练会对肠道菌群产生负面影响，伴随的菌群失调会引起运动人群的免疫反应和健康状况受损。因此，通过有效的运动方式调节肠道菌群可能成为预防和治疗肥胖、糖尿病等代谢性疾病的另一种方式。

纵向研究表明，经常从事中等强度的耐力运动能够对肠道微生物产生最有益的影响，但是不同类型的运动训练方案（例如，阻力、间歇、伸展/柔韧性、耐力/有氧等）对肠道菌群的影响存在差异。

一、肠道菌群概述

1. 肠道菌群的定义及分类

肠道菌群是指肠道内寄居的数量庞大、种类繁多的微生物的总称。微生物主要聚集在人体皮肤、口腔和肠道中。据估计，成人体内约有100万亿微生物，约为人体细胞数量的10倍，80%存在于胃肠道内，其中肠道中的微生物总质量达到1.5kg。肠道菌群是由细菌主导的微生态系统，约有超过1000种细菌，还含有病毒、原生动物、古生菌和真菌等。肠道菌群可分为厚壁菌门、拟杆菌门、梭杆菌门、疣杆菌门、放线菌门、蓝藻菌门和变形菌门，其中90%以上的细菌属于拟杆菌门和厚壁菌门。

人体肠道菌群主要分为有益菌、中性菌和有害菌。有益菌也称益生菌，参与食物的消化，促进肠道蠕动，合成各种维生素，如双歧杆菌、嗜酸乳杆菌和乳酸菌等；中性菌是指具有双重作用的菌，它正常情况下与宿主和谐相处，一旦在数量上失控就会产生致病性炎症因子破坏免疫系统，造成宿主病态发生，如大肠杆菌、肠球菌；有害菌是以产气荚膜杆菌为代表的需氧菌，数量一旦失控大量生长，就会引发多种疾病，产生致癌物等有害物质，严重影响免疫系统的功能。人体肠道菌群的多样性是微生物与其宿主共同进化的结果，正常情况下，各类微生物在肠道内保持共生或拮抗关系，共同形成一个动态平衡的微生态系统。

2. 影响肠道菌群结构的因素

肠道菌群结构受内、外两种因素影响，内部因素主要包括遗传、民族、内分泌、年龄和性别差异等，外部因素主要包括运动、饮食、地理、生活方式、卫生条件、手术和抗生素使用等。其中饮食和运动是外部因素中最主要的两大影响因素。

运动作为一种环境刺激性因素可有效调节肠道菌群的成分和结构、增加有益菌群数量、提高肠道菌群的丰度、恢复肠道菌群平衡，从而达到改善机体健康的效果。高脂、高糖、高蛋白、低膳食纤维的饮食容易导致肠道内有益菌减少和有害菌的滋生，进而导致肠道菌群失调。多吃水果、蔬菜、坚果、豆类、橄榄油和鱼，少吃红肉和饱和脂肪的饮食习惯是典型的地中海饮食，这种饮食习惯已经被认为是对心脏最健康的饮食之一。地中海饮食能增加肠道细菌数量，其中益生菌产生的有益短链脂肪酸能减少制造某些胆汁酸的细菌数量，减少患结肠癌、脂肪肝和糖尿病等的概率。此外，长期服用蛋白补剂可显著改变肠道病毒种类，但是肠道菌群的功能活性并未受到短期中等运动或（和）服用蛋白补剂的影响。值得注意的是，各影响因素并不是独立存在的，往往是多种因素共同作用的结果。

二、运动对肠道菌群的影响

运动对肠道健康有着重要意义。一方面，运动能够显著改变肠道菌群结构以影响肠道健康，另一方面可直接作用于肠道屏障以保护肠道健康。稳定的肠道菌群状态是促进宿主能量代谢、增强肠道免疫功能的重要保障。肠道菌群受饮食、生活方式、疾病症状等外界环境应激因素和宿主内部因素的影响而发生变化。运动作为独立的外界环境应激因素能够改善肠道菌群结构和多样性变化，对炎症调节和能量代谢起到积极有效的作用。此外，运动还可以影响肠腔内容物的特性，特别是微生物群的组成。

1. 运动调节肠道菌群组成

运动作为一种生理刺激，对机体肠道菌群具有一定的影响，运动可以改变肠道菌群组。不同运动群体和运动强度对肠道菌群丰度的影响也有所不同（表2-3）。此外，动物实验研究表明，小鼠经过运动训练（跑台或跑轮）后，其肠道菌群发生改变，主要表现为厚壁菌门丰度增加，变形菌门丰度减少（表 2-4）。以上研究结果充分说明了运动行为可以改变机体的肠道菌群丰度，从而起到改善机体健康的作用。身体健康人群在适当运动后会使关键丁酸生产菌群梭菌属、罗斯氏菌属、毛螺菌科和丹毒丝菌科丰度增加，且粪便丁酸产量增加；对于体型肥胖和瘦弱人群，运动训练可引起人体肠道菌群改变，增加产丁酸菌属数量，如罗氏菌属、毛螺菌属、粪杆菌属和梭菌属等。在健康成年人中，长期体力活动能增加肠道菌群的多样性和代谢活性，但短期和中长期的运动干预（小于 8 周的耐力训练）对肠道菌群的多样性无显著影响，这说明运动对人类肠道菌群的多样性的调节可能需要长时间进行。此外，运动强度可能是影响肠道菌群功能的因素之一，适宜的运动强度使肠道菌群对机体健康起到良性变化；而大强度过度运动会使得大肠杆菌数量明显上升，这可能导致运动过程中出现急性腹泻。

表 2-3　人体运动行为改变肠道菌群组成

研究对象	运动模式	运动时长	肠道微生物的变化
女性游泳运动员	日常跑步训练	4 周	布劳特菌属↑、罗氏菌属↑、丁酸弧菌属↑、丁酸球菌属↑
正常健康人群	高强度训练	4 周	毛螺菌科↑、拟杆菌科↑、普雷沃菌科↓、韦荣球菌科↓
男性橄榄球运动员	日常训练	—	拟杆菌门↓、乳杆菌科↓、艾克曼菌门↑、硬壁菌门↑、琥珀酸弧菌科↑、普雷沃菌科↑

注：↑表示微生物群丰度增加，↓表示微生物群丰度降低。

表 2-4　小鼠运动行为改变肠道菌群组成

研究对象	运动模式	运动时长	肠道微生物的变化
肥胖、高血压模型 Wistar 大鼠	跑台运动	4 周	厚壁菌门↑、变形菌门↓、乳杆菌属↑、支原体菌科↑、链球菌属↓、萨特氏菌属↓、杆菌属↓
雄性 Balb/c 小鼠和雄性 C57BL/6 小鼠	跑台运动	8 周	厚壁菌门↑、变形菌门↓、毛螺菌属↑、瘤胃球菌属↑、拟杆菌属↓、梭菌属↑、卟啉单胞菌属↑
APP/PS1 转基因雄性小鼠（AD 模型）	跑台运动	20 周	真细菌属↑、罗氏菌属↑、梭菌属↑、普雷沃菌属↓、拟杆菌属↓、松脆杆菌属↓、约氏乳杆菌属↓
雄性 C57BL/6 小鼠	跑轮运动	24 周	厚壁菌门↑、软壁菌门↓、拟杆菌门↓

注：↑表示微生物群丰度增加，↓表示微生物群丰度降低。

2. 运动保护肠道屏障

肠道菌群与肠道屏障功能密切相关，肠道菌群及代谢物是影响肠道黏膜屏障完整性和肠道渗透性的重要介质。运动可通过诱导普拉梭菌属、别样棒菌属、毛螺旋菌属、布劳特氏菌属、梭菌属等丰度变化改善肠道上皮形态。临床研究表明短链脂肪酸（short chain fatty acids，SCFAs）可能是身体机能的关键调节剂，它可以改善肠道屏障完整性，降低局部和全身炎症风险，SCFAs 有助于降低肠道 pH，减少促进结肠酸化的初级胆汁酸向次级胆汁酸转化。适当运动后肠道组织细胞及肠道环境中的微生物受到氧化损伤刺激，会诱导产乙酸盐、丙酸盐、丁酸盐等 SCFAs 的菌数量增加。与久坐的人群相比，橄榄球运动员体内的乙酸盐、丙酸盐、丁酸盐和戊酸盐水平明显更高。除此之外，适度运动能够减轻精神压力对肠黏膜屏障功能的影响，有助于保持肠黏膜厚度、降低细菌移位率，同时促进小肠组织中的抗微生物蛋白质和基因表达。值得注意的是，过度的运动会激活自主神经系统，增加外周组织和胃肠道中皮质醇和儿茶酚胺、肾上腺素和去甲肾上腺素的循环浓度。这会导致流向胃肠道的血流量减少，导致缺氧、ATP 耗竭和氧化应激，这些作用会破坏肠道屏障，增加肠道通透性、内毒素血症、营养消耗和炎症。因此科学的运动能够通过保护肠道屏障来维持肠道菌群稳态。

3. 运动保护肠道健康

运动可通过影响肠道菌群的结构和调节机体免疫功能来保护肠道。科学的运动减少了高脂饮食导致的肠道炎症反应，其原因可能有两点：第一，运动会产生厌氧菌，其可参与肠道碳水化合物发酵分解成 SCFAs，SCFAs 作为机体组织及肠道上皮的重要营养来源，具有调节肠道 pH 的功能。运动后 SCFAs 的生成保护宿主不受病原体的侵害，从而减少肠道炎症的发生。第二，运动可增加肠淋巴细胞中的抗氧化酶、抗炎细胞因子和抗凋亡蛋白的表达，同时运动减少了肿瘤坏死因子 $-\alpha$（tumor necrosis factor$-\alpha$，TNF$-\alpha$）、促炎细胞因子白细胞介素 -17（inter leukin-17，IL-17）和促凋亡蛋白的表达，进而调节肠道免疫反应。急性短时中等强度运动通过激活免疫系统进而提高机体免疫功能，而长时间的耐力运动或长期的强化性训练则抑制机体免疫功能。

三、肠道菌群对机体运动能力的影响

肠道菌群不仅是运动健康效应的介导因素之一，还参与运动应激反应及运动疲劳的过程，影响机体的运动能力。肠道菌群影响机体运动能力的原因可能与肠道菌群自身种类及其代谢产物增强宿主的免疫功能、改善机体的物质吸收与能量代谢过程、提高抗氧化水平等因素有关。

1. 免疫功能的增强

肠道菌群可以增强机体免疫功能。一方面通过破坏病原体或动员宿主抗微生物免疫防御来保卫宿主黏膜，另一方面通过影响免疫细胞群的发育和功能来增强免疫作用。TNF$-\alpha$ 是由活化的单核/巨噬细胞产生，能杀伤和抑制肿瘤细胞的细胞因子，主要参与细胞免疫功能的调节。研究表明，机体蛋白质合成过程中受到的抑制作用与肌肉功能受损可能与

TNF-α 水平升高有关，而枯草芽孢杆菌可以降低 TNF-α 浓度。NK 细胞是天然免疫系统中的重要组成部分。中等强度的运动可以通过诱导巨噬细胞、NK 细胞、中性粒细胞和调节细胞素的改变激活免疫系统、提高免疫功能来防御疾病。然而，大强度的运动能导致 NK 细胞的减少，并产生自由基，抑制机体免疫功能，导致患病概率增加。

2. 调节能量代谢

肠道菌群可通过调节能量代谢、改善骨骼肌质量达到缓解运动疲劳、提高运动机能的作用。在肠道中，肠道菌群将不易消化的碳水化合物发酵成乙酸盐、丙酸盐和丁酸盐。与久坐人群相比，定期锻炼的人群粪便中的 SCFAs 含量较高，大多数 SCFAs 从肠道吸收并有助于宿主的能量代谢。另外，短链脂肪酸入血可激活脂酰辅酶 A 生成，参与甘油三酯代谢，为肝脏和骨骼肌等提供能量。除此之外，肠道菌群也可通过影响葡萄糖代谢调节骨骼肌的运动耐力，显著增加运动时间，降低急性运动后血乳酸、氨、肌酸激酶等运动疲劳指标水平，增加腓肠肌型肌纤维的数量，提高葡萄糖利用率。

3. 增加有益代谢产物

肠道菌群在调节机体能量代谢的同时，还会合成大量有益产物，为运动机能的提高提供供能物质。肠道菌群可通过生成短链脂肪酸辅助宿主完成耐力运动，并且肠道菌群中的某些特异菌群如韦荣球菌可将运动代谢产物乳酸转化为丙酸，再次参与运动供能，达到延长运动时间的效果。

4. 提高抗氧化能力

运动中生成的大量自由基与骨骼肌受损及运动能力的下降有关。低强度或中等强度的运动会增加机体抵抗力，但长时间、大强度运动或过度运动会导致肠道蠕动紊乱和肠道上皮细胞受损，最终使得肠道通透性增加。此外，过度运动产生的过多自由基还会使机体产生运动性氧化应激损伤，对运动者的健康及运动能力不利。肠道菌群可通过提高抗氧化酶水平来清除运动产生的过多自由基，从而缓解运动疲劳和提高运动能力。另外，补充益生菌制剂如长双歧杆菌不仅可以降低运动应激引起的肠道黏膜通透性增加，而且可有效提高机体抗氧化能力，缓解氧化应激损伤。

四、运动介导肠道菌群对人体健康的影响

肠道菌群作为疾病治疗的新靶点已引起越来越多的关注，肠道菌群与机体健康息息相关，它不仅是各种代谢性疾病（如肥胖、糖尿病等）的诱因，也是导致各种肠道炎症、影响神经功能的直接因素。运动作为一种干预手段，能够有效调节肠道菌群的分布，提高菌群多样性，促进肠道微生态平衡，改善机体健康（图 2-4）。

1. 运动调节肠道菌群改善机体代谢

（1）运动调节胆汁酸影响肠道菌群　胆汁酸是一种重要的信号分子，具有调节肠道及

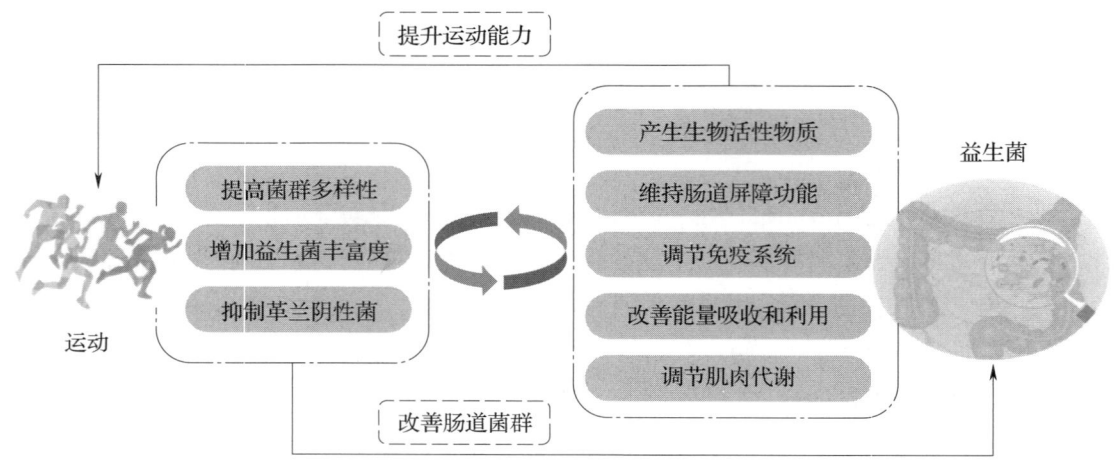

图 2-4 运动与肠道微生物关系

其他器官功能的作用,并参与代谢、免疫、炎症等多种生理过程。适量的运动可通过促进肠胃蠕动来增加初级胆汁酸的分泌及分解。此外,肠道菌群也可将肝脏合成的胆汁酸代谢生成非结合胆汁酸及次级胆汁酸,促进胆汁酸受体核激素受体的活化。除此之外,肠道菌群代谢产物(特别是丁酸)减少了胆汁酸向次级胆汁酸的转化,而适量的运动有利于肠腔内容物中初级胆汁酸浓度的升高。

(2)运动增加丁酸盐含量改善能量代谢　SCFAs 是肠道细菌发酵的主要终产物之一,主要有乙酸盐、丙酸盐和丁酸盐,这类有机酸可被消化道局部黏膜吸收入血,通过作用于内分泌细胞参与机体能量代谢调节。丁酸盐是调节肠黏膜细胞增殖、分化,参与机体能量代谢的主要分子,它能够增加脂肪细胞中脂肪酸氧化,抑制脂肪细胞中脂质的合成,降低脂肪酸合酶 mRNA 表达量。运动能增加厚壁菌门中产丁酸盐的菌。

(3)运动帮助肠道菌群改善机体炎症状态　普拉梭菌是人体肠道中最为丰富的共生菌之一,参与肠道的抗炎反应,而肠道中的环氧合酶 –2(cyclooxygenase-2,COX-2)作为一种促炎因子,在身体过量表达会加重机体炎症并损害机体的健康。运动能够改变肠道内各菌群的分布,使肠道中 COX-2 含量下降,普拉梭菌属含量上升,从而降低肠道炎症的发生。科学运动能使硬壁菌门产气荚膜梭菌和柔嫩梭菌显著增加,拟杆菌门显著降低,显著改善胰岛素及胰岛素抵抗。

(4)下丘脑 – 垂体 – 肾上腺轴对肠道菌群的影响　肠道菌群可通过多种途径与大脑进行信息交换。肠道菌群能产生 γ- 氨基丁酸 GABA、5- 羟色胺(5-hydroxytryptamine,5-HT)、多巴胺和 SCFAs 等通过血液循环进入大脑,也能通过黏膜免疫系统触发细胞因子给大脑传递信息。随后大脑通过分泌皮质醇、交感神经递质、改变肠动力、肠分泌和肠黏蛋白改变肠道菌群。运动可通过下丘脑 – 垂体肾上腺(hypothalamic-pituitary-adrenal,

HPA）轴引起机体应激来调节肠道菌群，运动应激（如中长跑、马拉松、自行车、足球等）对 HPA 都有影响，表现为促肾上腺皮质激素和皮质醇水平的改变。

2. 运动干预肠道菌群改善代谢性疾病

代谢性综合征是一组因能量物质代谢异常而容易导致以肥胖、糖尿病、血脂异常、高血压和冠心病等为特征的心脑血管疾病聚集发病的复杂综合征。肠道菌群失调是引发代谢综合征的重要环境因素，调节肠道菌群能在一定程度上控制代谢性综合征的发生发展。运动对代谢疾病的益处不仅在影响代谢上，对相关代谢性疾病患者菌群也有调节作用。

肠道菌群是人体最大的微生态系统，其结构的紊乱、有益菌群的减少、有害菌群和条件致病性菌群的增强都使得宿主胰岛细胞功能受损、胰岛素敏感性降低。胰岛素抵抗是 2 型糖尿病发生发展的重要原因之一，饮食改变和运动行为是预防和改善 2 型糖尿病的重要方式。运动作为一种内稳态刺激，可使肠道菌群多样化，增加拟杆菌等良性微生物群落的数量。此外，运动也可通过改变肠道菌群的组成和肠道屏障功能影响营养物质的吸收、能量分布、免疫和脑肠轴，从而控制糖尿病的发生发展。

对于肥胖人群来说，其肠道菌群中厚壁菌门丰度增加，拟杆菌门丰度下降且厚壁菌/类杆菌的比例增高。有氧运动和抗阻运动均能通过减少机体脂肪重量有效降低体重，同时降低机体血清 TNF-α 和内脂素水平，改善肥胖机体的慢性炎症状态。脂肪特别是饱和脂肪酸大量摄入会使得血清中的总胆固醇、甘油三酯、低密度脂蛋白浓度升高，进而导致机体代谢紊乱。运动可有效地调节与肥胖相关的冠心病、高血压症的肠道微生物，从而降低患冠心病和高血压的风险。此外，长期运动还可以使血浆高密度脂蛋白浓度增加，低密度脂蛋白、极低密度脂蛋白浓度下降，对糖尿病、肥胖、冠心病及动脉粥样硬化的改善是十分有益的。此外，肠道菌群在高血压的发病机制中也起着至关重要的作用。高血压患者肠道菌群中的克雷伯菌属和链球菌属等致病菌分布广泛，而健康人群中柔嫩梭菌等 SCFAs 产生菌更广泛。

3. 运动介导肠道微生物–肠–脑轴调控神经功能

肠–脑轴是指中枢神经系统和肠神经系统之间形成的双向通路，肠–脑轴这个巨大的神经–内分泌环路，包括中枢神经系统、自主神经系统、下丘脑–垂体–肾上腺和肠道内神经系统。一方面，规律的运动可通过介导肠道微生物多样性、肠道免疫、肠道代谢和肠道内分泌干预神经功能；另一方面，也可通过介导肠道微生物调控肠–脑轴间神经传导，进一步影响肠道微生物调控神经发生。

（1）运动介导肠道微生物多样性干预神经功能　运动干预可降低阿尔茨海默病（Alzheimer's disease，AD）患者肠道内普雷沃菌属、厌氧菌属、松脆杆菌属和约氏乳杆菌属等参与疾病恶化的微生物群丰度，增加真细菌属、罗氏菌属和梭菌属等有益于短链脂肪酸产生的微生物，抑制 AD 患者脑内病理组织学标志物 β-淀粉样蛋白斑块的沉积，提升了 AD 患者的学习与记忆能力。

（2）运动介导肠道免疫干预神经功能　运动干预可增加肠道淋巴细胞中的关键抗氧化酶过氧化氢酶和谷胱甘肽过氧化物酶、IL-10 和抗凋亡蛋白 Bcl-2 水平，同时降低促炎细胞因子 TNF-α、IL-17、促凋亡蛋白 caspase-3/7 水平，改善肠道微生物的寄居环境，进而通过肠–脑轴间联络，缓解神经炎症，改善神经免疫，增强神经功能（图 2-5）。

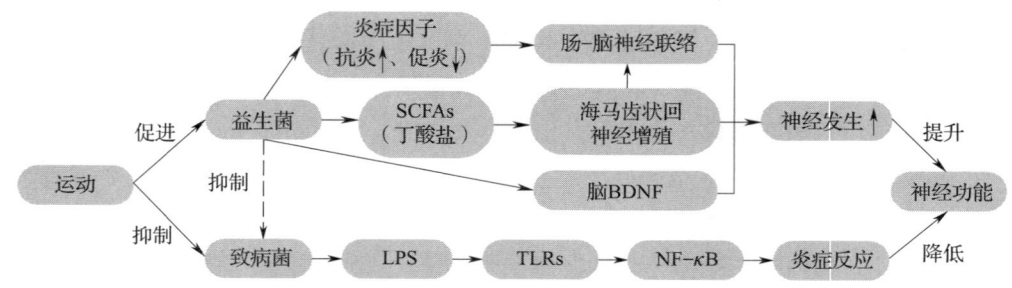

图 2-5　运动调节肠道微生物介导神经发生与神经功能

（3）运动介导肠道代谢干预神经功能　运动可通过调节肠道微生物的代谢产物，如乙酸盐、丙酸盐、丁酸盐、SCFAs 和脂多糖，介导肠–脑轴间的神经联络，从而影响神经功能（表 2-5，图 2-5）。

表 2-5　运动对肠道炎症因子、代谢物和神经递质的影响

研究对象	运动形式	运动时长	肠道相关分子的变化
雄性 C57BL/6 小鼠	跑轮运动	6 周	IL-1β、IL-23、IDO1 ↑，TNF-α ↓
雄性 C57BL/6NTac 小鼠	跑轮运动	12 周	IL-6、胰多肽（PP）、胰淀素（amylin）↑，COX-2、酪酪肽（PYY）、胃饥饿素（ghrelin）、胰岛素（insulin）↓
雄性 C57BL/6 小鼠	跑轮运动	4 周	IL-6 ↑，TNF-α、IL-1β ↓
雌性 C57BL/6 小鼠	跑轮运动	1 次	IL-6、IL-1β ↑
雌性 C57BL/6 小鼠	跑轮运动	16 周	IL-10 ↑，IL-17、TNF-α ↓
雄性 Balb/c 小鼠	游泳运动	16 周	IL-4、IL-6、IL-10、IL-12、TGF-β ↑，IL-2 ↓
雌性 C57BL/6 小鼠	跑轮运动	16 周	IL-6、IL-10 ↑，TNF-α ↓
健康成人	有氧运动	6 周	SCFAs ↑，乙酸盐、丙酸盐、丁酸盐 ↑
职业橄榄球运动员	日常训练	—	SCFAs ↑
健康成人	心肺功能测试	1 次	心肺功能较高者肠道 SCFAs 与丁酸盐的含量均较高
雄性 Wistar 大鼠	HIIT/LIT	12 周	SCFAs ↑
无菌小鼠	力竭游泳	1 次	SCFAs ↓

续表

研究对象	运动形式	运动时长	肠道相关分子的变化
肥胖模型大鼠	游泳训练	8 周	LPS ↓
雄性 Wistar 大鼠	跑轮运动	5 周	SCFAs ↑，丁酸盐 ↑
雄性 C57BL/6 小鼠	跑轮运动	8 周	DA、5-HT ↑，IL-10、TGF-β ↑，IL-1β、IL-6、TNF-α ↓

注：HIIT 为高强度间歇训练（high-intensity interval training），LIT 为低强度训练（light-intensity training），↑表示相关分子的水平增加，↓表示相关分子的水平降低。

① 运动对 SCFAs 的调节：SCFAs 中乙酸、丙酸和丁酸等是肠道微生物发酵的主要终产物，各种短链脂肪酸之间的平衡与肠道健康和肠道神经传导关系密切，如丁酸盐可刺激海马齿状回的神经增殖，尤其是可诱导缺血性脑损伤后的神经发生。因此，运动可通过介导肠道微生物代谢产生的短链脂肪酸调控肠道的代谢功能。

② 运动对脂多糖的调节：运动可通过调节肠道微生物代谢产生的脂多糖介导相关细胞信号通路。肠道微生物代谢产生的脂多糖经血液循环至骨骼肌，可激活 TLR4 和 TLR5 受体，其活化程度取决于肠道微生物群的组成。由特定肠道微生物代谢产生的脂多糖可通过刺激 TLRs 激活核因子 κB（nuclear factor kappa，NF-κB），触发骨骼肌中产生炎性细胞因子影响神经功能。

（4）运动介导肠道内分泌干预神经功能　肠道微生物是肠道内分泌系统的重要参与者，可参与和调节肠道的分泌活动，包括经典神经递质的分泌以及非经典神经递质如神经营养因子的分泌等。运动可通过调节微生物介导的肠道内分泌活动影响肠-脑轴间神经联络，改善神经功能。

① 运动对肠道神经递质分泌的调节：肠道微生物可分泌 5-HT、多巴胺和去甲肾上腺素等经典神经递质，进而通过肠道神经传导系统影响中枢的兴奋状态，其中 5-HT 发挥重要作用。运动锻炼（如跑步）不仅可促进肠道 5-HT 的分泌，同时还可促进脑内 5-TH 的合成和代谢，抑制神经焦虑症。此外，长时间的剧烈运动可导致大脑的谷氨酰胺耗竭增加、诱发肠道通透性增加、肠黏膜细胞分泌的神经递质 GABA 紊乱，进而对 GABA-谷氨酸稳态产生负性调节作用，诱导疲劳发生。

② 运动对肠道神经营养因子分泌的调节：神经营养因子（neurotrophic factors，NFs）属于非典型神经递质，在神经元的生长、发育及凋亡等过程中发挥重要作用，可促进神经元的增殖、分化、成熟、突触发生等。在诸多 NFs 中，BDNF 在运动调控神经功能中发挥着尤为关键的作用，其有助于神经系统发育，对认知功能至关重要。

本章小结

健康的身体离不开坚持运动，保持有规律的体育运动可以使人体的各个组织器官得到充分的锻炼。科学的运动能够增强血管弹性,提高心肺功能和机体免疫力,预防动脉粥样硬化、糖尿病和高脂血症等代谢综合征的发生。不科学的运动或运动过量会造成内脏器官的超负荷负担,最终导致内脏器官劳损,严重影响机体的正常运转。此外,运动还可以通过影响机体神经递质和延缓大脑部分功能区萎缩增进大脑的认知功能。适量的运动能够提升大脑执行和控制能力,改善大脑功能,防止机体认知衰退。运动过量则会导致脑组织兴奋性降低,长此以往损害大脑正常机能。运动后合理的膳食补充对于维持脑部正常运转也至关重要。

运动作为一种干预方式,不仅能够直接影响骨代谢,还可以通过激素、营养、心理和生活方式等影响人类的骨骼健康。适量运动可以通过增加骨密度来预防和改善骨质疏松症,但过量的运动会使得骨骼受损,进而导致"疲劳性骨折"。因此不同运动的人群应该在合理的膳食搭配基础上进行科学的运动,减少相关骨疾病发生。

随着运动行为的进行,机体内会产生一系列的变化,此时机体需要通过体液调节达到平衡,以此保证其正常活动。适量的运动通过增加血液中白细胞量和调节抗炎症相关激素来提高机体免疫力,对于预防和缓解高血脂、高血糖有一定的帮助。但是,过度运动使得机体流失大量矿物质、维生素和水分,导致机体脱水和"运动型贫血"。因此,运动人群应该避免由于运动负荷、运动环境以及运动者身体素质等因素的影响导致出现的由一种或多种营养物质缺乏引起的运动后的各种身体不良反应。在运动结束后,及时补充足够的营养,提高机体免疫力。因此,运动人群应根据自己的年龄、性别、体力状况、健康水平、体育基础、生活环境等实际情况,量力运动。此外,在进行体育运动的同时需要补充足够的营养,合理的膳食营养能够促进身体机能的提高与免疫功能的增加,有效预防疾病的侵扰。

科学的运动和健康的膳食确保了功能性生理菌群的维持。运动不仅能够使体内的肠道菌群更加多样化,还能促进有益菌群的生长,抑制病原菌。肠道菌群也可通过分泌一系列代谢产物对机体运动能力产生影响,产生一个良性循环,即运动抑制致病菌并使有益菌群得到更好生长,而反过来有益菌群分泌各种对运动有益的因子,不断提高机体运动能力。但运动干预形式和强度的不同对肠道菌群影响结果也存在差异,其背后的机制亟待研究,这也有助于调整不同健康状况人群的运动方式。此外,运动导致某些特定菌种改变,而大多数特定菌种的改变与机体健康水平以及慢性病的产生紧密联系。这意味着以运动作为非药物治疗手段,将肠道菌群作为肠道疾病治疗、康复方面的新靶点,是以后运动治疗疾病的新兴研究趋势。

思考题

1. 在运动时,影响肌糖原利用的因素有哪些?
2. 经常运动为何会增加肌肉力量?

3. 骨质疏松因何形成？运动如何影响骨骼健康？
4. 营养物质中对骨骼健康影响较大的有哪些？
5. 有氧运动如何影响肝脏的生理变化？
6. 运动对脾脏机能产生的生理变化？
7. 肾脏的生理功能有哪些？
8. 什么是运动性贫血？如何对运动性贫血进行膳食补充？
9. 什么是肠道菌群？有哪些类型？影响肠道菌群的因素主要有哪些？
10. 运动可以通过哪些方式介导肠道微生物－肠－脑轴调控神经功能？

第三章 运动行为与营养素供给

学习目标

1. 掌握几大营养素的定义和分类，了解常见的食物来源及含量进一步掌握不同营养素的生理功能、消化吸收和代谢等特点，对营养素有一个全面整体的认识。

2. 理解运动行为与营养素的关系，掌握几大营养素在运动过程中起到的关键作用，进一步掌握不同运动行为中不同种类营养素的供给。

3. 学习掌握营养素在运动中的代谢过程，进一步了解了运动人员在运动过程中对营养素的需求量。运用营养与运动搭配的方式达到调节身体机能的目的。

第一节 引言

随着社会高速发展，巨大的工作压力、紧凑的生活节奏以及不合理的饮食习惯导致人体生理生化代谢紊乱、精神高度紧张，对人体的健康状态造成巨大影响，多数人处于亚健康状态。因此，规律的运动行为和合理的营养补充对维持身体健康状态至关重要。

运动行为是一个消耗能量及营养的过程，运动结束后，人体内能量消耗、蛋白质分解、电解质流失、酸性代谢物堆积，会导致人体出现疲劳感觉。身体中的水分和肌糖原在长时间运动中逐渐耗尽。为了快速恢复损失，鼓励个人在运动后≤30min 内补充 1.25～1.50L

H_2O/（kg 失汗量）和 1.0~1.2g 碳水化合物/（CHO, kg 体重·h），持续 4h，因为脱水和低 CHO 可用性会损害耐力表现。鉴于营养素提供液体和营养的能力，它们可以帮助运动员在运动后补充水分同时，又补充能量，合理的营养补充是保持健康和良好运动能力的物质基础。与此同时，运动后营养的补充可使人体的生理生化代谢恢复至正常状态，维持身体正常的代谢平衡。

不同运动行为能量及营养消耗不同，对于运动后营养素的需求不同。在运动前、运动中和运动后实施的策略必须针对多个目标。首先，它们应该通过解决与营养相关的各种因素来支持或促进最佳表现，这些因素可能会在整个体育赛事或接近尾声时导致疲劳和表现输出（例如力量、敏捷性、技能和注意力）下降。这些因素包括但不限于脱水、电解质失衡、糖原耗竭、低血糖、胃肠不适和酸碱平衡紊乱。运动中和运动后恢复期间消耗的液体或补充剂可以减少或延迟这些因素的影响，最终目标是继续为健康和进一步适应运动提供营养支持。运动前和运动后的营养需求以及满足这些需求的实用策略取决于多种因素，包括事件（运动方式、强度和持续时间）、环境、先前运动的遗留效应、食欲和个人反应及偏好。因此，本章的主要内容为运动行为与营养素的关系及运动行为与不同种类营养素的补充。

本章内容基于膳食营养学知识提出了针对性的运动行为营养搭配，针对不同的体育运动项目进行营养补充，以达到最佳的运动训练效果。根据膳食营养学知识和运动过程中生理活动发展变化规律，结合运动实践，科学地进行营养素补充，以实现促进健康和提高运动效果的目的。用习近平新时代中国特色社会主义思想铸魂育人，厚植爱国主义情怀，培养严谨、求实、探索、创新的科学态度，引导人们养成运动习惯，掌握运动技能，弘扬运动精神，并将这种情怀融入实现"两个一百年"奋斗目标中。

随着时代的发展和社会生活的丰富，传统运动"营养化"的理念和文化不断发展，影响着人们选择和参与运动健身的动力，运动与营养的有机融合成为一个值得研究和探索的生活目标。整体上来看，我国要加大对运动与营养并行的发展力度，并提升运动营养的基础建设，不断普及与发展运动健康生活方式。

第二节 运动行为与营养素的关系

一、营养素

营养素（nutrient）是指食物中可给人体提供能量、机体构成成分和组织修复所需化学成分并具有生理调节功能的物质。经分类可概括为蛋白质、碳水化合物、脂类、矿物质、维生素、水和膳食纤维七大类（图 3-1）。除此之外，还有一些非必需但同样对人体有重要生理活性的物质。

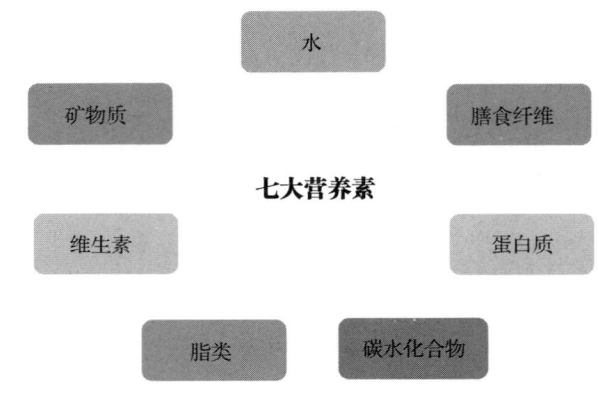

图 3-1　营养素的分类

二、人体运动行为的能量消耗

运动行为强度用身体活动强度常用指标代谢当量（metabolic equivalents，METs，也称梅脱）来区分，代谢当量是指相对于安静休息时运动的能量代谢水平，1METs 相当于每分钟每千克体重消耗 3.5mL 氧或每千克体重每分钟消耗 4.40kJ 能量的活动强度。<3METs 为低强度运动行为；3~6METs 为中强度运动行为；7~9METs 为高强度运动行为；>9METs 为极高强度运动行为。

在日常生活中，一般人群常见的运动行为以低、中强度运动行为为主，部分人群常有高强度运动行为，极少人群接触到极高强度运动行为。

1. 低强度运动行为

（1）低强度运动行为及能量消耗　日常生活中常见的低强度运动包括慢速（3km/h）步行、打台球和收拾餐桌、做饭、洗碗、擦窗户等家务活动。这些行为的活动强度约为 2.5METs，能量消耗为男 115.1kJ，女 78.3kJ。

如果一个人每天仅有少量的低强度运动，则约等于其生活方式为静坐生活方式，这样的生活方式是慢性病的四大诱因之一，因此这类人群需加强运动，保持健康生活方式。

（2）低强度运动行为的推荐摄入食物份数　低强度运动能量消耗较小，因此推荐摄入食物份数较少。一般而言，男性在低强度运动过程中消耗能量高于女性，所需食物摄入份数略高于女性。此外，由于不同食物所含热量不同，低强度运动后所需的摄入份数是不一样的，具体见参考表 3-1。

2. 中等强度运动行为

（1）中等强度运动行为及能量消耗　中等强度运动行为是指需要一些能量消耗但仍可在活动时轻松讲话的行为。如快速步行、跳舞、休闲游泳、打网球、打高尔夫球、手洗大件衣服等。快走为中等强度运动行为代表，一般将速度大于 5km/h 的定义为快走。以快走为例，活动强度为 4.0METs，能量消耗为男性 184.2kJ，女性 156.1kJ。

表 3-1　不同运动行为强度的推荐摄入食物份数

食物/组	每份质量/g	低强度运动水平		中强度运动水平		高强度运动水平	
		男性	女性	男性	女性	男性	女性
谷类	50~60	5.5	4.5	7	5	8	6
薯类	80~85	1.0	0.5	1.5	1.0	1.5	1.5
蔬菜	100	4.5	4	5	4.5	6	5
水果	100	3	2	3.5	3	4	3.5
蛋类	40~50	1	1	1	1	1	1
大豆	20~25	1	0.5	1	0.5	1	1
坚果	10	1	1	1	1	1	1

（2）中强度运动行为的推荐摄入食物份数　参考表 3-1。

3. 高强度运动行为

（1）高强度运动行为及能量消耗　高强度运动行为是指需要大量能量消耗，并心跳加快和呼吸急促的行为，如慢跑、健身操、快速蹬车、比赛训练或重体力活动，例如举重、搬重物等。高强度运动行为在短时间内就会消耗体内较多的水分和能量，因此要注意及时补充。

（2）高强度运动行为的推荐摄入食物份数　参考表 3-1。

食物摄入量和身体活动量是维持能量平衡和健康体重的两个主要因素。如果摄入量大或活动量不足，多余能量就会以脂肪的形式在体内堆积，体重增加，造成超重或肥胖；相反，若摄入量小或活动量过多，就会由于能量摄入不足或消耗过多而引起体重偏轻或消瘦。健康成年人的体重指数（BMI）应维持在 18.5~23.9。

能量消耗包括基础代谢、身体活动、食物热效应及生长发育需求四个部分。其中，身体活动是唯一能自我调节的能量消耗。因此保持健康既要食不过量，又要适量进行身体活动。

三、运动中营养素的供给

1. 运动前的营养供给

运动前应选择容易消化且不易造成胃肠压力的食物。运动中肌肉需要消耗大量葡萄糖，因此在运动前应注意适量补充碳水化合物，有助于预防疲劳的过早产生，抑制延迟性酸痛。且当达到一定运动量时，开始分解代谢体内蛋白质来产生能量，所以在运动前也要注意摄入优质蛋白质和氨基酸，用来修复肌肉损耗，增强肌肉力量。同时，充足的维生素和矿物质等营养元素摄入可以保证运动时身体处于最佳状态，例如维生素 E、肌酸等。

2. 运动中的营养供给

运动中除因提供能量而消耗糖类、蛋白质和脂质，大量水分和电解质的损失也是不可忽视的。在运动过程中最关键的就是补充水分，应少量多次补充，且最好为加入电解质的温水，防止胃肠道损伤和肌肉抽筋。

3. 运动后的营养供给

运动后的恢复对于锻炼效果的产生至关重要，尤其是碳水化合物、蛋白质、维生素和矿物质的补充。如果条件允许，部分提高免疫力和抗氧化的营养物质也需补充。碳水化合物还有助于刺激肌肉吸收或利用蛋白质，所以此时补充蛋白质，可以增加肌肉生成。

第三节 运动行为与蛋白质供给

一、蛋白质的定义和分类

蛋白质是一类含氮有机化合物，除含有碳、氢、氧外，还有氮和少量的硫。某些蛋白质还含有其他一些元素，主要是磷、铁、碘、锌和铜等。

1. 必需氨基酸与非必需氨基酸

氨基酸由一个碳原子与氨基（含氮部分）和羧基相连组成。人体对蛋白质的需求实际上是对氨基酸的需求。食物蛋白质中含有20多种氨基酸，从营养学角度分，可分为三大类：必需氨基酸、非必需氨基酸和条件必需氨基酸。表3-2所示为构成人体蛋白质的氨基酸。

表3-2 氨基酸的分类

氨基酸	英文名称	氨基酸	英文名称
必需氨基酸		缬氨酸	Valine（Val）
异亮氨酸	Isoleucine（Ile）	组氨酸（婴儿必需）	Histidine（His）
亮氨酸	Leucine（Leu）	**条件必需氨基酸**	
赖氨酸	Lysine（Lys）	半胱氨酸	Cysteine（Cys）
甲硫氨酸	Methionine（Met）	酪氨酸	Tyrosine（Tyr）
苯丙氨酸	Phenylalanine（Phe）	**非必需氨基酸**	
苏氨酸	Threonine（Thr）	丙氨酸	Alanine（Ala）
色氨酸	Tryptophan（Trp）	精氨酸	Arginine（Arg）

续表

氨基酸	英文名称	氨基酸	英文名称
天冬氨酸	Aspartic acid（Asp）	甘氨酸	Glycine（Gly）
天冬酰胺	Asparagine（Asn）	脯氨酸	Proline（Pro）
谷氨酸	Glutamic acid（Glu）	丝氨酸	Serine（Ser）
谷氨酰胺	Glutamine（Gln）		

必需氨基酸（essential amino acid）是指人体需要，但体内不能合成，或合成速度难以满足机体需要而必须由食物蛋白质供给的氨基酸。成人必需氨基酸共8种，而组氨酸是婴儿所需。半胱氨酸和酪氨酸在体内分别由甲硫氨酸和苯丙氨酸转变而来，因此，被称为半必需氨基酸（semi-essential amino acid）。

2. 蛋白质的分类

依据蛋白质中必需氨基酸的种类和数量分类，可以分为完全蛋白质、半完全蛋白质和不完全蛋白质。

（1）完全蛋白质　所含的必需氨基酸种类齐全，数量充足，彼此比例适当。这一类蛋白质不仅可以维持人体健康，还可以促进生长发育。如乳中的酪蛋白及乳清蛋白。

（2）半完全蛋白质　所含氨基酸种类齐全，但其中某些氨基酸的数量不能满足人体需要。它们可以维持生命，但不能促进生长发育。如小麦和大麦中的麦胶蛋白。

（3）不完全蛋白质　这类蛋白质不能提供人体所需的全部必需氨基酸，仅靠它们既不能促进生长发育，又不能维持生命。如肉皮中的胶原蛋白。

3. 常见食物蛋白质来源及含量

蛋白质广泛存在于动、植物性食物中（表3-3）。动物性蛋白质其氨基酸比例的可用性高，其营养价值高；植物性蛋白质由于其氨基酸比例不平衡和某些氨基酸含量过低从而限制了其营养价值。因此，日常饮食应该注意动、植物性蛋白质互补，适当搭配。由于我国以植物性食物为主，推荐的推荐摄入量（recommended nutrient intake，RNI）值在1.0~1.2g/kg体重，若按热能计算，蛋白质的摄入量占膳食总热能的10%~14%。

表3-3　常见食物蛋白质含量表　　　　单位：g/100g

名称	含量	名称	含量	名称	含量
米	8	小米	9	海带	8
面粉	10	豆浆	4	马铃薯	2
红薯	2	番茄	0.8	山药	2
玉米	8	叶菜类	2	花生	24

续表

名称	含量	名称	含量	名称	含量
豆腐	5	核桃	16	鸡肉	20
鸡蛋	20	瘦羊肉	17	鸡蛋	12
瘦猪肉	16	牛肉	20	牛乳	3

二、蛋白质的生理功能

蛋白质能构成体内各种重要的生物活性物质。生命活动有条不紊地进行，有赖于机体中各种生理活性物质的调节，而人体中许多具有生理活性的物质都是以蛋白质为主要组成成分或由蛋白质提供原料构成其他活性物质以调节生理功能。

1. 催化作用

酶的本质就是蛋白质。新陈代谢中的化学变化绝大多数是借助于酶的催化作用迅速进行。如糖类在体内的三羧酸循环需经多种酶的共同作用才能顺利进行。

2. 调节生理机能

激素是机体内分泌细胞制造的一类化学物质。这些物质随血液循环流遍全身，调节机体的正常活动，对机体的繁殖、生长、发育和适应内外环境的变化具有重要作用，如胰岛素、甲状激素等。

3. 氧的运输

生物从不需氧转变成需氧以获得能量是进化过程的一大飞跃。它从环境中摄取氧、在细胞内氧化能源物质（碳水化合物、脂肪和蛋白质），产生二氧化碳和水。这种供能代谢使生物能够更多地获取储存于能源物质中的能量。

4. 肌肉收缩

肌肉是占人体百分比最大的组织。通常为体重的 40%~45%。机体的一切机械运动及各种脏器的重要生理功能。例如肢体的运动、心脏的搏动、血管的舒缩、胃肠的蠕动、肺的呼吸，以及泌尿、生殖过程都是通过肌肉中肌动球蛋白的收缩与松弛来实现的。

5. 特殊情况下供能

尽管蛋白质在体内的主要功能并非供给能量，但它也是一种能源物质。特别在碳水化合物和脂肪供给量不足时，蛋白质在体内氧化供能约 17kJ/g。它与碳水化合物和脂肪所供给的能量一样，都可用以促进机体的生物合成，维持体温和生理活动。人体每天消耗的能量约有 14% 来自蛋白质。

三、蛋白质的营养评价

评价食物蛋白质的营养价值，对于食品品质的鉴定、新的食品资源的研究与开发和指导人群膳食等具有重要作用。各种食物其蛋白质的含量、氨基酸模式等都不一样，人体对不同的蛋白质的消化、吸收和利用程度也存在差异，所以营养学上主要从食物蛋白质含量、被消化吸收的程度和被人体利用程度对蛋白质全面地进行评价。常用的指标有以下 5 种。

1. 蛋白质的含量

蛋白质含量是食物蛋白质营养价值的基础。食物中蛋白质含量测定一般使用微量凯氏定氮法，测定食物中的氮含量，再乘以由氮换算成蛋白质的换算系数，就可得到食物蛋白质的含量。表 3-4 为常见食品的氮折算系数。

表 3-4 常见食品的氮折算系数

食品	折算系数	食品	折算系数
全小麦粉	5.83	鸡蛋（整）	6.25
麦糠麸皮	6.31	蛋黄	6.12
麦胚芽	5.80	蛋白	6.32
麦胚粉	5.70	肉类和鱼类	6.25
燕麦	5.83	动物明胶	5.55
大麦、黑麦粉	5.83	乳及乳制品	6.38
小米	6.31	酪蛋白	6.40
玉米	6.25	人乳	6.37
大米及淀粉	5.95	大豆	5.71
巴西果	5.46	其他豆类	6.21
花生	5.46	大豆蛋白	6.25
杏仁	5.18	其他食品	6.25
其他如核桃等	5.30		

2. 蛋白质消化率

蛋白质消化率不仅反映了蛋白质在消化道内被分解的程度，同时还反映消化后的氨基酸和肽被吸收的程度。蛋白质的消化率可以用式（3-1）表示。

$$\text{蛋白质消化率}(\%) = [\text{食物氮} - (\text{粪氮} - \text{粪代谢氮})] / \text{食物氮} \times 100 \quad (3-1)$$

该计算结果是食物蛋白质的真消化率。在实际应用中，往往不考虑粪代谢氮，这种消化率叫作表观消化率。

3. 蛋白质利用率

蛋白质生物价是反映食物蛋白质消化吸收后，被机体利用程度的指标，生物价的值越高，表明其被机体利用程度越高，表 3-5 为常见食品的生物价，计算方法如式（3-2）~式（3-4）。

表 3-5 常见食物的生物价

食物或食物组合	生物价	食物或食物组合	生物价
全鸡蛋（36%）+ 马铃薯（64%）	136	爱达姆干酪	85
乳清蛋白（70%）+ 马铃薯（30%）	134	猪肉	85
小麦粉（25%）+ 牛乳（75%）	125	大豆	84
大豆（40%）+ 全鸡蛋（60%）	124	大米	81
牛乳（24%）+ 全鸡蛋（76%）	119	牛肉	80
全鸡蛋（68%）+ 小麦粉（32%）	118	酪蛋白	77
牛乳（51%）+ 马铃薯（49%）	114	黑麦粉	76
马铃薯（22%）+ 牛肉（78%）	114	马铃薯	71
玉米（12%）+ 全鸡蛋（88%）	114	小扁豆	60
乳清蛋白	104	豌豆	56
全鸡蛋	100	玉米	54
金枪鱼	92	小麦粉	54
牛乳	91	芸豆	49

$$生物价 = 储留氮 / 吸收氮 \quad (3-2)$$

$$储留氮 = 吸收氮 - (尿氮 - 尿内源性氮) \quad (3-3)$$

$$吸收氮 = 食物氮 - (粪氮 - 粪代谢氮) \quad (3-4)$$

4. 蛋白质净利用率

蛋白质净利用率是反映食物中蛋白质被利用的程度，包括食物蛋白质的消化和利用两个方面，更为全面。计算方法如式（3-5）所示。

$$蛋白质净利用率 = 消化率 \times 生物价 \quad (3-5)$$

5. 蛋白质功效比值

蛋白质功效比值是用处于生长阶段中的幼年动物在实验期内，其体重增加和摄入蛋白质的量的比值来反映蛋白质的营养价值的指标。计算方法如式（3-6）所示。

$$蛋白质功效比值 = 动物体重增加（g） / 摄入蛋白质（g） \quad (3-6)$$

四、蛋白质的消化、吸收及代谢

1. 消化

所有食物蛋白质必须在消化道内分解生成氨基酸后才能被机体吸收和利用。蛋白质的消化主要在小肠内进行，部分在胃中进行。食物中的蛋白质在胃蛋白酶的作用下，水解成多肽后进入小肠，再在小肠胰蛋白酶和糜蛋白酶的催化下，水解成多肽和氨基酸。经过加热处理的蛋白质因变性而易于消化，而未经加热变性的蛋白质和内源性蛋白质较难消化。

2. 吸收

蛋白质经消化分解为氨基酸后，在小肠黏膜处通过主动转运机制几乎全部被吸收进入血液循环。肽是蛋白质的不完全水解产物。近年来的大量研究显示，小肠壁上还存在有二肽和三肽的转运系统，因此许多二肽和三肽也可完整地被小肠上皮细胞吸收，而且肽转运系统吸收的效率可能比氨基酸更高。二肽和三肽进入细胞后，可被细胞内的二肽酶和三肽酶进一步分解成氨基酸，再进入血液循环，图3-2为蛋白质在体内的消化、吸收和代谢过程。

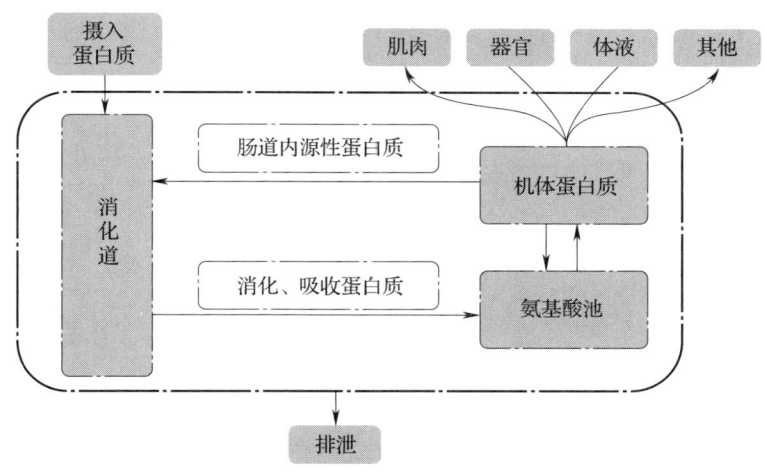

图3-2 蛋白质在体内的消化、吸收和代谢

3. 代谢

（1）利用　吸收进入血液循环的氨基酸到达需要的组织时被利用。其利用途径有两种，一为合成代谢，即合成组织蛋白质以补充分解的同类蛋白质，或合成蛋白质以外的其他含氮物质（如嘌呤、肌酸、肌苷等）；二为分解代谢，通过此途径释放能量或合成其他生理活性物质。

（2）排泄　未消化吸收的蛋白质经粪便排出体外，而吸收但未被利用的蛋白质或其代谢物则通过尿液排出体外。此外，通过皮肤表皮细胞脱落、排汗等方式也可排泄氮。

（3）氮平衡　蛋白质是机体最重要的氮来源，且氮含量相对恒定，因此在营养学上常用氮平衡来研究机体蛋白质的营养状况和食物蛋白质的消化吸收利用情况。氮平衡是指蛋白质摄入量与排出量之间的对比关系，如式（3-7）所示。

$$氮平衡（B）= 摄入氮 - 排出氮 \quad (3-7)$$

当 B>0 时，为正氮平衡，表示摄入的蛋白质除补偿组织消耗外，多余部分被合成机体自身的蛋白质，即构成新组织而被保留。

当 B=0 时，为氮平衡，说明补充的蛋白质正好抵偿机体消耗的蛋白质，摄入的蛋白质没有滞留在体内。此时，组织蛋白质的合成代谢与分解代谢处于动态平衡，摄入的蛋白质主要用来维持组织的修补、更新或补偿消耗的同类蛋白质。

当 B<0 时，为负氮平衡，表示蛋白质的摄入量小于其需要量，导致机体组织蛋白质的分解消耗增加，容易导致人的体重减轻、消瘦、贫血、抵抗力下降等。

五、蛋白质与运动

1. 蛋白质在运动中的作用

（1）供给能量　每人每天平均有 10% 或更多的能量消耗来自蛋白质。氨基酸，特别是支链氨基酸可为运动时的肌肉提供热能。长时间耐力运动时，肌糖原被大量摄入，脂肪动用和利用加速，能量需求的平衡关系可能会受到破坏。为了补充骨骼肌和大脑正常活动对糖的需求，蛋白质分解代谢增强，氨基酸的糖异生作用加强，从而可避免运动时出现低血糖。

（2）营养强力作用　机体处于大运动负荷和比赛的应激状态下，不仅消耗大量能量，还会使体内蛋白质的分解代谢加强，此时提供优质蛋白质和氨基酸营养，对于补充运动员的损耗，增强肌肉力量，促进血红蛋白的合成，加速消除疲劳具有重要意义。

2. 运动对蛋白质需要量的影响

运动过程中会消耗大量能源物质，蛋白质代谢加强，但运动过程中是否增加蛋白质需要量，这主要取决于运动状态、运动类型、强度和频率等。在高强度运动初期应适当加强蛋白质营养，否则易产生氮负平衡甚至运动型贫血。长时间剧烈的耐力运动和力量运动使蛋白质代谢加强，从而增加蛋白质的需要量。运动强度大，训练次数多，则蛋白质的代谢加强，需要量增加。

（1）不同机能水平运动对蛋白质需要量的影响　剧烈运动初期，由于机体还不能完全适应，从而使细胞破坏增加、肌蛋白和红细胞再生等合成代谢亢进，以及应激时激素和神经调节等反应常发生负氮平衡，甚至出现运动性贫血；另外由于剧烈运动尿液中蛋白质的排出量也会增加，而经过一段时间适应后则氮平衡得到改善。因此高强度运动初期应适当加强蛋白质营养。

（2）不同运动项目对蛋白质需要量的影响　长时间剧烈的耐力运动使蛋白质代谢加强，从而增加蛋白质的需要量，但蛋白质的需要量又受糖原储备的影响。在耐力运动中，当肌、肝糖原浓度足够时，蛋白质耗损的增加仅为总能量消耗的 4%；当糖原耗尽时，其损失的增加也仅为 10%。在长时间运动（3.75h）期间，氨基酸氧化所产生的能量为总能量消耗的 4%~8%，因此在繁重的耐力训练期间，如果蛋白质需要量有所增加的话，在需要量的基础上增加 10% 显然是合理的。力量训练因肌肉组织消耗增加也需要略微增加蛋白质的摄入量。运动强度大，训练次数多，则蛋白质的代谢加强，需要量增加。

六、过量补充氨基酸和蛋白质潜在的危险

氨基酸和蛋白质对于运动员固然重要，但绝不是愈多愈好，有些力量型运动如举重、投掷，迷信于食用大量高蛋白质膳食，试图增强肌肉组织，加大爆发力量，往往适得其反。另外食用大量高蛋白质膳食对身体也是一种危害：首先，在高蛋白质膳食的过程中，蛋白质一旦超出当时需要量，过量的蛋白质将参与分解代谢或糖异生及脂肪的合成，从而直接或间接地使血液中胆固醇、甘油三酯及低密度脂蛋白水平升高，而高密度脂蛋白水平降低，长期食用将增加高血压、肾病及尿钙的发病率；其次，高蛋白膳食使血清谷-草转氨酶，谷-丙转氨酶和碱性磷酸酶含量增加，对肝脏造成一种潜在伤害，同时高蛋白膳食的酸性代谢产物会增加肝、肾的负担，导致肝、肾肥大并易疲劳；此外，高蛋白膳食将使氮、钙、钠和体液滞留显著增加，从而对水盐代谢造成不利影响，并有可能引起泌尿系统结石和便秘。因此运动员在平衡膳食条件下，不要过量补充氨基酸和蛋白质。

3-1 延伸阅读　过高蛋白饮食的危害

第四节　运动行为与碳水化合物供给

一、碳水化合物定义和分类

1. 碳水化合物的定义

碳水化合物（carbohydrate）是由碳、氢和氧三种元素组成，自然界存在最多、具有广谱化学结构和生物功能的有机化合物，可用通式 $C_x(H_2O)_y$ 来表示，主要包括糖、淀粉、纤维素等。

2. 碳水化合物的分类

碳水化合物从化学角度上可分为单糖、双糖、寡糖和多糖；从营养学角度上，根据碳水化合物是否提供能量，可将其分为可利用碳水化合物和不可利用碳水化合物。可利用碳水化合物包括单糖、双糖和多糖中的淀粉和糖原等，不可利用碳水化合物主要包括寡糖、

纤维素等。

（1）单糖（monosaccharide） 单糖是最简单的碳水化合物，是所有糖类的基本结构单位，易溶于水，可直接被机体吸收和利用。最常见的单糖有葡萄糖、果糖和半乳糖。

（2）双糖（disaccharide） 双糖含有两个单糖分子，常见的双糖有蔗糖、麦芽糖、乳糖。蔗糖（sucrose）含有一分子葡萄糖和一分子果糖，广泛存在于植物中，特别是甘蔗、制糖甜菜、高粱以及有甜味的果实中含量较高。麦芽糖（maltose）是由两分子葡萄糖构成，是淀粉的基本组成单元，大量存在于发芽的谷粒和麦芽中。乳糖（lactose）由葡萄糖和半乳糖失水缩合而成，主要存在于动物的乳汁中，植物中鲜见。

（3）寡糖（oligosaccharide） 寡糖也称低聚糖，是指由3~9个单糖通过糖苷键构成的小分子多糖，比较重要的寡糖有低聚果糖、大豆低聚糖等。寡糖不能被消化酶分解而消化吸收，但可被肠道益生菌利用，抑制有害菌生长，有利于肠道健康。

（4）多糖（polysaccharide） 多糖是自然界中分子结构复杂且庞大的糖类物质，由10个以上单糖分子组成的高分子化合物，一般不溶于水，无甜味，无还原性。重要的多糖包括淀粉、糖原和纤维。

3. 常见食物碳水化合物来源及含量

碳水化合物的主要食物来源有：糖类、谷物（如水稻、小麦、玉米、大麦、燕麦、高粱等）、水果（如甘蔗、甜瓜、西瓜、香蕉、葡萄等）、干果类、豆类、根茎蔬菜类（如胡萝卜、番薯、马铃薯等）等。它们的碳水化合物含量见表3-6。

表3-6 常见食物的碳水化合物含量　　　　　　　　　　　　　　单位：g/100g

食物名称	含量	食物名称	含量	食物名称	含量
稻米	77.2	挂面	76.0	山药	12.4
小米	75.1	馒头	49.8	甘薯	25.2
标准小麦粉	70.9	籼米饭	26.4	梨	12.9
玉米	73.0	粉丝	83.7	苹果	13.3
黄豆	37.3	大白菜	3.0	香蕉	22.0
木耳（干）	65.6	紫菜（干）	44.1	橙	11.1

二、碳水化合物的生理功能

人体内碳水化合物的含量仅占1%，但是它们提供的能量占人体摄入总能量的40%~80%。碳水化合物的生理功能包括以下几个方面：

1. 提供和储存能量

碳水化合物是人类最经济和最主要的能量来源。在体内消化后，主要以葡萄糖的形式吸收。葡萄糖是一切系统，特别是神经系统最主要的能量来源，对维持神经系统的功能具有重要的作用。除此之外，碳水化合物中的葡萄糖是唯一既可以进行无氧氧化，又能进行有氧氧化的物质，这对进行高强度运动具有特殊意义。

2. 构成机体的重要物质

碳水化合物是构成机体的重要物质，并参与细胞的组成和生命活动，主要以糖脂、糖蛋白和蛋白多糖的形式分布于细胞膜、细胞器膜、细胞质以及细胞间基质中。

3. 节约蛋白质作用

在高强度运动或禁食时，机体会因葡萄糖供应不足通过糖异生作用将蛋白质转化成葡萄糖，以维持血糖水平的稳定，这会消耗体内的蛋白质，可能对人体及器官造成损害。因此，摄入足够的碳水化合物，可以节省体内蛋白质及其他成分的消耗，保护蛋白质。

4. 抗生酮作用

脂肪在体内被彻底氧化分解需要葡萄糖的协同作用，脂肪代谢产物乙酰基需要与葡萄糖的代谢产物草酰乙酸结合进入三羧酸循环而最终彻底氧化产生能量。若碳水化合物摄入不足，能量缺乏，脂肪不能完全氧化分解而产生大量酮体，以致发生酮血症和酮尿症。

5. 保护肝脏

充足的碳水化合物可增加肝糖原储备，肝糖原充足可增加肝脏对某些有害物质的代谢和解毒作用。如葡萄糖氧化产物葡萄糖醛酸可直接与肝脏中的有毒物质（例如，细菌毒素、酒精、砷等）或排泄物相结合生成葡萄糖醛酸衍生物，增加其水溶性，促进排泄，保护肝脏。

三、碳水化合物的消化、吸收及代谢

1. 消化

碳水化合物消化的主要场所是小肠。胰液中的 α- 淀粉酶与唾液淀粉酶的作用和性质相同，可将淀粉水解为带有 1,6- 糖苷键支链的糖、α- 糊精和麦芽糖。在小肠黏膜上皮细胞刷状缘中，含有丰富的 α- 糊精酶、麦芽糖酶、蔗糖酶、乳糖酶等多种酶组分，其中 α- 糊精酶可水解 α- 糊精分子中的 α-1,6- 糖苷键和 α-1,4- 糖苷键生成葡萄糖，麦芽糖酶可水解麦芽三糖和麦芽糖生成葡萄糖，蔗糖酶可水解蔗糖生成葡萄糖和果糖，乳糖酶可水解乳糖生成葡萄糖和半乳糖，此外 α- 糊精酶和蔗糖酶也可催化麦芽糖水解生成葡萄糖。通常食品中的糖类在小肠上部几乎全部转化成单糖。

食物中的膳食纤维、抗性淀粉等主要由 β- 葡萄糖通过 β-1,4- 糖苷键连接形成的多糖，由于人类消化道不能分泌 β-1,4- 糖苷键水解酶，因此不能在小肠内消化吸收，需要到结肠经微生物发酵后再进行消化吸收。

2. 吸收

碳水化合物经消化分解为单糖分子后才能被吸收，肠道内的单糖主要有葡萄糖及少量果糖和半乳糖，吸收的主要部位是在小肠的空肠段。单糖分子首先进入小肠黏膜上皮细胞，再进入小肠壁的门静脉毛细血管，并汇合于门静脉进入肝脏，最后通过血液循环运输到全身各组织器官。

3. 代谢

碳水化合物代谢主要指葡萄糖在体内的一系列复杂的化学反应。血液中的葡萄糖（血糖）主要有三条去路：① 直接被各组织细胞氧化分解，为这些组织细胞提供能量；② 以糖原方式储存于肝脏及细胞组织；③ 剩余的葡萄糖转变为储存脂肪。

四、碳水化合物与运动

1. 碳水化合物在运动中的作用

运动时能量消耗极大，碳水化合物在供能方面起重要作用。体内糖储备包括肌糖原、血糖和肝糖原三类。肌糖原、血糖、肝糖原在运动中的供能关系如图3-3所示。

研究表明，除极短时间的高强度运动外，各项运动都首先以糖原作为能源。肌糖原在肌肉活动时最先分解，放出能量，供肌肉收缩做功。肌糖原在有氧时，可以完全氧化，分解放出的能量很多，而在无氧或缺氧的情况下，也能酵解，产生少量的能量，供肌肉收缩用。

当肌糖原消耗较多时，肝糖原就会分解为葡萄糖进入血液，补充肌糖原的消耗。肝糖原的储备量也可通过运动训练而增加。所以，运动前后血糖的浓度变化可以反映体内能量消耗情况和糖原储备多少。

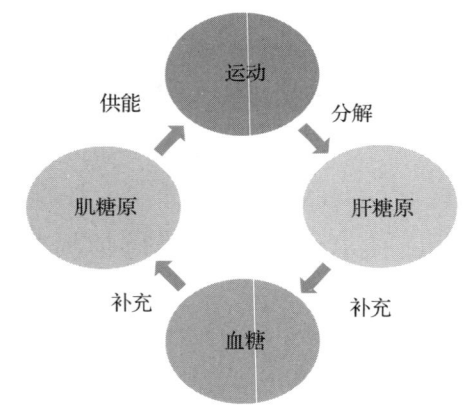

图3-3 肌糖原、血糖、肝糖原在运动中的供能关系

2. 运动中的碳水化合物代谢

在生物体内最直接的能量来源为ATP，ATP是一种高能磷酸化合物，在细胞中，它能与ADP相互转化实现储能和放能，从而保证了细胞各项生命活动的能量供应。

肌肉中储存着多种能源物质，主要有ATP、磷酸肌酸（creatine phosphate，CP）、肌糖原和脂肪等。根据不同能源物质的供能过程和特点，可将肌肉活动过程中的能量供应分为3个系统：磷酸原系统、无氧糖酵解系统和有氧氧化系统。

（1）磷酸原系统（ATP-CP系统） 是由肌肉里本来存储的ATP和CP两种高能物质一起给肌肉提供能量。供能特点是能量输出最快，不需要氧，不产生乳酸，但供能总量少，持续时间短，供能持续时间为6~8s，是高功率输出运动项目的物质基础，如短跑、投掷、跳跃、举重等。

3-2 延伸阅读 碳水化合物的摄入对肌糖原利用的影响

（2）无氧糖酵解系统　又称为乳酸能系统，在运动开始后6~180s为身体供能，在中高强度的运动中主要由糖酵解系统参与供能，如400m跑、100m游泳等。供能特点是在暂时缺氧的情况下能快速供给能量，其输出功率可达5.2mmol ATP/（kg·s）。糖酵解过程供能速度快，但产生能量少，反应产物为乳酸，因此在做中高强度的运动时，肌肉中会堆积乳酸，产生酸痛感。同时，乳酸过多还会使氢离子浓度增加，从而抑制糖酵解从而引起肌肉持续收缩（抽筋）。

（3）有氧氧化系统　主要在运动开始后2min内由碳水化合物、脂肪和蛋白质氧化为身体进行供能，它需要大量的氧气参与。供能特点是ATP生成总量大，由糖原产生的葡萄糖有氧氧化所产生的ATP为无氧糖酵解的13倍，但供能速率慢，需要氧的参与，终产物是H_2O和CO_2，不产生乳酸，供能持续时间长。该系统是长时间耐力活动的物质基础。

根据不同运动强度、供能速度、供能量的差别，可将运动分为两大类：

（1）无氧运动　由于磷酸原系统和无氧糖酵解系统分解释放能量，不需要氧。因此将运动过程中主要以无氧代谢（磷酸原系统和无氧糖酵解系统）供给能量的运动称之为无氧运动，如100m跑、举重、摔跤、400m跑等。

（2）有氧运动　运动过程中主要以有氧氧化系统供给能量的运动称之为有氧运动，如为减少体内脂肪而进行的长跑、健美操、登山、长距离游泳、马拉松跑等。

3. 运动中的碳水化合物补充

（1）补充碳水化合物的类型

① 葡萄糖：葡萄糖吸收最快，最有利于肌糖原合成。

② 果糖：果糖吸收后主要在肝脏进行代谢，其合成肝糖原的量约为葡萄糖的3.7倍。

③ 蔗糖：摄入后经消化后转变成单糖被机体吸收。蔗糖具有一定的甜度，以饮料的形式进行补充效果较好。

④ 淀粉类食物：淀粉类食物含糖量为70%~80%，但释放慢，因此不会引起血糖或胰岛素突然升高。

（2）补充碳水化合物的时间

① 运动前：运动前补糖可增加体内肌糖原、肝糖原储备和血糖浓度，保证运动中有充足的糖来提供能量，是预防疲劳的有力措施之一。运动前体内肌糖原含量越高，运动到衰竭的时间（耐久力）越长。一般认为，运动前补糖有利于扩大体内糖池，增加糖的可利用度和氧化率，因此仍主张运动前在不影响胃肠道功能的情况下，尽量多补充糖。

② 运动中：运动中补糖可提高血糖水平、节约肌糖原、减少肌糖原消耗，从而延长耐力和运动时间。运动前和运动中合理补充碳水化合物，可以减少糖原消耗、提高血糖水平，有利于提高运动能力。

③ 运动后：优先恢复内源性糖原消耗，开始补糖的时间越早越好，最好在运动后即刻或最初2h内补糖50g，以后每隔1~2h连续补糖。

4. 过量补充碳水化合物潜在的危险

碳水化合物几乎是所有运动人员在运动和训练时的主要能量来源，其摄入量与运动的总训练负荷呈正比。摄入过多的碳水化合物会导致身体产生饱腹感，从而影响身体对其他富含蛋白质、维生素、矿物质和膳食纤维食品等营养物质的摄入。身体里面摄入的过量的糖还会转化为脂肪，影响身体正常的食欲，妨碍维生素、矿物质和其他营养成分的摄入，导致人体肥胖，还会造成胃口不佳。

第五节 运动行为与脂类供给

运动行为会消耗大量能量，只有及时给予补充，才能满足正常需要。因此，合理的营养补充对运动员来说，是提高运动成绩，增强体力快速恢复，以取得良好运动训练效果的物质保证。脂肪在运动训练时起着重要的供能作用，它是运动员保持最佳身体和竞技状态的物质基础，对运动成绩有直接的影响。

一、脂类的定义和分类

1. 脂类的定义及分类

（1）脂类的定义　脂类，包括脂肪（甘油三酯）和类脂（磷脂、糖脂、固醇类），是脂肪和类脂的总称。磷脂中除了甘油和脂肪酸外，还有磷酸、胆碱或其他含胆碱；固醇脂则由固醇和脂肪酸结合而成；磷脂是细胞膜、线粒体膜等各种生物膜的主要成分；固醇类是细胞膜的成分，也是许多激素（性激素、肾上腺皮质激素等）和胆汁中胆酸的结构母体。

（2）脂类的分类　脂类包括脂肪及类脂。脂肪包括油和脂；类脂包括磷脂、糖脂、固醇类和脂蛋白等。脂肪又称甘油三酯，由一分子甘油和三分子脂肪酸组成，通常，我们将常温下呈液态的称为油，固态的称为脂。类脂则是一些能溶于脂肪或脂肪溶剂的物质，营养学上比较重要的是磷脂和固醇类。

脂肪酸是由碳、氢、氧三种元素组成的一类化合物，是中性脂肪、磷脂和糖脂的主要成分，是指一端含有一个羧基的长的脂肪族碳氢链。必需脂肪酸是机体生理所必需但不能合成，必须由食物供给的多不饱和脂肪酸，如亚油酸和 α- 亚麻酸。必需脂肪酸在人体中发挥着组成组织细胞、保证胆固醇正常运转和代谢、精子的形成和维持正常视觉功能等重要的生理作用。必需脂肪酸的最好食物来源是植物油，特别是在棉籽油、大豆油、玉米油和芝麻油中含量丰富。

2. 常见食用脂类的来源及含量

油脂主要来源于各种植物及动物脂肪，坚果中的脂肪也很高，可作为膳食脂肪的辅助来源。植物性食品如大豆、花生、芝麻等含油较丰富；另外，蘑菇、蛋黄、核桃、大豆，动物脑、心、肝、肾等富含磷脂；乳脂、蛋黄是婴幼儿脂类的良好来源。

动物性食物脂肪含量视品种部位而异，不同品种的肉类脂肪含量不同。膳食脂肪主要来源于动物脂肪、肉类及植物种子。植物油中的多不饱和脂肪酸以亚油酸为主。除动物性食物外，植物性食物中以坚果类（如花生、核桃、瓜子、榛子、葵花子等）含脂肪量较高，最高可达50%以上，不过其脂肪组成多以亚油酸为主，所以是多不饱和脂肪酸的重要来源。部分食物的脂肪含量参见表3-7。

表3-7 部分食物的脂肪含量　　　　　　　　　　　　　　　　单位：g/100g

食物名称	脂肪含量	食物名称	脂肪含量
猪肉（颈肉）	60.5	鸡腿	13.0
猪肉（肥）	90.4	鸭	19.7
猪肉（肥瘦）	37.0	鸭（北京填鸭）	41.3
猪肉（后臀尖）	30.8	鲅鱼	3.1
猪肉（后蹄膀）	28.0	鳊鱼	6.3
猪肉（里脊）	7.9	草鱼	5.2
猪肉（肋条肉）	59.0	带鱼	4.9
猪肉（奶脯）	35.3	大麻哈鱼	8.6
猪肉（瘦）	6.2	大黄鱼	2.5
猪蹄爪尖（前端）	20.0	海鳗	5.0
猪肝	3.5	鲤鱼	4.1
猪大肠	18.7	鸡蛋	11.1
牛肉（瘦）	2.3	鸡蛋黄	28.2
牛肉（肥瘦）	13.4	鸭蛋	18.0
牛肝	3.9	核桃	58.8
羊肉（瘦）	3.9	花生（炒）	48.0
羊肉（肥瘦）	14.1	葵花籽（炒）	52.8
羊肉（冻、山羊）	24.5	南瓜子仁	48.1
鹌鹑	9.4	松子（炒）	58.5
鸡	2.3	西瓜子仁	45.9
鸡翅	11.8		

二、脂类的生理功能

（1）供给热能　脂肪是产生热量最高的一种能源物质，1g脂肪在体内可产生37.656kJ热能，是蛋白质或碳水化合物的2.25倍。

（2）供给必需脂肪酸　必需脂肪酸主要有亚油酸、亚麻酸和花生四烯酸3种。必需脂肪酸是人体生命活动必不可少的物质，它是构成体内组织细胞的成分，能促进身体的生长发育，增强微血管壁的完整性，减少血小板的黏附性，防止血栓形成。

（3）构成身体组织　磷脂、胆固醇等类脂质是构成细胞的重要成分。

（4）促进脂溶性维生素的吸收　维生素A、维生素D、维生素E、维生素K等不溶于水而溶于脂肪，当人体摄取脂肪时，食物中的脂溶性维生素也一同被吸收。

（5）维持体温和保护器官　皮下脂肪能防止体温大量向外排散，同时可以保护神经末梢、血管、内部器官，以及防止外界辐射热的侵入。此外，脂肪组织能支撑内部各器官，使其保持一定的位置。

（6）增加食欲　脂肪能增加食物的香味，同时能增加饱足功用，使食物在胃中停留时间较久，延缓饥饿的时间。

三、脂类的消化、吸收及代谢

运动时进行脂肪分解，60%~65%最大摄氧量或以下强度运动，脂肪分解能够提供运动肌所需的大部分能量，图3-4所示为脂类的消化、吸收和代谢过程。

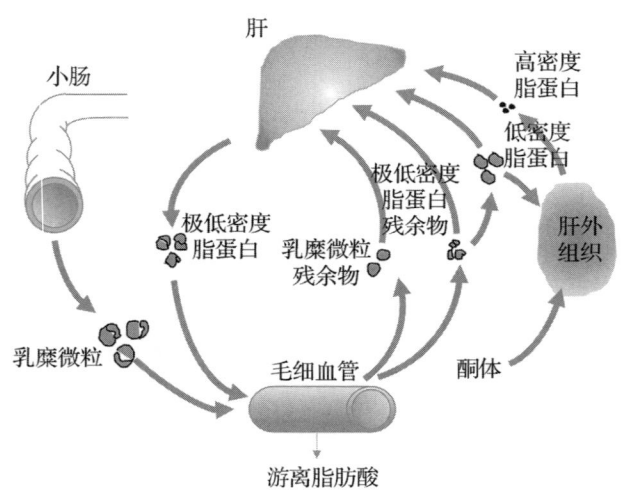

图3-4　脂类的消化、吸收和代谢

运动肌对各种供能物质的利用比例主要取决于运动强度及运动持续时间。

（1）在短时间激烈运动时，无论是动力性运动还是静力性运动，肌肉基本上不能利用脂肪酸。

（2）在低于60%~65%最大摄氧量强度的长时间运动中，尤其是在60%最大摄氧量以下强度的超长时间运动中，脂肪成为运动肌的重要供能物质。

（3）当以70%~90%最大摄氧量强度运动时，在开始运动10~15min后，甘油三酯逐步分解，提供大量的能量。

运动时脂肪参与供能的形式：在心肌、骨骼肌等组织中，脂肪酸可经氧化，生成二氧化碳和水。这是脂肪供能的主要形式；在肝脏中，脂肪酸氧化不完全，生成中间产物乙酰乙酸、β-羟丁酸和丙酮，合称酮体。酮体参与脂肪组织脂解的调节；在肝、肾细胞中，甘油作为非糖物质经过糖异生途径转变成葡萄糖，对维持血糖水平起重要作用。

运动时脂肪（甘油三酯）分解代谢：脂肪组织中脂肪分解；脂肪酸动员；脂肪分解；脂肪组织释放脂肪酸和甘油；血浆甘油三酯分解；肌细胞内甘油三酯分解。

四、脂类与运动

1. 脂类在运动中的作用

（1）运动时脂肪酸的供能作用　运动时骨骼肌氧化的脂肪酸依靠肌内甘油三酯水解和摄取血浆游离脂肪酸（free fatty acid，FFA），随运动时间延长，血浆FFA供能起主要作用。

① 血浆游离脂肪酸浓度及其转运率：在安静、空腹状态时，人的血浆FFA浓度相对较低，只有6~16mg或每升血0.1mmol左右。血浆FFA的转运率较快，半寿期大约为4min。在运动过程中，血浆FFA的浓度升高。

② 骨骼肌利用血浆游离脂肪酸：动脉血FFA是安静肌的基本燃料，大约50%血浆FFA在流经肌肉的过程中被吸收利用。在长时间运动中，血浆FFA在骨骼肌的供能中起着关键作用。肌肉摄取血浆脂肪酸的速率将依赖脂肪组织内脂解强度、血液脂肪酸的转运能力以及肌内储存脂肪的分解和利用强度。

（2）运动时甘油的供能作用

① 甘油代谢：主要在肝脏中进一步代谢。彻底氧化为CO_2和H_2O，每分子甘油产生22分子ATP；循糖代谢途径进行分解，转变成乳酸；经糖异生作用转变成糖。

② 运动时甘油代谢的意义：糖异生作用的重要底物之一；作为脂肪分解代谢的强度指标。

（3）运动时酮体的供能作用

① 酮体的生成。

② 酮体的氧化：主要发生在心肌、骨骼肌、神经系统和肾脏。

③ 运动时血酮体动力学变化：运动时酮体生成的部位主要在肝脏。运动对酮体生成和代谢的影响发生在中、低强度的长时间运动中。短时间剧烈运动后，血酮体浓度没有明显改变。在长时间运动时，尤其是在糖储备低下的运动过程中，血酮体水平明显升高。

④ 酮体生成的生理意义：酮体是联系肝脏与肝外组织的一种能量特殊运输形式。主要参与脑组织和肌肉能量代谢、脂肪酸动员的调节和评定体内糖储备状况。在长时间耐力运动中、后期，血、尿酮体水平上升能间接反映体内糖储备状况。

2. 运动中的脂类补充

对于能量消耗大，机体散热较多和长时间进行马拉松跑、滑雪、滑冰和游泳等运动项目者，应适当增加脂肪供给量的比例。运动员膳食中，脂肪的摄取量按 15g/kg 体重为宜，应多用植物性脂肪和磷脂（大豆中含量高），动物性脂肪不宜超过总能量的 10%。

运动员膳食中适宜的脂肪量应为总热量的 25%~30%。饱和脂肪酸：单不饱和脂肪酸：多不饱和脂肪酸 =1：1：1。部分项目运动员，如登山运动员，因为经常处于缺氧状态，膳食中的脂肪量比其他运动员应更少些；游泳及冬季运动项目中，由于机体散热量大，食物中脂肪量可以比其他项目高些。

3. 运动对脂类的需要量

人体内脂肪重量在体重中所占的比例，反映了人体内脂肪含量的多少，称为体脂率或体脂百分数。成年人的体脂率正常范围分别是女性为 20%~30%，男性为 12%~20%。运动员的体脂率可随运动项目而定，一般男运动员为 7%~15%，女运动员为 12%~25%。当人体进食热量多于消耗热量时，多余热量以脂肪形式储存于体内，其量超过正常生理需要量，且达一定值时演变为肥胖。肥胖是一种慢性代谢性疾病，甚至影响心理状态、社会交往、生活质量，最终导致寿命缩短。运动是改善体内的脂肪代谢，降低血脂含量，减轻体重和减少体脂的一种有效措施。运动还可增加血液中高密度脂蛋白的含量，高密度脂蛋白能加速血中胆固醇的运输与排出，对于防止动脉硬化起着重要作用。长时间运动可使血浆中甘油三酯和胆固醇含量下降。运动能提高脂蛋白脂肪酶活性，清除甘油三酯的功能加强，因而使血脂含量下降。

人体在运动过程中消耗的能量来自糖原及脂肪，运动后身体会把消耗的糖原通过脂肪消耗进行补充，也就是运动后身体仍在脂肪消耗，用于补充运动过程中糖原的消耗。因此，保持血液中自由脂肪酸的浓度可以减轻肌糖原消耗、延缓疲劳、增强耐力。一般人体日需脂肪占食物总热量的 15%~30% 即可，中国营养学会指出正常人每天需摄入 25g 左右的脂肪，长时间参加活动则需要增加到 30~36g。

第六节　运动行为与矿物质供给

矿物质在人体内仅占总体重的 4%，但却是构成机体组织的重要材料，并参与许多重要的生理活动，因而是生命活动中所必不可少的物质。矿物质不能在体内产生与合成，一般都需要由食物、饮水来提供。日常膳食基本上都能满足人体对矿物质的需要，但如果饮食调配不当、偏食或患有某些疾病时，就容易造成体内矿物质的缺乏。

一、矿物质的定义及分类

除了碳、氢、氧和氮以外（它们构成体重中 95% 的有机物和水），其余元素都统称为无机盐，也就是指矿物质，它是构成人体组织和维持正常生理功能所必需的各种元素的总称，是人体必需的营养素之一。每天矿物质的摄取量是基本确定的，但随年龄、性别、身体状况、环境、工作状况等因素有所不同。

1. 矿物质的分类

人体内约有 50 多种矿物质，在无机元素中现已发现有 20 种左右元素是构成人体组织、维持生理功能、生化代谢所必需的，除 C、H、O、N 主要以有机化合物形式存在外，其余称为无机盐或矿物质。大致可分为常量元素和微量元素两大类。

人体必需的矿物质有钙、磷、镁、钾、钠、硫、氯 7 种，其含量占人体的 0.01% 以上或膳食摄入量大于 100mg/d，被称为常量元素。而铁、锌、铜、钴、钼、硒、碘、铬 8 种元素为人体必需的微量元素，微量元素是指其含量占人体 0.01% 以下或膳食摄入量小于 100mg/d 的矿物质。

2. 常见食物矿物质的来源及含量

（1）钙　植物中绿叶菜、花菜、豆类、谷类等含钙量较高。含钙较多的食物还有虾皮、海带、芥菜、油菜、牛乳及乳制品、芝麻和坚果等。表 3-8 为常见的高钙食物的钙含量表。

（2）磷　磷在食物中的分布很广，一切富含蛋白质的食物都含有磷，如乳类、蛋类、肉类等。在植物性食物中，豆类及绿色蔬菜的含量很高。一般膳食都不缺乏磷。

（3）钾　钾普遍存在于各种食物中，水果蔬菜中钾的含量较高且易被人体吸收。

（4）锌　大多数膳食锌的摄入来源于动物性食物，尤其是肉类。而植物性食物的锌主要包含在谷类中。

（5）铜　铜在动物肝脏、肾、鱼、虾、蛤蜊中含量较高；果汁、红糖中也有一定含量。

表 3-8 常见的高钙食物的钙含量（以 100g 可食用部分计）　　　　单位：mg

食物名称	钙含量	食物名称	钙含量
丁香鱼干	590	铁观音	416
海米	555	脱水菠菜	411
湖盐	552	草虾、白米虾	403
红螺	539	甲级龙井	407
白沙蒿籽	505	李广杏脯	397
脱水胡萝卜	458	西瓜子（话梅）	392
花茶	454	红茶	378
大车前	443	北五味子叶	363
藿香	436	羊干酪	360
酸枣	435	奶豆腐（脱脂）	360

（6）铁　含铁较多的食物有海带、黑木耳、紫菜、香菇和芝麻酱等；其次是动物的内脏、血、瘦肉以及绿叶蔬菜等。表 3-9 为常见的高铁食物的铁含量表。

表 3-9 常见的高铁食物的铁含量（以 100g 可食用部分计）　　　　单位：mg

食物名称	铁含量	食物名称	铁含量
菠菜	25.9	鲍鱼（杂色）	22.6
车前子（鲜）	25.3	猪肝	22.6
榛蘑	25.1	黄蘑（干）	22.5
鸡血	25.0	脱水香菜	22.3
沙鸡	24.8	辣椒粉	20.7
石榴花茶	24.2	火鸡肝	20.7
甲级龙井	23.7	田螺	19.7
脱水蕨菜	23.7	胡麻籽	19.7
鸭肝	23.1	白蘑	19.4
黑芝麻	22.7	脱水油菜	19.3

（7）镁　植物性食物含镁较多，在粗粮、干豆、坚果、绿叶蔬菜、菌藻类中含量都比较丰富，是镁的良好来源。肉、蛋、乳等动物性食物中镁含量相对较少，动物性食物中，海米、虾皮的镁含量较高。

二、矿物质的生理功能

（1）构成机体组织的重要成分　钙、磷、镁——骨骼、牙齿。缺乏钙、镁、磷、锰、铜，可能引起骨骼或牙齿不坚固。

（2）多种酶的活化剂、辅因子或组成成分　钙——凝血酶的活化剂、锌——多种酶的组成成分。

（3）某些具有特殊生理功能物质的组成部分　碘——甲状腺素、铁——血红蛋白。

（4）维持机体的酸碱平衡及组织细胞渗透压　酸性（氯、硫、磷）和碱性（钾、钠、镁）无机盐适当配合，加上重碳酸盐和蛋白质的缓冲作用，维持着机体的酸碱平衡；无机盐与蛋白质一起维持组织细胞的渗透压；缺乏铁、钠、碘、磷可能会引起疲劳等。

（5）维持神经肌肉兴奋性和细胞膜的通透性　钾、钠、钙、镁是维持神经肌肉兴奋性和细胞膜通透性的必要条件。

（6）矿物质如果摄取过多，容易引起过剩症及中毒。所以一定要注意矿物质的适量摄取。

三、矿物质的特点

（1）体内不能合成，必须从食物和饮用水中摄取。

（2）矿物质在体内组织器官中的分布不均匀。

（3）矿物质元素相互之间存在协同或拮抗效应。

（4）部分矿物质需要量很少，生理需要量与中毒剂量的范围窄，过量摄入易引起中毒。

四、矿物质的吸收及代谢

体内矿物元素存在形式多种多样，但主要是以蛋白质及氨基酸相结合的形式存在，也有以游离状态存在。不管以任何形式存在或转运，都始终保持动态平衡，这些矿物元素在体内不断地进行着吸收和排出、沉积和分解，即矿物质的周转代谢，这是矿物元素在体内代谢的重要特征。各种矿物元素进入组织器官或从组织器官分解、排泄都必须经过血液，因此，血液在矿物元素周转中起着重要的作用。

矿物元素在不同组织器官中周转代谢速度不同。血浆中钙每天可周转代谢几次，而牙齿中钙几乎没有变化。周转代谢经消化道、肾脏、产品（乳、蛋）和皮肤排出的量是评定动物矿物元素需要的根据。动物体内的矿物元素不断地排入消化道，同时又不断地吸收利用，因此测定矿物元素的利用率既麻烦又不够准确。

五、矿物质与运动

1. 矿物质在运动中的作用

由于运动引起体温上升，随之发生大量出汗，从而会导致钠的大量损失。

运动时由肌肉放出的钾大部分由汗和尿排往体外。肾脏的机能如果不降低的话，通过饮食摄取的过剩的钾很快就从尿中排泄出去。如果在缺乏钾的状态下进行长时间运动，从肌肉中流出的钾将通过尿和汗流失。运动引起了潜在的钾缺乏症，当钾的摄取量充分时也许不会发生问题。钾的摄取量过少则会变成潜在的钾缺乏。这种人进行长时间运动时，钾缺乏会变得明显，疲劳感增强。

运动对锌代谢的影响取决于运动量的大小或机体的适应能力。运动还可以影响食物中锌的吸收与利用，引起体内锌的重新分布。剧烈的持续性耐力运动一开始可能引起血浆或血清锌浓度的升高，这种升高不能归结为血液浓缩，可能和骨骼肌蛋白质分解，锌从肌肉转移至细胞外液有关；运动后，在短时期内，血浆锌浓度下降，这种运动后锌浓度的下降是由于尿的排出和锌从血浆到肝脏的转移。此外，软组织的损伤也会影响到血浆锌浓度。

钙是关系到一切细胞活动的重要矿物质成分。而且骨的代谢和钙的代谢与运动有着密切关系。运动量（肌活动）降低，钙从骨中消失多。相反，身体活动量（运动量）多的人，骨骼的钙含量也多。运动者每天大量出汗会导致钙流失，若不注意补充就很容易出现钙不足。

研究发现，血液循环中镁的重新分配，受到运动强度的影响。依靠无氧供能量越多，镁从血浆转移至红细胞的量越多；另外，尿液中镁的排泄在运动当天比不运动的前一天增加了21%。运动时出汗和细胞的表皮脱落也会导致镁的丢失。

铁的消化吸收只在有需要时，并且将原来体内储存的铁消耗后才会发挥作用。消耗储存的铁的最好的办法就是运动。同时，运动还能通过增强血液循环，使胃肠道吸收铁的能力增加。

磷与能量代谢和神经肌肉的活动等有密切关系，因此磷是运动员膳食中重要的营养素之一。运动员的需要量较高，尤其是在能量消耗大及神经高度紧张的运动项目中。故应根据运动项目的不同，合理进行磷的补充。

2. 运动后矿物质的补充

矿物质是人类赖以生存的七大营养素之一，矿物质缺乏或不平衡，还会影响其他营养素的利用，引发多种疾病。矿物质除了自身的功能，它还同水分一起维持体液的储备和酸碱的平衡。在长时间运动时身体会大量出汗，同时伴有钠、钾、氯、镁、钙、磷等矿物质流失，这时体内的电解质将失去平衡。此时若单纯补充水分而不补充丢失的矿物质，则会使细胞外液的渗透压低，严重者甚至会导致体温升高、小腿肌肉痉挛、昏迷等症状。因此大量运动后应喝些电解质饮料，又称矿物质饮料，即饮料中除了水外还包括钠、钾、氯、镁、钙、磷等矿物质，以维持体内电解质的平衡和细胞内外渗透压的均衡，以促进体力尽快恢复。最普通的电解质饮料是盐开水，锻炼者也可以通过多吃一些水果和蔬菜来增加这些矿物质的摄入。而有些重要矿物质如锌则在动物性食物中含量较多。

3. 运动对矿物质的需要量

（1）普通运动人群膳食建议　我们提倡大运动量的运动后喝些电解质饮料为宜，饮料中除了水外还包括钠、钾、氯、镁、钙、磷等矿物质，以维持体内电解质的平衡和细胞内外渗透压的均衡，促进体力尽快恢复。最普通的电解质饮料是盐开水，有条件的可以选用现在市面上出售的正规厂家推出的多种运动型饮料。锻炼者也可以通过多吃一些水果和蔬菜来增加这些矿物质的摄入，因为钾、钠、铬、锌、硒等矿物质在蔬菜水果中含量丰富。例如，香蕉、橘子等含有较丰富的钾元素，蘑菇、菜花、花生等含有较多的铬。而有些重要矿物质如锌则是在牡蛎、牛乳、羊肉等动物性食物中含量较多。

（2）运动员膳食建议　运动员应在医生和营养师的指导下，根据运动项目、运动量、运动强度及排汗量的多少，有针对性地合理补充矿物质的种类与数量。矿物质可以调节运动员神经系统的兴奋性、参与免疫应答反应、防止生物氧化、维持身体酸碱平衡。钙和锌的缺乏，会对运动员的神经兴奋性和机能水平造成不良影响。锌对运动员的机能状态和运动能力有着多方面的影响，补锌不但可以抑制机体自由基的产生、加强自由基的清除、增强对感染的抵抗力，还能促进睾酮的合成。钙与肌肉收缩、神经信号的传导以及体液环境的稳定有着密切的关系。运动员缺铁时体内不能产生足量的血红素，会导致贫血。免疫系统对铁特别敏感，铁缺乏主要引起 T 细胞数减少，抑制活化 T 淋巴细胞产生"巨噬细胞移动抑制因子"中性粒细胞的杀菌能力，增加了感染的敏感性。

因此，运动员在日常饮食中应注意：食物多样，谷类为主，营养平衡；食量和运动量平衡，保持适宜体重和体脂；多吃蔬菜、水果、薯类、豆类及其制品；每天喝牛乳或酸乳；肉类食物要适量，才能保证矿物质的充足。

第七节　运动行为与维生素供给

一、维生素的定义及分类

1. 维生素的定义

维生素是维持人体生命活动所必需的一种有机物。它是一类非常多样的低相对分子质量化合物，是人体必需的营养素。

维生素可能参与人和动物的新陈代谢，但其中大多数来自食物，不能由人体合成。其中某一种的缺乏会导致动物体内的代谢紊乱并引起多种疾病。当人体从外界摄取维生素时，如果它不能满足日常活动的需求，则可能导致代谢紊乱，甚至导致疾病和死亡。此外，大多数维生素都参与与肌肉收缩和能量消耗有关的代谢过程。此外，B族维生素可以参与人体骨骼代谢过程，也可以参与人体的血红素合成过程，并在人体的免疫和抗氧化过程中发挥作用。维生素 B_6 不能参与血红素的合成，但会影响人体的抗氧化功能。叶酸和维生素 B_{12} 是人体合成血红素所必需的。

2. 维生素的分类

维生素根据其溶解度通常可分为脂溶性和水溶性两类。脂溶性维生素如：维生素 A、维生素 D、维生素 E、维生素 K 等；水溶性维生素包括维生素 B_1、维生素 B_2、维生素 B_6、维生素 B_{12}、烟酸、泛酸、叶酸、维生素 C 等。此外，有些人将左旋肉碱、胆碱和牛磺酸归类为维生素，肉碱是将脂肪酸从细胞质转运到线粒体所必需的物质。维生素种类很多，它们有多种来源。脂溶性维生素来源广泛，大量存在于动物肝脏中，牛乳、植物油、蛋黄、绿叶蔬菜、番茄中也含有丰富的脂溶性维生素。水溶性维生素的种类更丰富，来源也更广泛。它通常来自水果和蔬菜中，部分酵母、动物肝脏和各种谷物中也包含。

3. 维生素的食物来源及含量

（1）B族维生素　维生素 B_1 广泛分布于天然食品中。最丰富的是米糠、麦麸和蔬菜。此外，动物肝脏、酵母、豆类、瘦肉和鸡蛋等中也含有大量的维生素。维生素 B_2 主要来自动物的肝脏和肾脏，其次是乳制品（牛乳、干酪等）、蔬菜（菠菜、菜花等）、水果、豆类、全谷类和谷类食品。维生素 B_5 以游离或结合形式存在于所有动物和植物细胞中，主要来源为动物内脏、牛肉、猪肉、未经精加工的谷类、豆类、坚果、啤酒酵母、蜂王浆、蘑菇和绿叶蔬菜中。维生素 B_6 的来源广泛，主要来自鸡肉和金枪鱼等肉类，还包括谷类、豆类、番茄、甘蓝、花生、葵花籽和其他坚果。维生素 B_{12} 主要存在于动物肝脏、肾脏，以及肉类食品中，如猪肉、鸡肉、牛肉和鱼等。它也存在于各种鸡蛋和乳制品中，但在蔬菜中基本上不存在。

（2）维生素 C　新鲜水果和蔬菜，如柑橘、辣椒、生菜、马铃薯、番茄、辣椒和菠菜是维生素 C 的最佳来源。一些动物的肝脏和肾脏也富含维生素 C。古洛内酯氧化酶是维生素 C 合成过程中的重要酶，需要依靠日常饮食来获取外源维生素 C。

（3）维生素 A　天然维生素 A 仅存在于动物体内。维生素 A 来源广泛，包括海鲜、淡水鱼肝、动物肝、鱼卵、牛乳和鸡蛋，还包括蔬菜和水果，例如菠菜、胡椒、地瓜、胡萝卜、杏子和柿子。

（4）维生素 D　天然食品中，无论是维生素 D_2 还是维生素 D_3，含量都不丰富，其主要集中在鱼肝油、鱼油、蛋和肉制品、乳制品和坚果制品中。牛乳和母乳的含量相对较低。在蔬菜，谷物和水果中含量很少。通常，食物占维生素 D 来源成分的一小部分。由于食物中维生素的来源不足，许多国家通常在经常食用的食物中强化维生素 D_2 和维生素 D_3。常见的维生素强化方法包括食物摄入，药物补充以及使用具有不同剂量和生物活性的维生素强化剂。例如烘焙食品，乳制品和婴儿食品之类的产品。

（5）维生素 E　维生素 E 有多种来源，其中大部分分布在动植物组织中。植物油脂中含量是最丰富的，例如小麦胚芽油、芝麻油、大豆油和花生油。一些绿色的多叶植物，例如莴苣叶，都含有这种维生素。此外，肉、蛋、乳等食物也富含维生素 E。当用于特殊保健或治疗时，建议摄入量不应超过 300mg/d。

二、维生素的生理功能

维生素在体内参与各种各样的生化反应。维生素是某些酶的辅酶或者辅酶的组成成分。所有维生素除维生素 D 可在体内少量合成外，其余必须由膳食供给。若维生素长时间摄入不足就会出现各种维生素缺乏症。如缺乏维生素 A 会出现夜盲症；缺乏维生素 B_1 易患脚气病；缺乏维生素 B_2 时易患口炎、舌炎；缺乏烟酸易患癞皮病；缺乏维生素 B_{12} 和叶酸易患巨幼红细胞性贫血；缺乏维生素 C 易患坏血病；缺乏维生素 E 与某些生殖问题相关等。除此之外，维生素不仅能保证运动员身体健康，有些维生素还能直接影响运动员的运动能力。

三、维生素的吸收及代谢

维生素是维持人类健康和生活活动所必需的营养素。维生素不参与人体组织的构成，也不可以给人体提供能量，但维生素可以作为人体酶的辅助因子，在人体代谢过程中起作用，维持人体正常的生理功能。维生素具有缓解疲劳，增强骨骼和清除自由基的作用，可以促进人体健康。因此，它被称为人体七种主要营养素之一。

维生素对调控能量代谢、维持细胞与细胞外环境之间的流体平衡、运输代谢过程所需营养元素及清除代谢产物等方面起到至关重要的作用。此外，维生素有助于减轻运动引起的氧化应激。在运动员的长期运动过程中，新陈代谢加快，大量的维生素丢失或消耗。因此，随着出汗增加和肠道功能下降，运动员对维生素的吸收能量下降。为使运动员保持良好的比赛状态，及时合理地补充维生素是非常必要的。此外，B 族维生素可用来刺激糖类物质的代谢，进而产生能量，在运动中为机体肌肉提供能量。在肾上腺中，维生素 C 是产生肾上腺素的必要条件，脂肪组织中游离脂肪酸的释放也与维生素 C 有关。烟酸可以防止运动过程中游离脂肪酸的释放。维生素 C 和维生素 E 可以中和活性氧，并防止自由基损害肌肉和其他组织。其他几种维生素在维持矿物质平衡方面也起着重要作用。例如，维生素 D 可以刺激人体吸收钙和磷。然而，维生素的过多摄入也会导致体内某些代谢的失衡。因此，运动员在长时间运动后应合理地补充适量的维生素。

四、维生素与运动

1. 维生素在运动中的作用

（1）维生素 B_1　维生素 B_1 的适量补充，可促进糖原和磷酸肌酸的分解，进一步地加速能量代谢，这对肌肉活动有益。此外，维生素 B_1 对胆碱酯酶的活性也可以起到抑制作用，防止胆碱乙酸酯被破坏，并可以促进其合成。它可以通过增强肠胃的蠕动以及促进消化液的分泌来提升食欲。补充维生素 B_1 也可以增加血红蛋白的产生。因此，维生素 B_1 是运动期间机体营养的重要营养素，可用于改善运动表现并防止过度疲劳。

（2）维生素 B_2　有证据表明，维生素 B_2 可以通过降低心率和保护心肌中各种抗自由基酶的作用来预防人和小鼠心脏异常的不良影响的产生。因此，维生素 B_2 可以清除运动过程中所产生的自由基，避免自由基在体内堆积，进一步可以延缓运动员在运动过程中产生疲劳感。此外，维生素 B_2 可以保护膜的完整性，保护线粒体膜，红细胞膜和其他生物膜免受脂质过氧化损伤，使红细胞正常运行，并且线粒体膜的氧化磷酸化也可以正常进行。因此，维生素 B_2 的适量补充可以间接改善糖代谢能力，使运动员在运动过程中的能量得到及时补充。此外，及时补充维生素 B_2 还可以增强肌肉收缩。

（3）维生素 B_6　维生素 B_6 是糖原磷酸化酶的辅酶因子和氨基酸脱羧酶辅酶，参与蛋白质和氨基酸的代谢，可促进血红蛋白，肌红蛋白和细胞色素的合成，并参与糖原合成和糖原分解。维生素 B_6 作为各种酶的成分，可催化物质的新陈代谢，调节反应速率并影响人体的运动表现。适当增加维生素 B_6 的摄入量会促进丙酮酸转氨成丙氨酸的反应、降低丙酮酸的含量，并削弱氢化和还原生成乳酸的反应过程，降低肌肉中乳酸和血液中乳酸的含量，以延缓运动疲劳，因此，经常运动的人对于维生素 B_6 的需求可能会增加。

（4）维生素 B_{12}　维生素 B_{12} 缺乏症主要引起贫血和神经系统损害，并且维生素 B_{12} 与身体疲劳之间存在一定的关系。一些学者发现，在人体内正常水平的 B_{12} 维生素水平下，巨核细胞可以转化为能够携带氧气的成熟红细胞。如果维生素 B_{12} 缺乏，成熟红细胞的合成会减少，随之红细胞的数量就会减少，这会阻碍氧气的运输并降低身体健康。过度运动会加剧维生素 B_{12} 的缺乏，使机体更容易感到疲倦。

（5）维生素 C　维生素 C 在脂肪氧化过程中起着重要作用。在高强度运动中，维生素 C 加快了脂肪酸进入线粒体的速度，从而促进了线粒体中脂肪酸的氧化和分解过程，提升了机体的能量补充作用。维生素 C 缺乏病会限制运动员的运动能力，因此，补充维生素 C 可以显著增加机体最长运动时间。此外，维生素 C 能有效维持红细胞生物能和红细胞超氧化物歧化酶的活性，抑制自由基含量，使红细胞的氧运输能够正常进行，线粒体膜上磷酸化反应也正常进行。

（6）维生素 A　维生素 A 可维持上皮组织结构的完整性及健康。这是视觉单元中光敏材料的组成部分。因此，如果在冬季进行体育锻炼或从事对视力要求高的运动（例如射击），则需要正常摄入量的 1.5~5 倍的维生素 A。在运动中，维生素 A 摄入不足会削弱运动员的免疫力。具体来讲，如果维生素 A 的含量太低，则人体中的白细胞数量将减少，活性将降低，巨噬细胞的能力将降低，分泌物中的溶菌素含量将降低，此时若进行高强度体育运动时，运动员更容易生病。

（7）维生素 D　维生素 D 是人体必需的营养素，对肌肉韧性的改善以及人体对钙的吸收起积极作用，可改善运动员的骨骼质量。当运动员进行长期训练和比赛时，过度的运动强度可能会导致体内严重的钙质流失，从而导致肌肉紧张，骨骼变脆和骨折。在运动过程中，维生素 D 可以促进小肠中钙的吸收，同时保持磷的稳定状态，使体内的钙和磷水平达到了正常水平，从而维持了骨骼健康和肌肉健康。减少运动过程中发生骨折的风险。一般而言，运动人士的建议维生素 D 摄入量为 10~12.5μg/d。

（8）维生素 E　维生素 E 是人体营养中必不可少的成分，可被看作是抗氧化剂，对自由基的清除和降低脂质过氧化物水平起关键作用。维生素 E 可以促进蛋白质合成，改善肌肉质量并缓解肌肉疲劳。此外，适当补充维生素 E 可以改善运动表现，它减少了组织的氧气消耗，提高了抗氧化过程的效率，并使人体组织细胞获得更多的氧气供应。它可以有效地改善肌肉中氧气的使用，减少氧气的消耗并增加耐力，这对于耐力项目尤其重要。人体中维生素 E 的缺乏会导致肌肉营养不良，从而降低碳水化合物，脂肪和蛋白质的代谢，从而影响 ATP 的生产效率并严重破坏能量代谢。

2. 运动中的维生素补充

水溶性维生素主要从人的汗液和尿液中排出，水溶性维生素与运动疲劳密切相关。在运动过程中，体内物质的代谢得到促进，因此汗液排泄增加，并且随着运动过程中维生素消耗量的增加，体育锻炼疲劳的可能性也会增加。因此，有必要在日常生活中补充水溶性维生素，以避免由于水溶性维生素的过多流失和未能及时补充而引起的营养不良，进一步导致代谢紊乱并降低人体生理机能。同时，应注意过量服用水溶性维生素对身体的负面影响。研究表明，如果服用 B 族维生素过量，可能会引起像外周神经病变的一系列的神经系统问题。

脂溶性维生素在运动过程中并不直接提供能量，所以在能量的供应上多是辅助或者优化作用。维生素 A 和维生素 E 虽然无法直接提高运动表现，但是定期补充维生素 A 是提高免疫系统不可缺少的环节，维生素 D 主要是促进钙吸收和骨骼代谢，但缺乏维生素 D 会影响肌肉骨骼疼痛和神经肌肉功能障碍。

3. 运动对维生素的需求量

通常，成人维生素 B_1 的每日需求量为 1.5~2mg。维生素 B_1 的需求与运动强度和能量消耗之间具有恒定的关系。对于那些经常运动的人来说，维生素 B_1 摄入不足会导致一些不良症状，例如头痛、消化不良、下肢疼痛、全身乏力以及劳动力和运动表现下降。因此，

维生素 B_1 缺乏会对人体健康和运动表现产生不利影响。经常运动的人应通过注意饮食平衡来改善维生素 B_1 缺乏症，多吃全麦制品，并减少含有抗硫胺素的食物。

成人维生素 B_2 每天推荐摄入量为 1.6mg，儿童每天推荐摄入量为 1.2mg，婴幼儿每天推荐摄入量 0.6mg。饮食均衡可以从食物中摄入充足的维生素 B_2，则无需额外补充。对于运动量较高的人来说，维生素 B_2 的缺乏会导致结膜炎、口腔炎、皮炎等症状，因此需要及时补充维生素 B_2，可通过多摄食苹果、香蕉、猕猴桃等水果来摄取。

维生素 B_6 是糖原磷酸化酶辅酶因子和氨基酸脱羧酶辅酶，可参与蛋白水解和合成代谢作用，提高人体的有氧耐力，并且与运动表现（尤其是力量）密切相关。成人维生素 B_6 的每日需求量为 2mg。维生素 B_6 的缺乏会导致呕吐、脂溢性皮炎等疾病，可通过食物进行补充，如鸡蛋、动物肝脏、鱼肉、瘦肉等。

维生素 B_{12} 是人体所需的维生素，但人体自身无法合成。人体可以回收和储存 B_{12} 维生素。因此，维生素 B_{12} 的每日需求实际上非常低。维生素 B_{12} 的推荐摄入量约为 $2.5\mu g/d$。

维生素 C 能起到促进免疫作用、保护血管健康、延缓衰老等作用，其缺乏会引起坏血病等问题。成人维生素 C 每天推荐摄入量为 80~100mg，经常运动的人需及时补充维生素 C，如可通过果蔬和维生素制剂进行补充。然而，过量的维生素 C 的摄取会对钙质代谢产生影响，增加泌尿系结石的风险。因此，运动后需要合理地去补充维生素 C。

维生素 A 是身体所需的营养成分，缺乏会影响身体健康。成人维生素 C 每天推荐摄入量为 3mg，通过饮食调节能够改善，如胡萝卜、芒果等摄取。对于运动高强度的人，可考虑适当口服维生素 A 制剂进行补充。

维生素 D 对于生长发育具有非常重要的作用，其每天推荐摄入量为 $10\mu g$。维生素 D 的食物来源有正常的食物、维生素 D 强化食物和浓缩的天然食物。正常饮食中已包含人体所需的维生素 D，但对于运动量高的人可适当去摄入维生素 D 强化食物和浓缩的天然食物。

维生素 E 作为一种脂溶性维生素，能起到促进多种代谢反应的作用。成人每日的推荐摄入量为 10~15mg，其食物来源主要包括肉类、鸡蛋、坚果和植物油等。

第八节　运动行为与膳食纤维供给

一、膳食纤维的定义及分类

膳食纤维又被称为"第七大营养素"，是植物性食品中不能被人体消化酶完全分解的部分。膳食纤维由非淀粉多糖和其他植物成分组成，例如纤维素、抗性淀粉、抗性糊精、菊粉、木质素、几丁质（在真菌中）、果胶、β-葡聚糖和寡糖。膳食纤维通常可整餐、生食或煮熟食用。摄入人体后，其可通过改变胃肠道内容物的性质以及改变其他营养素和化学物质的吸收方式发挥作用。

1. 膳食纤维的分类

膳食纤维主要包含可溶性膳食纤维和不溶性纤维。可溶性膳食纤维通常溶于水，又被称为益生元纤维。可溶性纤维通常是黏性的，会延迟胃排空，这可能导致饱腹感扩大。不溶性纤维难溶于水，对消化道的消化酶呈惰性，如麦麸、纤维素和木质素。粗磨不溶的纤维会触发大肠中黏液的分泌，从而增加膨松度。细磨的不溶性纤维不具有此作用，且实际上具有便秘作用。某些形式的不溶性纤维，例如抗性淀粉，可以在结肠中发酵。

2. 常见食物膳食纤维的来源及含量

膳食纤维广泛存在于植物性食物中，包括五谷杂粮（燕麦片、玉米、黑豆、黄豆、绿豆、玉米、花生等）、蔬菜（春笋、金针菇、口蘑、木耳、鲜香菇、菠菜、胡萝卜等）和水果及坚果（苹果、菠萝、芒果、葡萄干、核桃、杏仁等），具体见表3-10。

表3-10 常见食物膳食纤维含量　　　　　　　　　　　　　　　　单位：g/100g

食物名称	含量	食物名称	含量	食物名称	含量
谷物		蔬菜		水果及坚果	
燕麦片	5.3	春笋	2.8	苹果	1.2
玉米	6.4	金针菇	2.7	葡萄干	1.6
黑豆	10.2	口蘑	17.2	桑椹	4.1
黄豆	15.5	木耳	29.9	大干枣	9.5
绿豆	6.4	鲜香菇	3.3	梨	3.1
红豆	7.7	菠菜	1.7	桂圆干	2.0
薏米	2.0	胡萝卜	1.3	核桃	9.5
花生	7.7	豆角	2.1	杏仁	8.0
富强粉	0.6	毛豆	4	石榴	4.8
小麦胚粉	5.6	圆茄子	1.7	黑芝麻	14.0
红薯	1.6	干海带	6.1	菠萝	1.3
黑米	3.9	芹菜	1.4	芒果	1.3

二、膳食纤维的生理功能

1. 增强饱腹感和促排便

膳食纤维可增强饱腹感、降低食物摄入量，从而减少每日热量的摄取。此外，食物在肠道内待的时间越短，被吸收的脂肪越少，越有利于减轻体重。同时，膳食纤维可刺激肠道蠕动，缩短胃内容物通过肠道的时间，其还具有很强的吸水能力，可逐渐吸收肠道内的水分，使大便保持松软和湿润，易于排出。

2. 维护血管健康

膳食纤维既能阻碍胆固醇的吸收、促进胆汁酸（胆汁酸来自体内胆固醇）的排出，又能促进重金属等垃圾排出体外，维护身体健康。

3. 降低升糖指数

膳食纤维阻碍减缓碳水化合物的吸收速度，这就避免了血糖的大幅度波动，可以起到预防2型糖尿病的作用。

4. 改善肠道内环境

益生菌和有害菌的比例将会极大地影响肠道内环境。而膳食纤维能够为肠道的益生菌提供充足的食物，进而能够维持肠道的菌群，对于提高机体免疫力的功效非常明显。

三、膳食纤维与运动

1. 膳食纤维在运动中的作用

膳食纤维进入消化道内，在胃中吸水膨胀，延长胃排空时间，增加了饱腹感，有利于减少进食量；并对碳水化合物、脂肪、蛋白质等营养素的消化及吸收有一定阻碍；且可以增加粪便体积以机械刺激使肠壁蠕动，促进排便。因此，膳食纤维在控制体重、减肥等运动项目中不可或缺。此外，目前运动员的膳食安排中存在早餐热量偏低，而晚餐热量偏高的不合理的分配现象，这会导致运动员脂肪转化和堆积。因此，运动员需要合理地摄取膳食纤维，以促进肠道蠕动及消化。

2. 运动中的膳食纤维补充

中国居民膳食纤维的适宜摄入量是根据《中国居民平衡膳食宝塔》推算出来的。低能量膳食7531kJ为每日25g；中等能量膳食10042kJ为每日30g；高能量膳食11715kJ为每日35g。与大多数国家所推荐的值相近。膳食纤维摄入不宜过量（>60g/d），否则会导致需要更多的液体食物；并且会干扰矿物质的吸收及导致肠胀气、腹泻。强化的膳食纤维食品可以在减控体重期间代替部分或全部主食，以减少热量的摄入。

第九节 运动行为与水供给

一、水的定义及存在形式

1. 水的定义

水是构成人体的结构中最丰富的成分。水是自然界中最常见的物质，它也是生命存在和发展的先决条件。虽然它经常被忽略，但却是必不可少的营养素。水参与体内物质的运输。此外，水与衰老、寿命、免疫力和新陈代谢直接相关。

2. 水的存在形式

人体中有两种形式的水：结合水和自由水。

自由水，也被称为游离水，是指可以在细胞内自由流动的水，即其自由能大于亲水性聚合物有机物的结合力的水。在这个状态下，它是一种良好的溶剂和运输工具，例如血液、淋巴液和组织液，人体血液中的水主要是自由水。自由水可作为运输工具的介质，参与各种细胞内生化反应，也可以作为细胞内溶剂用于物质的运输。自由水可以溶解许多物质帮助其代谢进而执行生理功能。

结合水又名结晶水。不单独存在，通常与人体中的维生素、蛋白质、DNA 等物质相结合存在。结合水不可以自由流动，可以参与基本生命物质，如糖、脂肪、蛋白质等的代谢及生化反应。如包含在心肌和骨骼肌中的水。人体中大部分水是以结合水的形式存在的，在维持器官的物理状态（如形状、硬度和弹性）方面起着重要作用。当细胞中的结合水流失时，会对生物聚合物的空间结构产生不良影响，造成原生质破坏，新陈代谢无法正常进行，严重时可致使死亡。

细胞内结合水和自由水含量与生命活动的活跃程度呈正相关。生命活动越活跃，结合水含量就越低，自由水的含量会越高。机体内自由水和结合水可以发生相互转化，当生物代谢很强时，结合水可以转化为自由水，如果生物代谢缓慢，自由水则会转化为结合水。空隙腔中的水主要是结合水，但是毛细血管和空隙腔的细胞膜之间的水是自由水，以促进物质交换。体液平衡是指正负离子电荷的平衡，渗透浓度的平衡，内部和外部体积的平衡以及体液不同区域之间的氢离子的平衡。氢离子平衡基于这样的原理，即可以维持细胞内液的中性和细胞外液的碱度。

3. 水的来源与含量

人体的需水量受年龄、饮食、活动、体温和身体健康等因素的影响。通常，成年人的每日需水量约为 2500mL。饮用水：主要指自来水、矿泉水、纯净水、天然温泉水、蒸馏水等，还包含各种特殊饮用水，包括茶、咖啡和汤。食物水：即通过摄入食物而进入人体的水，约有1000mL。许多食物中都含有大量可被人体食用和利用的水，并且由于食物种类的不同，其水分含量差异也很大。例如，新鲜蔬菜和水果中的水分含量可达到80%~95%，牛乳中的水分含量为87%~90%，肉类中的水分含量为60%~80%，谷物中的水分含量为14%~15%。因此，从食物中获得的水量取决于所吃食物的类型和数量。食用水占人体总水源的30%~40%。代谢水，即营养物质，如碳水化合物、脂肪和蛋白质代谢产生的水分约有300mL。

二、水的生理功能

水是人体所必需的重要营养素之一，是构成人体的身体组成的重要成分之一，并且还具有一定的生理活动调节的功能。

1. 物质的代谢与运输

水是高度可溶的，是一种良好的溶剂，黏度低，并且易于流动，有助于营养和代谢物的运输。甚至某些不溶于水的物质（例如脂质）也可以与亲水性蛋白分子结合，分散在水中，并通过血液循环被运输到人体的各个部位。可以依靠其高度流动性，帮助机体消化和吸收食物，溶解维生素、葡萄糖、矿物质、氨基酸和其他的一些营养素，使这些营养素易被人体吸收，并且将其输送至人体的各个器官和组织。在人体的循环和排泄过程中，水可以加速营养物质的运输以及废物的排泄。因此，在运动过程中及时补水，使机体内水分含量保持充足，可以保证运动员运动时的能量需求。

2. 参与机体化学反应

水在人体不同部位的复杂而规则的化学反应中起着重要作用。水可以在生物体的每个小单元中进行生化反应，并保持生理反应的选择性。同时，水和氧气、水和矿物质都形成非常复杂的结构。人体中所有的生理反应和物质的运动都在结构化水中进行。另外，维持红细胞膜表面结构的机制是，在脂质双层的脂质之间，存在着一层水膜。这种结构化的水膜对红细胞与其周围物质之间的相互作用关系存在着一定程度上的影响，同时，水膜还可以保证细胞和细胞膜的功能维持在正常水平。

3. 坚实骨质

人体骨骼中含有一定量的水，指甲和牙齿也需要一定量的水。如果骨骼充分地水合，则可以抑制由于骨骼的松散和脆性而引起的疾病。

4. 防治肌肉萎缩

肌肉中的水含量足够，约占水的70%。如果可以定期补充肌肉水分，年龄越大，肉就越少，寿命越短的麻烦就越少。

5. 调节体温

人体的正常生理功能需要恒温环境。由于体表和肺部呼吸，人们在休息时会继续蒸发水。在运动过程中，人体的出汗会致使机体内水分大量流失。血液中的水分可以随着血液循环调节体温，因此由于人体运动引起的体内外环境温度的变化，体温不会发生显著变化。生理测量结果表明，为了保持体温恒定而不升高，必须依靠体内水分的蒸发。

6. 维持脏器的形态和机能

人体内结合水与蛋白质、黏多糖和磷脂等物质可以结合成胶体，保证器官可以维持特定的形状和硬度。血液中的游离水会促进血液循环，而过多的水分流失会导致血液水平和血流量降低，进一步影响肌肉氧合作用，并会影响运动过程中代谢废物的排出，导致运动员肌肉酸痛，甚至会使其运动能力下降。

7. 润滑作用

水是关节、肌肉和体腔的润滑剂。低黏度的水可平滑摩擦表面并减少运动过程中的伤害。同时，它可以缓冲和保护人体组织和器官。

三、水的吸收与代谢

水来源于饮食，是通过胃、脾以及大小肠等消化吸收而生成。正常人每日机体内水的来源和排出处于动态平衡中，其摄入和排出量每日维持在 2500mL 左右。其中约有 1500mL 通过肾脏排出，肾脏在排水的同时，也排出尿素、尿酸、氨气等代谢废物。其次是经汗液排出，机体每天大约有 300~500mL 的水通过皮肤蒸发，出汗分为非显性和显性两种，非显性表现为不自觉出汗，很少通过汗腺活动产生；显性出汗是由于汗腺活动而产生。汗液中大部分成分是水，其中的无机盐含量很少。当出汗过多时，如高温作业、高热情况下，或人体由安静状态进入运动状态时，机体为了使体内温度保持稳定，体内各种代谢达到平衡状态，就需要对体温进行调节，即通过排汗蒸发或通过呼吸散热。

每个人都有一个敏感的自我调节机制，可以调节进水和排水，以确保水的平衡。当人体损失过多的水分时，细胞外液中电解质的浓度（尤其是钠）会增加，也会增加唾液中水的吸收。同样，血钠水平升高会刺激下丘脑，进而产生口渴的感觉，促进垂体分泌抗利尿激素（antidiuretic hormone，ADH），使肾脏能够减少水分排泄，对水分进行重吸收。另外，液体流失过多会导致人体血压下降。当血压下降时，会刺激肾细胞产生肾素，激活血液中的血管紧张素原形成血管紧张素，收缩血管并使血压升高，刺激肾上腺分泌皮质类固醇，进一步减少钠和水的排泄。相反，当人体的饮水量超过所需量时，细胞外液中电解质的浓度降低。在这种情况下，不会发生口渴并且不会刺激 ADH 分泌，就不会刺激肾脏对水进行重吸收，增加了尿液中水分的排泄。

尽管身体具有自主调节机制，但它无法独自维持身体的水平衡。足够的水可以更好地帮助这些机制并自动保持水平衡。

四、水与运动

1. 水在运动中的作用

（1）补充水分　水在运动中的一个重要作用之一就是帮助人体补充水分。因为我们在运动的过程中，运动的强度是比较大的，并且运动的时间也是比较久的，这就会让我们出现身体失水的状况，如果不及时补水的话会给我们的身体造成很严重的伤害。所以在运动过后，我们一定要及时地去补充水分，不要让身体出现脱水的情况。

（2）恢复体力　水还可以帮助我们恢复自己的体力，在运动的过程中，我们经常会感觉到非常的疲劳，难以坚持下去。在这种时候其实可以喝一点水来帮助自己恢复体力，让自己有精力去接着运动。

（3）调节体温、补充营养物质　运动的过程中，我们的身体的热量是增加的，因此很容易造成我们的体温出现不平衡的状态，在这种情况之下喝水可以帮助我们有效地去调节好自己的体温，改善自己的疲劳。并且在运动的过程中，我们需要补充一些营养物质，这就需要运动饮料来帮助我们有效地去补充，提高自己的运动能力。

水在运动中的作用至关重要，在运动的时候一定不要忘记喝水，并且喝水也要讲究时间，一般是在运动前中后三个时间段喝，这样对自己的身体才是有帮助的。并且在运动结束后不要马上喝水，最好过 15min 再喝，这样更加有利于自己身体健康，同时也可以帮助自己缓解运动的劳累。

2. 运动过程中的水供给

当处于炎热气候中，运动员若进行长时间的耐力性项目，会使其排汗增多，体内水分大量丧失，使运动者的竞技能力逐渐下降。因此，运动过程中应格外注重运动员的补水需求，保持其能量供应正常。除了水分的补充，还应注意钠离子的补充。经肺和粪便排出的水比例相对较小，仅为 150mL 左右。

当运动员进行锻炼时，及时补充水分和补充能量可以加速功能恢复。因此，运动后补液也很重要。但是，运动后水分不应补充过多，在短时间内大量喝水可以缓解暂时的口渴，但尿液和汗水增加不仅会损失体内更多的电解质，还会增加心脏和肾脏的压力。从实践的角度来看，运动后补水会考虑运动员必须喝的水量以及喝什么水才能维持体液平衡并恢复运动前的水平。如果补水量大于出汗量，并且补水量为出汗量的 150%，则体内的水量可以很快达到平衡。

3-3 延伸阅读　运动过度缺水与横纹肌溶解

3. 运动对水的需求量

一般认为，运动期间每 15~20min 可以补充 150~300mL 水。通常情况下，每小时补水总量少于 800mL，通常无法满足的需求。但是，当水分补充达到 2000mL 时，机体通常是无法忍受的，并且可能引起恶心和呕吐。许多研究指出，为了优化心血管功能，体温调节和运动表现，运动过程中补充的水量必须至少达到流汗量的 80%。运动过程中人体的水分摄入应符合水分流失的原理，并保持水分平衡。同时，应考虑气候条件、锻炼项目、锻炼强度和个体差异。因此，运动前后的摄入量要严格符合人体需要，应根据排泄物及时补充，以确保体内水分平衡。

本章小结

运动行为是一个消耗能量及营养的过程，合理的营养供给是保持良好健康和运动能力的物质基础，运动后营养物质的供给可使人体的生理生化代谢恢复至正常状态，维持身体正常的代谢平衡。规律的运动行为和合理的营养供给是良好的生活方式中极其重要的两个方面，对维持身体健康状态至关重要。食物摄入量和身体活动量是保持能量平衡、维持健康体重的两个主要因素。在日常生活中，需要吃动平衡，均衡饮食，保持健康体重。

蛋白质是一类含氮有机化合物，在生物体内发挥重要生理功能，如催化作用、调节生理机能、氧运输、肌肉收缩、支架作用、供能作用。运动行为是一个消耗能量及营养素的过程，在此过程中，人体内的蛋白质分解代谢加强，此时合理补充优质蛋白质和氨基酸，对于补充运动损耗、增强肌肉力量、促进血红蛋白的合成、加速消除疲劳和保持身体具有重要意义。人体在运动过程中会消耗肌糖原，力量训练更是主要依赖肌糖原供能，而当肌糖原下降时，运动能力和运动耐力都会相应下降。目前绝大多数的观点都认为，肌糖原的耗尽和血糖浓度的降低是导致运动疲劳的主要因素。碳水化合物在运动供能中发挥重要的作用，在运动前、中、后期合理补充碳水化合物，可减少糖原消耗，提高血糖水平，有利于提高运动能力和保持身体健康。脂类是人体三大功能营养素之一，具有储存和提供能量的作用，我们膳食中摄入的过量的脂类、蛋白质和碳水化合物均以脂肪的形式储存下来，热量不足时再释放；同时，脂类可以为人体提供必需脂肪酸、促进脂溶性维生素的吸收，还可以改善食物感官性状，增加饱腹感；脂类还是机体的组成成分，有着维持正常体温和保护内脏的作用。

矿物质参与人体新陈代谢，每天都有一定量的矿物质随各种途径损耗或流失，所以人体必须从各种食物中获得足量的矿物质，才能维持良好的健康状况。人体所需的各种矿物质，多数正常膳食均能满足，但有些微量元素受地质化学状况的影响，会出现地区性缺乏。维生素是维持人体正常生命活动所需的一大类营养素。不同的维生素所发挥的作用不同，在人类和动物的日常活动中起着非常重要的作用。它的需求低但必不可少的。运动时，身体消耗大量能量并产生强大的新陈代谢，为了达到改善运动表现的目标，需要及时确保体内维生素补充剂的类型和数量。大多数维生素不能由人体合成，也不能大量储存在人体组织中，必须通过食物提供。因此，运动员需要吃更多的蔬菜和水果、海产品、瘦猪肉等，根据需要服用维生素补充剂。

水是人类赖以生存和发展的基础，也是运动中最重要的营养物质之一。通过养成科学的饮水习惯来维持人体的水平衡，这些习惯对人类的身心健康有极大的好处，与运动行为也息息相关。保持水平衡是锻炼的基本条件，必须完全根据锻炼过程中人体的需求来进行。同时，为了使运动员在运动、训练和比赛中保持良好的运动表现，并能够承受更大的生理负荷，应根据排放量少量科学合理地补充，在运动过程中必须坚持饮水，维持正常体温，从而促进消除运动疲劳，并改善运动效果。目前，世界上对水的研究和使用尚不完全清楚。除了营养作用，水中的矿物质在维持水本身的团状结构，特别是在维持水分团结构的相对稳定性方面起着重要的作用。因此，只饮用纯净水是不够的，水的生理功能需要更深入的研究。如何利用水，更科学、合理地补充水，仍然是我们需要深入研究的课题。

综上所述，营养是改善运动成绩并避免疾病和伤害的重要组成部分。由于现代人追求健康生活方式的现状，进行体育运动人数不断增加，运动营养的重要性逐渐得到普遍认可。锻炼时，运动员合理的营养补充是保持良好健康和运动能力的物质基础，运动后营养物质的补充可使人体的生理生化代谢恢复至正常状态，维持身体正常的代谢平衡。

思考题

1. 针对运动员和运动爱好者的身体特点，描述其在碳水化合物摄入方面应关注哪些问题。
2. 脂肪有什么营养功能？简述必需脂肪酸的概念、分类及营养功能。
3. 简述蛋白质的营养功能，其营养价值的评价取决于那些因素。
4. 组成蛋白质的氨基酸有哪些种类？必需氨基酸和非必需氨基酸的定义和种类分别是什么？
5. 碳水化合物在功能上有何优点？
6. 维生素 B_1 和维生素 C 在运动实践中有何意义？如何正确摄取？
7. 简述维生素 A、维生素 D、维生素 E 的功能，在哪类食物中含量较多？
8. 运动员合理营养所需补充的矿物质来源有哪些？以及应该注意的事项？
9. 运动过程中应如何合理安排营养？
10. 预防运动疲劳的营养措施有哪些？
11. 详细说明肌酸对有氧代谢能力的意义。
12. 运动后营养补充不当会影响运动疲劳的修复，为什么？
13. 简述运动营养供给有哪些误区？
14. 试举一营养配餐的例子。

第四章
运动行为与能量代谢

> **学习目标**
>
> 1. 掌握运动行为过程中生物化学的基本知识，包括人体内物质代谢和能量代谢的变化规律，能够评估人体日常运动行为。激发探索人体运动行为、能量代谢科学的兴趣。
> 2. 掌握运动行为与能量代谢之间的关系，能够分析和解决运动训练、体育锻炼、保持身体健康中的问题，针对运动特点进行膳食补充。
> 3. 培养对运动行为、能量代谢、运动营养等方面的深度思维方式，提升其将专业知识应用到实际生活、学习、工作中的能力。

第一节　引言

体育是提高人民健康水平的重要途径，是满足人民群众对美好生活向往、促进人的全面发展的重要手段，是促进经济社会发展的重要动力，是展示国家文化软实力的重要平台，而发展体育事业不仅是实现中国梦的重要内容，还能为中华民族伟大复兴提供凝心聚齐的强大精神力量。2019 年政府工作汇报中指出要将体育事业与人民、社会、国家紧密结合，人民群众身心健康，社会就充满活力，国家就繁荣兴旺。党的二十大就加快建设体育强国作出战略部署，指明前进方向，要牢记"发展体育运动，增强人民体质"的根本任务，以满足人民健身需求、促进人的全面发展为出发点和落脚点，大力营造全民健身浓厚氛围。这对创新理念、内容、技术、手段、体制机制等提出了新的要求。此外中国的饮食习惯和生活方式已经导致肥胖、高血压、糖尿病、心脏病等慢性病的高发率。运动作为一种自然的生物学需要和人的基本生活方式，可以增强身体的功能和健康，使人们更有活力和更加积极地面对生活。因此从能量代谢水平科学地指导运动行为对加快建设体育强国、实现中国大健康政策目标具有积极作用。

行为是有机体为了维持个体的生存和种族的延续，在适应不断变化的复杂环境时所作出的反应。机体的运动依赖运动系统，以骨为杠杆，关节为支点，骨骼肌收缩为动力，经神经系统协调，在相关肌肉协作条件下进行运动行为，期间伴随着能量的大量消耗，而能量供给则主要源自于肌细胞的氧化分解。因此能量代谢过程在支持运动行为过程中具有举足轻重的作用，其中能量代谢的核心物质是腺嘌呤核苷三磷酸（简称三磷酸腺苷，adenosine triphosphate，ATP），作为通用的直接能源，ATP 在细胞内的浓度很低、储存量有限，且机体的调节机制也会抑制体内 ATP 的完全消耗，因此为了满足运动肌肉的需要，机体会通过其他途径来产生 ATP。机体通过三个能量供应系统，即磷酸原系统（十分迅速，能量的直接来源及最快补充，骨骼肌几秒钟的收缩即可将此系统提供的能量消耗完）、无氧糖酵解系统（迅速，运动中骨骼肌糖原或葡萄糖在不利用氧的条件下酵解，生成乳酸并释放能量供肌肉利用的能源系统）和有氧氧化系统（缓慢，当氧供应充分时，糖类、脂肪和蛋白质在细胞内彻底氧化生成二氧化碳和水的过程中再合成三磷酸腺苷的能量系统，中低轻度持久）提供各种运动中所需的能量，三大能源系统紧密相连互相协调、共同作用组成完整的能量供应体系，保证了运动时骨骼肌能量释放与利用的连续性，从而使得运动机体的运动能力得到良好的发挥。能源物质与能量包括糖类、脂类、蛋白质、维生素、无机盐、水和膳食纤维七大类，它们经过新陈代谢过程转化为构成维持生命活动的能量，是维持生命体的物质组成和生理机能不可缺少的要素，也是生命活动的物质基础。在分解代谢过程中，营养物质蕴藏的化学能释放进而转化成为机体各种生命活动的能源。此外，机体运动时能量消耗也与肌肉活动（肌肉收缩形式）、心理状态（促进作用和抑制作用）、食物摄入（营养物质的消耗）和环境状态（温度高低环境、水环境、高原环境）等因素密切相关。

运动作为一种应激会对机体各系统产生一定的影响，各系统部位发生相应的变化以适应代谢要求。机体各部位的能量需求有所不同，它们密切相连，又差异明显，在协同作用下，支持运动行为，促进运动行为顺利进行并完成运动目标。机体能量消耗主要由基础代谢、体力活动、食物特殊动力三部分组成，基于能量平衡的原理，能量消耗应当与能量摄入达到平衡以满足维持体重和正常身体活动的需求，而能量失衡（正平衡、负平衡）会引发一系列健康问题。因此，对于运动员及运动健身者等非专业类人群来说，无论是维持体重和机体正常的生理功能或是进行科学减脂、减重，能量消耗的精准测量都是决定膳食能量摄入以及指导精准化运动的重要依据。

4-1 延伸阅读 中国传统文化角度下的能量代谢

第二节 机体能量代谢途径

新陈代谢是机体生命活动的基本特征，不断以新物质替换旧物质的过程，新陈代谢包括物质代谢与能量代谢。机体通过物质代谢从外界摄取营养物质，同时经过体内分解吸收将其中蕴藏的化学能释放出来转化为组织和细胞可以利用的能量，机体利用这些能量来维持生命活动。通常将在物质代谢过程中所伴随的能量的释放、转移、储存和利用称为能量代谢。

一、机体能量代谢机制

能量代谢途径包括以下三点（具体过程详见图4-1）：① 能量释放：机体各种能源物质在体内氧化时所释放的能量，如糖、脂肪、蛋白质的氧化分解释放能量，生成CO_2、H_2O和尿素等物质；② 能量转移和储存：有机物氧化分解释放的能量一部分（约55%）迅速转化为热能用来维持体温，一部分能量（45%）转换成ATP，储存于高能磷酸键中，机体能量转化的过程中，ATP既是一种重要的储能物质，又是直接供能的物质。体内还有另一种含有高能磷酸键的储能化合物，即磷酸肌酸，当体内物质分解生成的

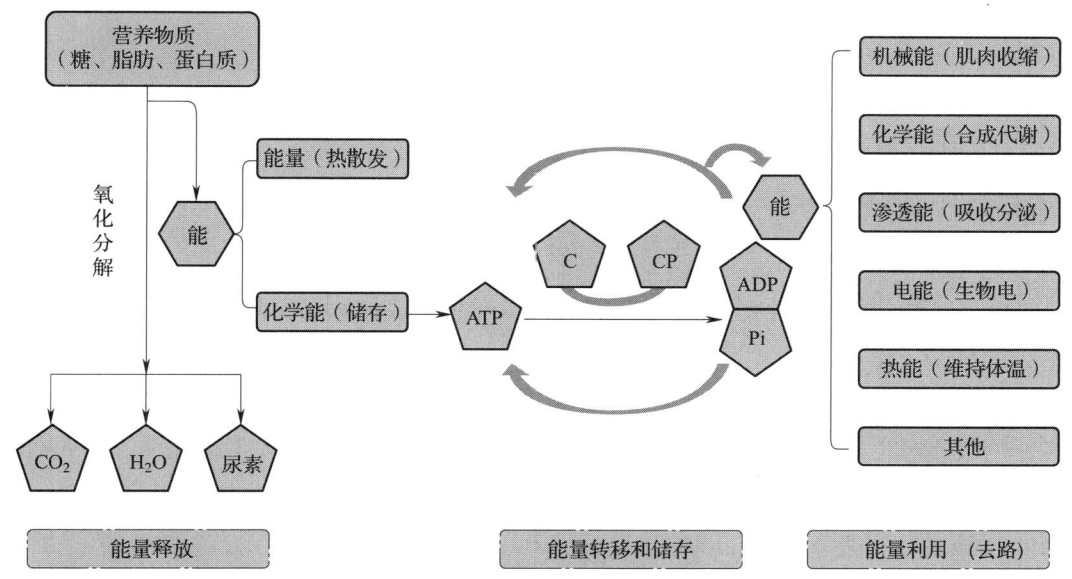

图4-1 能量代谢示意图

能量增多，使形成的 ATP 浓度升高时，ATP 会将高能磷酸键转移给肌酸（creatine，C）生成 CP，将能量储存起来；反之，当组织细胞耗能增加，ATP 浓度降低时，又将储存的能量转移给二磷酸腺苷（adenosine diphosphate，ADP），结合磷酸（phosphoric acid，Pi）生成新的 ATP；③ 能量利用（去路）：ATP 分解释放能量（机械能、化学能、渗透能、电能、热能等）供给机体各种生命活动需要。由此可见，其中能量代谢的核心物质是 ATP（通用的直接能源），ATP 的合成和分解是能量代谢的关键环节。

能量代谢的直接能量来源是 ATP（$C_{10}H_{16}N_5O_{13}P_3$），是一种不稳定的高能磷酸化化合物，由腺嘌呤、核糖和磷酸基团组成，包括 2 个高能磷酸键，1 个普通磷酸键，其分子结构式如图 4-2 所示。包括机体运动在内的所有生命活动所需的能量直接来源于 ATP 的水解。机体的任何运动行为都是骨骼肌收缩引起的，肌肉收缩过程实际上是肌原纤维中粗肌丝上的横桥和细肌丝上的横桥结合位点的结合，横桥摆动所需的能量是由 ATP 提供的，因此，肌肉收缩的直接能源就是 ATP。供肌原纤维收缩利用细胞做功的种类取决于细胞的类型：肌细胞收缩完成机械功，分泌细胞进行分泌，神经细胞实现神经传导。任何细胞实现一切"生物"功，都需要通过 ATP 分解获得直接的能量。骨骼肌中 ATP 的储存量约为 6mmol/kg 湿肌，而肌肉收缩时所需要的 ATP 数量为 10mmol/（kg·s）。肌肉中的 ATP 一旦被动用，机体会及时通过不同的代谢方式进行补充，以保障 ATP 水平维持稳定。

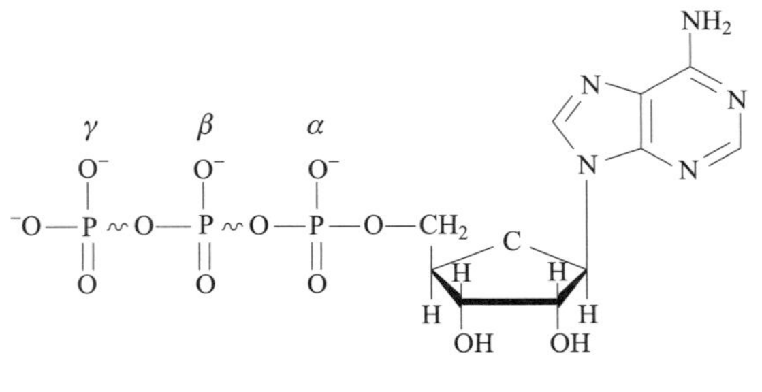

图 4-2 ATP 分子结构式

能量产生机制包括底物水平磷酸化和氧化磷酸化。底物水平磷酸化是指在分解代谢过程中，底物分子内部因脱氢、脱水等作用而使能量在分子内部重新分布，形成具有高能键的高能磷酸化合物，然后将高能磷酸基团转移到 ADP 形成 ATP 的过程。氧化磷酸化是指物质在体内氧化时释放的能量在呼吸链电子传递过程中供给 ADP 与无机磷酸合成 ATP 的偶联反应（图 4-3）。其中，代谢物脱下的成对氢原子（2H）通过多种酶和辅酶所催化的连锁反应逐步传递，最终与氧结合生成水（2H 与 $2H^+ +2e$ 之间的反应），这一系列酶和辅酶称为呼吸链，又称电子传递链，其与生物体内 95% 的 ATP 供给相关。

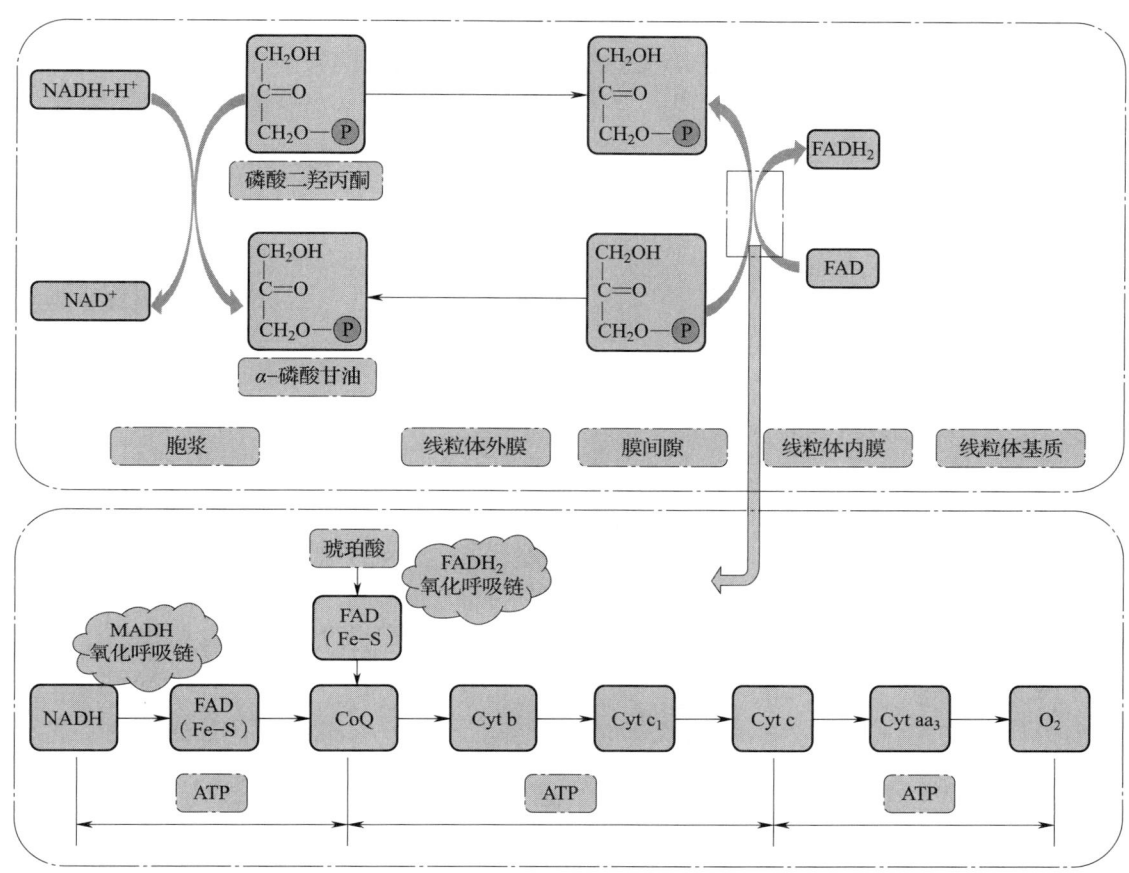

图 4-3 氧化磷酸化及氧化磷酸化偶联反应

P/O 比值是指代谢物氧化时每消耗 1mol 氧原子所消耗的无机磷原子的物质的量，即合成 ATP 的物质的量。实验表明，NADH 在呼吸链被氧化为水时的 P/O 值约等于 2.5，即生成 2.5 分子 ATP；$FADH_2$ 氧化的 P/O 值约等于 1.5，即生成 1.5 分子 ATP。氧 – 还电势沿呼吸链的变化是每一步自由能变化的量度。根据 $\Delta GO'=-nF\Delta EO'$（n 是电子传递数，F 是法拉第常数），从 NADH 到 Q 段电位差约 0.36V，从 Q 到 Cyt c 为 0.21V，从 aa_3 到分子氧为 0.53V，计算出相应的 $\Delta GO'$ 分别为 69.5、40.5、102.3kJ/mol。于是普遍认为下述 3 个系统就是电子传递链中产生 ATP 的部位。

二、机体的供能系统

机体内能源物质主要包括高能磷酸化合物、糖、脂肪和蛋白质四大类，高能磷酸化合物主要包括 ATP 和 CP。其中，ATP 是机体运动的唯一直接能源，因此能量的释放与利用是以 ATP 为中心展开的。

ATP 的再合成包括磷酸肌酸分解、糖酵解和有氧代谢三条途径，又可称为运动时三大能源系统，即磷酸原系统、无氧糖酵解系统和有氧氧化系统。三大能源系统不是互不相关各自完全独立的，而是紧密相连互相协调、共同作用组成完整的能量供应体系，保证了运动时骨骼肌能量释放与利用的连续性，从而使得运动机体的运动能力得到良好的发挥。

1. 磷酸原系统（ATP-CP 系统）

磷酸原系统（ATP-CP 系统），通常是指 ATP 和 CP 组成的系统，由于二者的化学结构都属于高能磷酸化合物，故称为磷酸原系统（图 4-4）。由于 ATP 酸性较强，不宜在细胞内过多储存，故 ATP 在肌酸激酶（creatine kinase，CK）的作用下将分子中的一个高能磷酸键转移给骨骼肌中另一物质 C，合成 CP，成为一种储能的形式，可使较多的能量暂时储存在 CP 之中以备用。而在需要时，CP 可以通过分解供能来为 ADP 合成为 ATP 提供能量。磷酸原系统主要在短时间高强度运动及运动初始阶段中发挥供能作用，其中 ATP、CP 均以水解分子内高能磷酸基团的方式供能，不需要氧气参与，具有快速供能、功率输出高的特点。

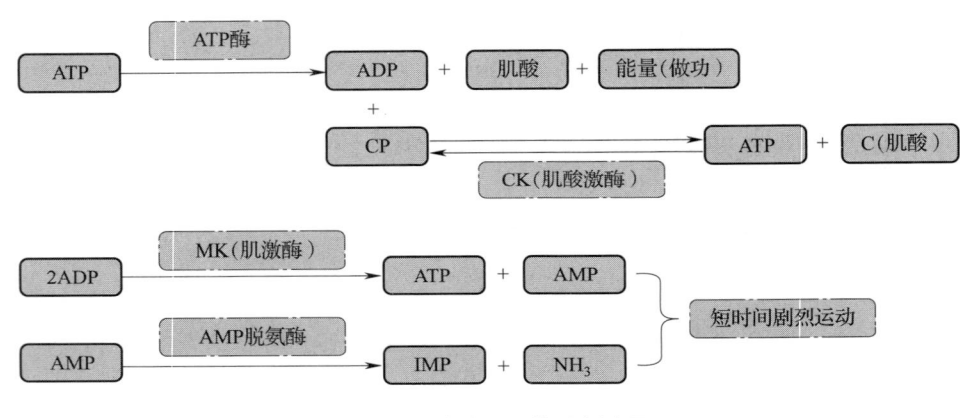

图 4-4　磷酸原系统反应过程

2. 无氧糖酵解系统

当机体运动持续的时间在 10s 以上且强度仍很大时，磷酸原系统供给的能量就无法满足机体所需，此时就需要无氧糖酵解系统参与供能。骨骼肌糖原或葡萄糖在无氧条件下分解，生成乳酸并合成 ATP 的过程称为糖酵解，运动过程中依靠无氧酵解供能的途径称为无氧糖酵解系统（图 4-5）。

机体开始运动时，ATP 在酶的催化下迅速水解放能，ATP 的浓度一旦降低，CP 立刻分解释放能量合成新的 ATP。骨骼肌利用 CP 的同时，糖酵解过程被激活，肌糖原迅速分解参与供能。无氧糖酵解系统和磷酸原系统共同为短时间、高强度无氧运动提供能量，当运动强度增加、持续时间在 1min 左右时，无氧糖酵解系统占主导地位。在大强度运动的开始阶段，无氧糖酵解系统即可参与供能，在运动进行 30～60s 时，糖酵解供能速率达到最大，其输出功率约为 1mmol/（kg 干肌·s）。可维持 2～3min，随后供能速率逐渐下降，主要表现为运动强度下降。

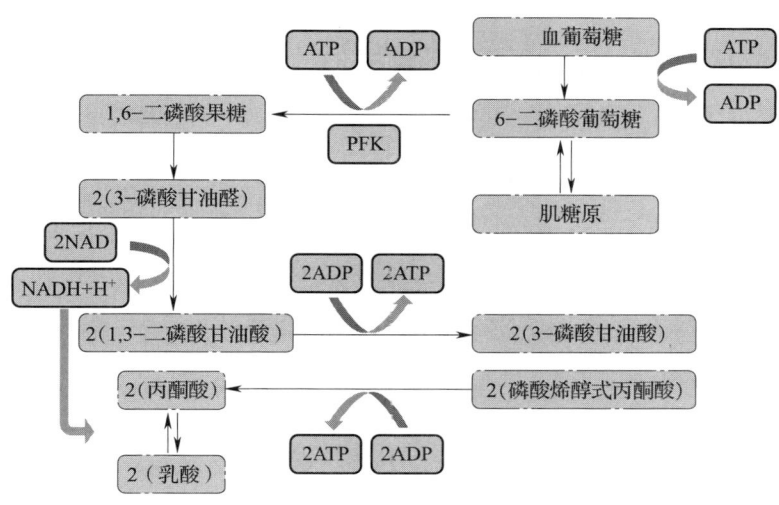

图 4-5　无氧糖酵解过程简要图

无氧糖酵解系统不需要氧，但在高强度运动中，葡萄糖酵解生成 ATP、丙酮酸和氢，随着高强度运动的继续，氢会和丙酮酸结合产生乳酸。肝脏是体内消除乳酸的主要器官，在运动强度不降低的情况下，如果肌肉生成的乳酸超过肝脏清除乳酸的能力，乳酸会在血液中堆积。

3. 有氧氧化系统

有氧氧化系统是有氧供能系统，当运动时长超过 3min 时，机体就需要有氧氧化系统来保证长时间活动的能量供应。当氧供应充分时，碳水化合物、脂肪和蛋白质在细胞内（主要是线粒体内）彻底氧化生成二氧化碳和水再合成三磷酸腺苷的能量系统称为有氧氧化系统，其包括糖的有氧代谢、脂肪的有氧代谢、蛋白质的有氧代谢。

（1）糖的有氧代谢　骨骼肌糖原或由血液运输至肌肉的葡萄糖，其有氧供能的过程可分为三个阶段：① 肌糖原或葡萄糖首先在细胞质中进行无氧代谢作用，经几步酶催化作用分解成丙酮酸；② 丙酮酸再进入线粒体内，进行氧化、脱氢、脱羧反应，生成乙酰辅酶 A；③ 乙酰辅酶 A 再经三羧酸循环，氧化成 H_2O 和 CO_2，并产生大量的能量。其中丙酮酸能量供给在线粒体内氧化、脱氢、脱羧反应及三羧酸循环的具体过程如图 4-6 所示。

（2）脂肪的有氧代谢　脂肪是机体内含量最多的能源物质，主要存在于骨骼肌和脂肪组织，理论上可供运动时间不受限制。但它的氧化过程对糖有依赖性，运动时脂肪供能的比例随运动强度的增大而降低，随运动持续时间的延长而增加。低中强度的有氧运动中，脂肪是能量代谢的主要基质，因此有氧运动具有很好的减肥效果。如图 4-7（1）所示，在脂肪细胞内激素敏感性甘油三酯脂肪酶作用下，将脂肪分解为脂肪酸及甘油并释放入血供其他组织氧化；甘油可以通过一系列反应，甘油激酶→3-磷酸甘油→磷酸二羟丙酮→糖酵解或有氧氧化供能，也可转变成糖；脂肪酸可以与清蛋白结合转运入各组织中经 β-氧化供能（在氧供充足条件下，脂肪酸可分解为乙酰辅酶 A，彻底氧化成 CO_2 和 H_2O 并释放出大量能量）。

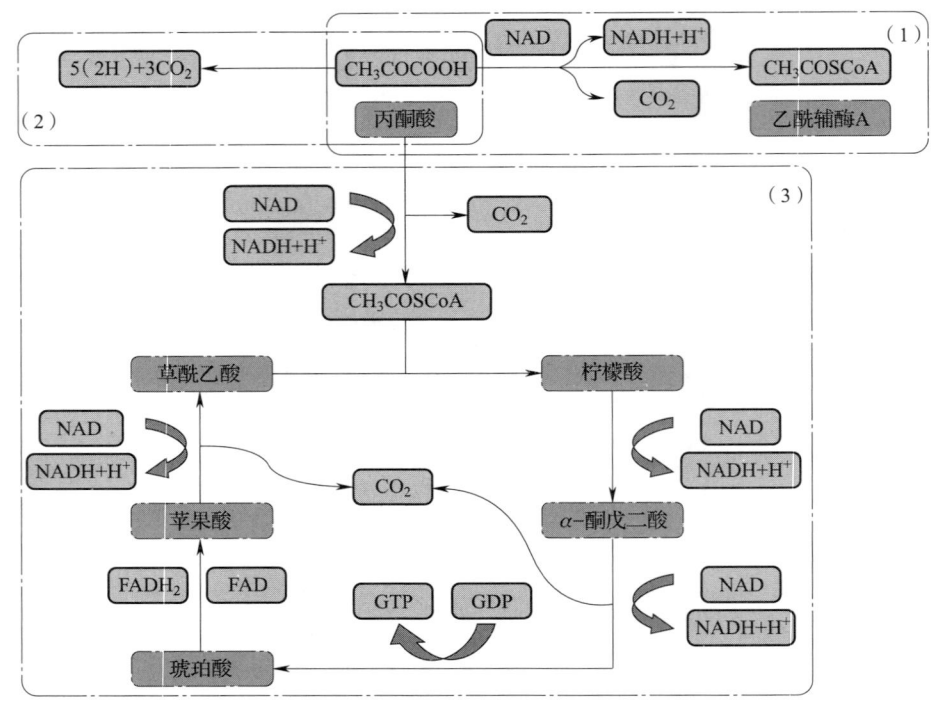

图 4-6 丙酮酸能量供给简要过程图
（1）丙酮酸氧化脱氢脱羧 （2）丙酮酸反应 （3）糖酵解过程

（3）蛋白质的有氧代谢 一般情况下，运动中蛋白质不参与代谢供能，只有在长于 30min 的大强度运动且肌糖原大量消耗的情况下，才动用蛋白质供能，但也仅占总能耗的 10%~15%，最多不超过 18%。如图 4-7（2）所示，蛋白质分解代谢是蛋白质被分解成的氨基酸过程。蛋白质首先被水解成氨基酸，然后进一步进行氨基酸降解，不同的氨基酸可生成相对应的酮酸或中间产物，最后进入三羧酸循环。

由此可知 ATP 的再合成途径有：① CP 分解生能；② 糖酵解生能；③ 糖、脂肪、蛋白质有氧氧化生能。表 4-1 详细列举了供能系统间的差异。磷酸原系统是由三磷酸腺苷和磷酸肌酸构成的能量系统，也称 ATP-CP 系统或非乳酸能系统，不需 O_2、输出功率最高、储存量少、供能时间约 7.5s、不产乳酸、快速可动用性，主要为短时间高功率项目供能，如短跑、跳、投等。无氧糖酵解系统是指肌糖原或葡萄糖无氧分解生成乳酸，再合成 ATP 的能量系统，也称乳酸能系统，1mol 葡萄糖酵解产生 2mol 乳酸，生成 2mol 或 3mol ATP，无 O_2 供应、输出功率居中、供能时间为 33s、来自糖原、产生乳酸使机体至疲劳，主要为 10s 以上（1~3min）的大强度项目供能，如 400m、800m 跑等。有氧氧化系统是指糖、脂肪、蛋白质彻底氧化成 CO_2 和 H_2O 的过程中再合成 ATP 的能量系统。1mol 葡萄糖氧化生成 CO_2 和 H_2O，产生 38mol 或 39mol ATP，需要 O_2、输出功率低、能生成大量 ATP、储能多、不产生致疲劳物质，供能持久，供能项目主要是长时间的耐力项目，是机体最重要的供能系统。

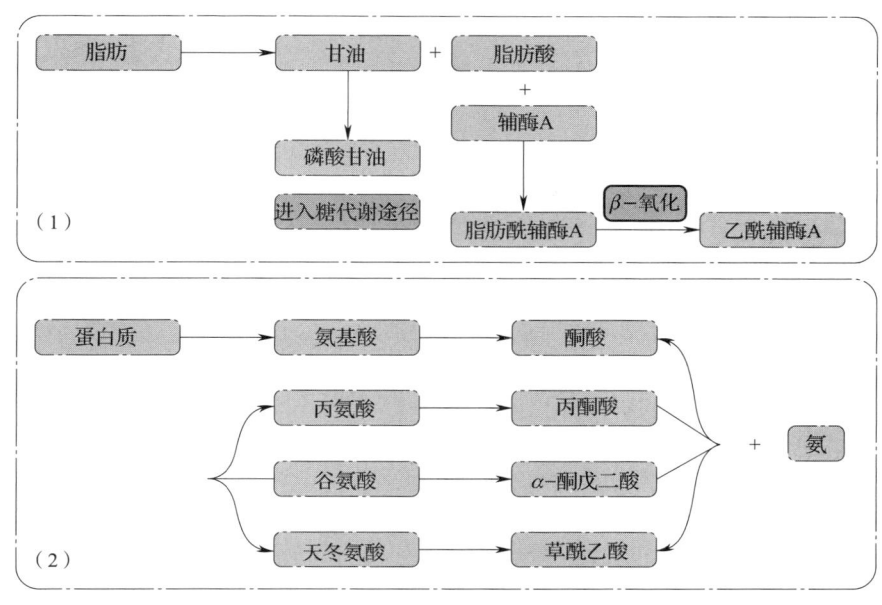

图 4-7 脂肪及蛋白质有氧代谢过程
（1）脂肪的有氧代谢过程 （2）蛋白质的有氧代谢过程

表 4-1 三个供能系统比较

	ATP-CP 系统	无氧糖酵解系统	有氧氧化系统
代谢方式	无氧代谢	无氧代谢	有氧代谢
输出功率	最高	中等	低
能量来源	CP	糖原	糖、脂肪
ATP 生成量	ATP 生成很少	ATP 生成有限	ATP 生成很多
有害终产物	无	乳酸（致疲劳）	无
供能时间	7.5s	33s	很长
生理意义	快速可动用性	缺氧时补充能量急需	重要供能系统
主要供能项目	高功率项目如短跑、跳、投、举	1~3min 的项目	耐力性或长时间活动

综上所述，短时间大强度运动基本上依靠磷酸原系统供能，时间持续时间更长一些的大强度运动则主要依靠无氧糖酵解系统，长时间的低、中强度运动以糖类、脂肪的有氧供能为主。但是任何一种体育运动，都不可能仅依靠单独的一个供能系统。根据运动项目、运动强度、运动持续时间、运动个体的身体情况等诸多因素的不同，各供能系统参与供能的比例不同。运动生理学把不同类型运动项目的能量供应途径之间，以及各能量系统之间相互联系形成的一个连续统一体，称为"能量连续统一体"。能量连续统一体的形式以运动

时间为标准的形式表示（图4-8）。由此可见，在满足运动行为过程中，三个供能系统是互相协作、互相补充关系，并为机体提供了足够的能量。

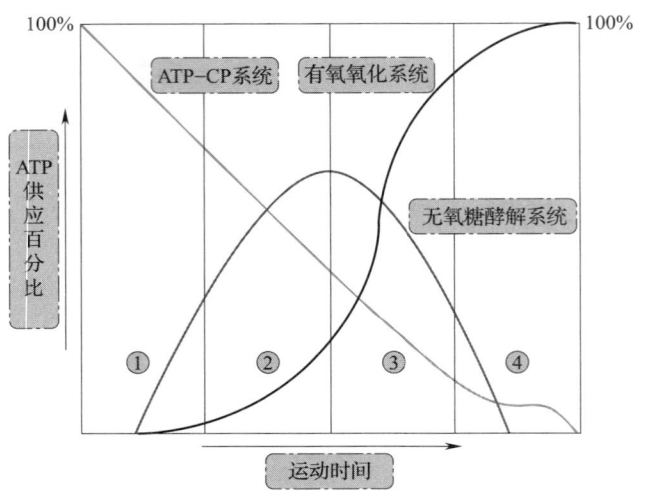

图4-8　不同运动时间下能量系统的差异

三、静息和运动时的能耗

1. 基础代谢

机体的能量消耗释放包括基础代谢、食物生热效应、身体活动能量消耗。基础代谢（basal metabolism，BM）是机体在无任何体力活动和紧张思维活动、全身肌肉松弛、消化系统处于静止状态的情况下，用以维持体温和呼吸、排泄、血液循环及神经活动等机体必要的生理功能所需要的能量，大约占总能量消耗的60%~70%，它对生命存活起了一系列重要的作用，如体内细胞功能、蛋白质合成等。基础代谢在不同性别、年龄的群体中具有差异（表4-2），男高于女，儿童比成人高，壮年比老年高，随年龄的增加而下降。

表4-2　我国基础代谢率平均值　　　　　　　　　　　　单位：kJ/(m²·h)

性别	年龄/岁						
	11~15	16~17	18~19	20~30	31~40	41~50	>51
男性	195.5 （46.7）	193.4 （46.2）	166.2 （39.7）	157.8 （37.7）	158.6 （37.9）	154.0 （36.8）	149.0 （35.6）
女性	172.4 （41.2）	181.7 （43.4）	154.0 （36.8）	146.5 （35.0）	146.9 （35.1）	142.3 （34.0）	138.5 （33.1）

2. 静息能量消耗

静息新陈代谢率（resting metabolic rate，RMR），指人在静息状态下，仅维持生命必需的身体功能，例如，血液循环、组织修复和保持体温等的能量消耗。RMR 会受很多因素影响，包括年龄、性别、遗传、激素变化、身体形态、体质组成、温度、海拔、健康疾病状况、药品摄入、饮食和咖啡因摄入、吸烟等，常见影响 RMR 的因素是性别、年龄和遗传（表4-3）。

表4-3　机体24h静息代谢参考值　　　　　　　　　　单位：kJ/d

年龄/岁	体重/kg								
	40	50	57	64	70	77	84	91	100
男性									
10~18	5655	6388	6898	7413	7852	8363	8878	9389	10050
18~30	5404	6044	6492	6940	7325	7773	8821	8669	9247
30~60	5622	6107	6446	6785	7078	7417	7756	8099	8535
>60	4299	4864	5257	5655	5956	6388	6785	7183	7689
女性									
10~18	5165	5676	6032	6392	6697	7053	7413	7769	8229
18~30	4537	5153	5584	6015	6383	6815	7246	7673	8229
30~60	4676	5291	5546	5802	6019	6275	6530	6785	7112
>60	4253	4692	5002	5308	5571	5877	6187	6496	6890

3. 运动时净能耗量

运动能量消耗是指高于基础代谢水平的身体活动所消耗的能量。高强度运动时能量消耗增加可能达到安静代谢率的10~15倍。运动时的能量消耗因运动量（包括运动强度、密度、运动持续时间）的不同有很大的差异。

运动时净能耗量是根据气体代谢法实现的。

（1）测定安静、运动、恢复期产生的 CO_2 量和耗 O_2 量。机体安静时耗氧为250~300mL/min。恢复期是指从运动停止到机体机能恢复正常安静代谢水平的一段时期。

$$运动时净耗氧 =（运动时吸氧量-恢复期吸氧量）-安静时吸氧量 \times （运动时间+恢复时间） \quad (4-1)$$

（2）求出呼吸熵　呼吸熵 = 运动时产生的 CO_2 量 / 运动时净耗的 O_2 量　　（4-2）

（3）根据呼吸熵查表得氧热价。

（4）以氧热价乘以总耗 O_2 求净总能耗量。

例：试计算某受试者完成5min功率自行车定量负荷运动净总能量消耗（表4-4）。

表 4-4　测试数据

内容	时间/min	耗 O_2 量/L	CO_2 产量/L
安静（坐在车上）	5	1.5	1.27
蹬车（定量负荷）	5	16.5	14.85
恢复（坐在车上）	30	14.0	12.32

答案：

① 运动时净耗 O_2=16.5 + 14−[1.5/5×（5 + 30）]=20（L）

② 运动时净 CO_2 产生量 =14.85+12.32−[1.27/5×（5+30）]=18.25（L）

③ 呼吸熵 =18.25/20=0.91

④ 查表得氧热价为 20.667（kJ/L）

⑤ 5min 自行车的净总能耗量为 20.667×20=413.34（kJ）

4. 运动时能耗量测定的意义

机械效率指肌肉所做的机械功占总能耗的百分比。训练可使运动时能量利用出现节省化，即完成同样的运动负荷时，有训练者消耗的总热量较少，因而可提高机械效率。运动时能量利用率即"运动的经济性"，它是影响运动成绩的重要因素，在游泳等项目中尤为重要。考斯蒂尔研究发现，两名最大吸氧量相同的马拉松运动员，运动中能量利用率高者成绩好。

由图 4-9 可以看出，两名最大吸氧量 [65mL/（kg·min）] 相同的运动员在不同的跑速时的耗氧量，因此长跑选手 B 比长跑选手 A 能量利用率高，速度较快，成绩也较好。此外，进行运动能耗的测算，对于机体维持日常活动中的热量收支平衡密切相关。

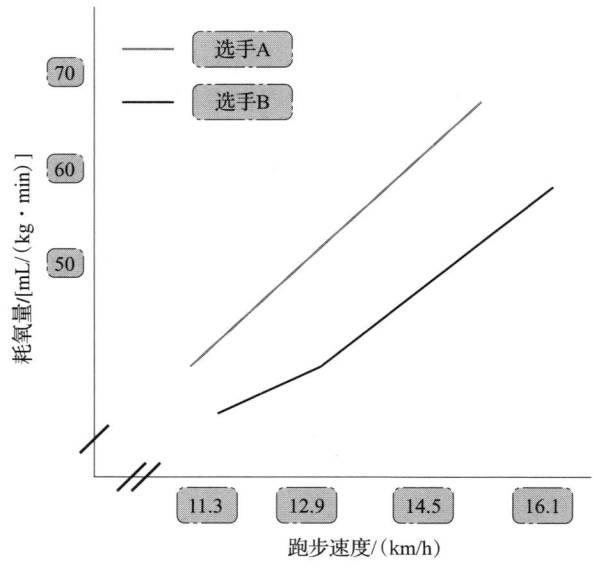

图 4-9　两名最大吸氧量相同的运动员在不同跑速时的耗氧量

四、能量代谢测定

1. 能量代谢的测定原理和方法

能量代谢测定原理包括能量守恒定律和定比定律。能量守恒定律主要基于安静时测定单位时间机体产生的热；定比定律是指在一般化学反应中，反应物量与产物量之间呈一定的比例关系。能量代谢测定的方法包括直接测热法和间接测热法，其中间接测热法中的气体代谢法广为使用，测定原理是基于营养物质氧化分解时所消耗的 O_2 和产生 CO_2 量与释放的热量之间有一定的比例关系，通过测定机体在一定时间内的消耗 O_2 量和 CO_2 的产生量，求出呼吸熵、查表得到氧热价，可以推算出机体的能量代谢率。

2. 呼吸熵

机体依靠呼吸功能从外界摄取氧气以供各种营养物质氧化分解，同时将代谢产物 CO_2 呼出体外，生理学把机体在同一时间内呼出 CO_2 量与消耗 O_2 量的比值称为呼吸熵（respiratory quotient，RQ）。严格说来，应该以 CO_2 和 O_2 物质的量比值来表示呼吸熵，但因在同一温度和气压条件下容积相等的不同气体，其分子数都是相等的，所以通常都用体积来计算 CO_2 与 O_2 的比值，即呼吸熵，呼吸熵的计算见式（4-3）。

$$RQ = \frac{产生 CO_2 mol 数}{消耗 O_2 mol 数} = \frac{产生 CO_2 mL 数}{消耗 O_2 mL 数} \quad (4-3)$$

各种营养物质无论在体内或体外氧化，其耗氧量与 CO_2 产量都取决于该物质的化学组成，因此在理论上任何一种营养物质的呼吸熵都可以根据它的氧化成终产物（CO_2 和 H_2O）化学反应式计算出来的。碳水化合物、脂肪和蛋白质氧化时，它们的 CO_2 产量与 O_2 消耗量各不相同，三者的呼吸熵也不一样（表4-5）。碳水化合物的一般分子式为 $(CH_2O)_n$，氧化时消耗的 O_2 和产生的 CO_2 分子数相等，呼吸熵应该等于1；脂肪分子结构中氧的含量较碳和氢少，提供的氧不仅用于氧化脂肪分子中的碳，还要用来氧化结构中的氢，因此脂肪氧化时需要消耗更多的氧，其呼吸熵将小于1；蛋白质的呼吸熵较难测算，因为蛋白质在体内不能完全氧化，而且它氧化分解途径的细节有些还不够清楚，所以只能通过蛋白质分子中的碳和氢被氧化时需 O_2 量和 CO_2 产量，间接算出蛋白质的呼吸熵，其计算值为0.80。机体在特定时间内的呼吸主要是依据当时的主要能量来源而定。若能源主要是糖类，则呼吸熵接近于1.00；若主要是脂肪，则呼吸熵接近于0.71；在长期病理性饥饿情况下，能源主要来自机体本身的蛋白质和脂肪，则呼吸熵接近于0.80；一般情况下摄取混合食物时，呼吸熵常在0.85左右；当进行剧烈运动时，从肺呼出 CO_2 增多，因此呼吸熵增大。

表 4-5 三种能源物质氧化时的参数比较

能源物质	物理热价/（kJ/g）	生物热价/（kJ/g）	耗氧量/（L/g）	CO_2产热/（L/g）	氧热价/（kJ/L）	呼吸熵
糖类	17.17	17.17	0.83	0.83	20.9	1.00
脂肪	38.94	38.94	2.03	1.43	19.7	0.71
蛋白质	23.43	17.99	0.95	0.75	18.8	0.80

3. 食物热价与氧热价

食物特殊动力作用又称食物热效应，是指机体在摄食过程中，由于要对食物中的营养素进行摄取、消化、吸收、代谢、转化等所需的额外的能量消耗，以及引起体温升高及散发热量所消耗的能量。食物热效应在进食后 2h 左右达到最高点，3~4h 后基本恢复正常。不同产能营养素的食物热效应不同，一般情况下，碳水化合物的食物热效应为本身产生能量的 5%~6%，脂肪为 4%~5%，蛋白质可高达 30%~40%。食物热效应还与食物成分、进食量和进食频率有关。

食物中的能源物质转变成可利用形式的能量需要氧的参与，因此能量代谢和氧消耗之间有极密切的关系。营养物质在体内氧化时，每消耗 1L 氧气所释放的能量称为该物质的氧热价。1g 碳水化合物完全氧化需要消耗氧气 0.83L，根据碳水化合物的能量系数，其氧热价为 1.15kJ。1g 脂肪完全氧化需要消耗氧气 2.06L，则脂肪的氧热价为 1.04kJ，可见脂肪的供能效率要低于碳水化合物。

利用弹式热量计在体外测定一定量的碳水化合物、脂肪和蛋白质燃烧时所释放的热量，并同这三类物质在动物体内氧化到最终产物 CO_2 和 H_2O 时所产生的热量相比较，证明了碳水化合物和脂肪在体外燃烧与在体内氧化分解所产生的热量是相等的，于是将 1g 食物氧化（或在体外燃烧）时所释放出来的能量称为食物的热价。食物的热价分为物理热价和生物热价，前者指食物在体外燃烧时释放的热量，后者指食物经过生物氧化所产生的热量。把营养物质在体内氧化时每消耗 1L 氧所产生的热量称为该物质的氧热价，不同营养物质的氧热价不同（表 4-6）。碳水化合物的氧热价最高，所以说碳水化合物是最直接、经济的能源。

表 4-6 非蛋白质呼吸熵与氧热价

非蛋白质呼吸熵	糖	脂肪	氧热价
	氧化百分比/%		以千焦计/（kJ/L）
0.7	0.00	100.0	19.620
0.71	1.10	98.9	19.630
……			
0.85	50.7	49.3	20.307
0.87	57.5	42.5	20.462

续表

非蛋白质呼吸熵	糖	脂肪	氧热价
	氧化百分比 /%		以千焦计 /（kJ/L）
......			
0.90	67.5	32.5	20.617
0.95	84.0	16.0	20.872
......			
1.0	100.0	0.00	21.132

4. 间接测热法的计算方法和步骤

测热法包括直接测热法和间接测热法。直接测热法是测定整个机体在单位时间内向外界环境发散的总热量，此总热量就是能量代谢率。如果在测定时间内做一定的外功，应将外功（机械功）折算为热量一并计入。直接测热法的设备复杂，操作繁琐，一般都采用间接测热法。间接测热法最典型的方法是气体代谢法（收集呼出气）。间接测热法的基本原理就是利用这种定比关系，查出一定时间内整个机体中氧化分解的碳水化合物、脂肪、蛋白质各有多少，然后据此计算出该段时间内整个机体所释放出来的热量。因此，必须解决以下两个问题：其一每种营养物质氧化分解时产生的能量有多少（即食物的热价）；其二要分清三种营养物质各氧化了多少。通过分析呼出气中的 O_2 和 CO_2 含量，计算耗 O_2 和 CO_2 产生量，求出呼吸熵并根据呼吸熵查表得氧热价，利用氧热价乘以耗 O_2 量得能量代谢量。

例：现某健康成人安静状态下的呼出气作气体分析，结果为：O_2=16.26%；CO_2=4.14%。呼出气量为 1min 5.2L，计算其能量代谢。

① 耗 O_2 量：（20.96–16.26）% × 5.2=0.2444（L/min）

② 产生 CO_2 量：（4.14–0.04）% × 5.2=0.213（L/min）

③ 呼吸熵：RQ=213.2/244.4=0.87

④ 查表得氧热价为 20.46（kJ/L）

⑤ 能量代谢：1min 产热量为 20.46 × 0.2444=4.99（kJ）；1h 产热量为 4.99 × 60=299.53（kJ）；24h 产热量为 299.53 × 24=7188（kJ）。

4-2 延伸阅读 运动对肥胖相关代谢异常的作用

第三节　能源物质与能量供给

机体从外界摄取的营养能源物质包括碳水化合物、脂肪、蛋白质、微量元素、水及维生素等，其中碳水化合物、脂肪和蛋白质是机体的主要能源物质。在分解代谢过程中，营养物质蕴藏的化学能释放出来，这些化学能再经过转化，为机体的各种生命活动提供能源，是典型的放能反应。而在合成代谢过程中，需要供给能量以完成合成过程，是典型的吸能反应。可见，在物质代谢过程中物质的变化与能量的代谢是紧密联系的。

机体对能量的需求取决于机体对能量的日常消耗。每天主要的机体能量消耗分为基础代谢、体力活动、食物特殊动力作用三部分。根据能量平衡的理论，能量消耗应当与能量摄入达到平衡以满足维持体重和正常身体活动的需求，而能量失衡（正平衡、负平衡）会引发一系列健康问题。因此，对于运动员及运动健身者等非专业类人群来说，了解能量摄入与能量消耗的关系，掌握能量需要量相关概念及测量方法，为日常生活精准测量能耗提供指导。

一、产能营养素和能量系数

1. 产能营养素

机体所需要的能量主要来自食物中的碳水化合物、脂类和蛋白质三大营养素，又统称为"产能营养素"（表4-7）。这三种营养素在体内多种酶的催化作用下，经过一系列生物化学反应，逐步分解释放出能量。产能营养素在体内的氧化过程与体外燃烧有类似之处，但由于其最终产物不同，以及体内消化吸收的影响，所以释放的能量不完全相同。

表4-7 产能营养素的供能特点

项目	碳水化合物	脂肪	蛋白质
能量供应中的地位	最主要、最直接的能源	储备充足、能值最高的能源	碳水化合物和脂肪缺乏时才提供能量
体外燃烧/（kJ/g）	17.15	39.45	23.64
消化率/%	98	95	92
体内氧化/（kJ/g）	16.81	37.48	16.74
供能速度	快	慢	慢
代谢产物	CO_2和H_2O	CO_2和H_2O 碳水化合物不足时产生酮体	CO_2和H_2O 尿素、肌酐等
食物特殊动力作用/%	5~6	4~5	30

在实际运动过程中，糖、脂肪和蛋白质的动用速度不同：3~5s开始糖酵解参与供能，5~10min后血糖开始供能；随运动时间的延长，骨骼肌、脑组织大量利用血糖，导致血糖水平下降，需要肝糖原分解补充。脂肪供能运动达30min时输出功率达最大，脂肪供能对氧的要求很高，只有当运动到肌糖原大量消耗或接近耗竭且氧供充分时才大量动用。蛋白

质供能通常发生在持续 30min 以上的耐力运动中。

总体而言，这些物质释放的能量 50% 以上迅速转化为热能，用于维持体温。其余不足 50% 则以高能磷酸键的形式储存于体内，供机体利用。体内最主要的高能磷酸键化学物是 ATP。机体利用 ATP 合成细胞，细胞再利用 ATP 进行各种离子和其他一些物质的主动转运，维持细胞两侧离子浓度差所形成的势能。此外，肌肉还可利用 ATP 所载荷的自由能进行收缩和舒张，完成多种机械功。

（1）碳水化合物是由碳、氢和氧三种元素组成的自然界存在最多的有机化合物，也称糖类化合物。在运动中，肌肉收缩时能量的需要将会发生很大的波动，为了保证肌肉的收缩，以 ATP 形式储存的化学能必须以一定的速度转化为机械能供肌肉所利用。当机体进行超过几秒钟的运动时，由于肌肉储存的 ATP 含量很少，因此必须依靠磷酸肌酸、碳水化合物、脂肪的代谢重新合成 ATP；当机体进行大强度运动时，碳水化合物也是重新合成 ATP 的主要物质。

（2）蛋白质参与身体的多项生命活动，当碳水化合物和脂肪摄入量都不足时，蛋白质的分解才会增加。蛋白质在体内被分解为氨基酸才能吸收，吸收后的分解代谢在肝脏中进行，氨基酸的分解代谢一般是先脱去氨基和羧基，再形成乙酰辅酶 A，再进入三羧酸循环。经三羧酸循环彻底氧化成水、二氧化碳，并放出能量。蛋白质摄入后，可以合成自身蛋白、多肽或其他生物活性物质，也可以氧化分解放出能量，或者转化为碳水化合物或脂肪，转化为碳水化合物用于供能，转化为脂肪导致肥胖。多余的蛋白质，主要以尿素的形式，从尿液排出。

（3）脂肪是机体内含量最多的能源物质，主要存在于骨骼肌和脂肪组织。脂肪在体内首先被分解为 3 分子脂肪酸及 1 分子甘油，然后被释放入血。甘油在甘油激酶的作用下，生成 3-磷酸甘油、磷酸二羟丙酮，然后可以沿着无氧酵解或在有氧氧化的途径氧化供能；如果循着糖代谢有氧氧化途径，1 分子甘油彻底氧化可净生成 17.5～19.5 分子 ATP。而脂肪酸的分解代谢，首先进行活化反应生成脂酰辅酶 A，然后进入线粒体，经过脱氢、加水、再脱氢及硫解的氧化，生成乙酰辅酶 A，再进入三羧酸循环彻底氧化供能。低中强度的有氧运动中，脂肪是能量代谢的主要基质，因此有氧运动具有很好的减肥效果。

（4）维生素是人和动物为维持正常生理功能而必须从食物中获得的一类微量具有调节供能的有机物质，它在机体生长、代谢、发育过程中发挥着重要的作用。维生素种类繁多，化学性质各不相同，生理功能也各异。维生素不直接参与组织构成，也不供给能量，却对体内生物氧化等代谢过程有重要的作用，能促进机体吸收大量能量和构成机体组织的原料，调节物质代谢与能量转化等过程。此外，维生素与体内各种酶的合成有密切关系，而这些酶在机体能量供给系统中发挥着至关重要的作用。研究表明，体内较高的维生素饱和量与较强的运动能力有密切关系，体内维生素缺乏时会出现能量供给降低等现象。B 族维生素有加强能量激活的功能，例如维生素 B_1 在糖合成 ATP 的过程中有着重要的作用。

（5）矿物质是构成机体组织和维持正常生理活动的重要物质。机体组织几乎含有自然界存在的所有元素。矿物质参与了机体中50%~70%酶组成，构成体内重要的载体和电子传递系统，对于机体能量供应起着关键作用，如果矿物质不足，酶就无法正常工作且代谢活动就随之受影响甚至停止。各种矿物质在机体新陈代谢过程中，每天都有一定量随各种途径脱落排出体外，因此必须通过饮食补充。长期某些矿物质摄入不足可引起亚临床缺乏症状，引起运动行为失衡。

（6）水是维持机体的第二要素（第一要素是氧），是机体的重要组成成分，水是机体正常代谢所必需的物质。水是细胞原生质的重要组分，在体内起溶媒作用，可以溶解多种电解质；在体内起运输作用，可以传递营养物质、代谢废物和内分泌物质等，促进营养素的消化、吸收与代谢；调节体温恒定并对机体进行润滑，有较高热导性和比热，有助于机体调节体温。

2. 能量系数

食物中每克碳水化合物、脂肪、蛋白质三种产能营养素在体内氧化产生的能量值称为食物的热价，也称为能量系数。每克碳水化合物、脂肪、蛋白质在体外燃烧时分别释放17.15kJ、39.45kJ、23.64kJ的能量。碳水化合物、脂肪在体内可以被完全氧化成CO_2和H_2O，产生的热量与体外燃烧一致。而蛋白质在体内不能完全氧化，其最终产物除了CO_2和H_2O外，还有尿素、肌酐、尿酸等含氮有机物，这些物质不能再进行分解而直接排出体外。1g蛋白质的这些代谢产物在热量计中完全氧化可产生5.44kJ能量，因此，蛋白质体内氧化释放的能量只有体外燃烧释放能量的77%，1g蛋白质在体内氧化只能放出18.2kJ的能量。另外，由于食物中的营养素在消化过程中不能完全被消化吸收，通常碳水化合物的消化率为98%、脂肪的消化率为95%、蛋白质的消化率为92%，故三种产能营养素在体内氧化实际产生的能量（能量系数）应为：

1g 碳水化合物：17.15kJ × 98% = 16.84kJ

1g 脂肪：39.54kJ × 95% = 37.56kJ

1g 蛋白质：（23.64kJ−5.44kJ）× 92% = 16.74kJ

在碳水化合物和脂肪供应充足时，蛋白质在体内一般不作为主要的能源物质，主要用于体内组织生长和更新。碳水化合物的利用形式是葡萄糖，储存形式为糖原，包括肝脏内的肝糖原和肌肉中的肌糖原。脂肪的利用形式是游离脂肪酸、甘油和酮体，脂肪细胞中的甘油三酯是体内能量的主要储存库，但其动用速度远不如糖。

二、机体能量需求与消耗

1. 能量需要量

机体的能量需要量是指机体能长期保持良好的健康状况，具有良好的体型、机体构成和活动水平的个体，达到能量平衡并能维持从事生产劳动和社会活动所必需的能量摄入量。

2. 能量总消耗

能量总消耗是指每天消耗的总热量，通常包含基础代谢、体力活动和食物特殊动力作用 3 个不同的能量消耗途径。

3. 能量平衡

能量摄入受多种因素影响，除膳食因素（如饮食成分、纤维的数量和类型、食物的能量密度、食物的摄入时机及类型等）会对能量摄入产生影响外，个体内部因素（如体重、体成分、食欲控制相关激素等）和外部因素（如环境、社会等）均会影响总能量摄入。能量消耗也是如此，总能量消耗主要由基础代谢、食物特殊动力作用和体力活动相关的能量消耗决定。总能耗除受体力活动因素（活动方案、运动强度）影响外，通过影响机体的基础代谢率等其他成分也会影响总能耗支出，这些无法量化的因素使得饮食和运动干预对能量平衡的直接影响难以确定。能量平衡分为三种情况：

（1）能量摄入＞能量消耗　机体每日摄入的能量过剩，脂肪摄入超标，导致肥胖和机体不必要的负担，并可引发心血管疾病、高血压、癌症、糖尿病等一系列慢性病，此时能量平衡为正值。

（2）能量摄入＜能量消耗　机体每日摄入的能量不足，机体会运用自身储备的能量甚至消耗自身的组织以满足生命活动的能量需要。人长期处于饥饿状态，在一定时期内机体会出现基础代谢降低、体力活动减少和体重下降以减少能量的消耗，使机体产生对于能量摄入的适应状态，此时能量平衡为负值。

（3）能量摄入＝能量消耗　机体能量摄入应与能量消耗相一致。机体消耗的能量主要用于维持基础代谢、体力活动和食物特殊动力作用三方面能量消耗需要的总和，处于生长发育期的婴儿、儿童青少年、孕妇、泌乳的乳母、康复期的病人等，其一天的能量摄入中还有一部分用于组织增长和特殊的生理变化中，此时能量平衡。

三、膳食能量推荐摄入量

膳食热量来源

机体能量来源主要是食物中的碳水化合物、脂肪和蛋白质。这三类营养素普遍存在于各种食物中。考虑营养素之间的平衡，蛋白质功能占总能量的 11%～14%，脂肪占 20%～30%，碳水化合物占 55%～65%。

（1）食物热量表　食物热量表是根据单位数量的食物中所含的热量，绘制或列出的一览表。食物热量表便于饮食保健参考，正常人每日摄取的热量和体重是有密切的关系，对于肥胖症、糖尿病、高血压等慢性病患者来讲，控制每天身体所摄取的能量，是减轻他们本身病变的方法。常见食物的基本热量见表 4-8。

表 4-8　食物的基本热量表　　　　　　单位：kJ/100g

食物	热量	食物	热量	食物	热量	食物	热量
米饭	486	对虾	390	干紫菜	1412	蚕豆	260
馒头	943	河虾	365	黄豆	1634	四季豆	101
小麦粉	1515	海参	327	绿豆	1379	绿豆芽	67
油条	1624	瘦猪肉	1215	胡萝卜	134	黄豆芽	197
挂面	1478	肥猪肉	3381	白萝卜	67	马铃薯	339
玉米面	1473	牛肉	1257	番茄	63	红薯	360
窝窝头	812	羊肉	1223	辣椒	92	草便笋	101
麦乳精	1798	牛肚	302	南瓜	96	茄子	96
牛乳	277	猪心肝	499	大白菜	84	麻油	3763
人乳	272	猪肾	574	菠菜	117	豆腐皮	1873
豆浆	130	鸡肉	608	西瓜	134	姜	193
河螃蟹	432	鸭肉	566	韭菜	105	熟火腿	494
带鱼	532	鸡蛋	578	芹菜	54	莴苣	63
鲫鱼	453	鸭蛋	754	大蒜	536	兔肉	427
鲤鱼	457	酱油	264	花生仁	2405	苹果	222
鳝鱼	373	醋	130	丝瓜	84	香蕉	390
黄鱼	335	干海带	1089	柑橘	210	梨	214
鱿鱼	352	黑木耳	1110	荔枝	297	桃	176
豆腐干	825	洋葱	168	豆腐	352	柠檬	155

（2）膳食能量推荐摄入量　食物的推荐摄入量是膳食指南中的重要部分。不同国家由于地理环境和传统文化的不同而有不同的饮食建议，但是大多数国家的营养要点是相似的。中国营养学会2023年提出中国居民不同人群对膳食中营养素的需要标准用"中国居民膳食营养素参考摄入量"表示，主要包括4项内容：平均需要量、推荐摄入量（recommended nutrient intake，RNI）、适宜摄入量和可耐受最高摄入量，从而评价我国居民的营养状况。表4-9为中国居民膳食营养素参考摄入量。

表 4-9　中国居民膳食营养素参考摄入量　　　　　　单位：MJ/d

年龄/岁	RNI 男	RNI 女	年龄/岁	RNI 男	RNI 女
0 ~	0.38MJ/(kg·d)*		30 ~	10.46	8.58
0.5 ~	0.38MJ/(kg·d)*		轻体力活动	8.58	7.11
1 ~	3.77	3.35	重体力活动	12.34	10.04
2 ~	4.60	4.18	孕中期		+1.05
3 ~	5.23	4.81	孕晚期		+1.67
4 ~	5.44	5.23	乳母		+1.67
5 ~	5.86	5.44	50 ~		
6 ~	6.69	6.07	轻体力劳动	8.16	6.69
7 ~	7.11	6.49	中体力劳动	10.04	8.16
8 ~	7.74	7.11	重体力劳动	11.72	9.62
9 ~	8.16	7.53	65 ~		
10 ~	8.58	7.95	轻体力劳动	7.95	6.49
11 ~	9.20	8.37	中体力劳动	9.62	7.74
12 ~	10.88	9.20	75 ~		
15 ~	12.34	9.83	轻体力劳动	7.53	6.28
18 ~	10.67	8.79	中体力劳动	9.20	7.32

注：* 为 AI（参考摄入量），非母乳喂养应增加 20%。（表中数据空缺处表示未制定参考值）

四、机体能量需要量的测定方法

1. 直接测热法

直接测热法的基本原理是在隔热条件下，通过直接测定身体向周围环境的散热能量实现对能量消耗的测量。在测定时，被测者进入一间特制隔热严密的测热室中，室外围有吸热水管。被测者在室内进行不同强度的各类活动所产生的能量被水吸收，通过仪表可准确测量出一定时间内水的温度变化，计算水吸收的能量，即为机体能量需要量。此方法虽然精确，但需要特殊的设备且复杂，因此在实际工作中一般较少应用。

2. 间接测热法

（1）气体代谢法　三大产能营养素在体内氧化分解释放能量必须消耗氧气和释放二氧化碳，CO_2 产生量（V_{CO_2}）与 O_2 消耗量（V_{O_2}）的比值称为呼吸熵（respiratory quotient，RQ）。体内消耗的能源物质类型和比例不同,其呼吸熵也不同,碳水化合物、脂肪、蛋白质的呼吸熵分别为 1.0、0.7 和 0.8。在日常生活中,机体摄入的都是混合膳食,呼吸熵在 0.7~1.0。

气体代谢分析法的基本原理即是测定机体单位时间内的耗氧量和二氧化碳排出量,根据呼吸熵推算出消耗的能量。氧气消耗量的测定方法包括开放式和闭合式两种。

① 开放式:开放式适用于测定运动时的能量消耗。先用气袋收集被测者运动过程中的呼出气,分析其中氧气和二氧化碳的容积百分比,从而计算出被测者单位时间内的耗氧量和二氧化碳产生量,以求出呼吸熵,再根据呼吸熵查出相应的氧热价,将该氧热价乘以单位时间内的耗氧量,得出产热量。运动的净耗能量应等于运动过程中(运动时间和恢复期时间)的总耗能量减去相应时间内的静息耗能量。当运动项目持续的运动时间极短(几秒钟),运动期间基本上处于闭气状态,在测定热能消耗时可以不收集运动时的呼出气体,运动时的能耗完全以恢复期所消耗的能量计算。

② 闭合式:闭合式适用于测定基础代谢率和静息新陈代谢率。其具体步骤是:被测者从闭合装置中摄取氧,根据闭合装置中氧气含量减少的情况得出被测者单位时间内的耗氧量,将耗氧量与 20.31kJ(在实际生活中,被测者食用的是混合膳食,在静息状态下呼吸熵为 0.82,氧热价为 20.31kJ)相乘即可计算出被测者在相应时间内的能量消耗量。

(2)双标记水法　双标记水法是一种测定机体在日常生活和工作环境中自由进行各种活动的总能量消耗量的测量方法。其基本原理是以稳定同位素标记的 $2H_2^{18}O$ 作为示踪物,通过稳定性核素氘(^2H)标记身体中的 H_2O,用重氧(^{18}O)标记身体中 O,通过分析尿液中标记物的峰值变化,了解机体的能量代谢情况。

此方法具有较高的精确度和准确度,无毒、无损伤,且特别适用于不容易合作或活动不能受到限制和干扰的研究对象,如婴幼儿等。但此方法成本较高,价格昂贵,所以还未得到大规模推广。

3. 膳食调查法

根据食物的基本热量表准确计算出一定时间内(不少于 15d)摄入的食物所含能量,同时测定同期内体重变化,即可确定成年人平均的能量消耗。此法简单易行,先被广泛使用,但不够准确。

4. 生活观察法

生活观察法是一种简单的能量消耗测定法,即记录被试对象一日生活和工作中的各种动作及时间,将同样的活动时间合并,计算出其所消耗的能量。各项活动所消耗的能量总和,加上食物特殊动力作用消耗的能量,即可得出一日的能量消耗量,又称为时间活动法。该法简单、便于推广;可依据年龄、体重、身高和身体活动水平进行计算,但准确性较低。

4-3 延伸阅读　个头最小,能量最大的军用口粮

5. 心率检测法

用心率检测器和气体代谢法同时测量各种活动的心率和能量消耗量,推算

出心率-能量消耗多元回归方程式。目前已有几种简便仪器用于监测个体自由活动的心率，这种方法误差较大，因为心理活动也可以影响心率。

第四节 影响能量有效利用的因素

运动时的能量消耗程度与运动强度、运动形式、年龄、性别、体重、体表面积、身体成分等有关。除此之外，能量消耗程度高时，机体容易疲劳，因此有效利用能量非常必要。能量的摄入、吸收、合成或分解、代谢或者储存均会对能量有效利用产生一定的影响。

在体内，食物（碳水化合物、脂肪、蛋白质等）经消化转变成为可吸收的小分子营养物质。在细胞中，这些营养物质经过合成代谢，合成我们机体的组成成分或更新衰老的组织；同时经过分解代谢，分解为代谢产物并释放出能量。碳水化合物为组织中氧化分解提供能量，在肝脏、肌肉等组织进行糖原合成，转变为其他糖及其衍生物（核糖、氨基糖等），转变为非糖物质（脂肪、非必需氨基酸等），所以在运动不足时，剩余的葡萄糖会储存为脂肪，这是与肥胖非常有关系的；血糖浓度过高时，过多的糖将从尿液排出。当碳水化合物代谢发生障碍时才由脂肪和蛋白质来供能。脂肪可以合成自身脂蛋白、脂质膜、构成胆汁成分等，在身体内主要以甘油三酯的形式储存起来（皮下脂肪库），在碳水化合物供能不足的情况下分解甘油三酯提供能量。如果脂肪摄入过量，由肠道随食物残渣排出。当碳水化合物和脂肪摄入量都不足时，蛋白质的分解才会增加，在营养缺乏的情况下，细胞提高蛋白质的降解速率，以维持必需的代谢过程的进行。

机体中的能量代谢可以分为两个方面，即摄入能量与消耗能量。它们二者之间的关系，可以影响机体的体重情况。当摄入能量>消耗能量时，体重增加；当摄入能量<消耗能量时，体重降低；当摄入能量=消耗能量时，体重维持平衡。肌肉越发达者，活动能量消耗越多；体重越重者，活动能量消耗越多；劳动强度越大，持续时间越长，活动能量消耗越多。因此对于能量消耗，影响能量有效利用的因素包括肌肉活动、精神活动、食物的特殊动力作用和环境温度等。

一、肌肉活动特点与能量的有效利用

肌肉运动指的是肌肉的收缩运动，或在其基础上的特定体位运动，后生动物（除原生动物外所有其他动物的总称）几乎所有的运动都属于肌肉运动。肌肉活动（运动、劳动活动的影响）对能量代谢的影响最为显著（表4-10）。

表4–10 运动或劳动时的能量代谢率　　　　　　单位：kJ/（m²·min）

机体的状态	平均产热量
躺卧	2.73
开会	3.40
擦窗子	8.30
洗衣	9.98
扫地	11.37
打排球	17.05
打篮球	24.22
踢足球	24.98

1. 骨骼肌的类型与能量的有效利用

当健身者通过锻炼增加肌肉力量时，他们锻炼的就是骨骼肌。机体的骨骼肌可以分为红肌和白肌两种纤维（具体区别如表4–11所示），红肌纤维依靠血红蛋白持续供氧运动，可以进行较长时间的收缩和拉伸；白肌纤维（多在紧急情况下）则依靠内部快速化学反应迅速伸缩，其特点是持续、反应时间短（红肌纤维的四分之一）。肌纤维包含许多肌原纤维，是肌肉蛋白质组成的圆柱体，这些蛋白质使得肌肉细胞能够收缩。

表4–11 不同类型骨骼肌纤维形态、代谢和生理特征

名称	快肌（白肌）纤维	慢肌（红肌）纤维
直径	大	小
肌浆网	发达	不发达
毛细血管网	不丰富	丰富
线粒体	少	多
运动神经元	神经纤维粗、传导速度快	神经纤维细、传导速度慢
代谢特征		
有氧能力	低	高
无氧能力	高	低
生理特征		
收缩速度	快	慢
收缩力量	大	小
抗疲劳能力	易疲劳	不易疲劳

肌原纤维包含两种类型的平行于纤维长轴方向的肌丝，可以分为粗肌丝和细肌丝。粗肌丝有能与 ATP 结合的位点且具有 ATP 酶活性，它可以与肌动蛋白结合使 ATP 迅速水解释放出能量。细肌丝是由肌动蛋白、原肌球蛋白、肌钙蛋白等三种蛋白组成，大致过程为：动作电位通过小管系统传到肌细胞内部，三联管处的信息传递；大量的 Ca^{2+} 释放到细胞质中，Ca^{2+} 与细丝中的肌钙蛋白结合，最终导致肌丝滑行；肌质网对 Ca^{2+} 再回收，肌质网膜上有钙泵，当肌浆中 Ca^{2+} 浓度升高时，钙泵将肌浆中的 Ca^{2+} 逆浓度差回收到肌浆网中；肌浆中 Ca^{2+} 浓度降低，Ca^{2+} 与肌钙蛋白分离，最终引起肌肉舒张。

肌肉的收缩形式有三种，缩短收缩、拉长收缩和等长收缩。缩短收缩（向心收缩）指当肌肉收缩时产生的张力大于外加阻力（负荷）时肌肉缩短，牵拉骨杠杆做向心运动的这种收缩行为，它是实现各种加速度的基础（如屈肘、高抬腿、挥臂）。拉长收缩（离心收缩）指当肌肉收缩所产生的张力小于外力时，此时肌肉虽然积极地收缩，但仍被拉长的收缩行为。它可以协作制动、减速、克服重力等（如人从高处跳下，股四头肌和臀大肌产生拉长收缩以缓和和制动身体下落；跑步时，伸髋肌被拉长以制止大腿过分抬高；下坡跑、下梯也是离心收缩的状态）。等长收缩指当肌肉收缩时产生的张力等于外力时，肌肉虽积极收缩，但长度不变的收缩行为。肌肉的张力可发展到最大时位置未移动、肌肉未作功，但仍然消耗了能量（如握拳等），其作用包括支持、固定、维持某一姿势（如站立、悬垂、支撑等）。

2. 肌肉结缔组织与能量的有效利用

肌肉结缔组织，可以包围肌细胞形成肌束，对肌肉收缩具有一定影响，其弹性成分的作用可以储存能量并防止肌肉损伤。① 储存能量方面，当收缩成分缩短时，弹性成分被拉长，而将前者释放的部分能量吸收储存起来，这部分储存能量以弹性反作用的形式发挥出来，从而促使肌肉产生更大的力量和更大的运动速度。例如，跑步中蹬地力量的肌群，如股四头肌、臀大肌等。② 防止肌肉损伤方面，其由于弹性成分的伸展吸收一部分力，从而使收缩成分在迅速收缩时所产生的张力趋于缓和，防止肌肉损伤，如跳跃、投掷等。

二、精神活动与能量的有效利用

精神活动会影响能量利用效率，包括直接影响和间接影响，进而会影响运动行为。精神活动对能量的有效利用的直接或间接影响，涉及大脑的能量消耗、中枢神经系统的代谢、心理能量（积极作用、消极作用或疲劳状态）。通过调节精神活动，实现能量的有效利用，进而改善运动状态，促进心理的正向调节，最终提升运动行为的积极性。

1. 精神活动对能量有效利用的直接影响

精神活动对能量利用效率的直接影响主要涉及大脑的能量消耗。脑的重量只占体重的 2%，但耗氧量达全身耗氧量的 25%；机体即使在安静状态下，也有 15% 左右（心脏输出血量）的循环血量进入脑循环系统；强度脑力劳动时，脑氧量会有所增加，但很有限，大脑消耗能量的上升幅度不会超过基础神经活动的5%。除此之外，研究发现，机体在睡眠中和在活跃的精神活动情况下，脑中葡萄糖的代谢率却几乎没有差异。因此在精神活动中，中枢神经系统本身的代谢率即使有一定程度的增强，其程度也是微小可以忽略的。人在平静地思考问题时，能量代谢受到的影响并不大，产热量的增加一般不超过4%；但在精神处于紧张状态（如兴奋、烦恼、恐惧或强烈情绪激动）时，由于随之出现的无意识的肌紧张以及刺激代谢的激素（如肾上腺素等）释放增多等原因，产热量可以显著增加。因此在考虑能量代谢效率时，不能摒除精神活动的实际影响。

2. 精神活动对能量有效利用的间接影响

精神活动的间接影响主要涉及心理方面，尤其是心理能量，可以促使人意识到自己的需求和主体性，驱使人采取适当行为的冲动、勇气、意志力及各种特征的情绪、感情等心理力量。心理活动具有促进（积极）和抑制（消极）作用：运动员在心理能量充足，身体处于促进、积极状态，在运动或竞赛中就会感到头脑清醒、身体灵活有力、肌肉放松、注意集中，有利于提高运动员的竞技力，增强能量利用效率；另一方面，运动员的心理能量不足时，就会明显地表现出迟缓、反应迟钝、缺乏果断力、肌肉紧张、注意力分散等不良状态，从而使得竞技力、能量利用效率下降。

心理疲劳也称"精神疲劳"，是指由脑力劳动繁重、神经系统紧张程度过高或长时间从事单调、厌烦的工作而引起的精神疲惫现象。心理疲劳会伴有诸多生理症状，但主要表现为心理症状，运动员发生心理疲劳（自己判断为心理疲劳）时常见的现象包括心理症状、行为症状、动机下降、消极情绪和消极评价等。戴尔和温伯格发现心理疲劳中包含一种耗竭感（身体、心理、情感），会导致个体对他人反应的消极变化（冷嘲热讽、缺乏人性化、缺乏精力和同情心等）。除此之外，心理疲劳具有成就感降低的特点，导致运动成绩下降之间的恶性循环并使自尊降低进而产生退出念头，它也是对持续压力的慢性反应，这与剧烈压力下的偶然应激状态不同。运动性心理疲劳是运动员在应对内源性压力和外源性压力时，心理资源及生理资源被不断消耗而没有得到及时补充时所出现的心理机能不能维持原有心理活动水平即心理机能下降的现象，在情绪维度、动力维度、认知维度、行为维度和生理维度上发生改变。

三、食物的特殊动力作用与能量的有效利用

在安静状态下摄入食物后，机体释放的热量高于摄入的食物本身氧化后所产生的热量，食物能使机体产生"额外"热量的现象称为食物的特殊动力作用。如摄入能产100kJ热量的蛋白质后，而机体实际产热量为130kJ，表明进食蛋白质后机体产热量超过了蛋白质氧化后产热量30%；碳水化合物或脂肪的食物特殊动力作用是其产热量的4%~6%；混合食物

可使产热量增加 10% 左右。这种额外增加的热量不能被利用来作功，只能用于维持体温。因此，为了补充体内额外的热量消耗，机体必须多进食一些食物补充这份多消耗的能量。同时在日常生活中营养物质摄入过程时，营养物质的量需要控制在适当范围内。

1. 三大营养物质的特殊动力作用与能量的有效利用

机体在日常膳食中要合理摄入三大营养物质（碳水化合物、蛋白质、脂肪），当摄入不合理时，会产生不良的后果。膳食中碳水化合物缺乏时，机体会分解脂肪或蛋白质供能，可能造成膳食蛋白质浪费、组织蛋白质和脂肪分解增强、阳离子的丢失等，将导致全身无力、疲乏、血糖含量降低，产生头晕、心悸、低血糖昏迷等问题；当膳食中碳水化合物过多时，它就会转化成脂肪储存于身体内，使人过于肥胖而导致各类疾病。当机体摄入蛋白质不足时，成年人会消化不良、肌体免疫力下降、贫血、严重者产生水肿等；而当蛋白质摄入过量时（尤其是动物性蛋白）会增加肾脏负担、多余的蛋白质会转化为脂肪，导致肥胖。脂肪摄入缺乏会引发必需脂肪酸缺乏病（皮肤受损、生长迟缓、生殖系统异常等）和脂溶性维生素缺乏病（脂溶性维生素 A 缺乏症、夜盲症、干眼病等）；脂肪摄入过量会引发肥胖、脂肪肝、三高及一些慢性病等。因此，合理的膳食搭配是维持机体正常生长发育的关键因素。

2. 维生素的特殊动力作用与能量的有效利用

维生素是维持机体正常生理功能必需的一类微量有机物，它们不提供能量，但膳食中不可缺少，长期缺乏或不足可引起代谢紊乱。维生素 A 缺乏会引发夜盲症、干眼病等眼部疾病；维生素 A 摄入过量会导致中毒。维生素 C 缺乏导致患坏血病、伤口和溃疡难愈合、免疫系统功能低下；维生素 C 摄入过量会诱发尿路结石、加速动脉硬化的发生。维生素 D 缺乏引发儿童佝偻病、引发成人软骨病、骨质疏松；维生素 D 摄入过量易导致中毒，小儿出现厌食、恶心、乏力、便秘和体重下降，严重时出现抽风、血压升高、心律不齐，并伴口干、尿频、夜尿等症状。维生素 E 容易从食物中获得，尚未发现缺乏症；维生素 E 过量会出现肌无力、恶心、视觉模糊等。

维生素 B_1 的摄入量缺乏可引起脚气病、疲倦、食欲下降、肠胃功能紊乱、水肿等皮肤疾病；维生素 B_1 摄入过量中毒少见。维生素 B_2 缺乏引发口腔溃疡、口角炎、贫血、影响生长发育；维生素 B_2 摄入过量中毒少见。烟酸（维生素 B_3）的摄入量缺乏主要导致癞皮病、皮炎、腹泻和痴呆；烟酸摄入过量一般情况下不会引起中毒，但大剂量的烟酸可引起糖尿病、肝损害、血糖升高等症状。维生素 B_5（泛酸）机体内缺乏会出现四肢神经疼综合征。维生素 B_9（叶酸）摄入量缺乏导致恶性贫血、舌炎和胃肠功能紊乱，孕妇在怀孕早期如果缺乏叶酸，容易导致胎儿畸形；叶酸在正常情况下没有毒性，但摄入量过大会影响锌的吸收。维生素 B_{12} 的摄入量缺乏导致恶性贫血、精神抑郁、记忆力下降、口腔及消化道炎症等；维生素 B_{12} 一般不会对机体产生副作用，注射时偶可引起皮疹、瘙痒、腹泻以及过敏性哮喘。

3. 矿物质的特殊动力作用与能量的有效利用

钙缺乏时，婴幼儿易患佝偻病、骨软化、骨骼变形，青年人及中老年人缺钙易患骨质疏松症、龋齿、抽筋；钙摄入过量会增加肾结石的危险性，持续摄入大量钙会使降钙素分泌增多、引发骨硬化、导致肌无力。铁摄入量缺乏导致贫血（婴幼儿、孕妇及乳母）、引发疲劳烦躁等、导致抵抗力低下；铁摄入过量引发急性铁中毒、消化道出血（死亡率很高）、慢性铁中毒（损伤多器官的血色素沉着症表现为器官纤维化，组织中含有极高浓度的铁）。锌缺乏引发食欲不振、味觉减退、生长停滞（侏儒症）、生育功能障碍、伤口愈合延迟、免疫功能下降；锌摄入过量可导致锌中毒，表现为急性腹痛、腹泻、恶心、呕吐等临床症状。硒缺乏时引发克山病（面色苍白、手足冰冷、头晕、气短、心力衰竭等）、大骨节病、免疫功能退化、衰老、前列腺肥大；硒摄入过量引发慢性中毒、头发、指甲脱落、肢端麻木等。碘摄入量缺乏引发单纯性甲状腺肿、儿童克汀病、乳腺癌；盲目补碘会引起碘中毒。

4. 水和纤维素的特殊动力作用与能量的有效利用

水摄入量缺乏时，缺水1%～2%出现口渴、缺水5%出现烦躁、缺水15%出现昏迷、缺水20%危及生命，还会出现皮肤干燥、唇裂、头晕、发热、烦躁不安、胃肠消化、血液输送营养、体液浓度调节、关节炎等问题；机体摄入水过量会导致"水中毒"，当机体所摄入水总量大大超过了排出水量，以致水分在体内滞留，引起血浆渗透压下降、引发机体盐分过度流失和循环血量增多，导致头昏眼花、心跳加快、痉挛、意识障碍和昏迷等症状。纤维素缺乏容易导致便秘，可能引起肠道癌，易患心血管疾病；过量的膳食纤维导致腹泻、胀气、肠梗阻、急性慢性肠炎、伤寒、痢疾、肠道肿瘤、消化道小量出血、肠道食道管腔狭窄、某些食道静脉曲张，会影响一些维生素和微量元素的吸收，患有以上疾病的病人不宜多食膳食纤维。

四、环境温度与能量的有效利用

人和高等动物属恒温动物，即在一定范围内无论环境温度怎样变化，体温总维持相对稳定，以保证机体新陈代谢和生命活动正常进行。体内产生的热量实际上是由细胞中物质氧化、物质代谢的进行而产生的热量，其大小取决于组织代谢的强弱。

散热是热量随着血液循环均匀地分布全身，经皮肤直接散热的方式包括辐射散热、对流散热、传导散热、蒸发散热等。辐射是指机体以红外线方式将热传给外界较冷物体的一种散热形式，这是机体热量散失的主要方式（占散热的60%），辐射散热主要取决于体温与周围温度之差，温度差值越大辐射散热就越多。对流指体热借助于空气的流动而散热于体外的一种形式，对流散热取决于皮肤与周围环境之间的温度差、机体的有效散热面积、空气流动速度的快慢。传导指体热直接传给与之接触的较冷物体的一种散热方式，传导散热与物体导热性能、皮肤温度与接触物体之间的温度差、接触面积有关。蒸发指热量通过水分转化为气体（汽化）时散发于周围环境的一种方式，每蒸发 1g 水可带走 2.4kJ 热量，如汗蒸发和发汗，体表水分的蒸发是一种十分有效的散热形式。

在热环境运动时，机体可能受到热伤害（包括热射病、热疲劳等），热环境的适应非常重要，不间断或反复居留在高温气候中可以促使身体逐渐适应这种特殊的气候条件，对炎热的耐受能力提高，出现热适应状态。在冷环境运动时，低温可使肌肉僵硬、黏滞性增大、容易造成运动损伤，暴露的部位有时还会造成冻伤，调整能量代谢可以增强冷环境的适应性。

4-4 延伸阅读 运动的消极心理效应

第五节　运动后的能量补充

随着大众健康生活理念的逐渐加深，不管是专业运动员还是非专业运动员都对运动的营养补充格外关注。运动员体能的好坏除与遗传和后天训练有关，还与长期摄取的营养是否合理密切相关，合理的营养供给不仅能为运动者提供充足的能量，而且能使能量物质得到良好利用。这对运动员提高运动能力，取得优异成绩有重要作用。

一般来讲，根据运动目的，可以将运动人群分为两类：一是健身运动员，二是竞技运动员。无论哪种运动员，他们都需要合理的营养补充。如果忽略运动前后的营养补充，则容易出现疲劳、乏力、食欲不振等消极症状，不利于形成长期的运动。能量补充按补充时间可以分为：运动前补充、运动中补充、运动后补充。在上述三个营养补充阶段中，需要补充的营养素主要有糖类、蛋白质、脂类、维生素和微量元素。但这些营养素的补充会因运动目的、运动类型、运动阶段的不同而略有差异。

一、健身运动与竞技运动

1. 健身运动

健身运动是一项通过徒手或利用各种器械，运用专门的动作方式和方法进行锻炼，以发达肌肉、增长体力、改善形体和陶冶情操为目的的运动项目。构成健身的几大要素主要有心肺功能、肌肉力量与耐力、身体成分、身体柔韧性与技能相关的要素如爆发力、平衡能力、敏捷性等。

2. 竞技运动

竞技运动是培养和塑造运动员的教育性活动，包括运动训练、运动选材、运动竞赛以及所有和保持及提高运动成绩有关的行为活动的统称，具有规则性、竞争性、挑战性和不确定性。它能最高限度地发掘机体运动潜能，力争创造优异运动成绩去赢得胜利，目的是显示个人和团体在体育运动方面实力的机体运动。不同运动类型介绍见表 4-12。

表 4-12 不同运动类型介绍

运动类型	分类	器械名称
健身运动	徒手练习	各种徒手健美操、韵律操、形体操以及各种自抗力动作等
	运动器械	哑铃、杠铃、壶铃等举重器械
		单杠、双杠、绳、杆等体操器械
		弹簧拉力器、滑轮拉力器、橡筋带和各种力量训练器械
		特制的综合力量练习架等有氧训练器材
竞技性运动	速度性	速滑、短跑、跨栏、短游、短距离赛场自行车等
	耐力性	竞走、游泳、滑冰、长跑、越野滑雪、划船、中长超长距离公路自行车等
	力量性	跳跃、投掷、举重等
	灵巧性	射击、射箭、弓弩、体操、跳水、花样滑冰、花样游泳、冰舞、自由式滑雪、滑水等

3. 不同健身运动的特点

除了一些球类运动外，健身运动大多是一些运动强度较低，能量消耗较少的活动，主要以有氧供能为主，其供能物质为碳水化合物和脂质。但是由于个体之间在锻炼时间、锻炼强度、锻炼习惯上存在差异，因此其能量代谢特点与营养需求也存在一定的差异，如何进行有效的、合理的营养补充就因人而异。

4. 不同竞技性运动的特点

竞技性运动主要有速度性运动、耐力性运动、力量性运动以及一些灵巧性运动。不同竞技性运动的特点见表 4-13。竞技运动项目多种多样，因年龄、训练水平、比赛层次等不同，其运动中的机体能量代谢具有一定的差异。一般来讲，其代谢能量途径与运动途径有关，运动强度大的运动以无氧呼吸为主，运动强度小的则以有氧呼吸为主。但其实，很多项目是以混合形式供能的。

表 4-13 不同竞技性运动的特点

运动类型	运动特点	供能物质	能量代谢特点
速度性	高强度、短时间；能量消耗快，运动中会出现高度缺氧状态	供能物质主要有糖类、蛋白质、脂质、维生素和无机盐	能量代谢率高，高度缺氧，产生大量乳酸，以 ATP-CP 系统和无氧糖酵解系统为主
耐力性	运动强度相对较小；持续时间相对较长；机体消耗营养较多	主要是脂肪、蛋白质、碳水化合物	各种营养素和热能消耗较大，肌糖原消耗增加、体液丢失和体温升高，蛋白质、氨基酸代谢增强，以有氧氧化为主

续表

运动类型	运动特点	供能物质	能量代谢特点
力量性	对肌肉的力量和爆发力有较高要求；热量消耗较大；持续时间比较短；肌肉输出功率比较高	主要是糖、蛋白质、脂肪、维生素和无机物	不需要氧气，以 ATP-CP 为功能系统
灵巧性	对机体的协调运动能力要求较高；需要运动员具有良好的力量、爆发力、速度乃至耐力等方面的运动能力，但日能量消耗相对较少	能量消耗不高，无氧和有氧均是其供能方式	供能物质要求均衡配比

二、运动后的膳食营养

运动员膳食营养安排是指根据不同项目运动训练和比赛的要求而实施的膳食营养计划，主要包括运动员膳食营养构成、进食数量和进食时间等。竞技运动与健身运动明显不同，首先竞技运动包含许多种体育项目，其次竞技运动员是以取得比赛的成功为目的。这两者决定了运动员要保持良好体能，能够维持长时间和高强度的运动，所以对竞技运动员在能量补充方面具有更加复杂全面的要求。

1. 健身运动员的营养需要特点

运动后应该进食高糖、低脂肪、适量蛋白质和容易消化的食物，最好少吃肉类和油炸食品。考虑到运动中身体会产生一些酸性物质，因此运动后需要多补充一些天然的碱性食物，如各种新鲜水果、各种豆制品及各种蔬菜。并且这其中的有些食物具有天然抗氧化性质，能够帮助身体尽快恢复。

（1）适当补糖　这是因为运动结束后若及时补充营养，有利于缓解运动中产生的疲劳感以及使体能快速恢复。在运动后 1h 内即刻补糖，能够帮助肌肉立即开始肌糖原的恢复。因为胰岛素在运动后 30min 内其活性最高，这样有利于糖的转化储备和被肌肉利用。但是，如果我们在运动后 2h 才进行补糖措施，糖的利用效率就会降低一半。如果我们不单独摄入糖，而是与其他营养物质复合，会起到加持作用，让机体更快的恢复。例如，在运动后 1h 之内采用糖和蛋白质混合饮料进行补充，肌肉的恢复效果更好。

（2）适量的蛋白质　尤其是有锻炼肌肉需求的健身者，在运动后更需要补充蛋白质。在运动后补充蛋白质，能够促进肌肉的增长、增强系统兴奋性、预防运动性贫血。蛋白质的补充在 0.5~1.5h 进行，有研究表明，蛋白质补充量超过 20g，肌肉的合成速率没有显著性提高。目前推荐摄入量为体重每千克乘以 0.25g。可选择的蛋白质来源有：鸡蛋、牛乳、肉类、豆浆、蛋白粉等。

（3）足够量的水和补充丢失的电解质　运动后电解质的补充含量与运动中的补充量有所不同：运动后补液中的钠含量要远高于运动中补液的含量，一瓶纯净水中要加入0.6g钠，相当于1.5g食盐，在此量的基础上才可用以补充运动中丢失的电解质。锻炼后要切忌摄入咖啡因的饮料，例如咖啡、汽水、茶，这是因为咖啡因有利尿作用，会令体内水分补充不足。

（4）充足的休息时间　锻炼身体后至少应该休息45min才可进餐，马上进餐的后果是会影响消化。运动后体温上升，食物中枢受抑制，食欲下降，消化功能减弱，再加上大量饮水，容易造成食物摄入减少，引起热能和其他营养素摄入不足。如果运动停止后有明显的饥饿感，可在稍休息几分钟后少量进食，进食量不要超过平常饭量的1/3，食物以松软易消化食品为宜，不食辛辣等刺激性食物。

2. 速度性运动员的营养需要特点

速度性运动员主要以ATP-CP供能系统和糖酵解供能系统为主，针对这一特点，膳食中应含丰富易吸收的碳水化合物、维生素B_1、维生素C和含有较多的蛋白质、磷元素，以满足肌肉和神经代谢的需要。补充的蛋白质、磷用以满足肌肉力量和神经活动的需要。增加蔬菜、水果，以增加碱储备，中和酸血症。即其营养特点应当符合体内能源物质能被迅速动员，使ATP和CP的再合成加速并减少体内酸中毒的要求。

（1）碳水化合物　运动后越早补碳水化合物，体力恢复越快。因为运动后，肌糖原会显著减少，因此要及时补充，以免影响恢复过程及运动能力。一般来讲，运动后补碳水化合物要在几小时内便完成，因为碳水化合物是促进运动后恢复的重要物质。

（2）蛋白质和氨基酸　速度性运动的特点是高度缺氧，这样肌肉僵硬、肌肉收缩。因此，在运动后，速度性运动员经常需要补充一些蛋白质和氨基酸。肌酸是一种三肽，通常作为一种能力增强剂用于速度性运动，缩短肌肉恢复时间。运动后的肌酸补充原则是：越快越好，一般在运动后的2h内进行补充，摄入量大约5g。建议与含糖饮料一起补充，这样可以提高肌酸的吸收率。而且，在补充肌酸后，还要在原有正常饮水量的基础上多摄入1200mL的水，以便于充分发挥肌酸的水合作用。

（3）维生素和无机盐　无机盐是构成机体组织、细胞结构和维持生物体生命活动的重要物质。在速度性运动之后，通常要摄入富含磷元素的水果或蔬菜，以便于机体快速从疲劳中恢复，如瘦肉、蛋、乳、动物内脏、海带、花生、坚果和粗粮。对于维生素，通常需要补充维生素B_1、维生素B_6和维生素C。速度性运动的供能系统有ATP-CP，而维生素B_1在糖代谢生成ATP的过程中起着重要作用，因此维生素B_1的摄入必不可少。维生素C在胶原蛋白、肾上腺素以及肾上腺皮质激素合成中具有效能，同时它还在氢离子转移系统中发挥作用，有助于细胞内氧化降解过程的进行，还充当体内化学反应中效力很大的抗氧化剂。

（4）其他　研究发现，大强度训练期间补充肌酸，血清、天冬氨酸氨基转移酶等没有出现明显升高的现象，血清尿素氮、尿酸等指标有明显下降，说明适量补充肌酸能够预防或消除运动性疲劳，对运动员在大强度训练期赛前保持良好的身体机能状态有积极的促进作用。此外，亮氨酸的补充会引起血浆异亮氨酸和缬氨酸下降，可能是亮氨酸能够刺激骨骼肌吸收氨基酸以合成蛋白质。在运动时服用亮氨酸饮料（7.5～12g，糖5%）可减少肌肉乳酸积累和pH变化，具有较大的缓冲能力，从而提高无氧代谢运动能力。

3. 耐力性运动员的营养需要特点

现代耐力项目运动的特点决定了其训练的强度和时间，而长期大强度训练会造成机体缺水、糖原储备量降低、维生素匮乏等现象，所以要让运动员高质量地完成训练和比赛，就要采用：① 增加运动员肌、肝糖原的再储备，节约或减少肌糖原的消耗；② 保证补充充足的水分以利于体内水和作用的进行；③ 保证维生素的摄入量以维持机体的活动能力；④ 采用高糖膳食方案和赛中补糖等手段。运动过程中能源物质尤其是肌糖原含量减少、体液丢失和体温升高。长期从事耐力性运动员容易发生缺铁性贫血。耐力性运动员的膳食营养需要应首先满足碳水化合物和脂肪等能量物质的补充，食物来源除传统的米饭、面粉外，还应注重含糖量较丰富的水果和蔬菜等。

（1）碳水化合物　碳水化合物是耐力性运动员需要补充的主要能源物质，运动后尽快补充碳水化合物能够明显加快随后的肌糖原恢复速度，补充碳水化合物的最佳时机是运动后的15～30min以内。可以在运动后首先补充单糖，以利于迅速吸收利用和适应运动后消化能力差、不愿进食的特点。在运动后24h内补充淀粉，可引起胰岛素效应升高，从而刺激糖原合成。因此，在运动后恢复期，饮食中应主要采用淀粉类食物，如全谷类及谷制品、马铃薯等根茎类蔬菜、新鲜水果、坚果类、豆类等。

（2）蛋白质和氨基酸　耐力性运动项目十分注重优质蛋白质的补充，尤其是在运动后。运动过后15～30min内补充富含蛋白质食品可以快速满足运动后机体恢复和修复敏感期的需要。运动后即刻补充6～20g必需氨基酸可以启动修复过程，在随后的膳食中保持高蛋白可以有助于能量储备恢复和组织恢复。蛋白质的补充还应兼顾到动植物蛋白的互补作用，含蛋白较多的食物有肉类、鱼类、蛋类、豆类、硬果类、谷类、薯类等。为了充分发挥食物蛋白质的互补作用，即通过食物的互相搭配，取长补短，使其氨基酸模式接近机体需要，提高其营养价值，运动员在调配膳食时，应遵循如下原则：其一，食物的生物种属越远越好；其二，搭配种类越多越好；其三，使用时间越近越好，最好同时食用；其四，合理加工烹调来提高蛋白质的消化吸收率。

（3）脂肪和肉碱　耐力运动的主要能量来源物质是糖类，主要机体修复物质是蛋白质，但脂肪的补充也尤为重要，它能为机体提供必需脂肪酸及脂溶性维生素，是膳食中的高能物质。运动后，不用立即补充脂肪，可在补充碳水化合物和蛋白质等物质的同时摄入少量的含脂肪物质，摄入脂肪的同时，还能增加食物的口感，增强食欲。此外，与脂肪酸代谢密切相关的肉碱对机体最大有氧能力、有氧耐力、无氧能力都有一定作用。长期运动使运动员体内肉碱从尿中排出增加，造成肌肉肉碱储备的相对不足，若不及时补充，会影响脂肪酸的代谢供能，势必影响运动能力和运动水平的发挥。

（4）维生素和矿物质　对于耐力运动员来说，更注意 B 族维生素、维生素 C、维生素 E、铁、钠、钾的补充。在运动后，运动员需要补充适量的维生素 C、维生素 E、钠元素和钾元素。维生素 B_1 和维生素 C 与耐力运动能力关系密切，维生素 C 与机体抗氧化能力关系密切，持续的运动量训练时，机体维生素 C 储备量减少，应注意补充。铁作为微量元素之一，其营养价值对耐力项目运动员负荷后的循环、呼吸能力和运动功能也有着重要意义，补充铁是通过改善机体组织氧供应间接增强机体抗疲劳能力的。

（5）水分　长时间运动可造成机体内水、电解质代谢平衡的紊乱，它不仅影响细胞和系统的功能，而且还会降低机体运动能力。运动性失水主要是通过排汗而造成机体细胞内液和细胞外液的脱水。即使是很少量的脱水（1% 体重）也会增加血管系统压力使心率的变化与运动强度不协调，并且限制机体从收缩肌肉传送热量到体表散热的能力而使体温升高，导致运动能力下降。因运动期间应规律性地进行水分补充，遵循保持水平衡和少量多次的原则。

4. 力量性运动员的营养需要特点

肌肉活动所需的能量主要来自磷酸原系统，其余来源于无氧糖酵解系统的供应。除了充分补充能源物质、维生素和矿物质以外，力量性运动员还应注意蛋白质等营养物质的摄取。补充肌酸是近年来力量性和爆发力性项目运动员常用的营养学手段。

（1）碳水化合物　力量训练会导致肌糖原消耗，在运动后补充碳水化合物则有利于肌糖原的恢复。力量运动后如耐力性运动后的补充原则相同，即在训练后的 15~30min 完成首次补糖，每 2h 补充 1~1.5g/kg 体重的碳水化合物，持续到 6h。果汁、水果、蔬菜、谷物类食品都是很好的碳水化合物来源。

（2）蛋白质和氨基酸　力量性运动使蛋白质分解加强，同时活动肌群蛋白质的合成也增加，并大于分解的速度，因而肌肉壮大，使机体对蛋白质的需要量增加，对于力量型运动员而言，膳食结构中蛋白质占较大比例，平均每日的蛋白质供给量需达到 2g/kg 以上，才能维持身体机能的基本运行。高蛋白营养食品对力量型运动员而言是重要的蛋白质供给来源，既有助于能量供给，也有益于增肌、修复骨骼肌损伤，对于训练效果的提升具有侧面推进意义。研究表明，运动后补充氨基酸对肌肉合成十分有效。但总的来说，力量性运动后的蛋白质和氨基酸补充原则也如上述耐力性运动后的补充原则一样，可进行参考。

（3）脂肪　因为力量性运动不会导致脂肪储存量的消耗，因此力量性运动后不必立即补充脂肪。其脂肪补充时间与补充量可适当摄入即可。推荐的运动后宜食用的食物有：花生酱或果酱面包、新鲜水果、盒装豆乳、可用水冲泡食用的快餐食品、含碳水化合物和蛋白质的能量棒、坚果和干果。相对比较易食和方便携带的食品有：盒装低脂乳和酸乳、纯果汁、密封包装的牛肉干、点心（蛋糕、饼干）和能量棒。

5. 灵巧性运动员的营养需要特点

技巧运动员在训练情况下的热能代谢具有强度大、消耗率高、伴有氧债和集中短时间内等特点，运动中热能代谢率以相对代谢率表示，为安静时的 3~4 倍。食物脂肪供应比例控制在 30% 以下，普通运动时的蛋白质摄入量控制在总能量摄入量的 12%~15%，减体重运动时可适当增加到 15%~20%。应注意 B 族维生素和维生素 C 的补充，适当增加维生素 A 的补充量。

灵巧性运动对协调性、灵活性和技巧性以及身体的柔韧性要求较高，因此为适应运动员能够完成一系列的动作，通常会通过饮食来控制体重和体脂水平，因此，这一类运动员的膳食能量摄入量较低，但是会要求摄入重组的蛋白质、维生素 A、B 族维生素和钙、磷等矿物质。因为这一类运动员需要控制饮食，需要补充的营养在运动前期或运动中期即可达到目的，故对运动后的能量补充要求不高，适当地补充一些功能性饮料便可。

4-5 延伸阅读　氮泵，健身神器还是毒药？

本章小结

物质代谢过程中伴随着能量的释放、转移、储存和利用，其中 ATP 是生物体内最直接的能量来源。磷酸原系统、无氧糖酵解系统和有氧氧化系统可以生成适量 ATP 以满足不同场合下的运动需求。静息和运动时的能耗可以通过多种方式和手段进行有效计算，并进行精准量化，可以提高运动行为的机械效率。这部分的代谢基础知识及能耗的数学基础知识，为运动行为、优化生命的质量提供支撑，同时也为运动营养、科学训练、改善运动能力、挑战自我提供了理论依据。

在三大产能营养素中碳水化合物是最主要、最直接的能源，在体内的消化率可高达 98%；脂肪是能值最高的能源；蛋白质在一般情况下不作为主要的能源物质，因其不能在体内完全氧化，所以蛋白质体内氧化释放的能量只有体外燃烧释放能量的 77%。机体的能量摄入应与能量消耗保持一致，主要包括基础代谢、体力活动和食物特殊动力作用三个方面。测量能量需要量的方法很多，各有特点，适用于不同的测定条件。

能量的有效利用与肌肉活动（运动、劳动活动）、精神活动、食物的特殊动力作用和环境温度等因素相关。肌肉活动对能量代谢的影响最为显著，肌肉活动导致机体耗氧量的增加，机体耗氧量的增加与肌肉活动的强度呈正比关系，能量代谢与运动强度呈正相关；精神活动对能量利用效率的直接影响主要涉及大脑的能量消耗，间接影响主要涉及心理方面；食物的特殊动力作用指导膳食结构和能量摄入模式；环境温度影响机体保持恒温、机体新陈代谢和生命活动。因此，合理调节活动强度、维持心理平衡、合理的膳食摄入和增强环境温度的耐受性有利于提高能量利用、维持运动状态和机体正常生命活动。

运动者如果要正常参加各项体育锻炼，必须维持好体育运动和营养两者之间的关系，找到两者之中的关联，并且在实际活动当中，针对其运动的现实状况，分析其实际运动能力以及在运动过程中所出现的各类问题，给予及时且科学的营养补充。具体而言，在参加各项体育运动项目过程中，要认识各项专项运动分别所对应的营养补充重点和营养补充类型，深入分析营养成分对于运动员以及运动项目的具体作用。总而言之，要树立正确的饮食观念和饮食习惯，从而进一步明确和规划饮食结构。

思考题

1. 健康的减肥过程中，为了有效消耗体内多余的热量和脂肪，运动行为主要是哪一个能量系统供能？为什么？
2. 请查阅资料，简述三羧酸循环。
3. 从运动角度，阐释三大产能营养物质的内容并说明各种营养物之间在不同运动强度下如何协作供能。
4. "五谷杂粮"中的营养素结构相较于精制米、面有什么优点？这些优点在运动供能过程中是如何体现的？
5. 简述骨骼肌对运动行为的影响。
6. 简述心理作用对运动行为的正向激励效果。
7. 如何计算能量需求和食物中的能量？
8. 三大供能系统各自的供能特点及其之间的相互联系是如何体现的？
9. 以慢跑、篮球、游泳为例，分析其各自供能特点并为其设计能量补充的膳食建议。
10. 800m自由泳运动特点及供能系统是什么？该类运动员运动后如何进行能量补充？

第五章
健身人群的运动行为特点与营养补充

学习目标：

1. 健康体适能是指普通人以促进身体健康、预防疾病、改善自己的生活状况所追求的体适能。学习健康体适能的内容，熟悉健身训练运动的不同分类特点以及对机体所具有的不同功效。

2. 了解肥胖、消瘦等不良身体状态的成因、分类等；熟悉减脂、增强肌肉力量、增加体重、增强机体耐力、提高机体代谢机能健身训练运动的行为特点以及健身机制。

3. 熟悉减脂、增强肌肉力量、增加体重、增强机体耐力、提高机体代谢机能健身运动行为的营养特点，掌握以上五种健身训练运动的膳食补充建议。

第一节 引言

近年来，我国人民的生活水平有了很大的提高，人们不仅满足于吃饱饭的基本要求，也更加注重健康生活习惯的培养，健身运动也在全国得到快速发展。人民健康是社会文明进步的基础，是民族昌盛和国家富强的重要标志，也是广大人民群众的共同追求。党的十八大以来，以习近平同志为核心的党中央坚持以人民为中心，把人民健康放在优先发展的战略地位，推动全民健身和全民健康深度融合。健身去哪儿，曾是一个"老大难"的问题。各地因地制宜想对策，千方百计补短板。城市闲置"边角地"变身日常锻炼好去处，更多体育场馆向社会免费或低收费开放。对于户外运动场地设施建设这一短板，国家发展改革委、国家体育总局等5部门印发的《促进户外运动设施建设与服务提升行动方案（2023—2025年）》明确提出加强体育公园、健身步道、露营场地等绿色便捷的全民健身新载体建设。2017年，教育部、国家体育总局联合印发《关于推进学校体育场馆向社会开放的实施意见》，要求积极推进学校体育场馆向社会开放，有效缓解人民群众日益增长的体育健身需求与体育场馆资源供给不足之间的矛盾，促进全民健身事业繁荣发展。2022年，中共中央办公厅、国务院办公厅印发《关于构建更高水平的全民健身公共服务体系的意见》，提出要优化资源布局，扩大服务供给。

"体适能"是近年来我国体育方面较为火热的话题之一，在我国体育科学领域有多种翻译方式，如体质、身体素质、身体适应能力等，它是指一个人除足以胜任日常工作外，还能有余力享受休闲以及能够应付压力与突如其来的变化的身体适应能力，根据其对身体素质要求的层次不同，可分为竞技体适能和健康体适能。竞技体适能是指运动员在竞赛中为了夺取最佳成绩所需要的体适能，包括爆发力、速度、耐力等，常用于评价运动员的表现和能力；而健康体适能则是指对增进健康和预防某些疾病有特殊作用的素质，是维持身体健康的基础。

目前对于疲劳的定义有很多，1915年，莫桑提出："疲劳是细胞内化学变化衍生物导致的一种中毒现象"；1982年，爱德华特提出："疲劳是丧失保持所需或期望的输出功率"；1982年，第五届国际运动生物化学会议上将疲劳定义为："机体生理过程不能持续其机能在一特定水平上或各器官不能维持预定的运动强度。"目前，人们采用的对身体疲劳的定义就是以第五届国际运动生物化学会议上提出的定义为标准的。

人们在长期的运动之后，自身的身体机能和工作能力都会出现短暂的下降，主要表现为肌肉酸痛、四肢无力等，这个时候就需要补充一定量的营养物质。一般人在运动过程中容易造成缺乏进而导致运动性疲劳的营养物质主要有蛋白质、碳水化合物、水、矿物质等。

健身运动的营养补充主要包括有机营养和无机矿物质营养两个方面的营养补充。有机营养是指可以为人体正常生理过程提供能量的营养，如蛋白质、水和糖类等。无机矿物质营养主要是钙、铁、锌等微量矿物质元素，它们可以帮助调节人体的各种生理反应，让机体维持正常的运转。

第二节 健身运动的分类

健康体适能包括适当的身体成分、良好的肌肉力量和肌肉耐力以及代谢机能。结合体适能相关的知识，根据各种健身运动主要功效的不同，我们可以将健身训练运动分为以下几类：

一、减脂健身运动

1. 减脂健身运动简介

减脂健身运动是指通过长时间的体育锻炼来减少身体内脂肪的堆积，降低人体的体重和体脂率。减脂运动主要的目的是降低体重指数（BMI），即在身高几乎不变的情况下，降低身体内脂肪的占比，增加肌肉的占比，从而改善身体的组成。人体中脂肪含量过高会对人体健康造成一定的危害，可能会导致高血压、冠心病、2型糖尿病等慢性疾病的发病率增加，因此减脂训练可以在一定程度上降低机体患慢性疾病的概率。

2. 减脂健身运动方法

减脂健身运动有有氧训练、低氧训练、抗阻力训练以及高强度间歇训练。

（1）有氧训练是指人体在氧气充足的情况下所采取的重复性的低强度、低消耗的体育锻炼模式，其具有简单易行、持续时间久、周期性强等优点，包括跑步、爬山、单车、跳绳等。

（2）低氧训练是指在低氧的暴露下进行训练的体育锻炼方法，低氧刺激可以增加运动时能量的消耗，抑制食欲，从而达到更好的减脂效果。

（3）抗阻力训练是指人体通过克服阻力进行的一些运动行为，在减脂的同时还可以增强肌肉力量，包括机械抗阻力训练和非机械抗阻力训练，如杠铃、深蹲、俯卧击掌等运动。

（4）高强度间歇训练（high-intensity interval training，HIIT）是指运动强度较大、间隔时间较短的由多个训练小组组成的训练模式，并且两个训练小组之间以低强度训练或者完全休息为间歇。如各种间歇跑、原地高抬腿、各种跳跃运动等。

二、增强肌肉力量健身运动

1. 增强肌肉力量健身运动简介

肌肉力量作为人体的活动动力，在保持人体健康上发挥着很大作用。肌肉力量的高低主要取决于肌肉被使用的程度，因此增强肌肉力量健身运动主要是通过不同种类的力量练习，从不同的生理层面上来提升肌肉的力量，达到增强肌肉力量的目的。

长时间的肌肉力量练习可以在加快机体新陈代谢的同时，形成更多的肌肉组织，增加肌肉的力量和耐力，还可以提高肌肉的基础代谢率，促进机体内多余脂肪的燃烧。采用中小负荷的力量练习可以促进骨的血液循环，增加骨密度，提高骨骼硬度，能够有效地预防骨质疏松、骨折等疾病。此外，一定的力量训练还能够使人体的中枢神经系统得到有效的调节，可以促进细胞释放内啡肽，具有放松神经、止痛等作用。

2. 增强肌肉力量健身运动方法

增强肌肉力量健身运动主要以力量训练为主，如健身房各种器械练习、仰卧起坐、引体向上等。一般的有氧运动如步行、慢跑等对改善肌肉力量的效果不是很明显，器械抗阻力训练则可以有效地增强人体肌肉力量和耐力。但大型的器械在训练中不易操纵且有较大的场地局限性，因此目前哑铃、弹力带等安全易携带的重量轻的新型训练器械及其健身方法受到了越来越多的关注。

增强肌肉力量健身运动方法有负重阻抗健身法和弹力阻抗健身法。长时间有规律地进行阻抗训练能够有效地提高肌肉的力量和耐力，抑制机体内脂肪的堆积，增加肌肉对关节的保护作用，对人体健康有很大的益处。

三、增加体重健身运动

1. 增加体重健身运动简介

体重过低也会对机体产生不利影响。体重过低不仅会影响儿童青少年身体、智力的正常发育，还会导致成年人胃肠功能紊乱、骨量丢失和骨折、贫血、免疫力低下、女性月经不调和闭经、抑郁症、劳动能力下降等多方面病理表现。增加体重的方法有很多，一种大多长的是肌肉，这种一般很难达到。另一种大多长的是脂肪，每天摄入的能量大于运动的能量就会造成这种结果。还有一种大多长的是水分，主要是因为发生肌肉酸痛之后，人体的储水能力会增强，会在短时间内增加体重。增加体重最重要的是在坚持科学饮食，科学健身的同时，保证摄入的能量大于运动的能量。

2. 增加体重健身运动方法

增加体重主要以增加机体中肌肉含量为主。一般以抗阻力训练、无氧运动为主，如赛跑、举重、投掷、跳高、拔河、肌力训练等；在健身运动中，体内能量会大量消耗，经过有规律的长期锻炼，可以加强身体的新陈代谢，促进肠胃的吸收。并且通过锻炼，食欲会慢慢增加，吸收能力增强，导致体重逐渐增加。此外，在增强机体肌肉力量的同时，也可以增加机体中的肌肉含量，从而增加机体的体重。

四、增强机体耐力健身运动

1. 增强机体耐力健身运动简介

耐力素质是指人体在长时间运动过程中克服疲劳的能力，是反映人体健康水平的一个重要标志。耐力素质根据机体负荷时间和强度可分为短时间耐力、中时间耐力和长时间耐力；根据运动过程中的能量代谢形式可分为有氧耐力和无氧耐力；根据与专项运动的关系可分为一般耐力和专项耐力。相比于力量练习，耐力练习能更好地增强身体机能，对身体心肺功能的增强也有很大的帮助。适当的耐力练习可以增强机体免疫力，降低心肌梗死的风险；但过度的耐力练习则会对机体健康产生不良影响。

2. 增强机体耐力健身运动方法

耐力训练的本质就是增强机体克服抗疲劳的能力。增强机体一般耐力素质的基本途径是提高人体的摄氧、输氧能力，运动方法主要以有氧运动为主，例如长时间的长跑训练、健美操、跳绳等持续时间长且运动强度低的运动；无氧运动包括杠铃、推举等器械训练，可以锻炼肌肉耐量，增加肌肉组织的含量及密度。将有氧运动与无氧运动相结合去增强机体耐力的方法较为科学。但专项耐力素质的提高则需要根据具体的运动项目来定，例如篮球运动员的耐力训练则以无氧耐力训练为主，并在一般耐力基础上提高运动员的速度、力量等篮球专项耐力素质。

五、提高机体代谢机能健身运动

1. 提高机体代谢机能健身运动简介

新陈代谢是机体与环境之间的物质和能量交换以及生物体内物质和能量的自我更新过程，它包括合成代谢（同化作用）和分解代谢（异化作用）。进行合理的体育运动有利于保持人体内代谢激素的活性，增加动脉血管壁的弹力作用，促进体内细胞分解，最终起到维持人体内部酸碱平衡、蛋白质平衡的作用。

2. 提高机体代谢机能健身运动方法

提高机体新陈代谢的运动主要以有氧运动为主，包括慢跑、骑自行车、游泳、跳绳、瑜伽等。适当的运动锻炼能增强机体代谢机能，加强心肺功能并且提高身体免疫力。其次，新陈代谢跟饮食习惯以及作息也有很大的关系，补充足量的水分可以加速身体的新陈代谢；多吃蔬菜水果，补充维生素、膳食纤维和微量元素能调节机体的新陈代谢；作息规律，按时就餐也是调节机体代谢机能的重要手段等。

第三节　减脂健身运动行为与营养补充

在世界大多数国家中，肥胖都是一个重要的公共健康问题，过量的脂肪堆积会导致肥胖，不仅对身体健康造成一定的危害，还会导致高血压、心血管疾病、2型糖尿病等慢性疾病的患病率提高。

一、减脂健身运动概述

根据肥胖产生的原因，可将肥胖分为以下两种类型：第一种，单纯性肥胖，目前95%

的肥胖者都属于这种类型，主要是由于人体过量饮食、缺乏运动、饮食习惯不够良好以及具有较强的消化吸收能力等因素导致；第二种，症候性肥胖，这类肥胖的成因大多在于人体体质方面，如人体先天性异常、内分泌异常、视丘脑下部或者前叶异常等。

食物摄入和能量消耗的不平衡，致使能源物质在体内大量堆积，转化为脂肪并在体内积累，最终导致肥胖。人体摄入过多营养并长期缺乏运动时，就会导致人体新陈代谢速率逐渐降低，进而引起机体内分泌失调，机体的脂肪代谢水平也会降低。

如表 5-1 所示，不同国家对于肥胖和超重的规定各不相同。WHO 于 1997 年明确地将肥胖定义为一种疾病，并设立标准（WHO 标准）：BMI$\geq$25kg/m^2 为超重，BMI$\geq$30kg/m^2 为肥胖。"中国成年人超重和肥胖症预防控制指南（中国标准）"将 BMI$\geq$24kg/m^2 定义为超重，BMI$\geq$28kg/m^2 为肥胖。

表 5-1 不同国家、地区 BMI 的划分

分级	世界卫生组织	亚太共识	中国大陆
偏瘦	BMI<18.5	BMI<18.5	BMI<18.5
正常	18.5$\leq$BMI<25	18.5$\leq$BMI<23	18.5$\leq$BMI<24
超重	25$\leq$BMI<30	23$\leq$BMI<25	24$\leq$BMI<28
肥胖	BMI$\geq$30	BMI$\geq$25	BMI$\geq$28

减脂方法主要有药物减脂和非药物减脂两种方法。药物减脂主要是通过使用药物来影响机体的生化、生理过程，借以达到减少身体内脂肪的目的。非药物减脂主要通过各种运动、控制饮食、改变生活方式等方法消耗机体内的脂肪。药物减脂虽然能够有效地降低减脂者的体重，但会对身体造成一定的副作用，且停药体重易反弹，因此不提倡采用。

二、减脂健身运动行为的物质代谢特点与营养补充

1. 碳水化合物营养补充

碳水化合物作为人体重要的营养物质，不仅包括一般的生理功能，还具有显著的抗生酮作用。为了提高脂肪的消耗量，脂肪在分解和代谢的过程中会产生中间产物，即酮体，酮体的继续氧化则需要葡萄糖的参与。当人体体内的糖类含量较低时，则会导致脂肪分解不够完全，造成人体内部酮体的堆积，同时还会导致人体体液酸性提高，从而会对人体的正常生理活动造成不良影响。因此，在运动过程中需要补充适当的糖分，确保机体始终维持正常的脂肪新陈代谢速率。

2. 脂肪营养补充

为保障人体在运动过程中处于正常的状态，需要注重人体内部脂肪含量的合理控制。例如，在日常饮食中需要摄入一定量的植物油来补充人体所需的脂肪酸。同时为了获取脂类溶剂和脂溶性维生素，人体还需要摄入一定量含有一定量的动物脂肪和植物脂肪，其中动物脂肪的摄入量需要保持在5%~10%范围内。

3. 蛋白质营养补充

机体在运动过程中会消耗大量的肌糖原，加快脂肪的消耗速率，但这也容易破坏机体内的能量需求平衡。在减脂运动过程中，还会显著加快氨基酸和蛋白质的代谢速率，此时如果人体内部所摄入的蛋白质含量不足，不仅会影响到正常的运动减脂效果，还容易导致低血糖等症状。因此在运动减脂过程中，要合理控制蛋白质的摄入量，需要摄入适量的高蛋白，同时也要防止蛋白质摄入过量，避免带来负效应。

4. 膳食纤维、无机盐、水、维生素营养补充

膳食纤维是一种人体不能消化吸收利用的植物物质，它可以调节人体肠道对糖类物质的吸收，降低对葡萄糖的吸收速率，同时其具有较高的吸水性，在胃中会吸水膨胀，使人产生饱腹感，进而减少摄入的热量。减脂运动中无机盐和水分会随着汗液而流失，因此减脂运动后要及时补充水分和无机盐。维生素具有清除自由基的能力，可以消除人体在运动过程中产生的自由基，防止其损伤细胞膜。

5-1 延伸阅读 "跳台女王"为控制体重戒掉零食

三、减脂健身运动行为

1. 运动健身减脂的原理

从能量守恒角度来说，一种形式的能量减少，就会伴随着另一种形式的能量的增加，并且减少的量等于增加的量。运动减脂就是通过运动的方式将人体脂肪分解的能量转化成运动所需的机械能。运动对脂肪分解的促进作用是一个由多器官系统参与的生理调控过程，包括神经、运动、循环、呼吸和内分泌等系统，如图5-1所示。人体在运动时心率增加、血流加快、输氧能力增强，物质和能量代谢随之加速，也加强了脂肪的氧化速率；还会引起交感神经的兴奋，进而促进多种内分泌器官分泌脂肪降解激素，激活脂肪酶，增强脂肪降解；此外，脂肪和骨骼肌也可作为内分泌器官，分泌多种细胞因子调节脂肪代谢。

2. 减脂健身运动行为

运动减脂是所有减脂方法中最安全有效的减脂方法，目前比较流行的运动减脂运动有有氧训练、低氧训练、抗阻训练以及高强度间歇训练。在这些运动减脂方式中减脂效果最好的是高强度间歇训练，其次是抗阻训练；低氧训练的减脂效果较好，但它在日常生活中难以进行，可操作性很低；有氧训练的减脂效果相较于其他减脂方式而言一般，但在日常生活中最容易进行，是所有减脂方式中参与度最高的运动方式。

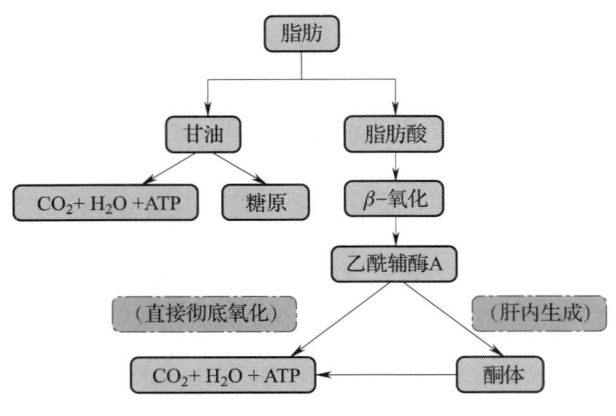

图 5-1 脂肪的分解代谢过程

（1）有氧训练　坚持有氧训练可以帮助氧化并燃烧体内的脂肪，降低身体体脂率；增加机体基础代谢率；长时间的有氧训练会造成机体大量失水，训练结束后的及时补水会加快新陈代谢。当人在进行有氧运动时，机体内糖类所提供的热量满足不了机体的能量需求，主要通过氧化分解脂肪产生的热能来供能。因此，有氧训练主要在于氧化分解脂肪供能，促进机体消耗热量，同时还能增强机体的代谢速率，降低脂肪的合成，以达到减脂的效果。

（2）低氧训练　低氧可以抑制食欲，造成机体营养物质的消化吸收率下降；低氧条件会导致机体脂肪的分解率上升，消耗的能量更多；低氧训练会造成机体基础代谢率的变化。当人处在低氧环境中会由于体内缺氧而导致食欲下降，造成人体体重降低，而降低的体重中脂肪占大比例。此外，低氧暴露还可以改善人体的血脂代谢，在低氧环境中，由于机体缺氧，氧气供应不够，进而影响到三羧酸循环，导致机体需要消耗更多的脂肪，来为人体提供能量，血脂浓度就会降低。

（3）抗阻力训练　抗阻力训练可以增加机体内肌肉的含量，提高基础代谢率，从而加速脂肪的消耗；抗阻力训练可以通过肌肉克服阻力来降低肌肉的脂肪水平，帮助降低内脏器官的脂肪含量。抗阻力训练在大量消耗能量的同时，还可以间接增加机体内肌肉含量，进而提高机体新陈代谢水平和基础代谢率，从而达到明显的减脂效果。此外，在进行抗阻力训练的过程中，人体骨骼和身体肌肉含量都会增加，在停止训练后还会继续消耗能量。因此，通过抗阻力训练，可以消耗身体中的热量和脂肪，达到减肥的目的。

（4）高强度间歇训练　高强度间歇训练与普通的中等强度训练相比，训练中和训练后机体能量消耗率都更高，使机体的总能量消耗增加；高强度间歇训练可以增加机体的基础代谢率，使机体消耗更多的能量；高强度间歇训练会在训练结束后大大降低身体的食欲，导致摄入能量的减少；高强度间歇训练可以提高机体的脂代谢率，加强运动后恢复期的脂肪消耗量；高强度间歇训练还可以调节机体内各种酶的活性，帮助脂肪的分解。

高强度间歇训练与其他传统运动方式相比，都可以使机体的基础代谢率提高，使机体消耗的能量更多，但高强度间歇训练在总的运动能量消耗增加的同时，还可以减少机体的摄入量，进而达到更好的减肥与减脂效果。

四、减脂健身运动营养特点和与膳食设计

减脂的营养摄入要求为低热量摄入和热量的负平衡。人体在长期进行体育运动的过程中，会消耗掉大量的热量，如果无法及时补充相应的营养物质，保持体内营养的平衡，将会影响到人体的健康状况。因此，在减脂过程中，应根据食物的热效应表（表5-2）及食物组成成分选择膳食种类，严格控制热量的摄入，形成热量缺口，在健康的身体素质下达到更好的减脂效果。此外，减脂过程中各种营养素的配比对减脂效果也有很大的影响。

表 5-2 食物的热效应表

食物类型	食物的热效应比例 /%	食用 419kJ 该食物需要消耗的能量 /kJ
纯碳水化合物类食物	5~6	20.93~25.12
纯脂肪类食物	4~5	16.74~20.93
纯蛋白质类食物	30~40	125.60~167.47
混合型膳食	约 10	约 41.87

1. 碳水化合物的补充与膳食建议

碳水化合物是人体的主要供能物质，是人体所需量最高的营养素。在减脂期间，适量地摄取碳水化合物作为供能物质，可以帮助调节脂肪酸的代谢，节约蛋白质。所摄入的碳水化合物以粗粮为优先选择，多摄入复合碳水化合物，例如谷类中的大麦、燕麦、玉米等。

2. 蛋白质的补充与膳食建议

蛋白质类食物的生热效应较强，有助于促进脂肪的消耗，修复人体肌肉组织，增强机体的免疫力。减脂期间食用的蛋白质应为优质蛋白，可以以鸡胸肉、牛肉、鱼肉、鸡蛋、牛乳为饮食中的主要蛋白质来源，适当加大蛋白质的摄入，同时还要注意食用蛋制品时避免摄入过多蛋黄以防胆固醇摄入过多。

3. 脂肪的补充与膳食建议

在减脂期间，也需要摄入少量的脂肪，用于提供人体需要的不饱和脂肪酸，促进脂溶性维生素的吸收和利用，同时也可以保护机体组织和器官免受外伤。因此在日常饮食中，需要适当摄入一定量的植物油，如橄榄油、杏仁、核桃等富含不饱和脂肪酸的食物，达到补充脂肪酸的目的，此外还需要摄入一定量的动物脂肪来补充人体需要的脂类溶剂和脂溶

性维生素，其摄入量需要保持在 5%～10% 的范围内。

4. 维生素、矿物质的补充与膳食建议

在减脂期间，多食用蔬菜、水果等富含维生素、矿物质的食物，可以帮助维持人体内细胞的渗透压，调节人体内的酸碱平衡，如芹菜、韭菜、南瓜、苹果和西瓜等。

5. 膳食纤维的补充与膳食建议

减脂运动期间只通过饮食来增加人体膳食纤维的摄入量是不够的，在日常饮食中还需要进行额外的补充，可以选择魔芋类等膳食纤维含量高的产品，并配合饮用大量的水增加饱腹感，进而达到抑制食欲的目的。

5-2 延伸阅读 阿特金斯饮食法

第四节　增强肌肉力量健身运动行为与营养特点

一、增强肌肉力量健身运动概述

通常，一般人想要增强自己的运动竞争能力就需要增强自身的肌肉力量，不同性别的人群增强肌肉力量的目的也不同，男性人群主要是为了提高力量，女性人群则是为了使自身的形体显得完美。此外，除了有效的健身运动来增强肌肉力量，还要有合理的膳食营养才更能获得满意的效果。微生物和矿物质对肌肉生长以及保持肌肉力量具有重要的作用，如钙、铁、钾、维生素 C、维生素 D。所以，坚持健身运动，熟悉健身人群的营养代谢特点，合理摄入营养物质，增加肌肉可以从肌肉的物质组成成分上进行补充。

二、增强肌肉力量健身运动的物质代谢特点与营养补充

人体肌肉的增长在不同的年龄阶段也是不同的，有三个阶段，快速增长、相对稳定和明显下降。人类的肌肉从出生开始，逐年增长，男性和女性分别在 25 岁和 22 岁达到峰值，之后又会逐年缓慢下降。不同年龄阶段的肌肉差别较大，如儿童时期肌肉含水量高，而肌肉蛋白和能源物质的储备要低。所以，在健身增加肌肉力量和注意膳食营养的同时，要充分考虑到年龄的差异。

1. 碳水化合物

事实上，摄入适量的碳水化合物可以辅助增肌，因为在增强肌肉的健身过程中，糖类是最重要的能源物质。健身增强肌肉力量主要是通过无氧糖酵解和有氧氧化进行供能。在进行大量有利于增肌的抗阻力训练后，消耗的能量主要来自肌糖原。在训练过程中，肌糖

原消耗得非常快，因此在训练后要及时补充碳水化合物来生成肌糖原以防止蛋白质被分解，碳水的选择要舍弃精细碳水，选择缓释碳水。但是，无氧酵解进行供能会产生乳酸，长时间的乳酸堆积则会产生肌肉酸痛的症状。机体的碳水化合物如果摄入过多，则会通过其他代谢途径转化成脂肪。所以，在增强肌肉力量健身运动过程中，一定要控制碳水化合物的摄入量。

2. 脂类

尽管减少脂肪是大多数人运动的原因，但是人体所需的必需脂肪酸必须从食物中获得，所以应在膳食中摄入一定量的必需脂肪酸和植物油。同时还应该摄入脂溶性维生素以及脂类溶剂，这有利于影响人体中的氮平衡，从而促进肌肉的增长。长时间、中低强度的有氧运动可改善体内脂肪代谢酶的活性，提高体内脂肪利用率。对自我感觉瘦弱而选择增强肌力的人群而言，要注意脂肪的摄入量，既保证能量的供给，也不能摄入过多从而造成脂肪堆积。

3. 蛋白质

蛋白质进入人体后，被各种蛋白酶分解成氨基酸后，可被利用来合成组织细胞中的各种蛋白质。肌肉除去水分，80%的成分都是蛋白质。增强肌力必须通过"超负荷"锻炼引起肌肉的"超量恢复"，如图5-2所示，使肌纤维增粗，肌肉体积增大。在经过大量的运动后，如经过平板支撑，肌糖原被大量消耗，也有可能破坏人体的能量需求平衡，这个时候，蛋白质和氨基酸开始发挥作用，分解代谢活动增强，补充肌肉中的糖类，维持人体正常生命活动。同时，经过运动，蛋白质的代谢可以促进增肌。而高蛋白的摄入会造成负效应，引起机体脱水和体液酸化。

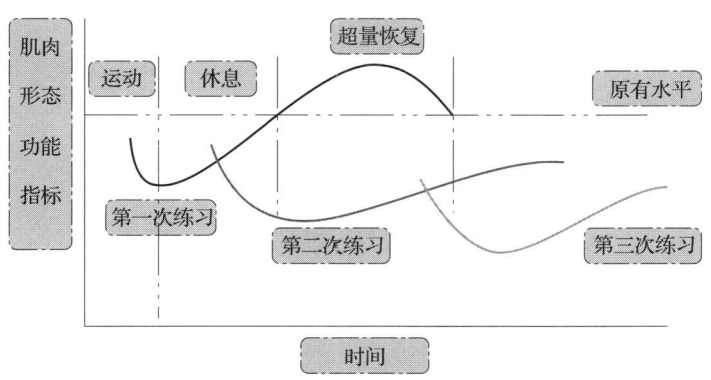

图 5-2　超量恢复曲线

健身的主要目的之一就是要增加机体蛋白质的含量，因此，增加蛋白质的摄入量是关键，重点是补充优质蛋白质，促进机体蛋白质的合成率大于降解率，同时要避免蛋白质的过度代谢。实践证明，在进行间歇性的力量训练前提下，有适宜的蛋白质营养支撑才能促进肌肉的增长。增强肌力健身人群的蛋白质摄入应该以非脂或低脂的食品为主，如脱脂牛乳、蛋清、鱼肉、禽肉等。

4. 维生素

根据不同年龄和运动强度及时补充维生素，是增强肌肉力量健身效果和维护机体健康水平不可忽视的重要措施之一。维生素是维持正常物质代谢的低分子化合物，维生素 C 和维生素 E 在体内具有抗氧化功能，可以有效清除细胞超氧阴离子、脂质过氧化物和自由基。在做哑铃飞鸟后，要及时补充维生素 B_1 和维生素 B_2，二者在体内以辅酶的形式存在，补充这两种维生素可以加强糖代谢功能，防止丙酮酸、乳酸堆积，缓解疲劳。而维生素 B_2 和线粒体中的氧化反应关系最大，可以加强肌肉收缩力，提高耐久能力。

5. 水分

水在体内构成体液，能够调节体温、润滑关节、维持长时间的运动。健身则会带走大量的水，如不及时补充，会对机体造成各种不利影响。肌肉中 76% 是水，可以说肌肉本身就是一个储水库，一旦发生脱水，人体则会优先保护机体器官，肌肉和皮肤都是首先脱水的，导致机械功能和代谢功能下降。

6. 矿物质

矿物质作为增加肌肉的非常健康的营养添加剂，配合一部分的运动训练，能使增肌营养得到充分加强。镁能提高神经冲动，可以参与蛋白质合成肌肉和电解质平衡，加速运动后的身体恢复；钙能够在增肌的过程中起到缓解肌肉酸痛，分解乳酸的功能，进而提升运动能力；锌能够加速肌肉的合成；磷在我们身体中大量存在，是一种能量物质，最重要的是负责 ATP 的合成，我们在进行一些运动过程时，都需要释放 ATP 才能运动。尤其是喜爱有氧运动的人要多补充磷，才能提高摄氧量，更好地增肌。

三、增强肌肉力量健身运动行为

1. 肌肉力量增强原理

肌肉力量的增强主要由于肌肉体积增大，肌纤维中线粒体数量增多、体积增大，肌肉中结缔组织得到强化以及肌肉中的毛细血管增加。在运动的刺激下，许多肌纤维会逐渐增粗，肌肉中的肌红蛋白、ATP、磷酸肌酸等营养物质也会增加。肌肉细胞中线粒体增加可以提高代谢水平，而代谢活动旺盛，线粒体也就会越多。肌肉纤维作为肌肉运动的动力源，增肌可以让肌内膜、肌束膜和肌外膜的收缩运动更加高效。在不断的增肌力量刺激下，肌肉的毛细血管就会变得越来越粗、越来越多，这些结果都会导致肌肉体积的增加。

增肌主要包括三种途径，一是机械张力，二是离心运动伤害，三是代谢物累积。大量的训练就会导致比较大的肌肉张力，同时肌肉张力的负载时间会影响肌肉的生长。健身人群在经过抗阻力训练后产生的代谢产物，如乳酸、氢离子、肌酸等，可以通过不同的生理机制促进肌肉的生长，而一般的中等强度的训练能在保持训练强度的情况下，增强代谢压力。同时，抗阻力训练还会导致肌肉组织受到损伤，会释放调节细胞分化增殖的生长因子，促进增肌作用。在一般的环境中，健身人群以体重增加作为增肌的评判依据。

2. 增强肌肉力量健身运动行为

增肌运动大部分要做无氧运动，但是在整个运动过程中运动量的高强度，会使得营养和热量损失加快，紧接着带来营养物质摄入需求增多，并不可避免地有多余营养物质转化成脂肪，影响到最后增肌的效果，所以想要消除多余的脂肪，就有必要进行有氧训练，维持低脂状态。

在无氧的高强度力量刺激下，可以更好地激发肌肉纤维，促进肌肉的快速增长。高强度的力量训练，如臂弯举、臂屈伸、肩平举、拉力深蹲等，这些动作都有瞬间增大压力的特征，体内的糖分来不及经过氧气分解，只能依靠"无氧供能"来支撑，这是典型的无氧代谢状态下的运动训练形式。而无氧运动完我们需要补充大量的营养物质，这个时候就需要一些有氧运动来辅助增肌训练，如步行、快走、慢跑、竞走，这些运动在提升心肺功能的同时，也可以达到增肌训练所能达到的体能训练要求。但是有氧运动要适可而止，当运动过量则会引起肌肉蛋白质的损失。

（1）臂弯举　臂弯举是肘臂关节的弯臂上举动作，属于单关节锻炼动作，所以能较集中地刺激到肱肌、肱二头肌和前臂肱桡肌部位，从而增加肌肉力量的刺激。臂弯举分为正握、反握和拳眼向上握法，不同的手腕持铃能全面刺激臂部肌肉，做的时候注意上臂要夹紧两侧身体，作前臂上抬弯举，并尽量保持上身不晃动借力。

（2）臂屈伸　臂屈伸是肘臂单关节的推伸动作，侧重是练肱三头肌。按这个标准动作，在上举哑铃的过程中，肩部应该是锁住、上臂晃动很小的，刺激锻炼肱三头肌的效果较好。

（3）拉力深蹲　可以通过手扶固定物体的方式来帮助保持身体的平衡与稳定，这样可以去体会屈髋屈膝的过程，并在此前提下去完成动作，就不会担心要摔倒的问题。双脚分开与肩同宽，背部挺直，核心收紧，双臂前伸拉住固定物体，调整好双手位置，让下蹲至动作顶点时双臂与地面处于平行状态。保持背部挺直，核心收紧，臀部向后坐并屈膝下蹲，至自己动作顶点后起身还原，动作全程保持背部挺直，保持膝盖与脚尖方向一致。

（4）肩平举　双手垂直握着哑铃保持双手手肘伸直，两臂慢慢向上升起，至略高过肩臂，停留2s后，慢慢放回开始的位置。

四、增强肌肉力量健身人群的营养补充与膳食设计

为了获得肌肉力量及肌肉块的增强，应当寻求科学健康的方法，同时，如果有其他的健康问题，应当首先接受医生的建议来安排自身的膳食营养。在保证肌肉力量增强的同时，又要减少肌内皮下脂肪的增加。中国营养学会推荐的蛋白质营养标准为成年人每天

1~1.2g/kg 体重。只有合适的营养摄入，健身的效果才可以更好。

1. 蛋白质的补充及膳食建议

因为肌肉中除了水分，80% 的成分都是由蛋白质构成的，因此，补充优质蛋白质来增强肌肉就非常重要。此外，增强肌肉力量的健身运动人群的蛋白质摄入应该以低脂或者是非脂的食品类为主，如脱脂牛乳、蛋清、鱼类、牛排等这类食品。

2. 碳水化合物的补充和膳食建议

在增强肌肉的过程中应该获取丰富的碳水化合物，可以为人体提供所需的能量，因为在增强肌肉的过程中需要消耗很多的体力，这个时候如果碳水化合物没有得到补充，最终会导致肌肉增强的停止，并且更加容易因为能量缺乏而导致体内的脂肪和蛋白质被消耗，这样肌肉也会减少。平常经常食用谷物早餐、全麦面包、干酪来及时补充所需的碳水化合物。

3. 脂肪的补充和膳食建议

增肌的人群一般不建议多补充脂肪，但是还是要保证一定的摄入量，如果体内没有足够的脂肪量来消耗，最后可能通过消耗蛋白质作为能量进行补充，反而会影响增肌的效果。平常可以食用一些瘦牛肉、全脂牛乳和鸡蛋来进行脂肪的摄入。

4. 矿物质的补充和膳食建议

矿物质作为人体肌肉增长不可缺少的营养素，在增肌训练的过程中需要及时补充。食用全谷类、小麦胚芽、深色蔬菜类、牛乳和酸乳补充钾元素，食用口蘑、白蘑、羊肚菌、南瓜籽、西瓜籽、蛏干、奶豆腐能够补充磷元素，食用动物肝脏可以补充铬元素，并且补充镁可以食用小米、荞麦面、黄豆、蚕豆、豌豆。

5. 维生素的补充和膳食建议

增肌运动时多补充一些维生素既可以补充健身所需要的大量能量，又可以补充优质蛋白质。维生素 D 的来源有蛋黄、动物肝脏、干酪、牛乳和金枪鱼；维生素 C 的来源有橙子、菜花、白马铃薯、番茄。下面推荐一份膳食营养安排，见表 5-3。

表 5-3 增肌健身人群的一日膳食营养安排

三餐名称	食物名称	进餐量
早餐	面包	5 片
	牛乳	500mL
午餐	米饭和面条	250g
	鸡胸肉	200g
	牛乳	500mL
晚餐	米饭和面条	200g
	牛肉	200g
	蔬菜	200g

5-3 延伸阅读 米洛增肌训练的方法

第五节　增加体重健身运动行为与营养特点

一、增加体重健身运动概述

消瘦人群一般表现为身体瘦高，颈长，而且体内脂肪和蛋白质减少，体重下降到正常标准的 20% 以下。消瘦人群因为肌肉瘦弱，导致体脂率过低，经常会出现人体功能失调疾病，尽管和一般人一样能够日常生活和完成工作学习，但是非常容易患病，尤其是各种慢性病，如慢性胃肠病。消瘦人群主要分为三种人群，一是脾胃虚弱型消瘦，二是病理型消瘦，三是精神情绪型消瘦。三种人群都有各自不同的特点，脾胃虚弱型消瘦又有三种表现，表现多食不胖，饭量正常但长期消瘦，有家族史或遗传因素的人群为胃强脾虚型，表现为中途消瘦或间断性消瘦；食量不佳，有胃病或无胃病，厌食挑食的人群为脾强胃虚型；最后一种脾胃双虚型为饭量不佳，厌食挑食，长期消瘦。病理型消瘦人群在患某种慢性疾病后造成长期或间断性消瘦，如慢性肝炎、慢性胃肠疾患、糖尿病等；而其中手术型消瘦的人群表现为在患某种手术后造成长期或间断性消瘦，例如，胃切除、胆囊切除术、消化系统手术、脏器移植手术等。对于精神情绪型消瘦人群受到三种因素的影响，有遗传和内分泌因素，主要由于精神焦虑或者生活不规律引起的身体消耗多于摄入引起的，精神因素容易出现神经性厌食的问题，还有因为主动节食或诱发呕吐，服用泻药和过度劳动的饮食问题。健身可以帮助人们更好地吸收营养，把营养输送到正确的位置。很多瘦弱的人群想增加体重，他们有的采用了极端方法，如暴饮暴食或者食用药物，这些方法有可能在短时间内达到目的，但无疑对身体的伤害是巨大的，并且反弹效果非常严重。消瘦人群最主要的生理特征就是体重过轻，又容易导致营养不良。严重的女性患者还容易产生月经异常和不孕症等；一般人容易患内脏下垂以及脊柱畸形等症状。尤其老人过于消瘦时，患慢性病的概率会增加，可能还会增加一些并发症的机会。所以，对于消瘦人群的治疗，慢性病的患病概率不容忽视。

二、增加体重健身运动行为的物质代谢特点与营养补充

增重并不是一般的增肥，增重主要是肌肉组织中肌肉纤维的增长和皮下脂肪层的堆积。肌肉和脂肪比例增加才是正确的增重。当摄入热量和消耗相等时，体重不变，当消耗小于饮食量增加量时，体重就在增加。通常说，年轻人每天摄入量为 2400kJ 左右，老年人每天摄入量为 1800kJ 左右，当达到了每天的摄入量，不需要额外的加餐就可以达到增加体重的

效果。蛋白质、碳水化合物、脂肪是人体热量的主要来源，碳水化合物摄取过多会导致肠道负担极重，而脂肪摄入过多会引起肥胖和心脑血管疾病，蛋白质摄入过少则会引起抵抗力下降。增加重量的健身人群要注重原料的营养摄取，注重蛋白质、脂肪和碳水化合物的选择和组合比例，同时，也不能忽视维生素、矿物质的摄取。

瘦弱人群容易出现食物摄入不足和消化吸收利用的障碍，而经过健身，引起食物需要量增加，也可能会引起营养素摄入的不均衡，造成一系列健康疾病。如果发现自身的体重过轻、身体过瘦，首先要检查一下是否有甲状腺、肾上腺和消化系统的问题，这些问题都容易造成体重过轻的问题，只有排除了隐藏疾病的问题，才能更好地实施增重计划。消化系统功能不佳的人，可以通过运动改善消化系统功能，提高消化吸收能力，而运动后机体处于吸收合成旺盛期，这时候补充大量的营养物质，可以增重。另一种通过增加肌肉量来增加体重，超负荷运动时，肌肉可有不同程度的裂伤，运动后肌肉需要修复、再生，这时补充大量的蛋白质，可以加速肌肉的修复和再生，使肌肉量增加，从而达到增重的目的。

三、增加体重健身运动行为

1. 体重增加原理

通过运动，消耗了脂肪，骨密度增加，肌肉质量和体积得到加强。因此，运动后，体重将增加而不是减少。其次，运动后体内糖原增加。正确的健身运动会导致的体重增加，这不是脂肪的增加，而是糖原的增加和体内水分的滞留。健身后，在合理的饮食下，肝糖原可以迅速得到补充。所谓的运动后体重增加并不意味着脂肪增加了。这主要因为脂肪的消耗比较缓慢，而我们又需要及时补充营养物质，所以在前期不消耗脂肪的时候，肌肉的增加自然会导致体重的增加。

2. 增加体重健身运动行为

无氧运动的特点是运动时氧气的摄取量非常低。由于速度过快及爆发力过猛，人体内的糖分来不及经过氧气分解，而不得不依靠"无氧供能"。常见的无氧运动项目有：赛跑、举重、投掷等。对于偏瘦人群，通常都是以增加体重、强壮肌肉为主，因此更适合无氧运动。

做好无氧运动训练可以增重，等同于通过提升骨骼肌含量来增加体重。原则上要做好让吃进去的热量比消耗掉的多。这是因为在训练中肌纤维会受到损害，在恢复时需要补充额外的蛋白质和热量。热量用于保证身体各机能的正常运转，蛋白质用于保证肌肉的修复和再成长。所以，对于消瘦人群的健身运动建议，每周健身三次，每次 $0.5 \sim 1h$ 即可，机械选择为自己可以承受的最大肌力的 $50\% \sim 80\%$，这样不容易发生肌肉拉伤。其次，在刚开始的 $2 \sim 3$ 个月之间，在健身房用一些杠铃等重器械使用的时候，最好在专业教练的指导下进行，可以使身体素质全面提高。此外，消瘦人群在做力量训练的同时，不能一味地追求高强度训练，训练强度最好为自身能承受最大重量的50%-65%，并且，进行较多的动作重复次数和组数，对肌肉进行足够的刺激活动。在这种情况下肌肉中的蛋白质能得到最大程度的分解，肌肉纤维遭到破坏，给肌肉留下了能够生长的空间。消瘦人群在健身训练计划时要多安排卧推、推举、引体向上等训练动作。

（1）卧推　首先平躺，眼睛位于杠铃正下方的位置，调整身体左右平衡；双手握住杠铃，略宽于肩宽，握对称；收腹沉肩后让肩带落在平板上；拿起杠铃，吸气下落到肘比肩略低的位置即可；最后呼气推起，整个过程要保持挺胸收腹。

（2）推举　首先背面和座椅靠背完全接触上，双肘自然分开，双手正握杠铃；背部要挺直端坐，正手抓握杠铃置于上胸部；吸气时将杠铃垂直向上推举，动作完成时呼气。

（3）引体向上　首先要垂直悬挂，身体跳起后以正手握住单杠，双脚离地；手臂和腹部同时发力将身体向上提起，完成引体向上动作；注意要保持两手之间距离与肩同宽。

（4）靠墙深蹲　背靠墙，双足分开，保持与胯同宽后逐渐向前伸，并和身体重心之间形成一定的距离，此时身体就已经呈现出下蹲的姿势，最后小腿长轴与地面垂直后保持此动作。注意大腿和小腿之间的夹角不要小于90°。

四、增加体重健身运动行为的营养补充与膳食建议

1. 蛋白质的补充和膳食建议

选择完全蛋白质为主，最好是动物蛋白。对人体来说，动物蛋白质比植物蛋白质更有利于机体的吸收，并且植物蛋白质中的氨基酸种类数量有限，需要含其他氨基酸的食物来补充。大豆蛋白质是完全蛋白质，但是其中含有一定量的大豆异黄酮，不适合增加体重健身人群的营养进食。日常生活中可以食用牛乳和燕麦和其他全麦谷物补充营养。

2. 脂肪的补充和膳食建议

皮下脂肪和肌肉之间的脂肪也是增加体重人群必要的增重部分。只增加肌肉不能够完全达到增加体重的目的。多摄入一些脂肪类的物质，如植物油、核桃、松仁等，这类物质富含脂肪，起到积累脂肪的作用。健身人群主要摄入的脂肪是富含不饱和脂肪酸的食物，如一些全脂乳、奶油、乳酪、肥猪肉等食物。不饱和脂肪酸可以阻碍脂肪组织的工作，减少脂肪的堆积，同时也可以加速身体内脂肪的消耗。坚果和坚果酱是增重饮食补充脂肪的绝佳选择，其中富含健康脂肪和高能量密度。

3. 碳水化合物的补充和膳食建议

主要选择淀粉类多糖。健身人群每天的主食就包括了这一碳水化合物，如大米和面粉，淀粉属于高分子化合物，其中的主要成分经过人体内的酶类分解之后形成单糖类物质。全麦大米、意大利面和藜麦可以作为补充碳水化合物的最佳选择。大米是增加热量摄入的一

种经济有效的方式。100g 白米饭提供足够的能量和必需的碳水化合物还有很少的脂肪。一项研究发现，一年吃白米饭可以增加至少 3kg 的体重。

4. 维生素和矿物质元素的补充和膳食建议

避免吃刺激性强、易产气、粗纤维太多的食物，因为这类食物容易令人产生饱腹感而减少对食物的摄入量。必要时可补充适量的维生素和微量元素，多吃水果和维生素片，或者吃一些调节脾胃的中成药，如山楂丸和朱砂养胃丸。吃维生素 A 和维生素 D 可以保持体重。脂肪细胞被酶分解成脂肪酸和丙三醇后容易被体内吸收，而维生素 A、维生素 D 具有阻止脂肪细胞分化的作用，从而阻止肥胖的发生。

5. 其他补充和膳食建议

还可以利用一些中草药来补充自身的活性物质，也有利于高效吸收营养物质，如增肥药物，能够全面增强胃肠道功能，增进食欲，并且促进消化吸收和脂肪发育，也能有效改进厌食挑食的问题。还有一些用西药制成的生长激素，通过激素调节能快速地达到增肥的效果。也有采用营养流质粉的，这种物质营养均衡配比合理，具有高密度和高能量的特点，这是增重必需的物质，且没有其他副作用，缺点就是费用比较昂贵。

增加体重健身人群平常饮食还要做到以下几点：

（1）少吃多餐，而不是增加每餐的饭量　要选择具有丰富营养的食物，也就是说，选择富含维生素、矿物质及高热量的食物。体重所以不足，是因为不能获取身体所需要的所有维生素、矿物质，特别是铁质。必须大量食用含高营养、低胆固醇及不饱和脂肪酸的食物，如瘦肉、鱼、低脂牛乳制品、水果、蔬菜及豆类制品，并辅以高热量的食物，如甜食，以及富含脂肪的食物，如人造奶油。

（2）吃你想吃的食物　不要只吃甜品，如冰淇淋、牛乳、蛋糕等，还应多吃普通的食物，如芝麻饼、乳酪、葡萄干面包、奶油之类的东西。只要适合你口味，不论是食用方式为咀嚼的、吸吮的，还是食用产品是冷的、热的、奶油的。

（3）吃含高热量的食物　脱脂乳粉加入果汁，三明治加牛油、肉松，炸排骨浇两汤匙奶油，都能摄取较多的热量。也可选择较高热量的食物，将高热量与低热量的食物混合吃，如玉米饼加咖啡或茶等。

（4）反过来使用减肥者的技巧　将随时可吃的食物或零食放在家里、学校或办公室中。在玻璃罐里放些小点心；在冰箱中放些乳酪、冰淇淋；在餐桌的篮子里，放些随时能取食的水果；随时想吃就有东西吃。下面推荐一份膳食营养安排，见表 5-4。

表 5-4　增加体重健身人群的一日膳食营养安排

三餐名称	食物名称	进餐量
早餐	豆浆	500mL
	水煮蛋	1 个

续表

三餐名称	食物名称	进餐量
午餐	米饭和面条	100g
	高纤维饼干	1份（20g）
	水煮青菜	1份
晚餐	米饭和面条	100g
	番茄	1份（200g）
	炒青菜	1份

5-4 延伸阅读 "小巨人"姚明在 NBA 增重 28 公斤

第六节 增加机体耐力健身运动行为与营养特点

一、机体耐力健身运动概述

健身已逐渐成为许多人的日常休闲锻炼方式，个人可根据需求制定合适的锻炼方式及运动项目，其中增加机体耐力是选择健身的一个重要目标，长期的耐力健身锻炼可以使脂肪的代谢更加活跃，能够有效地控制肥胖，且耐力锻炼对防治动脉粥样硬化及由此引起的脑血管等疾病有重要意义，是一项适于各个年龄段人群的一种健身锻炼。影响机体耐力的因素有很多，年龄、性别、体型、体力活动水平、体温等均对机体耐力水平有一定的影响。

耐力健身锻炼指的是一种动用全身的大肌群，有节奏的、连续进行的运动锻炼。在耐力健身锻炼的过程中，运动的耗氧量极大，肌肉中的代谢主要以有氧代谢为主，肌肉组织维持长时间大量的氧气供应，而不引起显著的乳酸堆积，故也称之为"有氧运动"。有氧运动是常见的运动锻炼方法，在运动过程中心率始终保持在 150 次 /min 左右，以确保血液可为心肌组织提供足够的氧气，从而充分燃烧糖分，消耗体内的脂肪，以此来达到改善和增强肺功能的目的。耐力健身锻炼是冠心病、高血压、慢性支气管炎、肺气肿等心肺病患或肥胖、糖尿病、血脂增高等代谢性疾病的人常用的健身锻炼方式。有研究报道大多数心力衰竭患者就医是由于活动耐力下降而出现呼吸困难或乏力症状，尤其是老年患者。也有研究表明，长期高脂饮食可以显著增加机体体重，骨骼肌线粒体氧化功能异常及能力代谢紊乱，降低机体胰岛素敏感性，进而诱发胰岛素抵抗乃至 2 型糖尿病。耐力运动则可以有效改善骨骼肌线粒体脂肪氧化能力，降低机体体重、血糖浓度并增强机体胰岛素敏感性。有研究通过对飞行员颈部小肌群、上肢、腹部和下肢大肌群进行静力性耐力训练,观察其与对照组的体质测试指标的差异性发现组间心肺功能差异性不显著,但是,同一个体前后自身差异性检验发现均有非常明显的增长,说明静力性肌肉耐力训练能有效提高机体的有氧耐力水平,增强心肺功能。

二、增加机体耐力健身运动行为的物质代谢特点与营养补充

ATP 是人体一切活动的直接能源物质,而碳水化合物、脂肪和蛋白质是间接能源物质,由于 ATP 在体内含量很少,远不能满足身体活动的需要,所以必须得是边分解边合成。ATP 在合成时所需的能量只能从间接的能源物质中获得。

人体三大供能系统如图 5-3 所示,其中耐力性运动项目的基本供能系统是有氧氧化系统。在运动中,肌肉能同时利用碳水化合物、脂肪和蛋白质,其中碳水化合物和脂肪是主要的供能物质,基本不存在一种能量物质单独供能的情况。运动员膳食中三大营养素蛋白质、脂肪、碳水化合物的供能比例,一般认为三者热量比例 14%:28%:58%,也有认为长跑运动员热量比例应为 12%:26%:62%。

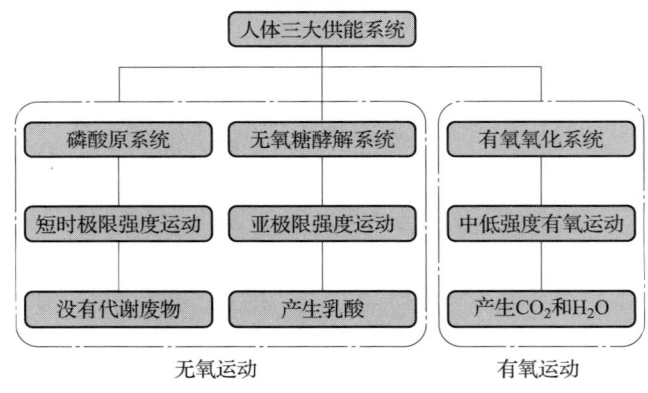

图 5-3 人体三大供能系统

耐力运动供能系统的供应特点:在运动开始阶段,由于运动强度小,能耗速率低,糖酵解为其基本供能途径,持续运动 2~10min 时,能量代谢以消耗肌内磷酸肌酸和糖原为主,同时血糖也参与供能,无氧代谢和有氧代谢彼此协同,共同合成 ATP,其中有氧代谢供能比例明显增多,随着时间持续延长,运动肌输出功率逐渐减少,但总能耗渐趋增多,到后期主要是利用脂肪氧化供能为主,由于脂肪氧化的耗氧量大、动员慢、能量输出功率小于碳水化合物有氧氧化供能等特点,故脂肪的动用只能在运动中后期出现,但在后期的加速、冲刺阶段,仍动用碳水化合物来供能。蛋白质供能量很少,肌糖原耗竭以后,氨基酸的供能比例增加,增加的幅度与耐力运动的负荷量关系密切。

三、增加机体耐力健身运动行为

1. 耐力增加原理

耐力有两种主要的形成机制,一是无氧耐力,无氧耐力主要分为两种,即磷酸原供能的无氧耐力和糖酵解提供的无氧耐力。由此可见,无氧耐力是指机体利用体内磷酸原和糖原的无氧分解产生的能量供应肌肉收缩的能力。由于磷酸原供能的时间很短,所以在训练实践中的无氧耐力通常是指糖原的无氧乳酸供能。二是有氧耐力,有氧耐力是指体内的能量物质(如碳水化合物和脂肪酸等)在氧的作用下分解产生的能量供应肌肉收缩的能力,与机体吸收、运输利用氧的能力以及功能物质储备量有关。有氧和无氧耐力分类的基础是机体运动时能量代谢的机制。

2. 增加机体耐力健身运动行为

有氧和无氧能力的训练对机体耐力水平的影响可以追寻到人体快肌和慢肌纤维对不同训练负荷的适应机制。增加机体耐力的健身运动方式有很多,其中,有氧运动包括游泳、踩单车、跳绳、下蹲、腰部运动、爬楼梯、跑步、爬山等。日常生活中运动强度高且持续时间短的,基本上就是无氧运动,因为其能量需求,超过有氧代谢系统提供的能量,需要消耗糖分为燃料,供能快但是产能少,容易产生乳酸,就会导致肌肉细胞环境酸碱度降低,直接表现就是人容易疲劳。长时间、中等强度的运动以有氧代谢供能为主;时间很长,最大强度适当,即有氧和无氧混合供能。其实有氧运动和无氧运动是相辅相成的,例如走路,慢走就是有氧运动,快跑就变成无氧运动。

(1)步行 步行是人类的基本活动之一,但是现如今随着交通越来越便利,人们几乎很少步行出行,这也是如今许多人缺乏锻炼的主要原因之一。但是步行实际上对人身体有许多好处,例如增强心脏功能、促进新陈代谢有利于机体有毒物质的排出等。在中国居民平衡膳食宝塔中也有每天运动6000步的建议。步行的作用如下:

① 增强心肺功能:长期步行锻炼,可使平素的心跳变慢而有力,心肌的韧性与强度大增,这不仅有益于适应运动时的需要,还可以更好地应付紧急情况。同时它在一定程度上改善了冠状动脉的血液循环,从而也减少了心肌梗死和心脏衰竭的发生。

② 增强运动耐力改善运动功能:有研究调查表明,步行试验运动可增强左心室射血分数保留心力衰竭患者运动耐力和改善运动功能,其治疗机制可能为步行运动改善机体微血管,改善患者骨骼肌功能;提高患者骨骼肌肌力和骨骼肌耐力,改善骨骼肌的氧化酶活性,提高机体抗炎能力。

③ 促进新陈代谢:长期步行可增加能量的消耗。例如降低血糖,可减少血糖转化为甘油三酯,对糖尿病和肥胖症极为有益;促进多余脂肪的利用和增强肌肉力量,使机体脂肪、肌肉的比例更为合理,因而可减少糖尿病、肥胖症引起的一系列并发症。

(2)跑步 跑步运动是一种要求条件低、普适性极强的大众健身运动,能够极大地提升人体的心肺耐力、促进人体新陈代谢、增强神经系统平衡，并且还有减脂、降低疾病感染概率的作用。跑步的具体作用有如下几点：

① 促进心血管系统的功能　长期进行跑步的人，心脏搏出的血液量增加，心率相应减慢，心功能增强；冠状动脉供血功能比较好，心肌代谢功能也较正常。可预防缺血性心脏病。下肢肌肉的不断收缩，改善了血液循环，能有效地促进下肢静脉和盆腔、腹腔静脉血液的回流；从而可预防血栓性脉管炎和痔疮。

② 促进呼吸系统功能　跑步时吸入的空气量比静坐时高出数倍，使肺部得到充分活动，可有效地防止肺组织弹性功能的衰退，还可提高人体携氧及利用氧的能力，加大呼吸效能。

③ 促进机体的代谢功能　跑步时能消耗机体较多的能量，肌肉较长时间地做功，自然要消耗体中脂肪，同时使肌肉增加。这对减肥，控制体重，预防肥胖症是十分有益的。此外，跑步还可使血流加快，大大减少血清内过多的胆固醇和甘油三酯，这样可很好地改善脂质代谢，预防高脂血症，并有助于防治动脉硬化和冠心病。

四、增加机体耐力健身运动行为的营养补充与膳食建议

机体耐力虽然可通过健身锻炼而提高，但也可以通过膳食起到辅助增强的作用。耐力运动的代谢特点是能量、各营养素及肌糖原消耗大，蛋白质分解加强，脂肪供能比例随运动时间延长而增加，因此，合理的营养调配极为重要。若营养调配不合理，运动员在训练或比赛时就会出现能量不济、脱水、铁及维生素缺失，进而影响成绩和身体健康。耐力型运动员身体素质虽然较好，但更易发生缺铁性贫血等疾病，因此耐力型运动员应在平日里摄取足够多的蛋白质和铁元素，保证血液红细胞健康；耐力型运动员运动的时间较长，强度较低，身体内脂肪消耗度和利用程度更高，这就使得耐力型田径运动员的饮食中脂肪合理摄入也是不可或缺的；碳水化合物亦是如此，由于长时间的动能消耗，耐力型运动员的碳水化合物消耗量更大，应在其饮食中供应足够的碳水化合物来维持身体内糖的储存；不仅如此耐力型运动员会在长时间的运动中大量出汗，代谢水分、电解质，应选择合适的时机适量补充水分来维持长时间的运动。另外，为了运动员全方面的营养健康考虑，维生素的补充也显得尤为重要，尤其是B族维生素与维生素C，应当给予充足补充，用来消除疾病与疲劳，协助耐力型运动员体力的恢复。

1. 脂肪的补充与膳食建议

在运动过程中，能量的消耗主要依靠的就是脂肪，脂肪在消耗时对碳水化合物和蛋白质的混合分解有着重要意义。然而由于脂肪的增加会增强氧气的消耗，对运动益处较小，因此在合理的饮食中，在确保能量需求的前提下，应控制脂肪的摄入量，食物中也尽量采用橄榄油、菜籽油等不饱和脂肪酸较高的食用油。

2. 蛋白质和氨基酸的补充与膳食建议

当机体处于大运动负荷和比赛的应激状态时，体内大量能量被消耗，蛋白质的分解代谢加强，此时提供优质蛋白质和氨基酸的营养对于补充运动员损耗，增强肌肉力量，促进血红蛋白的合成，对加速消除疲劳有重要意义。训练水平越高，蛋白质的需要量增加越多。此外，补充氨基酸在一定程度上能恢复长时间大强度运动时代谢掉的机体蛋白质，促进组织的合成。另外，长时间持续运动，骨骼肌、心肌、肝脏等组织产生大量的自由基，脂质过氧化反应加强，生物膜脂质过氧化后，离子、能量代谢紊乱，从而导致运动性疲劳，补充一定的氨基酸也是有必要的。值得注意的是，在补充氨基酸类营养品时，要在空腹时单独使用，如果与蛋白质或其他氨基酸一起服用，会因争夺神经元受体而发生竞争，使营养补充的效果下降。

3. 碳水化合物的补充与膳食建议

在运动过程中，补充碳水化合物可以保证人体内血糖的浓度，保证肌肉的糖氧化作业，来维持运动员分解糖所带来的能量。运动过程中，人体对葡萄糖的利用频率会大幅度增高，而且在运动之后的一段时间里依然需要大量的葡萄糖来维持。淀粉、葡萄糖、蔗糖、果糖等都有补充糖分等碳水化合物的作用，均应合理摄入，摄取重点应放在淀粉类多糖上，它的供能比较平缓、持久，运动前、中、后补糖，应该保证一定数量的低聚糖。在运动后恢复期，饮食中应主要采用淀粉类食物，如全谷类及谷制品、马铃薯等根茎类蔬菜、水果、坚果类、豆类等。

4. 维生素的补充与膳食建议

维生素 B_1 和维生素 C 与耐力运动能力关系密切。维生素 B_1 主要存在于小米、黄豆、黑豆、小豆、花生、核桃、芝麻中，应注意多选用此类食物。维生素 C 与机体抗氧化能力关系密切，持续的运动量训练时，机体维生素 C 储备量减少，应注意补充。维生素 C 主要来源是新鲜蔬菜与水果，如荠菜、油菜、甘蓝、橘子、柚子、橙子等。另外维生素 D 可增强血管壁的弹性，在山楂、橘子等水果中含量较多。

第七节　提高身体代谢机能健身运动行为与营养特点

一、机体代谢机能健身运动概述

身体的代谢机能与身体健康有很大的关系，良好的代谢机能是身体健康的前提。目前，造成机体新陈代谢速度慢的主要原因有如下几点，包括久坐不动、睡眠不足、饮食不规律、不爱喝水和不会减压等。一般促进新陈代谢、提高身体代谢机能也是许多想减肥、美容人士的首要的任务，对于提高身体的代谢机能，主要方法是进行有氧运动，其次搭配均衡合理的膳食也是促进代谢的一种有用的方法。有研究表明，运动和饮食控制作为调控代谢性疾病的主要手段，可对机体内分泌功能、能量代谢、基因表达等产生多种影响。

二、提高机体代谢机能健身运动行为的物质代谢特点与营养补充

新陈代谢是细胞内发生的各种生物化学反应的总称（图5-4），包括物质代谢与能量代谢。新陈代谢是由同化作用和异化作用这两个相反而又同时进行的过程组成的。同化作用和异化作用既有明显的差别，又有密切的联系。如果没有同化作用，生物体就不能够产生新的原生质，也不能够储存能量，异化作用就无法进行；与此相反，如果没有异化作用，就不能够有能量的释放，生物体内的物质合成也就无法进行。可见，同化作用和异化作用既相互对立又相互统一，共同决定着生物体的存在和延续。物质代谢是指生物体与外界环境之间物质的交换和生物体内物质的转变过程，能量代谢是指生物体与外界环境之间能量的交换和生物体内能量的转变过程，是一切生物代谢的核心。二者相互联系、相互制约。

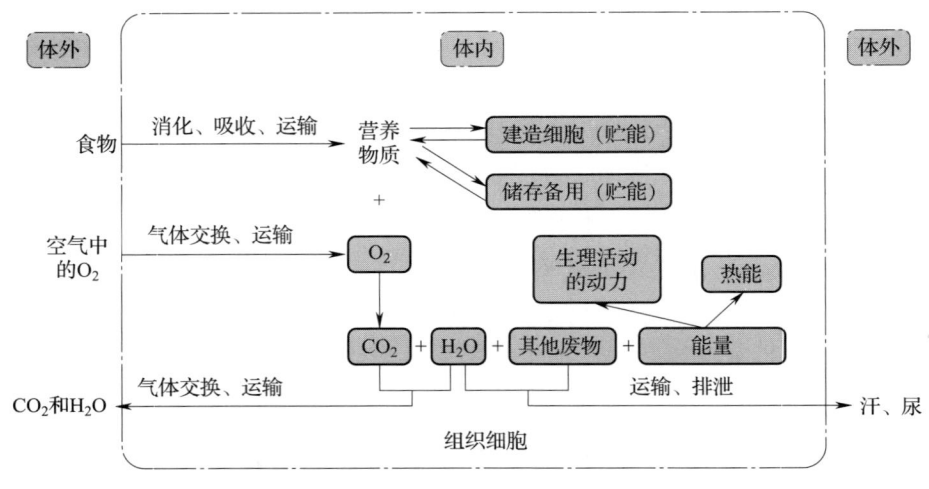

图5-4　新陈代谢过程图解

（1）物质代谢　生物体内的旧物质分解和新物质的合成是同时进行的，生物体内一切物质的代谢变化统称为物质代谢，它包括合成代谢与分解代谢。合成代谢是指生物体内一切物质的合成作用，它属于同化作用的范畴，如氨基酸合成蛋白质、核苷酸合成核酸；分解代谢是指生物体内一切物质的分解作用，属于异化作用的范畴，如糖类物质经过三羧酸循环被彻底分解为二氧化碳和水。

（2）能量代谢

① 能量代谢的变化：在物质交换的过程中同时伴有能量的交换称为能量代谢。机体从外界环境中摄取营养物进行合成代谢的同时也从外界摄取能量，这部分能量主要来源于营养物质所含的化学能。当这些营养物质在机体内进行分解代谢时又将化学能释放出来，以供生命活动的需要。化学能除一部分用于合成机体内其他成分外，还用于各种生命活动。但化学能不能全部转化为可做功的能，必定有一部分不可避免地以热的形式释放，成为散发热。

② 基础代谢：基础代谢是指人体所有器官维持生命所需要的最低能量。测定方法是人体在清醒又极端安静的状态下，不受肌肉活动、环境温度、食物及精神紧张等因素影响时维持心跳、呼吸等基本生命活动所需的最低的能量代谢情况。为了比较不同个体的能量代谢水平，可用机体每小时每平方米体表面积散发的热量 $[kJ/(h \cdot m^2)]$，即基础代谢率来表示。基础代谢率随着性别、年龄等不同生理情况会有变动，男子的基础代谢率平均高于女子的代谢率；幼儿的基础代谢率平均高于成人的代谢率；年龄越大，基础代谢率越低。正常人的基础代谢每天约为 5900~7500kJ。

代谢机能增加主要是增加机体的代谢速率，提高机体代谢速率也是很多减肥人士的首要需求，提高基础代谢率主要的方法有以下几个方面：

① 增加身体肌肉量：肌肉可以增加新陈代谢，肌肉越发达的人静止代谢率越高。身体里的肌肉比例越高，基础代谢率就越高，反过来说，脂肪比例越高的话，基础代谢率就越低。要增加身体的肌肉量，运动是最健康的方式。

② 刺激甲状腺激素：甲状腺激素可以通过调节代谢速率、影响食欲调节中枢以及交感神经的活动导致体脂量增加及肥胖的发生，高水平的甲状腺激素能够刺激脂质的合成与分解，并参与胆固醇的清除，导致血脂水平的降低。

③ 摄入足够热量：如果在饮食中摄入的能量较少，身体会误认为机体在挨饿，需要平衡、用来维持呼吸、心跳等的基础代谢便会自动降低，反而影响身体功能的正常运转。这时候机体就开始出现营养不良的症状，代谢率就会降低。

三、提高机体代谢机能健身运动行为

1. 代谢机能增加原理

人体代谢机能的增加受机体自身成分的影响，生物体新陈代谢的调节可概括为3个水平。① 整体水平的调节：主要指激素、神经介质等对生物体的整体调节。② 细胞水平的调节：主要指细胞内膜系统对细胞的分割调控。内膜系统将细胞分割成不同的区域，不同区域执行不同生理功能，不同区域之间的联络和对话受到严格的调节控制。③ 分子水平的调节：分子水平的调节是最根本的调节。主要包括酶活性和酶浓度调节两个大方面。因此，要增加机体的代谢机能,主要从这三个方面着手,加快机体吐故纳新的过程。

2. 提高机体代谢机能健身运动行为

代谢是机体用以维持生命活动的一系列化学反应的总称,机体通过代谢除旧换新,供给能量,维持生命活动的正常运行。代谢系统的紊乱可能导致能量供给不足,代谢产物堆积,由此产生一系列疾病如高脂血症、糖尿病、代谢综合征、动脉粥样硬化等。其中,代谢类疾病的治疗方法主要包括药物干预和运动干预,相比药物干预而言,运动干预不良反应较小,可达到早期预防的效果,并且可以同时促进多个代谢过程。

代谢综合征,是指人体的蛋白质、脂肪、碳水化合物等物质发生代谢紊乱,在临床上出现的一系列综合征。饮食控制和运动干预是有效的预防和改善代谢综合征的首选方法,如有氧运动、抗阻运动、高强度间歇运动或有氧间歇运动。

(1)游泳 游泳是人在水的浮力作用下产生向上漂浮,凭借浮力通过肢体有规律的运动,使身体在水中有规律运动的技能。

① 游泳锻炼能改善肌肉质量:随着年龄的增长,人体的肌肉组织会有逐渐丢失的趋势,研究表明,年龄越大则肌肉组织丢失越快。肌肉组织的丢失,一方面导致肌肉力量下降,另一方面导致身体代谢率下降,能量消耗减缓,脂肪比例增加。游泳是一项全身参与的运动,相比其他运动能够动员更多的肌肉参与代谢供能,长期进行游泳锻炼能够使肌肉力量、速度、耐力和关节灵活性都得到提高,游泳对减缓肌肉组织丢失能够达到与进行抗阻训练一样的效果。

② 游泳锻炼能保持关节健康:随着年龄增加,老年人会出现骨关节炎。骨关节炎患者在水中游泳,水会对人体关节产生一种机械应力,起到良好的保护作用,使僵硬的关节得到放松,游泳时各个关节不必像平时一样不停地连续用力,运动时关节受到的冲击力也比陆上运动要小很多,因此各个关节均能获得放松和休息,有助于炎症的消退和功能的康复。

(2)瑜伽 瑜伽是近几年来我们日常生活中出现的一项负荷适宜、强度适度、安全可控,同时受场地制约较小的有氧运动。瑜伽可以帮助提高身体的免疫能力,还能够有效地促进体内的新陈代谢,改善血液循环、促进内分泌平衡、减压养心、释放身心,达到修心养性的目的。

(3)其他运动 久坐不利于健康,而且长时间地坐着使机体燃烧的热量变少,进一步导致体重的增加,因此建议30min左右站立一次,可以促进机体新陈代谢,也有利于健康。同时也有研究表明,耐力运动可以提高有氧代谢能力、增加线粒体数量、提高有氧代谢酶的活性。因此对于能提高机体耐力的运动行为也有促进机体代谢的作用。

四、提高机体代谢机能的营养补充与膳食建议

增加机体的代谢机能,也可在膳食上着手,从而起到辅助作用。以下介绍几种有助于

新陈代谢的食物。

1. 蛋白质的补充与膳食建议

蛋白质是生命活动的主要承担者，占总热能比值的 15%～20%，其中豆类、坚果、瘦肉、乳类等优质蛋白质至少占 50% 以上，蛋白质有利于加速新陈代谢，但是蛋白质摄入量过多也会增加脂肪的摄入，从而使热能摄入增加，对健康不利，蛋白质的补充应以动物性蛋白质为主，如肉类、鱼类等，同时还应相应的补充植物性蛋白质，如豆类等，以避免蛋白质摄入量过高导致体内酸性代谢物过多引起疲劳，因此应适当补充摄入。

2. 脂肪的补充与膳食建议

脂肪是人体所需的三大供能营养素之一，具有合成储能、分解供能和维持体温的作用。脂肪作为人体能量的主要来源，其充分氧化所释放的能量是碳水化合物或蛋白质的 2 倍，但脂肪代谢时间长，当人体内肌糖原储备不够时脂肪才为肌肉提供能量。由于脂肪代谢慢，所以运动员应合理、科学地补充体内所需脂肪含量，过多摄入不仅会增加机体代谢耗氧量，而且会降低运动员的灵敏度，因此运动员膳食应以低脂和高糖类食物为主，如猪油等动物油和橄榄油等植物油，摄入量在 20%～25% 为宜。

3. 膳食纤维的补充与膳食建议

膳食纤维是由多糖、木质素等组成的，能抗人体小肠吸收，但在人体大肠能部分或全部发酵的可食用的植物性成分、碳水化合物及其相类似物质的总和。膳食纤维可分为水溶性膳食纤维和非水溶性膳食纤维，水溶性膳食纤维有果胶、树脂等，非水溶性膳食纤维有纤维素、木质素等。膳食纤维具有防治便秘、减肥、预防结肠癌和直肠癌、降血脂、预防冠心病等多种功效，被称为第七大营养素。膳食纤维可减缓消化速度和快速排泄胆固醇，有利于减轻体重和控制肥胖。膳食纤维主要存在于麦麸、全麦和米糠、韭菜、芹菜、黄瓜等蔬菜中，其中麦麸和米糠中含量较高。虽然人体不能消化膳食纤维，但它们会帮助分解其他食物并燃烧脂肪。

4. 维生素和矿物质的补充与膳食建议

蔬菜和水果中富含丰富的维生素及矿物质，例如，海藻类食物中含有丰富的碘，对促进甲状腺的健康有积极作用。甲状腺激素具有多种功能，其中之一是调节新陈代谢。吃海带、紫菜能够补充足够的碘，并帮助机体保持较高水平的新陈代谢。但含碘食物不能摄入过多，过量的碘也容易引起副作用，例如甲亢。维生素 D 是维持新陈代谢、活跃肌肉组织所必不可少的营养物质。维生素 D 的其他优质来源为金枪鱼、虾、豆腐、强化牛乳、谷类以及鸡蛋。

5. 适当增加水产品食物的摄入

肉类食品中含有丰富的蛋白质，但其脂肪含量也相对较高，脂肪摄入过多，易对机体心血管健康造成危害。然而，各种鱼虾等水产品，既含有丰富的蛋白质、钙以及矿物质等营养元素，且其脂肪含量相比于其他的肉类较少，相对来说更有利于身体健康。

6. 其他膳食建议

此外，适量摄入咖啡会帮助机体大脑更快地清醒，帮助加强新陈代谢。多喝水也有助于提高新陈代谢速率，有研究表明，一天喝 8 杯以上，甚至十几杯水的人，燃烧掉的脂肪比那些只喝 4 杯水左右的人更多。还有研究称，喝冷水可以让身体更加努力运转，因为需要保持身体所需的温度，就需要燃烧掉更多的热量。辣椒素和辣椒化合物也会提升机体体温，增强代谢率。早餐是恢复代谢的信号，熟睡时体内代谢速度降低，当身体开始再进食时，代谢速度随着恢复加快。因此，早餐是一定不能省掉的。

本章小结

本章参考体适能相关知识，根据不同健身运动主要功效的差异，将健身训练运动主要分为减脂、肌肉力量、增强机体柔韧性、增加体重、增强机体耐力、增强心肺功能、改善心理状态健身运动，并对这几类健身训练运动进行了一个简要的介绍。

运动减脂是所有减脂方法中最安全有效的，目前比较常见的减脂方式有有氧训练、低氧训练、抗阻训练及高强度间歇训练。在这些运动减脂方式中减脂效果最好的是高强度间歇训练，其次是抗阻训练。人体在长期进行体育运动的过程中，会消耗掉大量的热量，如果无法及时补充相应的营养物质，将会影响到人体的健康状况。因此，在减脂过程中，我们还要注意多种营养物质的摄入，防止对人体健康造成伤害。

增强肌肉力量训练是我国健身人群的重点和难点。要想快速增强肌肉力量达到肌肉线条健身效果，就要认清不同年龄阶段身体的差异，增强无氧运动、控制有氧运动，来刺激肌肉并促进线粒体新陈代谢。此外，多吃能量类型食物，合理使用营养补充剂也是不能忽视的。运动和膳食两者相辅相成，对增加肌肉具有极好的促进作用。

增强体重健身人群遇到的最大障碍就是自身消瘦的身体无法承受高强度的训练强度导致不能达到增重的效果，还有一部分人又急于增重导致身体营养失衡而出现一些并发症。平衡有氧运动和无氧运动的强度比例，根据训练强度科学膳食，注意蛋白质、碳水化合物和脂肪的选择组合，侧重于动物性蛋白质和淀粉类多糖，同时，积极摄取维生素和矿物质。总之，科学搭配才能获得有效的增重。

耐力薄弱是我国体育项目长期存在的问题，有氧和无氧耐力的训练一直是耐力项目训练的重点。目前，缺乏对有氧和无氧耐力关系的深入认识，缺乏对近年来有氧和无氧耐力训练方法和手段发展的把握，在宏观训练理念和具体训练方法上出现了偏差和错误，是造成我国耐力项目运动水平停滞不前甚至滑坡的主要原因之一。机体耐力的增加，除了在运动方面下手，膳食调节也具有辅助作用，两者辅助结合，对于增加机体耐力具有促进作用。

人体运动能力的竞争很大程度上就是人体能量代谢能力的竞争，运动机体是物质代谢和能量代谢相统一的过程。经常锻炼可明显改善人体各器官、系统的机能，增强机体对运动负荷的适应能力。同时，不同的运动项目、运动形式，对运动员心肺耐力及能量代谢的要求也各不相同。新陈代谢作为机体正常的生理活动，与机体的健康密切相关。代谢机能的增加对机体有很大的益处，运动和饮食调节是改善新陈代谢的重要方式，外加良好的作息习惯，三者有机结合，从而提高身体的新陈代谢能力。

5-5 延伸阅读 陪孩子练习跳绳，结果自己骨折了

思考题

1. 健身训练运动的分类标准有很多，我们还可以将健身训练运动如何分类？
2. 日常生活中有一些健身训练运动有多种功效，试举例说明。
3. 高强度间歇训练是所有减脂健身运动中减脂效果最好的，思考其与其他减脂健身运动方法相比，有什么优缺点？
4. 思考减脂过程中，各种营养素在保持身体健康上都发挥着什么作用？
5. 增强肌肉力量的健身运动有哪些？
6. 增强肌肉力量人群坚持的膳食营养原则？
7. 适合消瘦人群增加自身体重的健身运动有哪些？
8. 增加体重健身的膳食营养安排？
9. 列出其他对提高机体耐力有用的运动方式。
10. 列举一些对提高机体耐力有益的食物。
11. 查找其他能提高代谢机能的运动行为及原理。
12. 列出其他类有助于新陈代谢的食物。

第六章
不同类型运动行为特点与营养补充

学习目标

1. 掌握跑步项目、球类项目、体操类项目、水上项目、射击类项目运动过程中的物质代谢特点，进一步掌握不同运动行为中不同种类营养素的补充，以期对不同运动行为的膳食补充有所指导。

2. 掌握跑步项目、球类项目、体操类项目、水上项目、射击类项目与物质代谢之间的关系，能够了解合理膳食对身体健康的重要性及要求。

3. 深入理解合理膳食补充在不同运动项目中的重要地位，能够根据运动专项特点，运动训练与比赛的需要，运用营养学知识合理安排膳食，达到调节体成分、促进身体机能的提高等健康的目的。

第一节 引言

不管是专业的运动员训练，还是普通民众日常的锻炼，锻炼前后都需要有充足的营养摄入，这样才能满足身体的热量和营养需求，使运动更好地促进身体机能的发展。因此，了解运动营养的相关知识，更好地搭配食物对帮助我们更好地运动有更重要的意义。

运动营养是指人体根据不同的运动项目特点从外界摄入的各种营养素，以满足由于运动而产生的对各种营养素的需求。运动食品营养学研究普通健身人群在不同训练和比赛情况下的营养需要、营养因素与机体功能运动能力、体力适应以及防治运动性疾病的关系，从而提高运动能力，它是运动医学的重要组成部分之一。与运动生物化学、运动生理学、运动训练学、运动生物力学、病理学、临床医学、营养与食品卫生学、食品化学、中医养生学、烹饪学等有着密不可分的联系。

人体运动时的能量供应新陈代谢是有机体生命活动的基本特征，新陈代谢过程中物质代谢和能量代谢是两个紧密联系的过程。在生物体内伴随物质代谢过程所产生的能量的释放、转移和利用称为能量代谢。碳水化合物、脂肪、蛋白质是人体的三大能源物质，人体一切生命活动的能量都来源于能源物质的分解、氧化。运动时，人体能量供应主要依赖三大供能系统：磷酸原系统、有氧氧化系统、无氧糖酵解系统（图 6-1）。

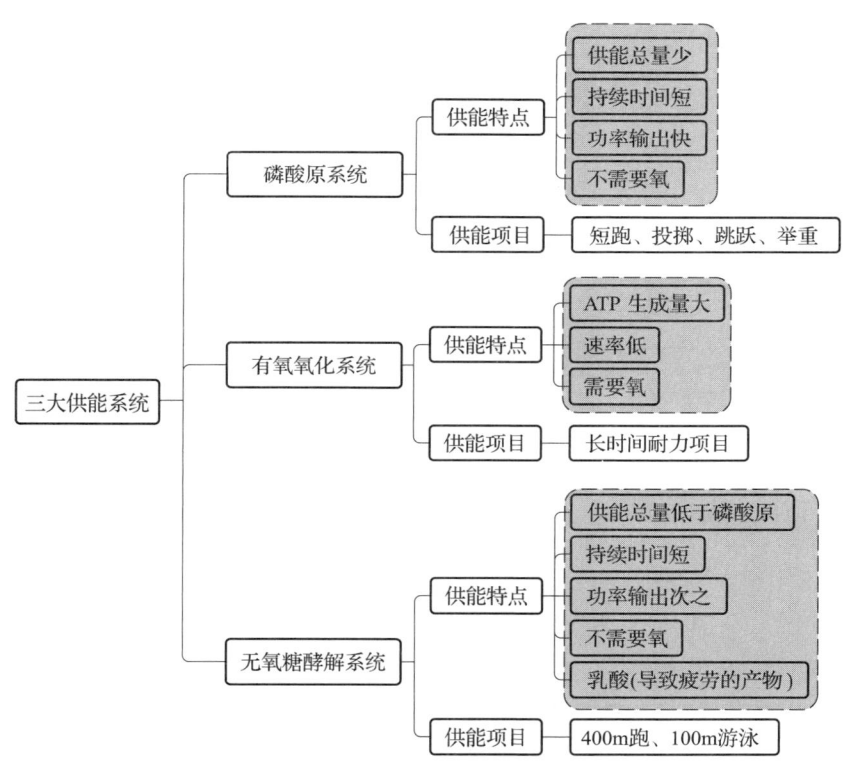

图 6-1 人体能量供应示意图

人体生理活动所需要的能量大都直接来源于 ATP。储存在碳水化合物、脂肪、蛋白质等物质中的能量主要是通过一系列的代谢过程把能量转移给 ATP 和 CP。当 ATP 进行有氧消耗时，由 CP 分解供给能量重新合成 ATP 以维持恒定的 ATP 浓度供人体的机能活动。当肌肉收缩时，ATP 在 ATP 酶的作用下迅速分解为 ADP 和无机磷酸，同时释放能量。但 ATP 的含量很少，仅够大负荷强度 1s 左右的运动。该系统主要运用于大强度、爆发性、短时间的运动项目。研究报告指出，当快收缩肌纤维糖原耗尽时，人体会产生疲劳，控制和纠正运动动作的能力受损，运动损伤的发生随之增加。如在运动前提高体内肌糖原的水平及促进运动后糖原的恢复，将起到预防外伤发生的作用。

无氧糖酵解系统是指运动中骨骼肌糖原或葡萄糖在无氧条件下酵解生成乳酸并释放能量的过程。有氧氧化和无氧酵解是人体在不同活动水平上根据需氧的不同情况而进行的紧密相连、不可分割的两种供能方式。运动员在进行任何一种体育运动项目时，其能量供应总是包含有氧和无氧这两种方式。因此，在各项运动中，人体因各个项目代谢特点不同而对合理的营养摄入有着不同的需求，针对能量和蛋白质等的不同需求而设计可以将运动分为补充能量类、控制能量类和补充蛋白质类；针对不同运动项目的特殊需求而设计可以将运动分为速度力量类和耐力类。针对不同代谢特点分类应制定不同的膳食营养标准（表6-1）。应安排适合于所选择锻炼项目的平衡膳食，因为良好的营养补充对于从事运动者的功能状态、体力适应、运动后的恢复及运动性疾病的预防均具有重要影响。

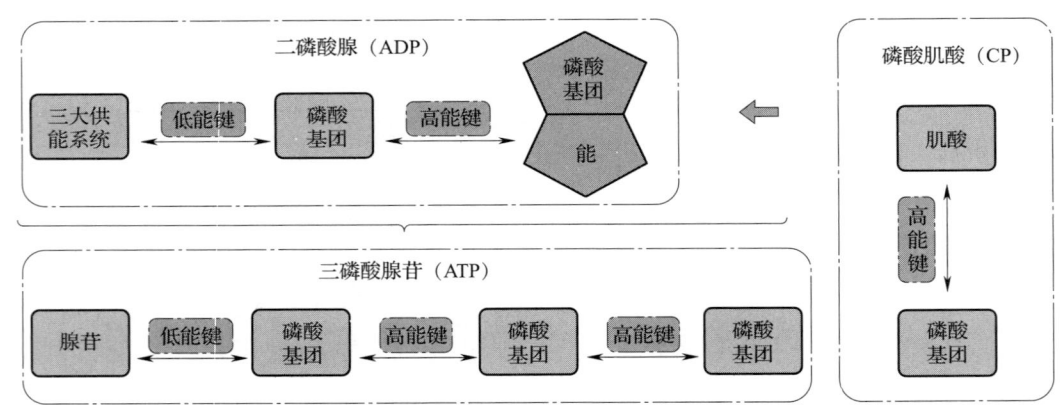

图6-2　ATP的合成过程

表6-1　不同代谢特点运动人员的营养膳食标准

类别	细分	膳食标准
针对能量和蛋白质等的不同需求而设计的运动膳食补充剂	补充能量类	以碳水化合物为主要成分，能够快速或持续提供能量的运动营养食品
	控制能量类	能够满足运动控制体重需求的运动营养食品，含促进能量消耗和能量替代两种
	补充蛋白质类	以蛋白质和（或）蛋白质水解物为主要成分，能够满足机体组织生长和修复需求的运动营养食品

续表

类别	细分	膳食标准
针对不同运动项目的特殊需求而设计的运动营养补充剂	速度力量类	以肌酸为特征成分，适用于短跑、球类、柔道、跆拳道、健美及力量器械练习等人群使用的运动营养食品
	耐力类	以维生素 B_1 和维生素 B_2 为特征成分，适用于中长跑、慢跑、快走、自行车、游泳、划船、有氧健身操、舞蹈、户外运动等人群使用的运动营养食品
	运动后恢复类	以肽类为特征成分，适用于中、高强度或长时间运动后恢复的人群使用的运动营养食品

一、耐力项目运动员的膳食营养特点

耐力项目（如马拉松、中长跑、长距离游泳皮划艇等）在训练方面具有时间长、能量消耗大、无间歇以及以有氧代谢为主要供能方式等特点。经常从事耐力运动的人，膳食应首先满足能量的消耗，否则运动能力会下降。膳食的蛋白质供给量应丰富，应供给牛乳、干酪、牛羊肉等富含优质蛋白质的食物。耐力项目运动员对脂肪的利用率和转换率高，所以耐力项目运动员膳食中的脂肪摄入量可略高于其他项目的运动员，达到总能量的30%~35%，膳食的碳水化合物应占到摄入总能量的60%以上。在耐力运动中运动员出汗量大，容易发生脱水现象，运动前、中、后期适量补充电解质水有利于维持体内体液容量和电解质浓度，预防体液平衡紊乱，起到延缓运动疲劳的作用。

二、力量项目运动员的膳食营养特点

力量项目运动（如短跑、有阻力的骑车、短距离游泳、足球、举重和投掷等）要求运动员具有高水平的力量、速度和爆发力。经常从事力量项目的人，应注意补充足量的优质蛋白质，蛋白质的热量应占总热量的15%，同时增加蔬菜、水果的摄入量，以提高体内的碱储备。

三、技巧项目运动员的膳食营养特点

灵敏、技巧运动项目（如弓箭、健美操、滑雪等）对于运动员的协调性以及技巧性有较高的要求，运动员时常需要进行非周期性动作变换。运动员通常通过控制饮食来控制体重以完成各种高难度动作，因此，他们的膳食能量摄入量较低。为保证紧张神经活动过程的需要，这类运动员的膳食应提供充足的蛋白质，且脂肪供给量不宜过高，同时应当增加

B 族维生素、维生素 A、维生素 C、维生素 E、泛酸、钙、磷等营养的供给，以提高运动员应激水平。

四、球类项目运动员的膳食营养特点

球类项目（如乒乓球、篮球、排球、足球和网球等）要求运动员具备力量、耐力、灵敏、速度、技巧等多方面的素质。球类项目运动强度大，运动员的能量消耗量较高，其膳食供给应根据运动量的大小，保证充足的能量供应。团队项目运动员的营养措施是在剧烈运动前的 3~4h 采用高碳水化合物的饮食。在长时间的训练或比赛前，应每隔 20min 补充配方科学的运动饮料 150mL。为了加速糖原储备的恢复，应注意补充维生素 B_1、维生素 C、维生素 A 和钙、钾盐和磷等微量元素。

骨骼肌三大供能系统是相互联系、彼此衔接的。在运动过程中骨骼肌各供能系统同时发挥作用，肌肉可以利用所有的能源物质。不存在一种能源物质单独供能的情况，只是供能的时间、顺序和相对比例随运动状况而异。运动开始时，磷酸原系统首先投入供能，然后根据输出功率的要求动员相应的供能系统参与能量的供应。各供能系统的最大输出功率差异较大，其顺序为磷酸原系统 > 无氧糖酵解系统 > 有氧氧化系统，它们以近 50% 的速度递减。当以最大的输出功率运动时，各供能系统维持运动的时间不同（表 6-2）。

表 6-2　不同供能系统维持运动的时间

时间	底物	供能		是否需要氧气
1~2s	ATP	ATP 直接供能	磷酸原系统	无氧 - 无乳酸
4~15s	磷酸肌酸 CP	CP 水解		
15~60s	糖	快速糖酵解	无氧糖酵解系统	无氧 - 乳酸
60~180s	糖	快速 & 慢速糖酵解	无氧、有氧混合	无氧 / 有氧
5min+	糖	慢速糖酵解	有氧氧化系统	有氧
1h+	脂肪、糖	慢速糖酵解及类脂氧化		

第二节　跑步项目运动行为与营养特点

跑步项目是一种日常方便的体育锻炼。根据距离不同，可以将跑步分为以速度为特征的短跑和以耐力为特征的中长跑。不同跑步项目的营养补充需要参考运动时的能量来源。

速度型运动项目主要依靠高能磷酸系统和无氧糖酵解系统，短时间在体内生成大量酸性代谢产物；而耐力型运动项目总能量消耗很大，体内的物质代谢途径以有氧氧化为主。

一、短跑运动行为与营养特点

短跑项目一般包括50m跑、100m跑、200m跑、400m跑、4×100m接力跑等，是群众性运动竞赛活动中经常设立的一个项目。短跑属于速度型项目，运动时间短，要求运动员有较高的爆发力。人体在大量缺氧的状况下进行持续的高速度移动，肌肉表现出最大、最快的收缩力量以达到提高短跑速度的目标，因此在短跑训练中必须加强力量训练。短跑运动员膳食中应供给含有丰富且易于吸收的糖原、磷、肌酸等可供高能磷酸系统和无氧糖酵解系统利用的能量物质；应供给含优质蛋白质的食物，如牛肉、鸡肉等。

1. 短跑运动行为的能量代谢特点

短跑属于速度型项目，要求运动员具有较好的爆发力，运动时间短，大脑皮层高度紧张，是机体各器官在高度缺氧条件下完成的大强度工作。运动中能量代谢率高，能源物质主要为ATP、CP和肌糖原，小于100m的短距离跑能源物质主要是ATP-CP，200m以上距离跑时仅靠ATP-CP供能尚不能满足需要，还需要糖原无氧酵解供能的参与。研究表明，400m的能量供应3个供能系统都参与，其中磷酸原系统占20%~25%，无氧糖酵解系统占55%~60%，而有氧氧化系统占15%~25%。

2. 短跑运动行为的营养特点

（1）碳水化合物　碳水化合物在运动中以无氧酵解或有氧代谢的方式为机体提供能量。运动前和运动中补充碳水化合物可以提高运动员短时间、大强度、间歇性运动的运动能力，延缓疲劳。从短跑项目能量代谢特点可以看出，跑步距离越长，人体对碳水化合物无氧酵解供能依赖越大，所以短跑运动员在日常的训练中，每天应摄入足够的碳水化合物以维持正常的训练强度。短跑运动员的膳食应为运动员提供丰富且易吸收的碳水化合物，优质碳水是运动员训练比赛时能量的保证，同时也是运动员的脑组织和神经组织必要的营养物质。

（2）蛋白质　蛋白质是合成肌肉的原材料，运动会促进肌肉的合成，合理补充蛋白质可使肌纤维增粗，有利于增加肌肉力量。另外，运动后肌肉的修复也需要依靠蛋白质的补充。对于短跑运动员来说，膳食中应有丰富的蛋白质，其中优质蛋白应占总蛋白的1/3以上，以保证合成肌肉的质量和力量。高强度运动期间应适当补充乳清蛋白粉、支链氨基酸等营养补充剂，以弥补膳食蛋白质摄入不足。

（3）脂肪　脂肪是睾酮合成和分泌的原料，且有助于机体对脂溶性维生素的吸收，睾酮对肌肉蛋白质合成至关重要，所以脂肪摄入不能过低。不饱和脂肪酸能改变疲劳运动后低水平的雄性激素活性状态，对机体运动能力的提高和疲劳的恢复具有重要作用。在日常膳食中应适量摄入不饱和脂肪酸食品，如橄榄油、坚果等，既可满足机体需要，又可避免脂肪堆积。

（4）维生素　运动会诱发机体产生过量自由基，导致过氧化损伤的发生，从而影响运动员运动能力。维生素 C、维生素 E 和 β-胡萝卜素都是具有抗氧化作用的营养素，能有效清除自由基，避免过氧化损伤的发生。因此对于短跑项目运动员，保证摄入丰富且适量的维生素是维持良好运动状态的关键。

（5）水与矿物质　磷元素缺乏有可能导致运动员在运动过程中出现运动失调、肌无力、抽搐等症状，严重时可导致运动员昏迷。运动员单纯补充葡萄糖、钙时，有可能引发低磷血症，因此，在高强度训练与比赛期注意磷的摄入。钙和铁对于短跑运动员神经兴奋的传导、肌肉收缩以及血氧运输方面起着重要作用等。此外，脱水可导致机体水盐代谢紊乱、酸碱平衡失调，短跑运动过程中合理补水可以避免运动员脱水进而维持良好的运动状态。

3. 短跑运动行为的营养补充与膳食建议

（1）增加优质蛋白质摄入，减少猪肉等脂肪含量较高的畜禽肉制品的摄入　短跑运动员的膳食中应含丰富的蛋白质以及较低含量的饱和脂肪酸，且优质蛋白应占 1/3 以上。肉类提倡饱和脂肪酸含量相对较低的肉类，如鸡肉、鱼肉等，适当减少猪肉等脂肪含量较高的畜禽肉制品的摄入。大强度运动期间如比赛期间应适当补充乳清蛋白粉、支链氨基酸等营养补充剂，以补充身体对蛋白质的较大需求，弥补膳食蛋白质摄入不足。

（2）摄入含有较高比例的碳水化合物食品，增加磷的摄入　短跑运动员的膳食应富含磷，且应含有较多易吸收的碳水化合物。当短跑运动员处在高强度训练期，膳食中也应含有较高比例的碳水化合物，如米饭、馒头、面包、薯类等主食。运动员每天磷的摄入量可根据机体能量需求确定，需要多少能量，就需要相应摄入多少毫克磷。富含磷的食物有很多，如坚果、肉类、乳类、动物肝肾、豆类、海带、紫菜等。

（3）补充适量的肌酸　短跑运动员应多摄入富含肌酸的食物，如牛肉、鱼肉等，肌酸的摄入可以使肌肉中 CP 含量增多，高强度运动时机体再合成 ATP 的能力增强。短跑运动员补充肌酸可以快速补充机体能量，提高肌肉的爆发力，运动员在训练比赛期可适当补充肌酸类的运动营养补充剂，以提高运动成绩。另外，补充肌酸还可以提高无氧糖酵解系统供能能力。

（4）增加碱性食物的摄入　短跑项目运动员在训练及比赛期间应当增加碱性食物的摄入以增加体内碱储备，防止运动时乳酸堆积。在赛前调整期就应在膳食中增加蔬菜水果、海带、豆制品、牛乳等的摄入，这对于延缓和消除运动性疲劳是有益的。

二、中长跑运动行为与营养特点

中长跑，是中距离跑和长距离跑的简称。中长跑项目是田径运动的传统项目之一，现为奥运会项目的中距离跑项目有男、女 800m 和 1500m；长距离跑项目有男、女 5000m 和

10000m；另外还有半程马拉松（约 21.0975km）、马拉松（约 42.195km）等。中长跑虽然运动强度较小但比赛时间较长，体力消耗较大。中长跑项目是以有氧耐力素质为基础，以有氧代谢供能为特点，要求有较高的心肺功能及全身的抗疲劳能力的运动行为。

1. 中长跑项目的能量代谢特点

决定中长跑专项运动成绩的主要因素是速度耐力、速度和速度力量水平。速度耐力是基础，速度是核心，速度力量是保证。中长跑运动的项目较多，不同项目在素质方面的要求也不尽相同。途中跑在整个中长跑项目中耗时最长。随着运动员的运动负荷增大，造成氧供应不足，而磷酸原供能系统的供能时间又短，这时主要靠无氧糖酵解系统由肌糖原糖酵解产生乳酸来生成 ATP（图 6-3），但它的供能时间也只能维持在 2min 左右。由于中长跑项目途中跑的时间最短的也要在 2min 以上，而无氧糖酵解系统在超过一定时间就会有大量的乳酸分解，造成乳酸堆积过多影响机体中的 pH，破坏机体的酸碱平衡，这会抑制机体内的糖原的进一步分解，阻碍能量供应。在 1500m 跑项目中，由于途中跑时间可达 4~5min，无氧糖酵解系统的供能在一定程度上受到抑制，这时有氧氧化系统开始供能，碳水化合物、脂肪和蛋白质将在氧供应充足的情况下，提供途中跑的能量需要。中长跑在终点冲刺阶段，由于运动强度大，这时的主要供能系统是磷酸原系统和无氧糖酵解系统。

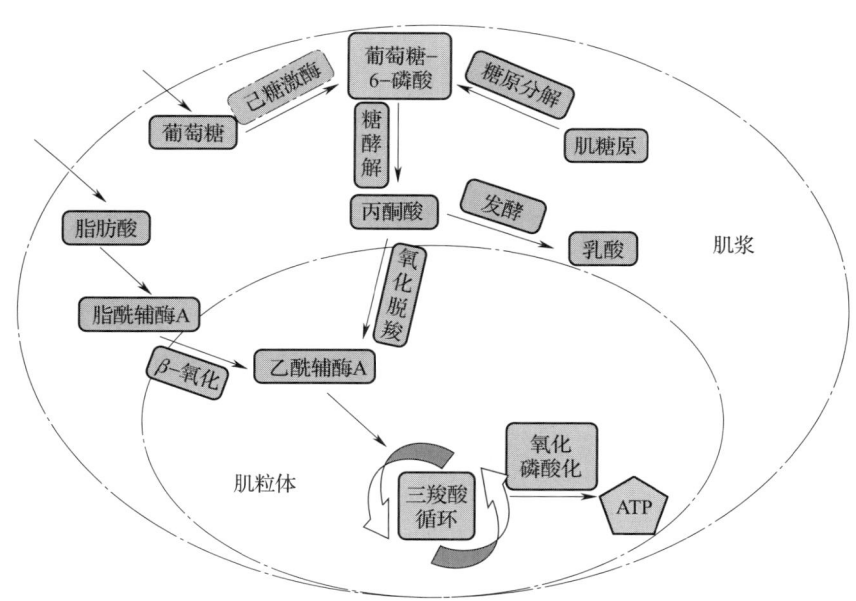

图 6-3 肌糖原糖酵解过程

由此可见，由于运动项目、运动强度和运动时间的不同，各种代谢的供能情况各不相同。随着跑步距离的拉长，有氧供能逐渐成为主要的能量来源。在 10000m 跑及马拉松中，90% 以上的能量供应都由有氧代谢供给。所以现代中长跑运动的能量供应是多途径、混合式的供应方式，且以有氧代谢为主。

2. 中长跑项目的营养特点

（1）训练期间的营养特点　在中长跑运动开始时，大量糖原被动用，随着运动的继续进行，碳水化合物才缓慢而平衡地低于脂肪的利用，在最后冲刺阶段，也以无氧糖酵解供能为主。由中长跑能量的消耗可以看出，该项目的营养补充应以碳水化合物为主，辅助摄入一些脂肪。同时，随着运动中大量出汗，身体中大量的钾、钙、钠、镁等电解质、维生素和氨基酸随汗液排出，使体液尤其是血浆容量减少，容易使运动员的体力极大下降，运动能力大打折扣。所以在平时的膳食中合理地增加无机盐摄入也是非常必要的。中长跑运动员的营养配给应以高糖为主，全面补充营养素。饮食还应提供充足的蛋白质、脂肪、碳水化合物以及微量元素和维生素以及时恢复运动员的体能。

（2）赛前的营养特点　运动员在赛前神经处于高度兴奋状态，消化功能可能会减弱。赛前的合理营养有助于发挥运动训练的效果，有利于赛后疲劳的消除。相反，赛前营养安排不当，可使运动员比赛能力降低或产生腹痛、呕吐、低血糖等不良反应。赛前调整期的运动量一般都比较小，由于能量消耗少，因此饮食的热量应当相应减少，以免运动员体重增加，不利于后期比赛进行。注意不宜过多补充蛋白质，蛋白质代谢后产生的酸性物质会使体液偏酸从而不利于比赛。避免吃纤维素多、易产生气体的食品、生蔬菜以及含激素的食物。赛前饮食中应充分利用糖，使体内的糖原储备、维生素和无机盐达到饱和状态。

（3）比赛期间的营养特点　为保证运动员运动期间糖的供应，一般要在距离运动前2.5~3h内完成进餐。饮食要求食物体积小，发热量高，易消化吸收，且含纤维素少，对肠胃无刺激，多以多糖类淀粉食物为主。对于长距离跑的运动员补充一定量的脂肪可以维持饱腹感，且脂肪可以参与能量供应，减缓血糖下降速度，推迟疲劳现象的出现。选择含磷、碳水化合物、维生素C及B族维生素丰富的食物，保证能源物质动员快，燃烧完全。赛前1h可补充碳水化合物如单糖、葡萄糖、双糖、麦芽糖等，赛前几分钟可补充少量含电解质和糖的饮料。为保持机体体内较高的糖原储备，运动员应尽量避免进行大强度离心性运动。

（4）比赛后的营养特点　比赛结束后，为了尽快恢复体力，运动员应该立即饮用易吸收的含有葡萄糖、维生素的运动饮料，同时食用高糖物质以恢复糖原、填补热量亏空。运动后体液的补充也是非常重要的，尽管在运动中失去的水分只占体重的2%~5%，但体液的恢复则需要24h左右。由于在运动中的大量流汗和运动员尿液中的电解质特别是钠离子的排出量相对较多，所以在饮料补给中要适当补充钠离子以利于运动员快速恢复体力。此外，赛后少则2~3d，多则5~7d仍应为运动员提供充足的热能、维生素、无机盐的营养补充，以促进机体内糖原、电解质及各种酶水平的恢复。赛后，运动员应当遵循平衡饮食的原则，适当减少脂肪摄入。

3. 长跑运动行为的营养补充与膳食建议

（1）增加植物类脂肪的摄入　脂肪发热量高，体积小，适当增加脂肪的含量，可以提高人体动用脂肪的能力，节约体内糖原和蛋白质的消耗。脂肪供能时需氧量高，会导致运动员耐力不足，且高脂肪膳食会导致运动员增重过快，不利于比赛成绩的提高，故运动员不宜摄入过高脂肪。脂肪供给量一般应占总热能的 20% 左右，且应以植物脂肪为主。

（2）采用糖原填充法来提高肌糖原含量　中长跑运动员肌糖原消耗较多，肌糖原的耗竭是肌肉工作能力下降的直接原因，因此适当的补充糖是很必要的，但一次补充糖的数量不宜过多。人体每天摄取总热量约有 55% 来自碳水化合物，通常运动员每日按照 2~12g/kg 体重补充碳水化合物为宜。运动员在赛前 3d 可采用糖原填充法来提高肌糖原含量，可明显提高耐力水平。

（3）增加碳酸氢钠等碱性盐水的摄入　中长跑由于时间较长释放大量的热，散热带走大量水分和无机盐，使体内失水、失盐过多，导致机体酸碱不平衡，运动能力急剧下降。适当的水盐补充是很必需的，水盐补充应采取少量多次措施。高温环境条件下进行中长跑训练、比赛时为预防脱水，运动前饮水 300~500mL，以保证体内水分储备。

（4）增加 B 族维生素和维生素 C 的摄入　维生素是人体正常生理功能所必需的一类低分子有机化合物，大多数在体内不能合成，必须从食物中摄取。合理地增加维生素供给量可以改善机体运动能力，提高运动成绩，对于中长跑运动员，适当补充 B 族维生素及维生素 C，可防止过度疲劳并促进疲劳的消除。

第三节　大球类项目运动行为与营养特点

一、足球项目运动行为与营养特点

1. 足球项目的能量代谢特点

足球具有运动强度大、运动速度快、攻守转换频繁、运动持续时间较长等特点。足球运动常规比赛时间为 90min，中场休息为 15min，加时赛时间可达 120min，耗时更长。足球比赛是由冲刺跑、爆发性和敏捷性动作等高强度活动与慢跑、行走或站立等低强度活动相结合的间歇性运动项目。在 90min 的比赛中，优秀的外场足球运动员通常跑动距离为 9~14km，其中 22%~24% 的距离以 15km/h（高强度阈值）的速度完成；8%~9% 的距离以高于 20km/h（非常高强度阈值）的速度完成；2%~3% 的距离以高于 25km/h（冲刺阈值）的速度完成。此外，据统计，足球运动员每场比赛改变方向超过 700 次，每场比赛活动状态的变化可多达 1200~1400 次。因此，足球运动需要在有氧耐力的范围内，进行大量的爆发力活动，其供能特点具有有氧和无氧供能复杂交互作用特点。

2. 足球项目的营养特点

对于足球运动员来说，合理的营养策略能够使其在训练和比赛中取得最佳成绩，加快恢复速度，达到并保持最佳的体重和身体状态，以及减少受伤和生病的风险。足球运动员的总能量摄入应基于基础代谢、体力活动和食物热效应，根据运动员的身体状况和运动目标进行调整，并与最佳的瘦体重（体内非脂肪组织的重量）和体脂比例相联系。每日膳食中碳水化合物、蛋白质和脂肪的供能比例为总热量的55%~60%、12%~15%、25%，一日三餐的热量摄入比例为25%~30%、30%~35%、30%~35%，推荐在原有正餐的基础上进行2~4次的加餐，加餐占总热能的5%~10%。并且，应注意补充足量的维生素和矿物质，这些微量元素是酶的主要成分，其在能源物质代谢过程中起重要作用。此外，要保证充足的液体摄入量，以避免机体脱水及电解质紊乱而导致运动能力降低。因此，足球运动员应采用以平衡膳食为基础、营养素全面的高糖膳食。

6-1 延伸阅读 足球的起源与发展

3. 足球运动行为的营养补充与膳食建议

在足球运动员的营养补充中，需要按照碳水化合物、脂肪、蛋白质以及维生素等情况来进行有效的补充，以确保足球运动员的能量供应充足。在足球运动员的餐饮中，需要严格控制肉、蛋、蔬菜和水果等食物的摄入，根据足球运动员的代谢情况来制定各种能量比例，对运动员的营养物质进行有效的补充。为有效地提高足球运动员的营养补充效率，应结合有效的营养分析来制定补充计划。

（1）增加含糖饮料的摄入　碳水化合物是足球运动营养补充中的重要内容，足球运动员应对碳水化合物进行合理的补充，才能够保证运动的需要。当碳水化合物摄入较少时，足球运动员的运动疲劳感就会增强。足球运动中出现糖原消耗的情况不可避免，为尽快恢复运动员体能、保证长时间运动能力，首先应补充糖原，提高其机体内糖原的储备，为此，在运动前、运动中和运动后均应补糖，在增加主食摄入的基础上多摄入含糖饮料，补糖类型分为低糖食物、高糖食物、果糖和含糖饮料，运动员应分时间段进行合理补糖，在量和时间上做到有机搭配。

（2）增加以白肉为主的蛋白质摄入　足球运动不仅要有持久的体能，还要有爆发力，这就需要蛋白质提供帮助，蛋白质不仅能够提高中枢神经的兴奋性，还能够调节身体的生理功能，提高机体免疫力。红肉含有较多的脂肪和胆固醇，相较于红肉，摄入白肉是更理想的蛋白质补充途径。

（3）增加优质脂肪酸的摄入　在足球运动员的营养补充中，脂肪能够有效地提供运动能力。脂肪除了能给人体提供能量外，还能保护人体内的脏器，维持人体的恒温。且脂肪有利于人体对于脂溶性维生素的吸收利用。就我国的饮食习惯和烹调方法而言，足球运动员需要控制脂肪的摄入，每天脂类的摄入占总食物摄入量的15%~25%即可。

（4）肌酸与葡萄糖、牛磺酸的复合使用　长时间大负荷运动会引发脱水、酸性代谢产物堆积等现象，这种短期运动疲劳未能得到充分恢复，还会出现机体代谢紊乱、血红蛋白下降等问题，因此，在补糖的同时，还应重视其他营养素的补给。很多运动营养品中多含有肌酸、特殊氨基酸等成分，以肌酸为例，肌酸是细胞的基本组成部分，运动员服用肌酸可提高 CP 储能，使运动员在运动过程中保持良好的冲刺能力、无氧耐力等，该营养素与葡萄糖、牛磺酸等复合使用时效果更为理想。

（5）增加维生素和矿物质的摄入　维生素和微量元素对运动员的运动训练具有较大的影响。高强度的运动训练会降低人体内的维生素吸收效率，且排汗过程会流失维生素，影响相关机体活动的开展。为有效提高人体的运动能力，运动员应及时、有效地补充各类必需的维生素，同时针对一些微量元素进行合理的补充，以提高机体的反应能力，在足球运动中拥有优秀的运动表现。

二、篮球项目运动行为与营养特点

1. 篮球项目的能量代谢特点

篮球具有运动强度大、对抗激烈、时间长、集体性等特点。篮球比赛时间为 40min 或 48min（10min×4 节或 12min×4 节），包括每节间休息、换人、暂停等，一场比赛总持续时间能达到 90min 或 110min，运动员在场上跑动距离大概为 3700~5500m，比赛中，快速移动、跳投、抢篮板球、压迫防守和移动进攻等关键动作均要求运动员具有较高爆发力水平。其中投篮、传球只需 0.1~0.5s，抢篮板球需 0.1~1s，发球需 1~4s，上述过程的能量供应主要通过无氧途径。篮球项目无氧供能占到总能量供应的 85%，有氧供能占 15%。比赛中反复间歇冲刺的运动形式，使篮球运动员体能消耗很大。因此，科学合理的膳食补充和营养补剂对于篮球运动员体能储备和获得优异运动表现至关重要。

2. 篮球项目的营养特点

篮球运动需要丰富而全面的营养供给以保证消耗能量的补充，膳食中三大能源物质所占的比例应符合篮球运动的能耗特点，每天膳食中碳水化合物、蛋白质和脂肪的供能比例达到总热量的 55%~60%、12%~15%、25%，早、中、晚三餐的能量摄入比例应分别维持在 25%~30%、35%~40%、25%~35%，推荐在原有正餐的基础上进行 2~4 次的加餐，加餐占总热能的 1%~10%。多项调查结果显示，运动员膳食中存在不合理现象，主要表现为脂肪和蛋白质摄入过多，碳水化合物摄入不足。碳水化合物摄入不足会严重影响运动员场上运动表现；膳食中脂肪摄入偏高会引起肥胖，降低肌肉的做功能力，影响运动员的速度、力量等；摄入过多的蛋白质会加重肝、肾代谢负担，造成疲劳导致运动能力的下降。因此，篮球运动员应采用以平衡膳食为主、营养素全面的高糖膳食。

3. 篮球项目的营养补充与膳食建议

（1）增加富含高碳水化合物的蛋白质类食物的摄入　由于篮球运动项目在力量、耐力、速度等方面的要求，使篮球运动员的蛋白质合成与分解代谢具有明显的特点。一方面，合成代谢要满足力量型运动体能的需要，另一方面，耐力和速度训练期间决定了肌肉细胞损伤和蛋白质强烈的分解。因此，蛋白质和碳水化合物两者的配合有利于比赛期间机体肌糖原的合成和蛋白质的重建。为保持力量，运动前应补充富含高碳水化合物的蛋白质类食物，如鸡肉、精瘦牛肉、鱼、酸乳及坚果类。

（2）增加微量元素的摄入　篮球运动员铁缺乏和贫血发生率较高，而铁在造血和维持组织细胞内含铁酶和需铁酶的活性方面具有关键性作用，因此，适当的铁补充是篮球运动员预防和治疗铁缺乏的重要途径。锌在机体抗氧化方面有重要作用，此外锌元素对于人体视觉功能的维持十分重要，锌摄入对于篮球运动员而言至关重要。

（3）限制饱和脂肪酸脂肪的摄入，增加不饱和脂肪酸的摄入　摄取足够的不饱和脂肪酸可以降低血液中的胆固醇含量，从而减少心脏疾病的危险。因此，用不饱和脂肪酸替代饱和脂肪酸很重要。通常运动员的日常饮食中总脂肪量过高，因此，需要降低脂肪的摄取，尤其是饱和脂肪酸的摄取量应得到控制。运动员应多摄入含有不饱和脂肪酸的食物，如鱼肉、橄榄油等。

三、排球项目运动行为与营养特点

1. 排球项目的能量代谢特点

排球比赛虽然没有时间限制，但是正规排球比赛采取5局3胜制，前4局是25分制，决胜局采用15分制，因此就算是一场水平相差非常大的比赛，时间也会达1h以上。根据调查研究，排球比赛中攻防节奏非常快，每回合时间大约为8~10s。在这期间，场上运动员要完成发球、传球、垫球、扣球、拦网等多次短促有力的动作。运动员在承受7~8s的负荷之后就会休息将近12s的时间。排球是一项以有氧供能为基础，无氧供能为主的间歇式运动，即有球时是无氧供能，无球时是有氧供能。

2. 排球项目的营养特点

排球是一项磷酸原系统、无氧糖酵解系统和有氧氧化系统共同参与的运动，能量消耗以体内的肌糖原和肝糖原的消耗为主。由于排球是运动高强度的比赛和训练，肌肉持续收缩会导致肌纤维的可逆性损伤，如果不能及时修复，将会在24~48h后出现延迟性肌痛，影响运动员的主观疲劳感觉及训练和比赛表现。运动后及时补充蛋白质对运动性疲劳的恢复以及肌细胞的修复非常重要。排球运动时间长、强度大、体液流失量大，而水分流失超过体重的2%~3%会引发人体脱水，影响运动员训练和比赛中的表现。排球比赛的强度虽然很大，但是排球是一项以有氧为基础的运动，在平时的比赛和训练中，为了提高排球运动员的有氧代谢能力和机体的抗疲劳能力，常会进行长时间低强度的训练，此时运动员体内的糖储备会大量减少，能量的供应就需要大量的脂肪氧化分解来提供。比赛或训练之后要补充一定的脂肪，有利于疲劳的恢复，加快体内能源物质的恢复。

3. 排球项目的营养补充与膳食建议

（1）增加淀粉类食物的摄入　碳水化合物是排球运动中最重要的能量来源，通过食用淀粉类食品可使体内的糖含量快速提升，如面粉、马铃薯、红薯等。在运动的不同阶段，补糖的目的和意义不尽相同，如运动前补糖的主要目的是使肌糖原达到较高的储备量，而运动进行过程中增加糖分摄入则是为了使运动员的体能状态达到最佳，使其获得良好的运动能力，运动结束后也应合理补充糖分，此时是为了恢复体能，使运动中的疲劳感飞快消除。

（2）合理摄入蛋白质，减少猪肉的摄入　蛋白质的补充是非常重要的，它为机体的各类能量系统运作提供物质保障。补充蛋白质可通过摄入深海鱼类、蛋类、肉类、豆类等物质来实现，但需要注意的是由于猪肉中饱和脂肪酸较多，不宜过多食用，可用鸡肉、牛羊肉等代替，食用豆类主要是为了补充优质植物蛋白质，以满足机体对各类蛋白质的需求。

（3）补充富含碱类的营养物质　排球运动中瞬间性的爆发性动作占据多数，运动员时常要从相对静止的准备姿势转变到进攻模式，这种无氧的供能模式会造成大量的乳酸产生，使运动员的体内环境由中性变成酸性，部分酶的合成受到影响，严重影响到运动员的体能发挥。及时补充富含碱类的营养物质可以缓解这种酸性环境，使体内环境重新达到酸碱平衡。碱类物质的补充可以从富含碱类的食物中获取，例如蔬菜、水果等食物，当然除了这些碱性的主食之外，苏打等碱性饮品也是良好的选择。运动结束后碱性物质的补充只是帮助排球运动员恢复体能，而赛前对碱类物质进行储备才能起到预防作用。

第四节　小球类项目运动行为与营养特点

小球类项目是指乒乓球、羽毛球和网球等，这些项目对运动员力量、速度、耐力、灵敏性、柔韧性等素质有较高的要求。小球运动员的膳食中应包含丰富的蛋白质、糖类以及维生素（维生素 B_1、维生素 C、维生素 E、维生素 A），维生素 A 含量尤其应当丰富。小球类项目锻炼时体内物质代谢变化很大，大量出汗使能耗增加，并消耗了大量钙、钠、钾及维生素。相较于蛋白质、碳水化合物、脂肪的摄入，小球运动员比赛前后应更加注重水、电解质及多种维生素（维生素 B_1、维生素 B_2、维生素 C、维生素 B_6、维生素 A、叶酸等）的补充，氯化钠的摄入要适量，同时注意胆碱、泛酸等的摄入。

一、乒乓球项目运动行为与营养特点

1. 乒乓球项目的能量代谢

乒乓球运动具有球体小、速度快、变化多、运动时间长等特点，对力量、速度、灵敏

等素质要求高。乒乓球运动员在训练和比赛中的活动是由短时间的爆发性的有球活动和较低强度的无球活动组成。正规比赛中，运动员参加的比赛如果是3局2胜的比赛，不可以超过10场，5局3胜的比赛，不可以超过7场。在每一局甚至每一分球的争夺中，运动员都要完成大量的挥拍、击球、蹬转等瞬间爆发性动作，而每个或几个爆发性快速动作之间却被大量的低强度的无球活动填满，平常的乒乓球训练的负荷强度也远远大过乒乓球比赛的强度。因此，乒乓球运动属于以有氧氧化供能为基础、磷酸原供能为主的项目。准确地说，有球活动时是磷酸原供能为主，无球活动时是有氧氧化供能为主。无论比赛还是训练过程中，机体都会消耗大量的营养物质，这也是乒乓球运动员产生运动疲劳的根本原因。良好的营养物质储备既可以减缓机体的疲劳速度和程度，也有助于体力快速恢复。合理的膳食结构能为运动员在比赛前、中、后补充营养物质，起到应有的效应。

2. 乒乓球项目的营养特点

为了使乒乓球运动员适应高强度的比赛和训练，他们日常的膳食必须要合理科学地安排。乒乓球运动员的基本膳食原则是食物多样化、以粮谷为主，蔬菜、水果、豆、乳、肉类、蛋等均要适量，并控制脂肪摄入。乒乓球运动员日常的能量需求为每天15488kJ，其中碳水化合物应占55%~65%，蛋白质占12%~15%，脂肪占25%左右。除此之外，还需要摄入足够的维生素、矿物质等。乒乓球运动员需要具备良好的视力和清楚的头脑，在训练和比赛中随机应变、灵活移动，运动员的膳食方针要根据乒乓球运动的特点制定。首先乒乓球运动员的能量供应非常重要，在高强度的训练和比赛中，短暂、快速地移动和爆发式的鞭打收缩是主要的运动形式，磷酸原系统尤为重要，在日常膳食中，一定要注重蛋白质与维生素B_2的补充，选择一些有利于快速补充磷酸原系统恢复的食物。同时，还要注重运动员对钙和维生素C的吸收，防止高强度训练下运动员因缺钙发生抽筋等情况。其次，要维持内环境的稳定，运动员应摄入足够的锌、铁等微量元素，保证大脑处于比较清醒的状态。乒乓球运动员应增加维生素A的摄入以维持良好的视力。维生素B_1对乒乓球运动员运动能力的提高和延长疲劳有重要作用。因此，在日常的膳食中，我们既要符合人体的营养摄入规律，还要注重乒乓球运动的特点，结合运动特点，设计日常膳食。

3. 乒乓球项目的营养补充与膳食建议

（1）增加米、面、谷物等高碳水化合物食物的摄入　碳水化合物作为重要的能源物质，在乒乓球运动中发挥着重要的作用。在膳食营养方面，米、面、谷物中含有较多的碳水化合物，这些都大多作为主食出现在运动员的食谱之中，所以运动员要多摄入主食，增加碳水化合物的补充。赛前2h补充碳水化合物，可以有效促进肝糖原和肌糖原的再合成；赛前30min补充碳水化合物可以使肝糖原水平维持在峰值，有利于在运动开始后维持血糖水平。

（2）增加优质蛋白质和支链氨基酸的摄入　蛋白质具有修复肌肉和维持肌肉运动的功能。长时间的运动会消耗一定的支链氨基酸，补充支链氨基酸可提高机体兴奋性，延缓中枢疲劳，故膳食结构中蛋白质的补充尤为重要。在食物中，肉类、花生、豆制品的蛋白质含量最高。此外,牛乳中的乳清蛋白易于机体吸收,还可提高机体的抗氧化能力,延缓疲劳。蛋白质虽然重要但不宜过量补充,否则会影响水和脂肪等物质在机体中的代谢。所以,补充蛋白质要注意蛋白质的质量和剂量。

(3)减少含油脂较多的红肉类食物的摄入　当体内糖原被利用后,机体转向脂肪供能。脂肪被利用的一个重要条件就是确保氧气充足,而乒乓球项目主要以无氧代谢为主,不利于脂肪的利用,所以在运动前不宜补充过多的含油脂较多的红肉类食物。过多的脂肪会增加体内消化的负荷或使体重增加,不利于快速的步伐移动,影响运动员发挥,过多的脂肪摄入还易导致心血管疾病的发生。

(4)增加维生素 A、B 族维生素、维生素 C 和维生素 D 的摄入　在乒乓球运动中,快速地移动和爆发式抽球、杀球是主要的运动形式,乒乓球运动是以有氧代谢为基础、无氧代谢为主导的运动。在日常膳食中,要注重 B 族维生素的补充,选择有利于快速补充磷酸原系统恢复的食物,同时要注重运动员对钙和维生素 C、维生素 D 的吸收,防止因缺钙导致肌肉痉挛。其次,内环境的稳定对于运动员在训练和比赛中保持清醒的头脑至关重要,营养价值较高的食物有利于保持内环境的稳定。乒乓球运动要求运动员注意力高度集中,对于视力的集中与保持提出极高的要求,所以还需要补充维生素 A。

二、羽毛球项目运动行为与营养特点

1. 羽毛球项目的能量代谢特点

羽毛球运动要求运动员具有全面均衡的身体素质,其特点决定了运动员体能消耗大,对身体机能水平的要求较高。从完成一场比赛的时间特征分析,该项目运动间歇较多且耗时较长,从得分的时间特征分析,获得一分的时间有所不同,当击球回合次数少时每得一分的时间约为 10s,当双方进入相持阶段时击球回合次数变多得分时间会超过 11s,但在羽毛球竞赛过程中运动员技战术使用的共性多是衔接较为紧密的连续击球与移动。羽毛球运动在 10s 内的技术特点以"快"为主抢占进攻优势,能量的主要来源为 ATP-CP 系统,在相持超过 10s 的回合中,运动员的供能系统则以无氧糖酵解系统为主。羽毛球运动的竞技过程是无氧与有氧运动的结合,属于混合型代谢方式的运动,且以有氧代谢为基础,无氧代谢为主导。故羽毛球运动员应重点发展无氧代谢能力,同时兼顾提高有氧代谢能力,这样才能保证运动员良好的机能状态,在比赛中创造佳绩。

6-2 延伸阅读　羽毛球的起源

2. 羽毛球项目的营养特点

羽毛球项目属于混合能量代谢方式,在缺氧条件情况下,运动能量的主要来源是 ATP-CP 和无氧糖酵解系统供能。在进行长时间的有氧运动时体内糖原大量消耗,导致运动员中枢神经系统疲劳。赛前补充能量有助于营养物质的积累以加强运动员的能量储备;赛中补充能量可以保持机体持续运动的能力，延续能量的供给；赛后补充能量有助于运动员消除疲劳及体能的恢复。羽毛球运动员能量的主要来源是碳水化合物、蛋白质和脂肪，赛前应补充不少于 2500mL 的水，碳水化合物总热能不低于 55%，蛋白质总热能为 13% 左右，脂肪总热能不超过 35%。

3. 羽毛球项目的营养补充与膳食建议

（1）增加富含淀粉食物的摄入　羽毛球运动属于有氧、无氧混合式供能运动。其中，有氧供能主要是人体通过有氧呼吸的途径以获取自身需求的能量；无氧供能则是首先对人体肌肉中的糖原储备进行分解，如果肌糖原无法利用时，则通过血糖在无氧状态下，快速合成新的热能物质 ATP 酶以获取人体需求的能量。与此同时，因为在羽毛球运动中，以无氧供能为主，并且结合羽毛球短时、快速的特征可得知，该项运动有赖于高能磷酸化合物的分解。因此，羽毛球比赛前的糖原储备，对于羽毛球运动员而言至关重要。因此，膳食搭配应当以杂粮及富含淀粉的食物为主。

（2）控制脂肪的摄入　脂肪供能是在糖类供能缺失时进行调动的，再加上脂肪供能缓慢、需氧量大，代谢不充分极易对人体造成不利影响，在日常膳食中，不可一味补充脂肪。一般来说，在膳食总量中应将脂肪的含量控制在 20%~25%，运动员可以通过摄入食用油、动物脂肪、动物肝脏等食物来补充脂肪。在制定膳食方针时，应参照营养表对含有脂肪的食物进行合理选择，保证人体对脂肪的科学摄入。羽毛球这项动静结合的运动需要脂肪供能，所以对于羽毛球运动员而言，保持相对较高的体脂是有益的。

（3）增加富含异亮氨酸、含亮氨酸等食物的摄入　蛋白质供给可促进机体释放胰岛素、生长激素等一系列激素，进而可获取适应性应激，超量恢复及运动能力增长的理想激素环境，达到促合成、增力量的效果。在羽毛球运动中，尤其是在比赛期间，运动员往往会出现严重缺水现象，水分不足会使机体酸碱平衡发生转变，会进一步影响钠离子、钙离子的平衡，这时便要通过分解蛋白质以调节机体平衡，并进行有效补水，否则钙离子不足可能引发小腿抽筋等问题。羽毛球运动具有短时、高强度等特征，所以，应有效维持机体蛋白质含量，提升机体抗疲劳能力，在比赛训练前，运动员可以通过摄入富含异亮氨酸和亮氨酸的食物确保比赛期间的有效供能，避免机体蛋白质在高强度运动中分解过快，引起机体疲劳。

三、网球项目运动行为与营养特点

1. 网球项目的能量代谢特点

网球是一项非周期性运动项目，其特定规则（女子三盘两胜制，男子五盘三胜制）决定了这项运动比赛时间较长，女子整场比赛在 1h 以上，男子在 2h 以上，且比赛是由很多个短时间的爆发力的启动、加速、冲刺小回合组合而成的。每个回合持续的时间通常在 10s 以内，每分活球期运动强度大，运动员的心率可高达 200 次 /min。时间在 10s 内的回合较多，主要供能系统是磷酸原系统；当运动员进行单次时间超过 10s 的回合时，无氧糖酵解系统参与供能，机体内开始产生乳酸。每分结束后，运动员有短暂的休息时间，在这过程中有氧氧化系统进行供能，以排除机体内的乳酸，恢复体力。所以，网球运动员不仅需要较好的磷酸原系统和无氧糖酵解系统，同时，有氧氧化系统也是保证整场比赛可以顺利完成的重要基础。据国际网球联合会（International Tennis Federation，ITF）官方统计整场比赛中的能量消耗数据来看，大约 70% 的时间需要磷酸原系统供能，20% 的时间需要无氧糖酵解供能，10% 的时间需要有氧氧化系统供能。网球项目的供能系统是属于混合型的，三大供能系统分工合作，每一分活球期间主要以 ATP-CP 供能系统为主，当一分活球期相持较长时间时，无氧糖酵解系统开始协作供能。在每分、局、盘休息期间，有氧氧化系统开始氧化提供能量。因此，有氧代谢是完成整场比赛的基础，但在每一分球的输赢中无氧代谢起着核心作用。

2. 网球项目的营养特点

（1）赛前的营养特点　如果在比赛前已经储存了足够多的糖原，那么在比赛前几个小时只要正常食用易消化的主餐即可。推荐食用 5016~6270kJ 的高糖食物。除此之外还应该特别注意补充七大营养素。传统的做法是每次训练、比赛前 60~90min 之内以高糖主食为主即可。在比赛当天，一定要尽可能地多食用一些易消化，同时又有利于运动员比赛发挥的食物，如米饭、面食等。在比赛中，如果有必要时，建议食用高糖点心为宜。每个运动员的体质和饮食习惯等各个方面都是不一样的，需灵活选择。在比赛前 1~2h 之间，一定要注意补充充足的水分。运动员一旦进入比赛状态，建议饮用混合饮料来补充水分和多种营养物质。

（2）比赛期间的营养特点　对于网球运动员，电解质的补充十分必要。相关数据表明，对于运动员而言，如果在电解质饮料中增加支链氨基酸（数量为 6g），一方面能够补充身体所需的能量，另一方面可以减少肌肉分解。运动中补水也是非常必要的，当运动员体内水分损失，特别是水分损失达运动员自身体重的 2% 时，运动员血浆的容量变小，渗透压发生变化，运动员的运动能力就会受到影响。特别是当水分损失达体重的 4%~5% 时，将严重影响运动员其肌肉的工作能力。如果此时还不补充水分，使水分损失达 10% 的话，脱水状况就会发生，运动员甚至会出现抽筋、衰竭等状况。而网球运动是一种强度大，且持续时间长的运动项目，在整个运动过程中，运动员体液的消耗是非常大的，就更需要补充充足的液体。在饮水的过程中要以"少量多次"的原则进行。建议每 15~30min 补充一次，每次补充 100~250mL 水分，在 3h 左右训练比赛中，总饮水量要大于或等于 2000mL，补水水温在 8~15℃为宜。

（3）赛后的营养特点　比赛后增加营养能够帮助运动员恢复体力，有利于机体储备更多能源。比赛后补充营养不可距比赛结束时间太晚，比赛结束 15min 之内应补充 50~100g/kg 体重的水及 1~1.5g/kg 体重的碳水化合物。在比赛中，机体会流失大量电解质、水分，因此需及时补充矿物质含量丰富的水分或者饮料。运动过程机体产生的大量自由基会损伤细胞脂质，运动员可以补充一定的抗氧化物质（维生素 C、维生素 E 等）来减轻自由基对机体的损伤。

3. 网球项目的营养补充与膳食建议

（1）增加谷类和淀粉类食物的摄入　网球运动员在日常生活中需要很多的能量，而他们摄入的能量来源主要是碳水化合物。机体运动时，由于肌肉的大量参与，肌肉摄糖量为安静时的 20 倍以上，体内糖原储备减少；碳水化合物也是大脑的主要能源物质，它在大脑执行对机体的命令时提供能量。所以只有体内糖原储备充足和血糖水平正常才能保证肌肉和大脑的功能正常，防止运动员出现疲乏无力等低血糖症状，不会使神经肌肉传导也受到影响、保证运动速度不会减慢、全身协调能力不会遭到破坏，从而不会影响到运动成绩。碳水化合物供能是高强度训练的基础，运动员摄入一些高糖食物是有必要的，如谷类食物、淀粉类食物等。

（2）增加牛乳和鸡蛋的摄入　蛋白质的主要功能不在于提供热量，它是机体组织建造更新和修复的物质基础。蛋白质的组成中有八种氨基酸是人体不能合成的，只能从食物中获得，称为必需氨基酸。蛋白质生理价值的高低取决于其中所含必需氨基酸是否齐全、含量比例是否适当。食物中蛋白质生理价值最高是鸡蛋，其次是牛乳。体育运动引起蛋白质代谢的改变，这些改变包括运动时尿氮排泄量增多，汗氮丢失上升。在摄取正常膳食蛋白质时，除少数需要发达肌肉的场合要增加少量蛋白质外，一般肌肉活动不需要增加蛋白质。因此，运动员在平时膳食与训练时，对蛋白质的摄取应遵循科学的定量，过低或过高都会对运动员的运动成绩有影响。

（3）合理摄入脂肪　长时间的网球训练主要是有氧运动，脂肪供能占有重要的地位，运动前后合理补充脂肪是机体正常能量供应的关键。脂肪除能量供应外还有许多其他功能，在剧烈运动中，肌肉内脂肪可以起到缓冲作用对内脏器官具有保护作用。当长时间运动中氧的供应能满足机体需求时，运动所需的 ATP 主要由脂肪和碳水化合物的有氧氧化来提供。但脂肪氧化时耗氧量高，在负有氧债的运动时，不能被有效地利用，其产生的乳酸还会致使运动员疲劳。在膳食中如果摄入过多的脂肪还会使人长时间具有饱腹感从而影响其他物质的摄取。所以，运动员应合理地限制脂肪摄入，脂肪含量最好不要超过膳食总能量的 30%。

（4）增加维生素 A 和维生素 B_1 的摄入　维生素 A 是抗干眼病的主要元素，当它缺乏时，眼睛对弱光和月光敏感性下降，由于网球比赛有时会在晚上进行，靠灯光照明，眼睛对于网球运动员来说是取得信息的重要器官，如果眼睛不能很好地感受光线，从而不会很好地判断来球，影响比赛发挥，最终影响成绩，所以优秀的视力是运动成绩的保障。维生素 B_1 可以调节神经组织能量供应，神经组织的能量来源主要是糖的有氧氧化，当它不足时，丙酮酸不能完全氧化，使丙酮酸和乳酸产生堆积作用，致使能量供应减少，影响神经组织的传递功能，妨碍神经传导作用，从而致使运动员的敏感性下降，并影响运动成绩。网球运动员的膳食中应保证充足的维生素 A 和维生素 B_1，这对于运动员比赛发挥具有重要作用。

（5）增加铁微量元素的摄入　铁是造血的重要原料，如供应不足，可引起贫血，从而影响运动成绩。运动中汗的排出会带出大量的铁，铁的吸收率较低，所以运动员在铁的补充方面应高于普通人。大量流汗时机体中钠也会大量流失，运动会出现肌肉无力、食饮不佳，甚至出现头晕、恶心和肌肉痉挛等症状，从而不能够很好地进行训练和比赛。运动过程中钾元素的流失会导致机体对于碳水化合物的利用受限，ATP 合成与氧化磷酸化过程受干扰，肌肉血流量减少，机体心律失常等不良反应，影响比赛成绩。运动员对矿物质的需求量比常人更多，高强度的训练和比赛使得大量的矿物质随汗液丢失。若不及时补充，就会引起机体不良反应，影响运动员的赛时发挥和运动能力的提高。

第五节　体操类项目运动行为与营养特点

体操是所有体操项目的总称，主要包括竞技体操、艺术体操、蹦床等奥运项目，以及竞技健美操、技巧运动等非奥运会项目。体操运动中既有动力性动作，又有静力性动作。体操具有综合性、健身性强、灵活性高、动作协调性好、有利于全面发展身体均衡发育、提高运动员全身灵活性、协调性、力量、耐力、平衡感、技巧等能力，同时还有助于增强运动员的意志力和精神素质等，是一种对身体非常有益的体育运动。

一、体操项目运动行为与营养特点

基本体操是指动作和技术都比较简单的一类体操，其主要目的、任务是强身健体和培养良好的身体姿态，它面对的主要对象是普通群众，最常见的有广播体操、健美操和为防治各种职业病的健身体操。而竞技性体操从字面上就可以看出，是指在赛场上以争取胜利、获得优异成绩、争夺奖牌为主要目的一类体操，这类体操动作难度大、技术复杂，有一定的惊险性，从事这类体操训练的主要是运动员。

1. 体操运动的能量代谢特点

体操运动训练和比赛对运动员体重要求格外严格，技术动作消耗主要以无氧功能为主，因此体操运动员必须在饮食热量摄入和能量消耗之间找到平衡点。通常情况下，男子体操运动员每天需要消耗 14650～15906kJ，女子体操运动员每天需要消耗 12558～16743kJ。作为无氧运动，体操运动主要依赖于 II_b 型（绝对快速收缩）和 II_a 型（中间快速收缩）肌肉纤维。虽然这些肌纤维能够产生很强的爆发力，但是它们通常无法在最高强度下连续做功超过 90s。Ⅱ 型肌纤维的有氧代谢能力较差，这种情况限制了脂肪在体操运动中作为能量底物的使用。此外，毛细血管的血供不良也削弱了这些肌纤维在剧烈运动中获得营养物质、氧气并排出二氧化碳的能力。基于此，体操运动在很大程度上依赖于磷酸肌酸和碳水化合物（葡萄糖和糖原）的供能。

2. 体操运动的营养特点

（1）能量需求　竞技体操类项目要求运动员具有力量、速度、协调性等多方面的良好素质。竞技体操训练中总能量消耗不高，为完成复杂的高难度动作，运动员需要控制体重、体脂水平。大众健身操类项目的强度不大，但能量消耗较大，要求运动者具有较好的耐力素质。体操运动员应限制脂肪类食物的摄入量，使体脂达到维持健康和机能要求的最低水平。这一类型运动员的热能供给量大致为 221～238kJ/kg 体重。

（2）营养补充　普通的体操、健身操等项目对于运动者的力量、速度、协调性均有要求。运动者在膳食补充时应注意营养均衡，在维生素和矿物质中应突出补充铁、钙、锌及 B 族维生素和维生素 C。有氧健身健美操会大量消耗机体总能量，对于运动者的耐力也有要求。在饮食中应供应充足的碳水化合物，以增加机体糖原储备。

（3）钙的营养需求　灵敏、技巧类项目由于对运动器官的刺激较大，对钙的需要量大，且由于膳食中钙摄取不充分等原因，女性体操运动员对于钙的摄取远远不足。良好的钙储备对维持骨骼发育和健康、维持神经肌肉的兴奋性起着重要作用。近期我国推荐运动员适宜的钙摄入量为 1000～1500mg/d，高于普通成人每日摄入量。

在综合考量体操运动员爆发力需求和体重形体控制需求的条件下，碳水化合物所占比重应在饮食营养管理中有所提升，配合优质蛋白质，帮助体操运动员有效修复运动后的肌肉组织损伤，并搭配富含水溶性维生素，促进脂肪分解，通过合理饮食，保障能量供应，在保持肌肉重量的同时降低脂肪转化率，提升脂肪分解效率。

3. 体操运动行为的营养补充与膳食建议

体操运动训练期间，对于需进行降体重的运动员要适当限制食物热量的摄入，但也要兼顾肌肉修复和体型控制，应减少碳水化合物和脂肪类食品，提供优质的蛋白质。通常情况下，蛋白质、脂肪和碳水化合物食物比例为 14%、30% 和 56%，蛋白质摄入量控制在 1.5～2g/kg 体重，保障必需氨基酸的供给量，避免出现负氮平衡现象，通过这种饮食摄入模式获取更多的血红蛋白，实现运动机体肌肉质量和爆发力的有效提升。采取科学有效的饮食管理办法达到降体重的最佳效果。膳食营养师会在日食种类不变的前提下减少单次摄入量，进行饮食营养管理，将每天定量的食物分 5 份，从早到晚训练结束每隔 3h 进餐一次，食物品种以新鲜的蔬菜和水果、精瘦肉、蛋、乳制品等为主。日食水果应挑选含糖量较低的果类，适当给运动员补充维生素和盐，确保留在植物油中的不饱和脂肪酸可使多余的脂肪燃烧得更快、防止脂肪在体内沉积、帮助运动员减重、实现形体塑造。赛前准备阶段为了进行良好的机体营养储备，要严格把控进糖时间。为了促进肌肉收缩，要搭配新鲜的蔬菜和水果。比赛进行阶段的饮食要以少量多餐为主，禁忌食用酸性食物和脂肪类食物，以面包和水果为主、注意食物保温、配备饮用富含微量元素的水。比赛结束后，要补充水分和电解质，补充适量的糖。体操运动员在得到充分休息后往往需要摄入更多的碳水化合物，搭配丰富的维生素和矿物质食物。应为其提供一些有益消化的蛋白质，饮食总体要保持清淡。

二、健身健美操项目运动行为与营养特点

近年来，随着人们生活水平的不断提高，我国的健美操运动也得到了广泛的推广。很多人为了达到减肥和健身的目的在各种会所、俱乐部参与锻炼。在我国的大多数学校中，健美操运动也被作为教学课程纳入学校体育教学内容中。健身健美操种类繁多，动作样式丰富，动作结构变化多样。从动作形式的角度可以看出，健身健美操的动作包括走、跳、跑和在此基本动作样式基础上的变换动作，如姿势的变换、运动方向的变化和身体的大幅度移动等。健身健美操的运动适用程度会因为年龄、性别和练习目的的不同而存在差异。例如非常适合老年人锻炼的有氧健身操，受年轻人欢迎的搏击健美操，增加运动量的有氧踏板操，还有可以帮助女性矫正身体姿势、改善形体的瑜伽健美操等。从准备活动开始到运动进行，再加上最后的放松练习，时间通常在 60~120min。

1. 健身健美操的能量代谢特点

健身健美操是一项时间长、强度小的运动。有研究显示，练习一套大众健美操相当于 800m 跑和 1500m 跑的总耗氧量，它的氧债（指劳动 1min 所需耗氧量和实际供氧量之差）要比 800m 跑和 1500m 跑低，运动的过程中，主要以有氧供能为主。在健身健美操运动开始时，肌肉中的糖原将会大量消耗，接替补充的是血糖，但随着运动练习时间的延长，血糖也将会有明显的消耗。此外，根据对大学生进行健美操锻炼时丙酮酸变化状况的测试可以看出，健美操锻炼进行时，丙酮酸会不断增高，说明了锻炼过程中，糖的氧化分解不断增强，中间产物才会不断提高。在进行练习的高峰阶段，丙酮酸会增高而会生成乳酸，这也说明了在练习的高峰时期会造成暂时供氧不足，导致糖的氧化并不充分。由此可以看出，健美操运动在进行的过程中，主要是消耗血糖，且兼有脂肪供能、乳酸和非乳酸供能。乳酸阈（人体在渐增负荷运动中，血乳酸浓度随运动负荷的渐增而增加，当运动强度达到某一负荷时，血乳酸浓度急剧上升的起始点，称为乳酸阈）是人体在工作轻度增强时，由无氧代谢功能向有氧代谢功能转化的标志，乳酸阈的表达常常以 4mol/L 对应最大的强度，即 60%~80% 的最大吸氧量，根据对练习一套健美操之后的身体状况进行测试发现，血乳酸的含量在 4mol/L 左右，相当于进行超长跑，这也说明了健身健美操运动是一项有氧代谢的体育活动，主要依靠脂肪、碳水化合物和蛋白质的分解来供能。

2. 健身健美操的营养补充与膳食建议

（1）健身健美操与糖类　在健身健美操运动过程中，液体补充时糖的浓度应该在6%左右，在运动结束后摄入葡萄糖有利于机体内肌糖原的恢复，摄入果糖则可以更快、更好地恢复肝糖原。运动者应该多食用含糖量高的食物，即含糖量应该在45%~65%。

（2）健身健美操与蛋白质　在健身健美操锻炼最初阶段，机体首先利用糖的氧化分解供给，当肌糖原被耗竭时，需要蛋白质充分供应。如果蛋白质的供应不充分，就会出现血红蛋白下降而发生贫血导致身体机能下降。另外，蛋白质可以增强机体免疫能力，提高神经系统兴奋性，加强条件反射，可以有效缓解运动员运动性疲劳。膳食中蛋白质含量在10%~35%，长期系统的健身健美操运动后应增加优质蛋白的摄入量，一般补充总能耗的10%左右为宜，依据其运动强度蛋白质的需要量为1.0~1.8g/kg体重。

（3）健身健美操与脂肪　脂肪为人体长期、短期运动提供所需的能量。有氧的健身健美操运动会促进脂肪的分解，其原理是和运动所产生的机体热能成负平衡状态，促进中枢神经内脂肪消耗刺激的生成，进而使脂肪酸的分解速度加快，增加运动过程中肌肉对机体游离脂肪酸的利用率。在合理的饮食中，脂肪的摄入量一般占总能量的20%~35%，若进行健身健美操锻炼时，为了达到减肥、美体的效果而拒绝食用脂肪类的食物，在运动进行到60min左右的时候，就会产生身体四肢无力、头晕眼花等不良反应。

（4）液体的补充　健身健美操在运动过程中，运动者大量排汗会导致机体体液流失。运动者在运动前后以及过程中都要特别注意体液的补充。特别需要注意的是，不要在感觉口渴时才补水。当人体感到口渴时其体内的水分丢失就已经达到体重的3%，此时机体已经处于轻度脱水的状态。运动营养研究人员提倡少量多次性补水，避免一次性大量的补充水。短时间内大量补水会导致恶心、排尿量增多等不良反应，进而影响机体运动能力。此外，随着水分的丢失还会损失大量的电解质，然而单纯的补水会进一步加重体内电解质紊乱。在运动过程中应该避免补充纯水，而是将补水、补糖与补电解质结合起来，饮用运动饮料是非常理想的方式之一。

3. 健美操锻炼时的营养补充特点

（1）增加淀粉类多糖食物的摄入　选择膳食中糖的种类主要是淀粉类多糖食物，例如：全谷类及谷制品、干鲜水果、坚果类豆类（豌豆、菜豆、扁豆）。

（2）增加植物性蛋白质的摄入　合理有效的蛋白质摄入和适当训练能改变身体的营养成分，过多的蛋白质补充对身体不益。蛋白质可以增强机体免疫能力，提高神经系统兴奋性，可以有效缓解运动员运动性疲劳。长期系统的健美操练习后应增加优质蛋白质，其中动物性蛋白质营养价值较高，并含有人体必需且容易吸收的多种氨基酸。应多吃蛋类、乳类。在植物性蛋白质中，大豆最好，膳食中应该是多种食物混合使用，利用蛋白质的互补作用来提高其生理价值。

（3）增加植物油的补充　脂肪是人体长时间中低强度运动的主要能源物质。有氧健身操运动促进脂肪分解。在健美操锻炼中，运动后尽量食用不饱和脂肪酸含量高的植物油（芝麻油、花生油、菜籽油）等，不饱和脂肪酸与饱和脂肪酸之比应大于1。

（4）增加维生素 B_1 和维生素 C 的补充　维生素是人体调节代谢物质，维持正常机能不可缺少的营养素，对能量代谢、提高肌肉力量、促进蛋白质合成以及抗氧化方面均有重要作用。健美操锻炼属有氧代谢运动，因此对维生素 B_1、维生素 C 需要量较大，长时间中等强度运动，需维生素 B_1 2mg 左右，维生素 C 30mg，维生素 B_1 主要存在于小米、黄豆、黑豆、核桃、花生中。

第六节　水上项目运动行为与营养特点

水上体育项目是指运动的所有过程或主要过程集中在水下、水面或水上的各种形式的体育项目，包括帆船、皮划艇、滑水等。水上体育项目是为了区别于陆地与空中的体育项目而命名的，可以分为水上竞技项目、船类竞技项目、滑水运动、潜水运动等，其中，水上竞技项目包括游泳、跳水、水球、花样游泳等；船类竞技项目包括划船、赛艇、皮划艇、帆船、摩托艇等；滑水运动包括滑水板、冲浪等；潜水运动是在水下进行的体育项目，运动员需要借助潜水设备，项目包括竞速潜泳、水下橄榄球等。

一、水上项目运动行为与营养特点

游泳根据距离长短、泳姿等不同，能量代谢水平也不同。游泳运动员需要在水中进行长时间的训练来完善游泳技能，从而更好地克服阻力，并提高有氧代谢和无氧代谢能力。

二、游泳运动行为与营养特点

游泳运动行为根据其距离不同可分为短距离游泳和长距离游泳。两类运动过程中能量代谢方式有所差异。在短距离游泳比赛中，比赛的持续时间通常不超过2min，大部分能量都来自CP和糖原的无氧代谢。虽然这类比赛的距离都很短，但是为维持高水平的爆发力输出，机体的能量需求却是巨大的，其中超过55%的能量来自糖原和磷酸肌酸。长距离游泳主要消耗有氧氧化系统和无氧糖酵解系统能量，在心肺能力有较高储备的基础上，对骨骼肌输氧和氧耗提出较高要求。按照长距离游泳参赛时所需时间可知，女子800m游完全程所需时间为 7~10min，而男子 1500m 需要 14~22min，其有氧代谢的比例大概在 60%~70%，糖酵解所占比例在 30%~40%。

6-3 延伸阅读　中国古代游泳的起源与发展演变

1. 游泳运动行为的能量代谢特点

游泳时肌肉收缩所需要的能量直接来源于肌肉的 ATP 的分解。肌肉内 ATP 的储备量很少，仅能维持数秒的强烈肌肉收缩，必须边分解边合成才能使活动得以持久。再合成 ATP 所需的能量来源于肌肉内的 CP 分解。由于肌肉内 CP 的含量也有限，只能维持 6~8s 的强烈肌肉收缩，故也得不断再合成。CP 再合成所需的能量则来源于糖或脂肪氧化分解。当氧供应充足时，碳水化合物或脂肪经有氧分解提供能量；当氧供应不足时，碳水化合物经无氧酵解提供能量，同时产生乳酸。人体在游泳时以什么形式供能，取决于需氧量与摄氧量的相互关系。当摄氧量等于需氧量时，机体靠有氧氧化系统供能；当摄氧量少于需氧量时，就有一部分能量必须由无氧糖酵解系统来提供。运动时的需氧量取决于运动强度。强度越大，需氧量就越大，无氧糖酵解系统供能的比例也越大。

游泳的运动强度因项目距离的长短而有很大的差异。50m 的项目，持续时间 25~35s，其供能以无氧过程为主，包括非乳酸能和乳酸能。100m 的项目，持续时约 50~70s，其供能以糖原无氧酵解提供乳酸能为主。随着距离延长，运动强度下降，无氧代谢供能的比例缩小，有氧代谢供能的比例升高。1500m 游泳，需持续 15min 以上，无氧代谢供能的比例降至 15% 左右，有氧代谢供能的比例则升至 85% 左右。

2. 游泳运动行为的营养特点

（1）游泳运动与碳水化合物　对于游泳运动员，运动补糖分为运动前、运动中和运动后。运动前补糖宜安排在赛前数日内和赛前 2h，应避免在赛前 1h 内补糖，原因是为了避开胰岛素效应。运动中补糖多采用少量多次饮用含糖饮料的方法，或食用易消化的含糖食物，运动中补糖的个体差异很大，少数运动员在长时间运动后会出现血糖下降的现象，甚至降低至低血糖水平，对有低血糖倾向的运动员，应采取运动前和运动中补糖的措施。运动后补糖可促进肌糖原恢复，和其他项目一样，游泳运动后补糖时间应在 2h 内，越早越好，并采用高血糖指数的食物进行补充。

（2）游泳运动与蛋白质　蛋白质的分解代谢可因肌糖原和膳食能量不足而加速，蛋白质丢失会使体重减少。保持体重和肌肉力量对游泳运动的比赛能力极为重要，竞技游泳运动员经常进行大运动量的耐力和抗阻训练，在训练期对蛋白质的需要增加。运动员在开始进行剧烈运动训练初期，由于细胞破坏，肌肉蛋白和红细胞的再生等合成代谢亢进，会发生负氮平衡甚至运动性贫血，一段时间适应后氮平衡改善。所以在大量运动训练初期应适当增加蛋白质的摄入，长时间的水下训练、陆上训练均会增加蛋白质的需求量。值得注意的是，运动员往往过度重视蛋白质的补充，而忽视碳水化合物的作用，导致蛋白质摄入过多，蛋白质的代谢会增加肝和肾脏的负担，容易产生疲劳。

（3）游泳运动与脂类 在供氧充足的条件下，就游泳运动员提高训练水平和运动成绩而言，脂肪酸氧化分解，可产生大量能量。一般在运动强度小于最大摄氧量的55%时。应当限制运动员过多地摄入脂肪。脂肪功能耗氧多，在游泳训练中氧供应不足时脂肪代谢不完全，不能完全利用，会生成酸性物质，对机体和运动有不良影响。此外，过多地摄入脂肪会降低蛋白质、铁等其他营养素的吸收，特别是饱和脂肪酸的摄入会引起高血脂，使血液的黏滞性增加，增加心脏的负担，使血液的气体运输功能减弱，耐力水平下降，引起疲劳。由于游泳项目机体散热量大，游泳运动员膳食中的脂肪可略高于其他项目的运动员，达到总能量的30%~35%。

（4）游泳运动与无机盐 无机盐对机体代谢，神经肌肉兴奋性，心血管功能都具有重要的作用。游泳训练时无机盐消耗及随汗丢失增加，而大负荷训练又使机体吸收能力降低，因而很容易造成运动员无机盐的缺失。游泳运动员训练强度高训练时间长，运动员缺铁性贫血的发生率很高，改善运动员的铁营养非常重要，应在日常膳食中选择富含铁的食物。

（5）游泳运动与维生素 游泳运动人员在长时间高强度的训练中会造成维生素的缺乏，容易缺乏的维生素主要有维生素B_1、维生素B_2、维生素A、维生素C。维生素B_1能够促进糖的新陈代谢，维护心脏和神经健康，缺乏时，糖代谢受阻，导致能量代谢发生障碍，尤其是神经系统受到影响。维生素B_1主要存在于动物内脏、肉、花生和粗粮等食物中。维生素B_2是蛋白质、脂肪和糖在体内代谢所不可缺少的物质，缺乏时会导致游泳训练效果低下。维生素A有助于维持免疫系统功能正常，可以让运动群体保持身体健康，保证正常的日常训练。维生素C能够提高机体的应激能力，参与甲状腺素、肾上腺皮质激素和神经递质的合成与释放，提高对寒冷的耐受力。

3. 游泳运动行为的营养补充与膳食建议

合理营养是游泳运动训练的物质基础，有利于代谢过程的顺利进行和器官功能的调节，对人体的功能状态、体力适应、运动后的恢复和伤病防治都具有良好的作用，而且有助于运动员充分发挥训练效果和竞技能力。

（1）增加钙和铁元素的摄入 无机盐可通过食物摄取，运动人群可选择乳制品、海产品、豆类和蔬菜来补充钙元素和铁元素，然而过多补充无机盐容易造成运动员机体负担。与此同时，运动人员应选择性摄入富含维生素B_1、维生素B_2、维生素A、维生素C的食物来维持运动过程中机体功能正常运转。

（2）增加蛋白质的摄入 蛋白质是肌肉生长最基本的原料，研究表明，游泳后1h以内是蛋白合成酶活性最旺盛的时期，此时吃高蛋白食物最有利于肌肉恢复，防止游泳后肌肉酸痛。但是很多高蛋白食物，如牛肉、羊肉、猪蹄等都是高热量、高油脂的食物，吃了容易发胖，因此建议直接吃蛋白粉等营养补充食品。

（3）增加富含纤维素食物的摄入 运动后可以通过食用香蕉补充能量，香蕉富含大量水溶性维生素及钾，饱腹感强，又能润肠通便，游泳后吃香蕉不仅能补充流失的钾离子，还能快速缓解饥饿感。由于香蕉热量不算太高,而且能促进肠胃蠕动,因此,运动后吃也不容易长胖,还能帮助清理宿便减肥;杂粮面包使用燕麦粉、小麦粉、亚麻籽、葵花籽、核桃、榛子等原料制成,相对于普通面包含有的矿物质和维生素更加丰富,也可在游泳后食用。总之,游泳后应该吃热量低,维生素、纤维素含量丰富的食物,这样才不会使运动员体重增加。

三、冬泳项目运动行为与营养特点

冬泳是指冬季综合标准下的自然水域的游泳,即冬季气温在10℃、水温在14℃以下的室外水域游泳活动。当人的身体受到冷水刺激后,全身血液循环和新陈代谢就会加强,皮肤血管就会急剧收缩,很多血液被吸入内脏器官及深部组织,这样内脏重要脏器的血管就开始扩张。人的身体为了御冷,皮肤血管很快又扩张,致使大量血液又从内脏流向体表。这样有规律的一张一缩,从而使血管得到了锻炼,增强了血管弹性,所以冬泳也叫"血管体操"。冬泳锻炼对人体健康产生多种良性生物学效应,能调节神经系统的兴奋性,增强神经内分泌系统、免疫系统、氧气转运系统、能量转化系统、抗氧化消除自由基的功能等。

1. 冬泳运动行为的能量代谢特点

冬泳运动过程中,机体的能量供应与消耗受环境温度的影响。温度越低,能量消耗量越大,冬泳运动时,机体消耗能量明显增加。例如,在12℃的水中游泳20min所散发的热量相当于在陆地上同样温度的空气中跑步60min所散发的热量。能量的供应取决于冬泳者自身的消化吸收水平和营养物质的补充。能耗的增加受运动强度、运动持续时间、运动时的水温以及冬泳者自身的技术水平等因素的影响。冬泳时,机体的主要能源是葡萄糖,而葡萄糖是以血糖和肌糖原的形式在人体参与供能的。虽然肌肉可以利用脂肪释放能量,但脂肪分解释放能量需要的时间很长,不能充分满足冬泳运动时的需要。有研究认为,冬泳者应该额外增加脂肪的补充,提高运动者身体的脂肪储备,以满足机体对热能的需要。但是过多脂肪补充会导致机体的负担,影响运动者的心肺功能和关节的灵活性,降低冬泳的运动能力。而且脂肪分解释放能量大概需要30min以上,但冬泳运动时间一般在30min以内,基本上没有启动脂肪的分解代谢。所以冬泳运动人员不应该过度增加脂肪的摄入。蛋白质只有在机体进行长距离力竭运动时才会被分解提供能量,冬泳运动的持续时间在30min以内,不会引发蛋白质分解。

2. 冬泳运动行为的营养特点

(1)冬泳运动与碳水化合物 冬泳者机体的主要能源是碳水化合物。葡萄糖是一种能源物质,特别是在冬泳这种高能量消耗的运动中,葡萄糖的供能作用异常突出。此外,冬泳者还可以利用蔗糖补充糖分。冬泳者补充蔗糖的作用机制是:蔗糖在人体消化酶的作用下分解为1分子葡萄糖和1分子果糖,葡萄糖有利于肌糖原的合成,当冬泳者体内的肌糖原含量升高时，冬泳者的能量供应就充足，在冬泳时的运动能力就会提高。尤其是对于参加冬泳比赛的运动员来讲，充足的肌糖原储备，将在比赛的冲刺阶段发挥重要的作用，使得冬泳运动员后程冲刺能力上升，并且延长冬泳运动员运动至疲劳的时间。果糖有利于肝糖原的合成，补给果糖时肝糖原的合成速度比以同样方式补充葡萄糖提高3.7倍。研究表明，环境温度下降将会导致人体免疫机能降低，冬泳的水环境温度在10℃以下，补充果糖有利于提高冬泳者的免疫能力。

（2）冬泳运动与蛋白质　冬泳运动过程中易造成人体组织的轻微冻伤，即使这些冻伤未被冬泳者发觉，但机体要修复这些组织就需要蛋白质的参与。在低温条件下，冬泳者的免疫机能有所下降，而蛋白质是构成人体抗体的主要成分，冬泳者需要保证充足的蛋白质供应。蛋白质与运动免疫有着密切联系，充足的蛋白质可以提高人体的免疫水平。并且冷刺激会让交感神经活动增强，其末梢释放大量的去甲肾上腺素，促进机体产热，而去甲肾上腺素的化学本质是蛋白质，补充适量的蛋白质有利于去甲肾上腺素的合成，提高机体的冷适应能力。

（3）冬泳运动与脂肪　脂肪是组成人体组织细胞的重要组成成分，它可以促进脂溶性维生素的吸收，保护重要器官，并且脂肪是一种富含能量的物质，每克脂肪可以供给37.62kJ的能量。对于冬泳人群来讲，脂肪不仅可以维持人体中心体温，还可以给机体供给大量的能量。但冬泳运动过程中补充脂肪并不能迅速为机体供能，过量摄入脂肪会增加机体对氧气的消耗，形成氧气供应不足，造成人体暂时缺氧，不利于促进冬泳运动的质量，建议正常饮食摄入脂肪就可以满足机体需要。

（4）冬泳运动与维生素　冬泳人群应该适量补充维生素。维生素对冬泳人群能够持续进行运动的能力有良好的促进作用，具体表现在维生素可以影响能量代谢和物质代谢，并且对人体组织的构建、各种体内的生化反应有着直接的影响。对于游泳运动时低水温的环境因素对人体免疫功能的损害，补充适量的维生素可以提高免疫系统功能，间接地维持了机体运动的需要，起到了对人体的保护作用。

（5）冬泳运动与微量元素　铁是血红蛋白的组成成分，对血液中氧气的运输起着非常重要的作用。并且，铁是肌肉中的肌红蛋白的组成成分，肌肉中的肌红蛋白对肌纤维内氧气的储存和运输有重要的生理作用。缺铁会导致血液运输氧气的能力下降，冬泳的耗氧量明显大于正常水温下的游泳运动。例如，在18℃的水中游泳时，比在26℃下同样速度游泳时每分钟多需要500mL氧气，而冬泳是在水温10℃以下的运动，冬泳的耗氧量相比较于26℃条件下的游泳急剧增多。一方面，冬泳者机体的耗氧量显著增加，机体的摄氧能力有限，人在低温的条件下进行冬泳运动导致机体氧气的供应不足，而氧气供应不足，导致细胞进行一定量的无氧运动，产生大量的乳酸和代谢废物，这是疲劳产生的原因。疲劳会让正在进行高能量消耗的冬泳者不得不停止水中运动，如果继续运动可能对机体造成伤害。男性冬泳者很少有缺铁的现象，缺铁对成年女冬泳者会产生不利影响，因为女性缺铁相比较于男性高发,而女性在同样运动强度下消耗的氧气比男性高,女冬泳者对氧气的需求也就高于男性。所以,女冬泳者应该增加铁的摄入量。

有研究表明,在低于人体温度的水中游泳应该增加碘的摄入,以适应低温环境中人体甲状腺激素分泌增多的需要,而冬泳低于人体体温大约 27~35℃,内外温度差大,在开始入水阶段,人体为了适应冷刺激,分泌大量的甲状腺激素,因此,冬泳人员还应该在正常基础上额外补充碘。

(6)液体的补充　虽然水不含热量,并且不提供其他任何营养,但水对维持生命的重要作用仅次于氧气。人体的循环系统中,水承担着向细胞运输营养物质,并且运输细胞代谢产物的任务,虽然人体短时间缺水不会造成严重的后果,但是缺水却会影响冬泳者的物质代谢,造成物质代谢受阻或缓慢。所以要适当给体内补水。大概 500mL 左右的水就可以满足一次冬泳运动的需求。

3. 冬泳运动行为的营养补充与膳食建议

(1)适宜增加优质脂肪的摄入　冬泳时,冬泳者可通过补充果糖来提升低温下的免疫力;冬泳应保证充足的蛋白质供应以修复机体组织损伤、提升免疫力、合成蛋白质激素;冬泳者应适量补充脂肪以促进脂溶性维生素溶解,不宜过量补充脂肪以防造成人体缺氧进而给冬泳者的安全造成不利影响。

(2)增加富含铁和碘元素食物的摄入　冬泳者在运动前后应当摄入含有充足铁、碘元素的食物,以保持充足供氧和机体分泌激素需要;冬泳人群每日的维生素摄入量应该大于同等强度下的游泳运动人员摄入量,既要满足维持人体内正常的生化反应需要,还要满足人体在低水温条件下剧烈生理应激的需要。

四、皮划艇项目运动行为与营养特点

皮划艇是运动员通过划桨划水克服水、空气和人体自身阻力使艇前进的水上竞速项目,分为皮艇和划艇两大类。其中皮艇是划船者坐在艇中,使用双叶桨作为动力;划艇是划船者单腿跪在艇中,使用单叶桨作为动力。皮划艇是一项以快速力量素质和耐力素质为主的周期性运动项目。对运动员的力量素质,尤其是专项力量素质有更高的要求。该项目既需要超群的爆发力和绝对力量,还要具备超强的耐力,尤其是在长距离的比赛中。

1. 皮划艇运动的能量代谢特点

皮划艇项目的成绩一般在 90~240s,刚开始动用磷酸原系统持续 6~8s,随后无氧糖酵解系统开始启动,同样有氧氧化系统也是在随着糖酵解系统的动用而开始启动。在皮划艇运动中,有氧氧化系统占主导地位,在此系统没有被充分地调动起来之前是无氧糖酵解系统担当着能量供应先锋。无论是从三大供能系统的自身特点还是皮划艇项目的特殊性来看,磷酸原系统都不会占据太大的比例。但是在无氧糖酵解系统没有达到最大功率时,磷酸原系统起到缓冲作用。因此，皮划艇运动是以无氧糖酵解系统和有氧氧化系统混合供能为主的运动项目。

2. 皮划艇运动的营养特点

（1）比赛前的营养　比赛期的营养安排，应根据运动员比赛时的体内营养状况和机能状况来决定。从比赛前10d开始进行营养调整，此时的营养任务是使运动员保持适宜体重，增加维生素储备、碱储备及糖原储备。具体要求：随运动量的减小相应减少热量摄入，以免热量过多而使体重增加；适当减少蛋白质和脂肪的摄入，以免增加体内酸性；增加糖类的摄入以提高糖原储备，耐力项目可采用糖原充填法；增加碱性食物的摄入，以增加体内的碱储备；增加维生素供给量，除膳食外可补充维生素制剂，达到每天2mg维生素A、10~15mg B族维生素、200~250mg维生素C；按比赛时的情况调整进餐制度，使运动员逐渐适应比赛时的膳食。

（2）比赛当日的营养　比赛当日，特别是比赛前一餐的饮食安排，对运动员比赛时的生理状况有很大影响，安排不当，会妨碍运动能力的发挥。短时间的比赛项目，不存在比赛中营养不足的问题。长时间的比赛项目，消耗较大，所以赛前一餐的营养十分重要。总的原则是，赛前一餐应不妨碍比赛时机体的各种生理应激，有利于体内代谢的进行。具体要求：食物的热能应满足需要，但体积和重量要小；食物易于消化和吸收，富含维生素和矿物质，不含粗纤维和易产气体的食物（如芹菜、大豆等）；能源物质比例一般要求高糖、低脂肪和低蛋白质，长时间比赛项目可适当增加脂肪；适量补充水分，其量一般为700mL，以防赛中脱水；适宜地补糖，以节省体内糖原，延迟疲劳发生，要特别注意补糖的时间和量；适宜地补充维生素C，一般在赛前30~40min内一次服用500~1000mg维生素C。

（3）比赛后的营养　在紧张剧烈的比赛后，及时而合理地补充营养，可促使疲劳尽快消除，加速体力更快恢复。在大强度比赛后即刻服用100~150g葡萄糖，对于补充运动员所消耗的热能、促进肝糖原储备、预防肝的脂肪浸润，以及对恢复血糖水平和减少血乳酸含量均有良好的作用。赛后高糖膳食可使肌糖原的恢复由2~3d缩短到1d。比赛后2~3d内的膳食应维持高热量、富含碳水化合物和蛋白质、少含脂肪、维生素矿物质要充足。此外，还要注意水分的补充。

3. 皮划艇运动行为的营养补充与膳食建议

随着竞技体育的飞速发展和竞争的日趋激烈，对运动员的运动能力要求越来越高。运动员的运动能力受多种因素的制约，合理的营养就是其中重要的一个因素。运动营养是促进运动员身体机能恢复的重要保障，不同的项目、不同的身体机能状态以及所要达到目的的不同，需要的营养补充也各不相同。

（1）增加二磷酸果糖的摄入　对于以有氧氧化供能和无氧糖酵解供能为主的皮划艇项目来说，糖的补充更为重要。近年研究成果证实，补糖有助于保持长时间、耐力性运动项目的运动能力；补糖有益于短时间、大强度的间歇运动项目，延缓疲劳的出现。二磷酸果糖（fructose diphosphate，FDP）是一种多功能的运动营养品，是糖代谢的中间产物。外用FDP可促进内源性 FDP、ATP、2,3-二磷酸甘油含量的成倍增加；促进红细胞向组织释放更多的氧；增加心肌供血，改善微循环，可使有氧运动中乳酸增加值减少，可以提高无氧和有氧运动能力，有利于疲劳的恢复。

（2）增加支链氨基酸的摄入　在人体内蛋白质无固定的储存量，必须经常从食物中摄取才能满足。作为营养补剂需要重点补充的氨基酸有：支链氨基酸（亮氨酸、异亮氨酸、缬氨酸），其与三羧酸循环、葡萄糖-丙氨酸循环、支链氨基酸代谢、鸟氨酸循环都有着密切的关系。摄取支链氨基酸可以预防中枢神经系统机能疲劳的过早发生；谷氨酰氨参与蛋白质的合成和毒性氨的储存、运输和解毒。

（3）增加肌酸的摄入　肌肉的收缩需要 ATP 提供能量，而肌酸是高能磷酸肌酸的基团储存库和线粒体内外的能量传递者，能满足最快速度合成 ATP 的要求，是再合成 ATP 的快速间接能源，服用肌酸可提高运动或比赛前骨骼肌中肌酸的储存量。

（4）增加 L-肉碱的摄入　肉碱广泛地存在于新鲜的羊肉、牛肉和猪肉中。肉碱分为L-肉碱和 D-肉碱，只有 L 型具有生物活性，D 型是其竞争的抑制剂。肉碱对运动能力究竟产生什么样的影响目前没有统一的定论，但大部分认为补充一定量的 L-肉碱对提高有氧能力有一定的作用，对极量运动项目、亚极量运动项目及力量型运动项目都有重要的意义。主要是通过 L-肉碱作为载体将脂肪酸运送到线粒体内进行氧化，而脂肪酸氧化可以提供较多的 ATP。

（5）增加 B 族维生素的摄入，增加硒、锌、铜微量元素的摄入　维生素和无机盐的补充。维生素、无机盐的补充有利于机体的恢复。摄入维生素、无机盐充足，将获得更好的睡眠与休息。维生素 B_1 在能量代谢和糖代谢生成 ATP 的过程中起着重要的作用。它的缺少将导致乳酸的堆积。维生素 B_2 与人体的细胞呼吸有密切的关系。维生素 B_6 作用于蛋白质和氨基酸代谢，是糖原合成与分解过程中糖原磷酸化酶的一种成分。硒、锌、铜都是抗氧化类微量元素，每天给予适量的补充对消除自由基和脂质过氧化物有一定的效果。

五、冰雪类项目运动行为与营养特点

2022 年北京冬奥会的成功举办，为我国冰雪运动的发展带来了新的契机。在政策驱动、资金投入及大力宣传下，我国的冰雪运动产业和大众参与取得了突飞猛进的发展。冰雪类运动项目由于特殊的低温环境和运动特点，需要为冰雪项目运动人员提供相应的营养措施，以保证运动过程中身体机能和运动能力的正常发挥。对冰雪项目运动人员营养膳食进行有效的膳食指导，保证其获得合理营养，对有效增强人员体能、消除运动性疲劳，进而提升运动能力和比赛成绩具有重要作用。

1. 冰雪类项目的运动行为和营养特点概述

冰雪项目在冷环境中进行，包括速滑、花样滑冰、冰球和滑雪等多种项目，其运动特点包括连续性、有节奏、多次起停、方向改变，有些运动也具有非节奏性和不同运动距离等。臀部收缩和膝伸为滑冰运动的基本动作，可占总动作的 50% 以上。除冰上运动外，冰雪运动人员还有在陆地上的力量和技巧训练，涉及无氧和有氧能量系统的应激。国外的一些研究报道，优秀的滑冰运动员每周约进行 14 种不同的训练课，共计 30～35h，训练活动包括：有氧运动如长距离跑和骑车活动（占 40%）、高强度间歇性/无氧活动（占 20%）、力量和耐力性阻力训练（占 15%）、滑冰有关训练（占 25%），训练中的血乳酸浓度可达到 5～7mmol/L。由于这些项目对运动人员的肌肉耐力、肌肉爆发力和速度等素质均有较高的要求，且人员长时间在寒冷的环境中进行训练和比赛，因此，冰雪项目运动员的能量消耗相对较大，对膳食营养的平衡性要求较高。

滑雪是一项全身性有氧运动，可增强神经系统功能，并在享受滑雪的过程中，身体重心会不断变化寻找新的平衡点，而这种平衡感的锻炼是在一般锻炼中无法得到的。平衡感即自身的协调能力，需要身体每个部位互帮互助才能达到最佳平衡效果。人体头部、颈部、肩部、手、腕部、肘部、腰部、腿部、膝部以及脚踝等部位都会在滑雪过程中得到锻炼，使原本僵硬的身体变得柔软。

6-4 延伸阅读 中国自由式滑雪运动员谷爱凌

2. 滑雪运动行为的能量代谢特点

国内外研究发现，优秀冰雪项目运动员的周训练时间通常介于 30～35h，训练内容涉及有氧和无氧耐力、力量以及技术训练等，训练消耗能量在 15487.65～19673.5kJ/d。

3. 滑雪运动行为的营养特点

（1）滑雪运动与碳水化合物　在低温环境中运动员进行训练、比赛，自身能量供应对于运动员竞技能力发挥以及运动后疲劳消除具有重要作用。冬季休闲滑雪运动中，在寒冷、高海拔环境下心输出量的增大及外周血流量的增多往往伴有糖的利用率的增加，可能由于缺氧的刺激，机体摄氧量相对不足，所以会优先选择糖作为机体供能物质。有研究认为 ATP-CP 系统在冰球运动项目供能中占主要地位，有氧系统供能起缓冲作用。

滑雪运动员机体的主要能源是碳水化合物。葡萄糖是一种能源物质，特别是滑雪运动这种温度较低的环境中，葡萄糖的供能作用异常突出。1 分子蔗糖在滑雪运动员体内分解，生成 1 分子果糖和 1 分子葡萄糖，葡萄糖有利于运动员体内的肌糖原的合成，肌糖原含量升高时，运动员的能量供应就充足，肌糖原含量升高有利于运动员动作变换灵敏和最后冲刺阶段更有力，果糖有利于肝糖原的合成，可提升在滑雪低温环境下运动员机体的免疫力。运动后 2h 补糖 100g 以及赛后进食含高糖的膳食有利于糖原恢复和预防慢性糖原耗损。赛前 4h 应进食含高糖的膳食，赛前如时间允许还可补充易消化的甜品。

（2）滑雪运动与蛋白质、脂类　滑雪运动人员由于长时间在冰雪上活动，加之周围环境温度较低，机体产热过程增强以维持体温，所以蛋白质和脂肪消耗较多，应注意补充。

（3）滑雪运动与维生素　滑雪运动员的维生素的补充应以 B 族维生素为主并增加维生素 A 的摄入，以保护眼睛更好适应冰雪场地的白色环境。滑雪运动员为保持体型会控制脂肪的摄入，这就使得脂溶性维生素（维生素 A、维生素 D、维生素 E、维生素 K）缺乏，应适量补充。

（4）滑雪运动与微量元素　缺铁将导致运动人员体内氧的运输、储存，二氧化碳的运输及氧化还原等代谢过程紊乱，骨髓因不能生成足够数量的血红蛋白和红细胞造成缺铁性贫血，故需在赛前补充含铁量充足的食物。运动员经过剧烈运动，体内会生成大量自由基，对细胞膜形成氧化损伤，导致运动损伤和疲劳。有研究表明，在剧烈运动中，金属硫蛋白的合成受到锌的影响，营养性锌缺乏可引起金属硫蛋白含量的下降，有效补锌则可以使其明显回升。

4. 滑雪运动行为的营养补充与膳食建议

（1）增加谷类和薯类食物的摄入　由于滑雪运动会消耗大量的碳水化合物，因此要注意多补充主食保证碳水化合物的供应。保证主食的摄入量占总摄入量的 60%~65%。建议多食用米饭、糙米等谷类食物，马铃薯、甘薯等薯类食物，这些食物能够让身体快速摄取能量，并在滑雪运动中持续释放。但应相应减少面食的摄入，以免在高海拔地区相对缺氧状态下因面食的摄入而引起消化系统的不良反应。

（2）按照一定的比例摄入动物油与植物油　脂肪是人体从事长时间运动的主要来源，它也能在较长时间内供给人体能量而使之获得耐力。一般认为过多食用动物油不好，会促使动脉硬化，动脉硬化将引起高血压、冠心病等。提倡多食用植物油，因为植物油中含有丰富的亚油酸等不饱和脂肪酸，它易于氧化供能，有人发现服橄榄油后可提高运动的耐久力。但如果摄入过多的植物油，氧化后形成过多的过氧化脂，对身体有害，可造成脑血栓、心肌梗死等疾患，而且还是一种致癌物质。因此，在摄入脂肪时，动、植物油的比例最好是 1∶2。麦胚油、玉米油、米糠油等植物油中含有丰富的维生素 E，维生素 E 有抗氧化作用，可减少过氧化质的形成，而且维生素 E 能提高运动时的耐力，所以摄入这样的油比花生油、豆油等更好。

（3）增加谷氨酰胺的摄入　蛋白质是机体组织细胞的基本成分，骨骼、肌肉和内脏等组织器官的生长需要大量的蛋白质，如果按单位体重计算，对蛋白质的需求最多。当进行滑雪运动时，体内的蛋白质代谢得到增加。尤其是随着温度的降低，蛋白质代谢热量的增加，使谷氨酰胺的消耗得到增加。而谷氨酰胺是肌肉和血液中含量最多的氨基酸，它为免疫细胞快速提供能量，同时也是合成核苷的重要原料。一旦体内的谷氨酰胺缺乏，就容易导致免疫机能下降，人体也就容易生病，所以，经常参加滑雪运动的爱好者一定要注意谷氨酰胺的补充。

（4）增加抗氧化物质的补充　机体对氧自由基的清除方式主要有酶促抗氧化系统和非酶促抗氧化系统两种方式。而非酶促抗氧化系统就是通过膳食补充某些具有抗氧化作用的物质来有效的清除氧自由基。在日常食用的食物中具有一定抗氧化性的食物有：茄子、豆角、韭菜、油菜、马铃薯、青椒、黄瓜、番茄、葡萄、大蒜的提取物或是汁液等。茶叶尤其是绿茶，也具有较强的抗氧化性。滑雪爱好者可以通过补充这些抗氧化物质以达到疲劳恢复的目的。

第七节　射击项目运动行为与营养特点

射击类项目通常包括手枪、步枪等。射击运动最早起源于狩猎和军事活动。15世纪，瑞士就曾经举办过火绳枪射击比赛。19世纪初期，欧洲一些国家还举行过对活鸽子射击的游戏，这些都是现代射击比赛的雏形。1896年在雅典举行的第1届奥运会上，射击比赛设5个项目。中华人民共和国建立后，特别是20世纪80年代以来，射击运动在我国快速发展，使得此运动成为我国竞技体育的传统优势项目。在第23届洛杉矶奥运会上，中国著名的射击运动员许海峰打响了历史性的一枪，为中国体育在世界上的崛起吹响了号角，从此，中国射击运动员在历届的奥运会上都取得了辉煌的成绩。近年来，随着射击运动馆在一些城市出现，射击运动逐渐被大众所接触，成为一项休闲运动项目。射击类项目对运动人员的耐力和视力要求较高，因此其营养干预措施也具有一定的特殊性。

6-5 延伸阅读　中国奥运金牌第一人——许海峰

1. 射击运动行为与营养特点

射击运动是一项以静力性和耐力性为主要特点的技能类准确型的运动项目，它对运动员的要求不仅是身体素质，还有思想精神方面的投入和承受能力，其要求运动员长时间保持一种姿势，局部肌肉长期处于等长收缩状态，还有短时间的缺氧状态，这样很容易使局部肌肉产生疲劳，甚至过度疲劳，造成慢性劳损。长此下去，大脑皮层兴奋性下降，使皮层下功能发生紊乱，破坏原有的动力定型，从而引起各器官系统的功能失调。这种由于神经系统的功能失调和消耗引起的疲劳，主要表现在精神上：情绪低落、食欲不振、睡眠不好、反应迟钝、动作失调、训练欲望降低甚至厌练。

2. 射击运动行为的能量代谢特点

人体的一切活动都需要一定的能量，能量是体内物质在代谢过程中产生的，在代谢过程中，不断消耗氧气来氧化能源物质（碳水化合物、脂肪、蛋白质等）以便释放出能量供给各器官活动的需要。射击运动中，能量主要来源于碳水化合物、脂肪和蛋白质，在运动过程中，肌肉中的糖原、脂肪和蛋白质会分解，通过有氧和无氧代谢途径产生能量，满足运动需求。射击运动过程中，由于运动强度较大，无氧代谢会参与其中，但总体来说，射击运动仍以有氧代谢供能为主要特点的运动项目，要求运动人群具有良好的有氧耐力素质。射击运动是在长时间和低强度的情况下进行的，这对机体的体力和精力都是很大的消耗。研究表明，射击训练后的精神疲劳程度高于体力疲劳。射击是一种强身健体的一种有效手段，经常从事射击运动，可以促使人体产生良好的变化。射击运动不仅能增强臂、腰、腿部的力量，而且可以使肌纤维变粗，肌肉的体积增大，使肌肉力量得到增强。发达胸、背肌肉，提高注意力、增强体质。此外，经常参加射击活动，可以促进运动器官的发展，加强机体新陈代谢，改善骨骼的血液供应，使骨骼变得更加粗壮坚固，提高骨骼的抗阻和支撑的能力。

3. 射击运动行为的营养特点

（1）射击运动的能量补充　作为射击运动员，赛前体内需要补充足够量的碳水化合物。碳水化合物是人体主要的能量物质，每天大约有 250～350g 的糖原被提供给身体，它们一般都储存在肝脏和肌肉组织中。在身体活动中，根据强度，糖原被用来维持运动系统的活动。除此之外，糖原水平的降低还影响到了大脑的糖代谢，使每一肌肉群的灵敏程度下降。因此，补充适当的糖原储备对射击运动员是非常重要的。

（2）蛋白质及脂肪的补充　尽量少（或不）食用烹调用油过多的食物，如油炸、烧烤食品；尽量少（或）不食用脂肪含量较高的食物，如猪肉、动物内脏、黄油。多选择高蛋白、低脂肪的食物食用，如瘦牛肉、瘦羊肉、火鸡胸、鱼类、海产品等。建议男性射击运动员动物性食品每日摄入量在 400g 左右为宜，女性运动员由于热量需求低于男性，建议摄入量在 250g 左右。

（3）维生素及矿物盐的补充　对于射击运动人员而言，维生素、矿物质、微量元素的需求量要高于一般人群。射击项目对视力要求很高，维生素 A 缺乏会致使视力下降，直接影响训练及比赛。B 族维生素对肌肉发育有特殊意义。部分女性运动人员中还存在矿物质摄入不足的现象，如钙、锌的缺乏，这将对运动人员的神经兴奋性和身体机能造成不良影响。B 族维生素和维生素 C 对于运动员机体代谢具有重要意义。钙和其他物质共同负责骨骼的代谢，神经和肌肉纤维的兴奋也有赖于血液中钙的水平，富含钙的食物有牛乳、乳制品和杏仁，建议补充。钾影响心脏和肌肉的活动，富含钾的食物有柑橘类水果、香蕉、杏等，建议补充。镁是高能酶合成所必需的，并且影响着某些肌肉功能，富含镁的食物是蔬菜和坚果，建议补充。氯化钠（普通食盐）控制着体内水和酸性物质的平衡，射击运动员每日摄入量建议为钙不少于 2g；钾不少于 4g；镁不少于 0.5g；氯化钠不少于 15g。

4. 射击运动的营养补充与膳食建议

（1）增加果糖的摄入　富含碳水化合物的食物包括谷类产品、稻谷、蔬菜、马铃薯、水果和干果食品等。至于饮料，建议选择甜果汁或牛乳等，对于射击运动员来说，用果糖来代替葡萄糖补充能源物质非常有利于长时间持续运动的进行。

（2）增加优质蛋白的摄入，限制难消化食物的摄入　富含优质蛋白的食物有鸡蛋、肉、鱼和乳制品等。每天供给身体的脂肪量不应超过 15～25g，要避免油腻或难消化的食物。

（3）增加微量元素铁、锌的摄入　微量元素铁影响着血液和肌肉的合成以及肺泡呼吸，是众多酶的一个组成成分。铁缺乏是因为饮食不良、频繁地排汗和反常的月经出血而导致。男运动员每日建议的铁摄入量为 12mg，女运动员为 20mg。富含铁的食物包括肉类、绿色蔬菜、细香葱和麦芽等。人体眼部锌的含量相对较高，射击人员对视力要求较高，每日建议摄入锌的量为 15mg，富含锌的食物有蔬菜、橙子、肉类、黄油，建议在合理范围内摄取。

本章小结

不同专项的运动项目对体内代谢影响有所不同，因此在营养上也有其特殊的要求。合理的营养供给有助于保证运动员的健康及运动能力的提高，能促进运动人员对训练的适应性和消除疲劳。合理营养的膳食补充对运动员保持良好的运动能力和运动状态，提高运动技能水平有重要意义。对于从事体育训练的运动员来说，科学膳食尤为重要。营养是运动的基础，运动是强身健体的必由之路。

球类运动项目对运动员的力量、速度、耐力、灵敏、柔韧等素质均有较高的要求。球类运动能量消耗量较高，膳食应根据运动量的大小，保证运动员摄入充足的能量。膳食应营养均衡，食物中要含丰富的蛋白质，碳水化合物以及 B 族维生素、维生素 C、维生素 E、维生素 A。球的体积越小，对运动者的眼力要求越高，所以，在食物中维生素 A 的含量应更高些。水上运动具有一定的危险性，运动员的膳食需要具有针对性且营养均衡才能让其更好适应水上运动且发挥出自己最大的潜力。水上运动项目的供能特点是比较特殊的，这取决于水上项目的特殊性。水上运动项目是大肌肉群工作的项目，合理分配无氧糖酵解系统供能和有氧氧化系统供能可以使乳酸的堆积出现相对较晚，为全程比赛能量的合理分配奠定了基础。只有正确掌握项目的供能特征、科学扎实的训练、有针对性的选择合理的营养补剂这三者完美结合起来，这才是实现训练的科学化和提高运动成绩的关键所在。

随着我国建设"体育强国"的进程逐步推进以及冬奥会的顺利举办，冰雪运动由原本遥不可及的运动项目逐渐向亲民的运动项目发展，冰雪运动讲究技巧与竞技，因其特殊的竞技性与能量代谢特点，运动前中后的膳食补充方案更加具有针对性。本章综合叙述了滑雪运动行为概述及其营养学特点，罗列了这项特殊运动的营养需求和代谢特点，并针对运动员膳食结构不合理给予了科学的建议，这对于滑雪运动员优化膳食结构、科学运动提供了理论基础，对于普罗大众更好适应这项特殊运动、发挥自己的最大潜力提供了科学的营养建议。国民有了解冰雪运动的途径、运动膳食有理论支持，国民可以在运动中身心受益，这才是冬奥会的真正意义所在，也是本章的意义所在。

手枪、步枪属于间接对抗性、周期性和以静力性为主体的运动项目，虽然运动强度较低，但是由于运动员需要长期保持稳定姿势使各肌群处于长时间等长收缩状态，因此一整天训练所消耗的总能量并不低。射击是一项技心能主导的表现准确性的测量类项目，科学合理的膳食是确保运动员在赛场上发挥实力的重要基础，也是运动员基本身体素养的后方物质保障。由于射击项目对运动人员的视觉要求非常高，与其他项目比较起来，该项目食谱应适当增加维生素 A 的摄入。由于步枪、手枪项目的静力性运动特点，动作单调、重复次数多，心理负荷，注意力集中，很容易使运动人员出现中枢疲劳。注重合理的营养搭配和特殊营养补充，能够推迟中枢疲劳的发生。本章综合叙述了射击运动行为概述及其营养学特点，罗列了这项特殊运动的营养需求和代谢特点，并针对项目膳食结构不合理给予了科学的建议，这为射击运动人员优化膳食结构、科学运动提供了理论基础。

体育强则中国强，国运兴则体育兴。体育运动承载着国家强盛、民族振兴的梦想，关乎人民幸福，关乎民族未来。全民运动，强国有我。中国体育独特的气质，将指引一代中国人奋勇向前，昂扬向上。习近平总书记强调，体育是社会发展和人类进步的重要标志，是综合国力和国家软实力的重要体现。国家体育运动的发展离不开每一位体育运动员的努力，对不同运动行为及营养特点进行足够的了解，方能使运动员没有后顾之忧地在前方奋斗。站在新时代的历史坐标上，全面建设社会主义现代化强国，需要在各方面都强起来，体育定要强起来，让中国体育在"最好的时代"里步入佳境。

思考题

1. 简述短跑运动员能量代谢特点与营养需求。
2. 对于一名中长跑运动员，在营养方面应注意什么？
3. 简述篮球运动员能量代谢特点与营养需求。
4. 对于一名乒乓球运动员，在营养方面应注意什么？
5. 简述体操运动的营养特点。
6. 对于一名健美操运动爱好者，应该如何调整膳食？
7. 简述长距离游泳运动员的能量代谢特点。
8. 简述一名冬泳爱好者的能量代谢特点与营养需求。
9. 冰雪类项目的运动特点及其相应的营养措施有哪些？
10. 花样滑冰运动员的营养措施中需要注意哪些问题？
11. 论述射击运动的营养特点。
12. 论述补充维生素对于射击运动员的重要意义。

第七章
不同人群运动行为特点与营养补充

学习目标

1. 了解不同人群的生理特点与运动特点,掌握不同人群,尤其是儿童、青少年、成年人、妊娠期人群、更年期女性、老年人在生理特点上的不同,并掌握不同人群适合的运动方式。

2. 了解并掌握不同人群的能量与物质代谢特点,包括能量代谢特点、产能营养素代谢特点、矿物质与水分代谢特点、维生素代谢特点,并总结不同人群在能量与物质代谢方面的异同。

3. 了解并掌握不同人群运动时的营养补充和膳食建议,重点掌握碳水化合物、蛋白质、脂肪这三大营养素的摄入比例,铁、钙等微量元素和不同维生素的补充方式。可依据不同人群的运动行为特点与营养补充差异,对不同运动人群提出合理的膳食方案。

第一节 引言

2019 年 7 月 15 日,国务院发布了关于实施《健康中国行动(2019—2030 年)》的意见。该意见以习近平新时代中国特色社会主义思想为指导,全面贯彻党的十九大和十九届二中、三中全会精神,认真落实党中央、国务院决策部署,坚持以人民为中心的发展思想,树立"大卫生、大健康"的思想理念，坚持"预防为主、防治结合"的原则，以基层为重点，以改革创新为动力，中西医并重，把健康融入所有政策，针对重大疾病和一些突出问题，聚焦重点人群，实施一批重大行动。其中，妇幼健康促进行动主要针对婚前、孕前和孕期人群及新生儿和儿童，给出妇幼健康促进建议，并提出政府和社会应采取的主要举措。中小学健康促进行动旨在普及健康行为、生活方式、疾病预防、心理健康、生长发育与青春期保健等知识与技能，并提出个人、家庭、学校和政府应采取的举措。职业健康保护行动主要是依据《中华人民共和国职业病防治法》和有关职业病预防控制指南，提出劳动者个人、用人单位和政府应采取的措施。老年健康促进行动针对老年人膳食营养、体育锻炼、定期体检、慢病管理、精神健康以及用药安全等方面，给出个人和家庭行动建议，提出促进老有所依、老有所养、老有所为的社会和政府主要举措。健康行动需政府、社会和个人协同推进，建立健全健康的教育体系，引导群众树立正确的健康观，形成有利于健康的生活方式、生态环境和社会环境，促进以治病为中心向以健康为中心的思想转变，提高人民的健康水平。

  大众群体运动是我国体育建设和社会文化发展里不可或缺的一部分。随着我国综合国力及社会文明发展程度的提升，我国体育人口出现逐年增加的趋势。大众群体在运动时不仅注重健身方式，也越来越看重运动前后的饮食调节。对运动人群饮食进行科学有效的指导，有助于大众群体增强体质，提升健康水平，预防疾病。

  然而，发展群众运动首要问题就是不同运动人群的生理特点和运动行为特点不同。儿童往往精力充沛，能量代谢旺盛，基础代谢率高，以趣味性运动为主；青少年处于生长发育高峰期，身高陡增，开始性成熟期，内分泌发生变化，多喜爱跑步、跳高、跳远和羽毛球等有氧运动；成年人发育成熟并逐渐走向衰老，各物质代谢相对稳定，运动形式丰富多样；孕期随着妊娠时间的增加，身体内分泌系统改变，体内雌激素、孕激素及胎盘激素的水平升高，在孕早、中、晚期需要进行不同强度的运动以便促进胎儿的顺利生产；特殊工作人群，如极地考察人员，主要运动行为发生在科考工作中，受恶劣环境影。因此，针对不同人群的运动特点进行探讨是有必要的。在此，本章根据运动人群年龄段的不同，青春期、妊娠期、围绝经期等特殊阶段以及其他特殊工作环境，将运动人群总体分为八大类，分别为儿童、青少年、成年人、妊娠期人群、围绝经期女性、老年人以及繁重体力劳动者和野外作业人员。

  伴随生理及运动特点的差异，不同运动人群的能量与物质代谢特点也各不相同。因此，针对不同运动人群，本章还介绍了运动人群的能量、产能营养素、矿物质与水分和维生素的代谢差异及营养补充建议，可以让不同的运动人群清晰地认知自身所处的能量与物质代谢水平，合理调节饮食方式，及时补充所缺乏的营养素，促进身体的健康发展。

  最后，通过代谢水平的高低及运动强度的不同，本章还给出了不同运动人群的营养补充与膳食建议，以期对不同运动人群在运动前后的膳食搭配进行科学、有效的指导，保证运动人群运动前后的营养补充，更好地促进运动水平和身体健康水平的提升。

总之，国民身体素质的提高，必须根据不同人群的生理特点和运动特点，进行分类研究、分类指导，使运动、能量代谢与膳食营养相互结合、相互促进，稳步推进全民运动的向前发展。

第二节　儿童运动行为与营养特点

按照社会公认、上学阶段划分和青春期界定，儿童的年龄段为3~12岁，一般分两个阶段：3~6岁为学龄前儿童，7~12岁为学龄儿童。儿童时期的生长发育不如婴幼儿时期和青少年时期旺盛，但仍处于生长发育的快速时期。这一时期的人群活泼好动，引导其增加适当的体育锻炼，同时注意膳食营养的合理搭配，更有利于其健康成长。

一、儿童的生理与运动特点

1. 儿童的生理特点

在儿童时期，生长发育往往是稳定的，生长速度比婴幼儿和青少年时期要慢，平均而言，在9~10岁，体重预计每年增加约2~3kg。这阶段，脑及神经系统发育持续但不够成熟，易疲劳，难以持续工作；肌肉系统发育快但仍不完全，肌肉的力量、耐力和弹性等较成人差；骨质柔软，弹性和柔韧性好，不易骨折但易变形；骨关节活动度大，但牢固性和稳定性较差；心脏重量和体积小于成人，心肌纤维较短，心脏收缩力弱，泵血量小于成人；呼吸系统发育不成熟，呼吸肌力量弱，胸廓小，呼吸道狭小，肺通气阻力大，因此肺活量弱于成人，运动时吸氧绝对值少；神经兴奋和抑制发展不均衡，兴奋性较高，行动好动，难以集中注意力。儿童正处于生长发育的快速时期，物质代谢旺盛，且合成代谢大于分解代谢。因此，对于这一时期的人群，科学的运动和合理的膳食营养是身体素质发展的重要影响因素。

2. 儿童的运动特点

学龄前儿童（3~6岁）的运动应以愉快的游戏为主要形式，同时在保证活动时间和活动强度的前提下，兼顾该阶段快速发展的身体素质。7~12岁儿童身体迅速成长，但骨骼还相对脆弱，易受到强烈运动冲击的影响。建议适当运动，尽量避免孩子参加对抗性的项目，以免受伤，影响正常的生理发育。

体育锻炼可以加强全身的血液循环，使骺端软骨细胞得到充足的营养，加速软骨细胞的增殖和骨化，使骨生长加速。可以选择摸高、爬杆、爬绳梯锻炼、引体向上、交叉伸展、跳绳、跳皮筋、踢毽子、单杠悬垂及游泳等运动，这些体育训练会增加关节和韧带的柔韧性，有助于生长发育。适当的体育运动可刺激儿童钙和磷的吸收，加速骨矿物质在骨内沉积，从而加速骨骼的生长。儿童不适合经常进行举重、杠铃、铅球和铁饼等负重训练，以免影响下肢骨的正常发育，避免腿部变形和足弓降低。

二、儿童运动时的能量与物质代谢特点

1. 儿童运动时的能量代谢特点

儿童物质能量代谢旺盛，基础代谢的能量需要量较成人高，且随着年龄增长而逐渐减少，儿童需要足够的能量摄入，以确保适当的生长、发育和成熟。膳食能量推荐摄入量基本能满足中、轻度运动的能量需求。在进行负荷运动时儿童的有氧代谢储备能力较小，若运动量非常大，如参加竞技体育项目等活动，能量消耗增大，就需要及时补充足够的能量，满足机体的正常运转和运动能力。但是，也应注意能量摄入不宜过多，否则将引起体脂增多及肥胖发生。

由于个体间差异较大，且能量消耗因运动项目种类、运动强度和持续时间的不同而不同。因此，中国营养学会根据个人年龄、参考身高和体重的公式，制定了能量推荐摄入量，将运动分为轻身体活动水平、中身体活动水平和重身体活动水平，见表7-1。

表7-1 中国儿童膳食能量需要量（estimated energy requirement in Chinese dietary, EER）

年龄	能量 / (kJ/d)					
	身体活动水平（轻）		身体活动水平（中）		身体活动水平（重）	
	男	女	男	女	男	女
3岁	—	—	5232	4813	—	—
4岁	—	—	5442	5232	—	—
5岁	—	—	5860	5442	—	—
6岁	5860	5442	6691	6069	7535	6907
7岁	6278	5651	7116	6488	7953	7325
8岁	6697	6069	7744	7116	8790	7953
9岁	7115	6488	8162	7535	9209	8372
10岁	7534	6907	8581	7953	9418	8790
11岁	7952	7325	9418	8371	10255	9418
12岁	9627	8162	10883	9209	12139	10255

2. 儿童运动时的产能营养素代谢特点

（1）碳水化合物　碳水化合物是机体最主要的供能物质。儿童活泼好动，在运动时会消耗大量的能量，应适当增加碳水化合物的比例。儿童肌肉纤维生长不完全，肌肉量低于成人，因此儿童的糖原储存量低于成人。同时参与糖酵解能力的关键酶（磷酸果糖激酶-1 和乳酸脱氢酶）尚未充分发育，因此儿童无氧呼吸能力和乳酸产生量低于成人，运动中表现为儿童耐力较低，易疲劳。运动前，可适当增加碳水化合物的摄入，以提高碳水化合物的储备。如果运动时间较长，可在运动过程中适当补充含糖饮料，运动后适当补充糖和维生素，促进糖原储备的恢复。值得注意的是，过高碳水化合物的摄入，易引起肥胖和龋齿等风险。

（2）脂肪　脂肪是脂溶性维生素转运的载体，是脂溶性维生素摄取的促进剂。除此之外，脂肪能提供必需脂肪酸，对儿童的生长发育起着重要作用。对于儿童而言，当饮食中脂肪摄入不足时，会出现能量摄入不足，必需脂肪酸、优质蛋白质、脂溶性维生素、铁、锌和钙等相关营养素的缺乏会影响生长发育。运动强度越低，通过脂肪燃烧满足能量需求的比例越大。对于运动量较大的儿童，可适当增加脂肪摄入量，但脂肪摄入量过高会导致能量摄入过多，从而引起肥胖和营养摄入不均衡等问题。因此，建议控制每天摄入的脂肪提供机体 25%~30% 的能量，饱和脂肪提供的能量不应超过 10%。其中脂肪中的饱和脂肪酸、单不饱和脂肪酸和多不饱和脂肪酸的比例为 1∶1∶1.5。

（3）蛋白质　蛋白质是机体组织细胞的基本成分，骨骼、肌肉和内脏等组织器官的生长发育需要大量的蛋白质。除此之外，当其他供能营养素不能满足能量需要时，蛋白质也能提供能量。儿童时期，快速生长和发育使其对能量和营养物质的需求增加，蛋白质的代谢处于正氮平衡阶段，因此儿童比成年人需要更多的蛋白质来支持生长。蛋白质摄入不足，会导致儿童生长发育迟缓、体质下降，甚至影响儿童智力发展。在运动时，机体蛋白质分解代谢加强，尤其是总能量摄入不足时，机体代谢蛋白质以提供能量。尽管儿童长期进行运动或训练，对蛋白质的需求有所增加，但是多数儿童从饮食中摄入的蛋白质的量比实际需要量多得多，一般不需要额外补充蛋白质，但应注意饮食中优质蛋白质的摄入，如牛乳、鸡蛋、瘦肉和豆制品等。

3. 儿童运动时的矿物质与水分代谢特点

（1）矿物质　矿物质作为无机营养素与机体其他有机营养素共同发挥作用。儿童生长发育旺盛，对矿物质的缺乏很敏感，要及时补充。对于儿童而言，由于自身骨骼、牙齿的发育，对微量矿物质的需求增加，增大运动量，可能会导致某些矿物质的缺乏，最常见的是钙和铁。儿童期是骨骼发育的快速时期，钙的摄入对于骨骼构建发挥巨大作用，同时与运动能力和应激损伤息息相关。中国饮食习惯会导致铁的摄入量和吸收量低。儿童肌肉发育的同时对铁的需要量增加。运动时，红细胞破坏增多，铁的消耗量加大，如不及时补充，易发生缺铁性贫血。对于运动强度较大的儿童，日常饮食注意牛乳和红肉的适当补充。

（2）水　水是机体组织中含量最多的成分，具有物质运输、参与体内生物化学反应和体温调节等功能。儿童身体水含量高于成人。由于儿童运动排汗能力有限，相对于成人钠等矿物质的损失量较小,电解质不会出现较大改变,因此儿童日常运动时,只要适当补充一定量的水分,维持机体水平衡。一次饮水不应过多,否则会增加肾脏和心脏负担。如果儿童运动量非常大,可适当补充含6%~8%碳水化合物的运动性功能饮料,提高碳水化合物输送到血液和肌肉的效率,从而达到补充水分、无机盐和能量的三重效果。但是运动饮料的摄入不可过多,否则会导致热量的过度摄入,从而增加儿童超重或肥胖的风险。

4. 儿童运动时的维生素代谢特点

维生素多参与体内酶或辅酶的构成,与物质代谢和能量生成有密切关系。由于其在机体内储存周期短,较容易产生缺乏的情况。维生素缺乏会引起代谢障碍,进而影响到儿童的生长发育。对于学龄儿童来说,维生素A、维生素C、维生素D、B族维生素等需要量大,更容易缺乏,但是过量摄入也会引起一定毒性。2023年中国营养学会对儿童维生素的参考摄入量(dietary reference intakes,DRIs)给予建议,其中包括推荐摄入量(recommended nutrient intake,RNI)、可耐受最高摄入量(tolerable upper intake levels,UL)和适宜摄入量(adequate intakes,AI),具体见表7-2和表7-3。维生素的需要量与儿童运动量、机能状态及营养水平有关。剧烈运动对于某些维生素的需要量增加,维生素供应不足时可能会出现运动能力下降、容易疲劳和免疫力下降等早期维生素缺乏症状,应及时补充。除生理疾病原因,不建议通过药物或补充剂的形式补充维生素,建议通过均衡饮食,多吃新鲜水果和蔬菜,摄食一定量的鸡蛋和动物肝脏等增加维生素的摄入。

表7-2 中国儿童膳食水溶性维生素参考摄入量(DRIs)

	年龄		4岁	7岁	12岁
维生素B_1/(mg/d)	RNI	男	0.9	1	1.4
		女		0.9	1.2
维生素B_2/(mg/d)	RNI	男	0.9	1	1.4
		女	0.8	0.9	1.2
维生素B_6/(mg/d)	RNI		0.7	0.8	1
	UL		25	32	50
维生素B_{12}/(μg/d)	RNI		1.2	1.4	2
泛酸/(mg/d)	AI		2.5	3.1	4.9
叶酸/(μgDFE/d)	RNI		190	240	370
	UL		400	500	800
烟酸/(mgNE/d)	RNI	男	7	9	13
		女	6	8	12
	UL		15	19	30
生物素/(μg/d)	AI		20	25	35
维生素C/(mg/d)	RNI		50	60	95
	UL		600	800	1600

表 7-3 中国儿童膳食脂溶性维生素

年龄	维生素 A/（μgRAE/d）			维生素 D/（μg/d）		维生素 E/（mg α-TE/d）		维生素 K/（μg/d）
	RNI		UL	RNI	UL	AI	UL	AI
	男	女						
4 岁	390	380	1000	10	30	7	200	40
7 岁	430	390	1300	10	45	9	300	50
12 岁	780	730	2400	10	50	13	500	70

三、儿童运动时的营养补充与膳食建议

根据儿童的代谢特点，有以下膳食建议，如图 7-1 所示。

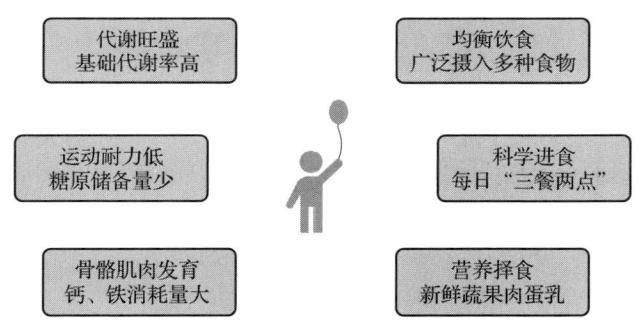

图 7-1 儿童的代谢特点与膳食建议

1. 均衡饮食，食物多样

各种食物所含的营养成分不完全相同，任何一种天然食物都不能提供机体所必需的全部营养素。儿童的膳食必须是由多种食物组成的平衡膳食，才能满足其对各种营养素的需要，因此建议广泛食用多种食物。膳食以谷类为主，多吃新鲜水果和蔬菜，经常吃适量的鱼、禽、蛋和瘦肉，每日饮乳，常吃豆制品。碳水化合物、脂肪和蛋白质三大能量营养素比例适当，质量优良，碳水化合物所提供的能量应占全天总能量的 55%～65%，脂肪占 25%～30% 较适宜，蛋白质占 12%～15%。进行力量性项目运动时，蛋白质摄入比例应适当增加；进行耐力项目运动时，要注意做到高糖膳食，脂肪摄入比例也可适当增加。

2. 膳食规律，科学进食

儿童胃容量小，肝脏中糖原储存量少，应通过适当增加餐次来适应儿童的消化功能特点，建议一日"三餐两点"制，各餐营养素和能量合理分配，既保证了营养需要，又不增胃肠负担。早餐应占全天总能量的 30%，早餐应含蛋白质、碳水化合物、脂肪和维生素。中餐

和晚餐应按照中国居民膳食宝塔中食物合理搭配。中餐要丰富，约占全天总能量的40%。晚餐不宜过多，应减少脂肪、蛋白质丰富的食物以及有刺激性的食物的摄入，以免影响睡眠。

食物一般在进餐后3~4h从胃内排空。因此，在进餐两个多小时后开始运动比较适宜，运动开始过早，胃中还存有许多食物，在运动中容易引起腹痛、恶心或呕吐等情况；运动开始过晚，运动中会出现血糖降低现象，影响运动的持久性。运动前一餐，食物不宜大量，不宜过多食用脂肪和膳食纤维，引起胃肠不适。由于在运动时体内的血液重新分配，胃肠道的血液相对减少，所以，儿童在运动结束后不要立即进食，至少在运动后0.5~1h后进食。运动后一餐，食物量可以略大一些，以补充能量消耗。

3. 营养择食，烹调合理

儿童食物的选择要从营养学的角度出发，选择易消化、易吸收且营养丰富的食物。食物多样，谷类和豆类合理搭配，发挥蛋白质的互补作用。同时适当增加动物性食物如肉、蛋、乳的摄入，新鲜蔬菜、水果的摄入可以补充机体运动时丢失的无机盐和维生素。烹调时尽量保留食物的营养成分，保留食物的原汁原味。儿童的膳食应清淡、少盐、少油，避免添加辛辣等刺激性物质和调味品。

第三节　青少年运动行为与营养特点

发育期青少年是青春期年龄段的人。按照上学阶段划分，青少年一般是指初中阶段（13~15岁）和高中阶段（16岁~成年）两个时期。这一时期，青少年的生长和发育比其他时期都要快，学习任务较重，运动是身体素质保障的关键，营养是身体素质发展的重要影响因素。关注该时期人群的运动与营养特点，科学合理运用，有助于青少年身心健康。

一、青少年的生理与运动特点

1. 青少年的生理特点

青少年的快速生长发育阶段通常发生在女生的10~12岁和男生的12~14岁。男生身高平均每年可增长6~9cm，整个青春期平均可长高28~30cm。女生每年可长高5~7cm。青春期男生肌肉骨骼快速增长，体重增长迅速且持续时间长，大约到20岁接近最高值。女生的体重增长相对较慢，持续时间较短，一般在18岁即停止增长。青春早期，男、女生体脂肪量均有增加。但在发育过程中，女生的体脂肪量持续增加，而男生却不增加，甚至暂时减少。此外，青春期的运动能力有明显的提高，并且具有阶段性特色。但男生肌肉力量、突增幅度高于女生，其均值在各年龄段都较女生高，并随年龄增长而差距加大，最后形成男、女成年后肌力的显著差别。

由于丘脑下部－垂体－性器官系统的发育渐趋成熟，男生体内的雄激素水平增高，促使男性生殖器官发育成熟，睾丸产生成熟精子。女生体内雌性激素的水平增高，女性的生殖器官随着卵巢的发育及其性激素分泌增加，促使生殖器官发育成熟，卵巢开始排卵，激素水平周期性变化，使月经来潮。

2. 青少年的运动特点

在青春期，男生循环系统和呼吸器官等内脏机能已完全能够适应持久性运动，而且原则上还有可能以自己的力量、准确性和持续性完成所有的运动，肌肉可以获得更加适合于完成运动的质和量。这一阶段的女生，其运动能力的质和量将被从前的运动经验获得的效果所左右，更适合于有节奏的身体运动。13～14岁，由于体重的迅速增加，神经系统对运动器官的调节有所降低，内脏器官的发育也跟不上机体生长的需要，一般可进行中等速度、耐力和力量练习，男生可以做一些力量、速度、对抗性和爆发性的运动项目，例如足球、篮球和排球等集体类表现型运动；女孩可以进行瑜伽、长跑、骑自行车和滑雪等有氧运动。15～16岁，身体各部分基本发育成熟，可做些旨在提高力量和耐力的练习，如单双杠、举重、哑铃和实心球等。同时，也可从事跳跃、投掷、跑步和球类活动，但时间不宜过长。17～18岁，身体发育已接近成年人，几乎可以参加各种体育项目，但运动量要低于成年人。

应注意的是，青少年的骨骼尚未发育完全，易骨折变形，这个阶段可以使用一些轻重量的运动以促进骨骼的发育，进行大重量的训练会导致骨骼的形变，因此，要避免要大重量的运动。其次，青少年的神经系统和心血管系统尚未发育完全，神经细胞工作耐力差、容易疲劳，因此这个阶段的人群运动时要保证休息时间，注意灵活调整运动强度。

二、青少年运动时的能量与物质代谢特点

1. 青少年运动时的能量代谢特点

发育期青少年，身体发育处于快速生长期，运动能力显著增强，能量的需求大大增加。如果这些高能量需求长期得不到满足，可能会导致身材矮小、青春期延迟、月经不调、骨骼肌肉发育不良和饮食失调等风险。但是，能量长期摄入过多，将可能导致超重/肥胖风险增加，代谢紊乱，产生2型糖尿病、高脂血症、动脉粥样硬化和高血压等疾病，并增加受伤风险。运动量较大的青少年可能需要比推荐的膳食摄入量多6279～8372kJ/d的能量来满足自身运动和健康成长的营养需求。建议发育中青少年定期进行体检，比较生长发育指标与参考标准的差别，以确定总能量摄入是否合适。

2. 青少年运动时的产能营养素代谢特点

（1）碳水化合物　碳水化合物作为三大产能营养素之一，仍是发育期青少年成长所必需的营养素。碳水化合物来源的能量在运动肌肉中的释放速度是脂肪的三倍，因此碳水化

合物是运动期间的首选燃料。碳水化合物是成人运动中最好的供能物质,一般建议成人运动员碳水化合物摄入量占总能量的55%～65%,目前几乎没有证据表明青少年运动对碳水化合物的需求与成年人有很大的不同。因此建议青少年在运动中可参考成人碳水化合物推荐摄入量,根据运动持续时间和强度调整碳水化合物的摄入水平,合理补充,提高运动能力。

在青少年饮食中,含碳水化合物的天然食物对保持健康十分重要。全谷物、薯类、水果、蔬菜和牛乳/酸乳是碳水化合物和其他关键营养素(包括维生素、矿物质和膳食纤维)的营养来源。在长时间高强度的运动中,补充精制碳水化合物,如运动饮料、运动凝胶提高运动能力,对青少年和成年人都有用。过度食用可能会增加青少年肥胖和龋齿的风险。建议青少年日常膳食应多摄入谷物、薯类等天然含碳水化合物高的食物来满足日常运动需要,运动量较大的训练或比赛中,可适当地食用运动饮料或食物来补充额外的能量需求。

(2)脂肪 脂肪对于提供能量、保护器官、保持体温、促进脂溶性维生素和必需脂肪酸摄入非常重要。脂肪能量具有密度高和产热大的特点,决定了其是轻到中等强度运动的重要燃料,也是长时间有氧运动中肌肉活动的宝贵代谢燃料。如果青少年的身体脂肪量超过了健康所需的最高量,通过减少脂肪的摄入来减少能量的供给可能是一个合理的策略。但是青少年经常出现为了控制体重减少脂肪摄入量,从而造成能量不足和生长发育障碍。肌肉内甘油三酯的储存为所有类型的运动提供了相当大的能量比例,因此严重的脂肪限制可能会阻碍肌肉内甘油三酯的储存,从而限制运动表现。

(3)蛋白质 蛋白质是青少年饮食中必不可少的一部分。蛋白质在青少年时期的功能是建立、维持和修复肌肉和其他身体组织;产生血红蛋白;形成抗体;形成酶和激素。

青少年时期,在完成快速生长发育之前,男生没有足够的雄性激素来增加肌肉纤维的实际数量或发育形成大型肌肉。随着第二性征的发育,激素水平增高,可能增加大量肌肉,因此青少年对蛋白质的需求略高。蛋白质的需求可以通过饮食单独满足,不需要补充额外的蛋白质补充剂或氨基酸补充剂。但是蛋白质摄入量如果过高,会产生额外的尿素,增加脱水和肥胖风险,并导致钙流失。运动后摄入高蛋白饮食不能完全替代肌糖原,且长期食用对健康和运动表现不利。长期限制热量摄入的青少年需要摄入更多的蛋白质,以保证组织的充分合成和修复。但更重要的是,建议青少年适度增加碳水化合物或脂肪的摄入以节省蛋白质的需求,而不是将蛋白质增加到 $1.5g/(kg \cdot d)$ 以上。

3. 青少年运动时的矿物质与水分代谢特点

(1)矿物质 由于对生长、红细胞体积扩张和体重增长的需求增加,青少年对铁的需求增加,尤其是青春期的女生,因为血红蛋白组织沉积、生长突增和月经来潮更有可能导致铁摄入不足。长期低铁摄入量可能损害肌肉代谢和认知功能,最坏导致贫血。当出现铁缺乏时,应增加膳食中含铁丰富食物的摄入如红肉和动物肝脏等,并且优化铁吸收的条件和形式,必要时在医生指导下补充。在饮食中增加铁的摄入量时要注意铁和其他营养物质的相互作用。另外,青春期是骨生长和骨矿化的高峰期。钙对青少年尤其重要。平均而言,青少年的钙摄入量是 DRI 的 1/2~2/3。大约 26% 的骨矿物质是在青春期积累的，此时钙摄入不足，加上剧烈的运动，会对骨骼健康产生不利影响。因此，青少年应注重能量和蛋白质的摄入，加强高钙饮食，如坚持每日饮乳，补充一定量的维生素 D，保证充足钙吸收，同时增加一定运动量，有利于成年骨质沉积和健康。

（2）水分　水分在保持青少年的健康和运动表现方面起着至关重要的作用。水最重要的功能之一是降温。青少年运动时，肌肉工作产生热量，这会提高整个身体的温度。身体热量增加会使身体出汗，如果青少年不摄入更多的液体来代替流失的汗水，身体的水分平衡就会被破坏，身体可能会过热。对于持续时间少于 60min 的活动，水是水合作用所需的全部。但对于超过 60min 的活动，其他饮料（如运动饮料）可能会有所帮助，因为它们会增加碳水化合物和电解质的含量。

4. 青少年运动时的维生素代谢特点

维生素是一类维持青少年正常生长发育必需的低相对分子质量的有机化合物。青少年比较容易缺乏的主要维生素包括维生素 A、维生素 C 和维生素 D 等。

维生素 A 可保持黏膜完整，维护视力健康，维持免疫功能，需要每天摄入 670~810μg。可通过摄入各种动物肝脏、鱼、蛋黄和乳制品等补充。维生素 B_1、维生素 B_2 是参与三大产能营养素体内代谢的主要物质，与机体能量的产生密切相关。而缺乏维生素 B_1 和维生素 B_2 中的任何一种均会影响机体能量代谢，对青少年的生长发育不利。维生素 C 在体内胶原蛋白和细胞间质的合成、铁的利用、神经递质合成和提高白细胞的吞噬能力等方面发挥重大作用。维生素 C 的主要来源是新鲜的蔬菜和水果，青少年运动人群维生素 C 的推荐供给量为 8~10mg/1000kJ。维生素 D 可有效地促进机体对钙的吸收，确保青少年在生长发育期的骨骼发育。维生素 D 缺乏与骨软化、骨质疏松有关。

三、青少年运动时的营养补充与膳食建议

根据青少年的代谢特点，有以下膳食建议，如图 7-2 所示。

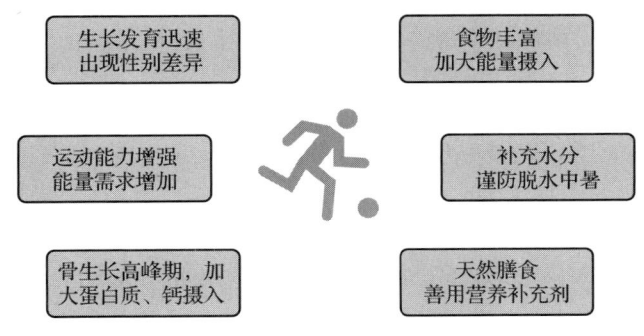

图 7-2　青少年的代谢特点与膳食建议

1. 食物丰富，均衡为主

发育期青少年能量需要量大，合理饮食提供的总能量约55%应来自碳水化合物，12%~15%来自蛋白质，25%~30%来自脂肪。膳食应以植物源食物为主，动物源食物为辅。热能来源以谷物为主。保证鱼、肉、蛋、乳和豆类等优质蛋白质的摄入。选择新鲜蔬菜和水果，补充生长发育和运动所需维生素、钙、铁和碘等无机盐。适当摄入一定量瘦肉和动物肝脏，以补充身体发育所需的铁和脂溶性维生素等营养素。

2. 水分充足，保证健康

在热环境下，青少年进行体育活动时产热多，排汗率低，易引起散热不畅，容易导致脱水甚至中暑的发生。因此，要注意水和电解质的合理补充。特别在热环境下，青少年在运动前、后都应适量补充水分。适当补充含有葡萄糖或低聚糖、维生素C和氯化钠等成分的运动饮料。饮料含有糖或低聚糖的浓度不宜过高。饮料的温度最好在5~15℃。

3. 天然为主，善用补剂

青少年可从足够热量的均衡饮食中获得必要的营养素。因此，通常不需要额外补充维生素和矿物质等营养素。然而，由于各种原因，并非所有青少年都能够摄入满足其营养需求的饮食，因此，为了预防营养不足，提高运动能力，可以适量服用营养补充剂。值得注意的是，蛋白质摄入过多会增加脱水和肾毒性的风险，维生素和矿物质的过量摄入会引起中毒。因此，青少年应更加注重科学合理的膳食营养，善用补剂。

7-1 延伸阅读 2020年《中国居民营养与慢性病状况报告》之青少年

第四节 成年人运动行为与营养特点

成年人是指18岁以上，60岁以下的人群。该时期身体发育逐渐成熟，各种生理活动相对稳定，体力、精力最为旺盛，是人一生中的黄金时期。该时期坚持体育锻炼，关注膳食营养，将延缓衰老，为步入老年阶段打下良好的身体基础。

一、成年人的生理与运动特点

1. 成年人的生理特点

成年人年龄跨度较大，总的来说身体变化不像其他阶段那么显著，是平缓进行的。在18~25岁阶段，身体逐渐成熟，身体的各项机能达到鼎盛时期。多数人身体功能在25~30岁时达到高峰，体力、灵敏度、反应力和手工技能等都处于最佳状态。在成年期，人的身体发育成熟，各种生理活动相对稳定。但随着年龄的增长，机体各器官系统的功能逐渐走向衰退。30 岁之后机体的各项机能已经逐渐退化，不论是体力还是肌肉力量，都处于下滑状态，身体骨质流失明显，骨骼会越发脆弱。

2. 成年人的运动特点

在 18～25 岁阶段，人的身体发育到达成熟期，身体的各项机能处于鼎盛时期，可以适当地做一些高强度的运动，运动的时长和频率也可随之有所增加，运动的频率最低不能少于每周 3 次。在 25～45 岁阶段，运动锻炼的目的是要防止脂肪在体内的过度堆积，控制和保持身材体重；男性要重视肌肉力量的训练，例如推举、俯卧撑和深蹲等健身动作，而女性可以进行比较柔和的运动，如瑜伽、慢跑和爬山等。在 45～60 岁，机体的各项机能已经在逐渐退化，该阶段的运动主要以预防及对抗骨质疏松和肌肉松弛为主。日常在进行运动锻炼时，可以侧重于快走、静蹲、慢跑和跳健身舞等。

在进行中等强度有氧运动时，可将运动强度控制在 60%～70% 最大心率范围；在进行大强度有氧运动时，可将运动强度控制在 70%～80% 最大心率范围。对于身体机能状况良好且有规律运动习惯的人，每周进行 300min 中等强度有氧运动，或 150min 大强度有氧运动，健身效果更明显。不仅可以增强体质、防治高血压、血脂异常和糖尿病等慢性疾病，而且可以有效地提高机体免疫功能，对于预防乳腺癌和结肠癌等顽症也有积极作用。

二、成年人运动时的能量与物质代谢特点

1. 成年人运动时的能量代谢特点

成年人身体发育平稳，因此本身对能量需求较为稳定。成年人在运动期间对能量的需求主要由运动强度、频度和持续时间不同决定。同时成年人的体重、年龄、营养状况和精神状态等也会影响能量代谢。运动的成年人与久坐人群相比，其能量消耗当中，运动消耗增多，基础代谢的比例相对减少。

2. 成年人运动时的产能营养素代谢特点

（1）碳水化合物　碳水化合物是成年人运动中最主要的能量来源。短时间大强度运动的能量基本上由碳水化合物供给，长时间小强度运动，也是首先利用体内碳水化合物的氧化功能。碳水化合物在体内容易氧化，耗氧量小，且氧化完全，代谢产物为二氧化碳和水，对机体不会产生不利影响。在运动前、中、后补充碳水化合物，对于运动时满足能量需要、延缓疲劳、维持血糖水平及稳定免疫功能等具有重要意义。一般情况下每日碳水化合物供给量应占总能量 55%～65%，对进行长时间运动者，专家建议碳水化合物的摄入量可提高到总能量的 70%。

（2）脂肪　脂肪是成年人运动理想的能量储备形式。脂肪具有质量小、能量密度高和产能量大的优点。当氧气充足且氧化酶可用时，以甘油三酯形式储存的脂质可用作燃料，

当达到 60%~65% 最大摄氧量时,脂肪的氧化效率最高。

(3)蛋白质　在运动时,体内蛋白质分解代谢加强,容易出现负氮平衡。因此,量足质优的蛋白质摄入对经常运动的成年人保持氮代谢平衡、促进血红蛋白合成及加速疲劳恢复等具有重要意义。蛋白质除了提供能量外,可以帮助成年人增加肌肉组织并且修复肌肉组织的损伤。近来的研究表明,蛋白质残基如支链氨基酸已经被证明对运动的个体是有益的,包括提高蛋白质合成的速率,降低蛋白质降解的速率,有助于从运动中恢复。但要注意,蛋白质的摄入不能过高,高蛋白膳食可导致尿氮排出增加,造成体内大量蛋白质的代谢产物如氨和尿素的堆积,加重肝和肾负担,同时使体内水分和矿物质(尤其是钙)损失增加。此外,过多蛋白质也可能引起运动员胃肠道的不适。

3. 成年人运动时的矿物质与水分代谢特点

(1)矿物质　对成年人而言,身体中总的矿物质含量大约占身体重量的 4%~5%。其含量不高,但在机体生理代谢、神经传导、渗透压和酸碱度调节、组织构成等方面发挥重要作用。对于成年人,一般均衡饮食不会引起矿物质的缺乏,但有两种矿物质备受关注——钙和铁。钙是一种与运动性密切相关的营养素,钙缺乏与骨骼畸形(如佝偻病)、骨脆性增加(如骨质疏松性骨折和应力性骨折)及血压异常有关。机体内的钙主要来自食物,钙含量高的食物有乳类食品、豆类制品和海鲜类食品,此外,绿叶蔬菜和钙的强化食品(如果汁、面包、活性钙乳)也是钙的一种来源。另外,铁储备低会增加发生贫血的危险性。铁缺乏不仅导致运动耐力下降,还引起免疫功能差、注意力不集中和易怒等问题。女性运动时进行合理膳食可预防铁缺失。铁存在于多种食物,包括红肉、深绿叶蔬菜、全麦食物和强化铁食品。膳食中要摄入适量的红肉等动物性食品,来满足机体对铁的需要量。

(2)水　成年人进行大运动量或持久耐力运动时汗液流失增加,导致机体失水量增加,且体内矿物质和维生素尤其是水溶性维生素随汗液丢失,因而特别需要注意对水分、矿物质及维生素的补充。运动前、运动中及运动后补液对于恢复机体水和电解质平衡、促进废物排出以及体力恢复有重要作用。对于成年人来说,运动期间摄入运动饮料的推荐碳水化合物浓度约为 6%。碳水化合物、能量含量和渗透压的增加可能会降低胃排空率,并引起胃肠道不适。

4. 成年人运动时的维生素代谢特点

维生素作为辅酶的关键因子,促进细胞内特定化学反应。运动时体内物质代谢过程加强,使维生素的需要量增加。若经常进行剧烈运动不注意补充维生素,可使维生素缺乏症提前发生或症状加重。体内若缺乏维生素 B_1、维生素 B_2,维生素 C 及烟酸时,运动员肌肉无力,耐久力受损害,容易疲劳,免疫力下降,相反若这些维生素供给充足,则可提高肌肉的耐久力,运动后也较易恢复。维生素 A 在体内除参与视紫红质形成、保护上皮细胞的健康外还与应激机能和肌肉酸痛有关。许多运动要求视力集中如击剑、射击和乒乓球等项目,其运动员的维生素 A 供给量应比参加其他项目要高,而且摄入量的 2/3 最好由动物食品供给。氧化应激常常发生在亚极量强度运动和极量强度运动时,机体不断形成自由基和其他活性氧，可损伤 DNA、脂类和蛋白质。维生素 E、类胡萝卜素、维生素 C 和辅酶 Q 类黄酮等抗氧化营养素对抗氧化损伤具有重要作用。

三、成年人运动时的营养补充与膳食建议

根据成年人的代谢特点，有以下膳食建议，如图 7-3 所示。

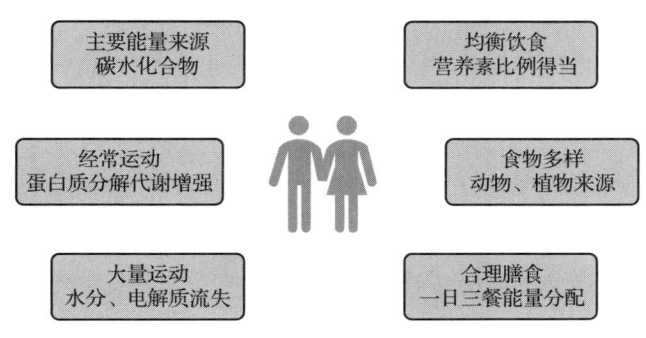

图 7-3 成年人的代谢特点与膳食建议

1. 均衡饮食，有效供能

碳水化合物的摄入可能会影响胰岛素的生成量。一般复杂的碳水化合物血糖指数低，因此成人在运动时，尽可能地摄入复杂碳水化合物（即非糖碳水化合物），但可以在运动期间和运动后立即摄入简单碳水化合物。同时，由于碳水化合物热密度低（每克碳水化合物只能产生 16.7kJ 的能量），碳水化合物很难让成年人获得足够能量以满足高强度运动的需要，因此成年人还应该摄入其他能量底物（脂肪和蛋白质）从而满足总的营养需求，但是仍应将碳水化合物作为主要能量来源。

2. 食物多样，注重质量

成年人应按照《中国居民膳食宝塔》要求搭配每日饮食，做到种类多样和营养均衡。重数量的同时更要注重膳食营养素的质量，食品中营养素摄入比例得当，注意营养素间促进和拮抗作用，合理搭配。一般而言，蛋白质应占总能量的 12%～15%，其中优质蛋白质如肉、蛋、乳和鱼类蛋白和大豆类蛋白应不少于 1/3；脂肪占总能量的 25%～30%；碳水化合物占总能量的 50%～60%。

3. 合理膳食，正确补给

成年人运动时，膳食应规律科学，注重一日三餐的能量分配，应注意营养全面，切忌暴饮暴食或过度节食。一般而言，可在饭后 2.5～3h 后开始运动，运动后不可立即进食，需休息 40min 后再进食。期间可以适当补充一点简单碳水化合物，增进血糖浓度，提高运动能力。运动前、中、后三次补水，同时注

7-2 延伸阅读 坏血病与维生素 C

意补给方式正确和比例得当，避免增加肠胃负担。尽量用天然膳食方式，摄入需要的营养素，必要时适当补充营养补充剂。除非发生某种营养素不足或缺乏，需要单独补充外，一般应补充配比合理的多种营养素复合制剂。

第五节　老年人运动行为与营养特点

随着年龄的增长，机体的衰老是普遍存在且不可抗拒的。机体的形态和结构不断地发生变化，机体的各项机能也逐渐开始衰退。世界卫生组织将 60 岁及以上的人群划分为老年人。随着世界人口老龄化趋势日益明显，我国老龄人口也日趋增多，老龄化进程远快于许多中低收入和高收入国家。截至 2019 年，我国 60 岁及以上人口达 2.54 亿，占总人口的 18.1%。因此，如何健康老龄化将成为未来一个重要的社会问题，值得广泛关注。其中，老年营养与运动无疑是解决老龄化问题的有效手段之一。

一、老年人的生理与运动特点

1. 老年人的生理特点

随着年龄的增长，老年人的组织再生能力降低，导致功能性的实质细胞不断减少，突出表现为肌肉组织的重量减少而出现肌肉萎缩。另外，老年人身体成分的改变还表现在骨骼上，骨组织矿物质含量、骨基质含量和骨密度的下降引起骨强度下降，骨脆性增加，骨骼重塑时间延长。同时，衰老会使关节周围的润滑液减少，导致关节变得僵硬而使活动受限。机体的上述改变，使得老年人的活动能力受到极大影响。内分泌腺体结构和功能也会发生一系列变化，主要表现为激素合成、代谢和转运能力的下降，组织对激素的敏感性减弱，使机体代谢受到显著影响。

衰老引起的神经系统的改变主要为脑组织萎缩、脑细胞减少和敏感性下降。老年人神经系统的衰退可引起运动功能失调，步态、姿势和平衡能力的下降；感觉功能的下降，视觉、味觉、嗅觉和触觉等减弱，从而影响对食物的喜好程度而减少摄取量，口味也因此加重，容易摄入过多调味太重的食物，增加高血压和脑卒中的风险。另外，老年期铁吸收利用的能力下降，造血功能减退，血红蛋白含量减少，常出现缺铁性贫血。老年人因肠道蠕动减慢和便秘等生理原因使致病菌在肠道内蓄积，易导致炎性反应的发生。此外，肠道菌群的改变还可引起 B 族维生素和维生素 K 合成及多种营养物质代谢的改变。

2. 老年人的运动特点

一定强度的运动锻炼会延缓老年人骨密度减少速度和肌力变化幅度，减少体内脂肪堆积，提高呼吸差和肺活量，改善心脑血管功能，降低冠心病的发生率，促进能量代谢循环，增强身体素质和抵抗力，预防运动缺乏所导致的疾病，延缓衰老。需要注意的是，大部分老年人因为身体生理机能较弱或患有老年性疾病，故对运动的时间、强度、频率和方式的正确把握尤为重要。只有科学运动才能真正有利于健康。

有规律地进行有氧运动可以增加最大摄氧量和胰岛素反应，如慢跑、散步等。身体素质较强者，可适当提高运动的强度。此外，适当的力量性运动对老人的骨骼和肌肉均有益处，不仅可以增加骨密度，还可以逆转肌肉衰减症，提高肌肉质量、力量，平衡身体活动的总体水平。可以选择举握小杠铃、单杠悬垂和拉轻型弹簧带等。除耐力和力量性运动外，放松性练习也是适合老年人的活动方式，如太极拳、保健操等，以达到消除疲劳、调理心情、防治高血压和神经衰弱等老年常见病的目的。老年人的运动量应根据自己的体能和健康状况即时调整，量力而行，循序渐进，避免碰伤、跌倒等事件发生。老年人胖瘦要适当，体重过高或过低都会影响健康，身体质量指数在 20.0～26.9kg/m² 为宜。

二、老年人运动时的能量与物质代谢特点

1. 老年人运动时的能量代谢特点

在老年期时，机体的生理功能已发生明显变化，并伴随各方面能力的退化与老化。老年人的代谢速率减慢，代谢量减少，基础代谢较中年人下降 15%～25%，同时活动量减少，故能量消耗量也相应下降。另外，老年人机体的合成与分解代谢失去平衡，代谢功能的改变使营养素的消化、吸收、利用和排泄均受到不同程度的影响。因此，正常老年人按照其机体的生理状态，在食物选择和饮食行为习惯等方面具有一定的特殊性。

由于身体结构成分的改变，骨骼肌减少，脂肪增多，基础代谢率降低，以及工作和运动减少，运动速度和频率减慢，使老年人对热能的消耗也随之降低。因此，老年人能量需要量下降，膳食能量的摄入主要以体重来衡量，以达到并能维持理想体重为宜。2023 年《中国居民膳食营养素参考摄入量》对 60 岁及以上老人的 RNI 按不同年龄段、性别和体力活动水平进行了如下划分，如表 7-4 所示。

表 7-4 老年人能量参考摄入量 单位：MJ/d

年龄/岁	轻体力活动		中体力活动		重体力活动	
	男	女	男	女	男	女
60～	8.16	6.69	10.04	8.16	11.72	9.62
65～	7.95	6.49	9.62	7.74	—	—
75～	7.53	6.28	9.20	7.32	—	—

2. 老年人运动时的产能营养素代谢特点

（1）碳水化合物　老年人运动时主要以碳水化合物来提供能量，运动强度越大所需的碳水化合物供能越多。因此，若运动量增加，可适当增加碳水化合物类食物的摄入，尤其是在运动前和运动中要及时补充。但是，由于老年人体内胰岛素对血糖的调节能力减弱，糖耐量降低，容易发生血糖升高，应避免摄入过多。另外，摄入过多的碳水化合物在体内可转变为脂肪，容易引起肥胖、高脂血症等疾病。因此，老年人应少食用米、面等谷物食物，减少高碳水化合物或甜食的摄入，尽量选择多糖类食物，如水稻、小麦、燕麦、玉米、红薯和山药等，摄入量以不超过 50g/d 为宜。同时，在食物供应中还应注意膳食纤维的摄入，多吃蔬菜和糙米等杂粮，以促进胃肠蠕动，从而促进消化，预防慢性病。

（2）蛋白质　机体衰老过程中体内蛋白质的分解代谢超过了合成代谢，消化系统功能减弱也使摄入蛋白质的生物有效性降低。因此，老年人应有足量的蛋白质供应来避免机体出现负氮平衡，但摄入量不宜过多，且应以适量的优质蛋白质为宜，以免加重肝脏和肾脏负荷。其中要求有 1/3～1/2 的优质蛋白质，如鱼、瘦肉、蛋、乳类和大豆制品等。

（3）脂肪　通常认为，短时间高强度运动时肌肉基本上不能利用脂肪酸，磷酸肌酸和肌糖原是运动肌的主要供能物质；而当运动时间持续得越长，运动强度越小，机体依靠脂肪氧化供能占总能量代谢的百分率则越高。对于老年人而言，选择高强度的运动并不常见，脂肪氧化供能相对降低，但慢跑、健身操、游泳或者爬山等活动仍受到不少老年人的喜爱。因此，若选择长时间、低强度的锻炼活动项目时，老年人需适量补充优质脂类物质。但是，老年人由于胆汁酸分泌减少，脂酶活性降低，对脂肪的消化吸收功能下降，故不宜摄入过多的脂肪，特别要限制高胆固醇、高饱和脂肪酸的动物性脂肪及肝和蛋黄等的摄入。

3. 老年人运动时的矿物质与水分代谢特点

（1）矿物质　运动时，心肌和骨骼肌收缩对钙离子的依赖性很强。对老年人而言，钙的利用率相对较低，储存能力也较差，但代谢排出量并未降低，因此若钙摄入不足易使老年人出现骨质疏松的症状。老年人对钙的吸收率一般在 20% 以下。因此，老年人需要加强运动锻炼，因为长期规律的体育锻炼和活动可提高机体对钙的吸收和利用。机体在中低强度的有氧运动时，对铁的需要量增多，若铁的摄入不足或利用出现障碍，则会导致缺铁性贫血。钠在运动过程中会随着汗液、呼吸等有一定的流失，若缺钠则会导致肌无力，影响运动能力。因此，若存在大量出汗时，需要及时补钠。此外，锌、铜、硒和铬等微量元素也与运动和身体健康有着紧密关系，故老年人膳食中亦需要充足微量元素以满足机体的需要。

（2）水　一般而言，运动过程中的排汗反应是随着年龄的增加而下降的，但这并不代表老年人无法适应热环境中的运动，也不意味着在热环境下他们无须注意水分的补充。实际上，老年人对水分的变化比其他年龄阶段的人群更敏感，但对失水或脱水的反应却较迟钝。研究表明，在大于 60min 的运动后，若不及时补液，可引起血液流变学指标的恶化。另外，若存在大量出汗的情况，机体则可经汗液丢失大量的盐。因此，老年人在运动的前、中、后期都应适量补液，保持机体的水盐代谢平衡，保证老年人运动安全。

4. 老年人运动时的维生素代谢特点

通常，老年人代谢功能下降，运动强度减少，对能量的需求降低。但由于老年人对维生素的生物利用率有所降低，因此对有运动习惯的老年人而言，其需要量则有所增加。老年人应摄入充足的维生素来增强体质、延缓衰老。在有氧运动时，同时补充维生素 C 和维生素 E 可以有效减轻中性粒细胞浸润和炎性因子的释放，减轻肌肉氧化损伤。B 族维生素与运动时的能量代谢密切相关，参与葡萄糖代谢和神经冲动传导等。因此，随着活动量和能量消耗的增加以及年龄的增长，B 族维生素的需要量也相应增加，故老年运动者可适当增加 B 族维生素的摄入量。

维生素 D 不仅可以促进钙和磷在小肠内的吸收，调节钙磷代谢，维持血液钙磷稳定，还有利于钙沉积于骨骼中，对老年人的骨骼健康具有重要作用。另外，老年人由于户外活动的减少导致由皮下合成的维生素 D 含量降低，易出现维生素 D 缺乏而影响钙、磷吸收和骨盐沉积，引起钙、磷代谢紊乱，故老年人常出现腰腿疼痛及骨质疏松等症状。此外，脂溶性维生素 A、维生素 K 等也与运动和健康相关，需通过平衡饮食保证其摄入量。

三、老年人运动时的营养补充与膳食建议

根据老年人的代谢特点，有以下膳食建议，如图 7-4 所示。

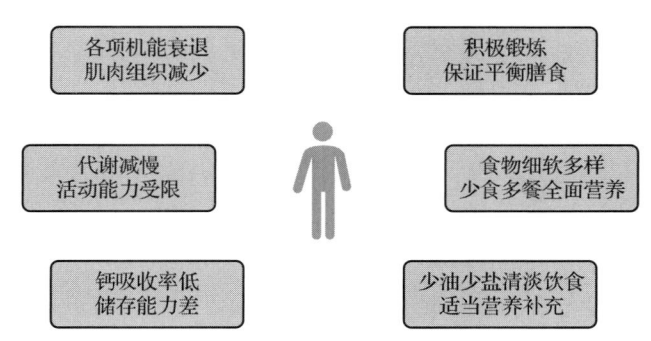

图 7-4 老年人的代谢特点与膳食建议

1. 积极锻炼，平衡膳食

随着年龄的增长，老年人机体的各种功能逐渐衰退，如牙齿脱落、消化液分泌减少、消化和吸收能力下降、心脑功能衰退、感官反应迟钝、肌肉萎缩、骨骼老化等。因此，老年人在身体状况良好的情况下，积极参加一定强度的健身锻炼，选择适合老年人的食物，保证平衡膳食，营造温馨的进餐氛围，可有效帮助老年人更好地适应身体机能的变化，有效减少和延缓疾病的发生和恶化。

2. 全面营养，食物多样

通常认为，适当的运动不会造成各类营养素的缺乏，但需保证摄入多样化且制作细软的食物，少量多餐，避免消化不良，进而达到全面营养的目的。身体健康的老年人，每天应选择12种以上的食物进行平衡、全面的搭配，以提供全面、完善的营养。同时，老年人应采用多种方法增加食欲和进食量，吃好三餐。早餐宜有1~2种以上主食、1个鸡蛋、1杯乳，另有蔬菜或水果。中餐、晚餐宜有2种以上主食、1~2个荤菜、1~2种蔬菜、1种豆制品。

3. 清淡饮食，营养强化

多采用炖、煮、蒸、烩、焖和烧等进行烹调，少煎炸、熏烤等方法制作食物。饭菜应少盐、少油、少糖、少辛辣，以食物自然味来调味，少饮酒和浓茶，避免影响营养素的吸收。对于贫血，钙和维生素D、维生素A等营养缺乏的老年人，建议在营养师和医生的指导下，选择适合自己的营养强化食品。此外，老年人在进行健身运动时，需保证足量的饮水，少量多次，每次50~100mL，每天的饮水量应不低于1200mL，以1500~1700mL为宜。首选温热的白开水，根据个人情况，也可选择饮用矿泉水、淡茶水。

第六节 妊娠期人群运动行为与营养特点

妊娠期是指从受精卵在子宫里着床到胎儿娩出的时间段，是绝大多数育龄女性需经历的生理过程。期间，生殖器官发育及胎儿生长发育均需要额外的能量和营养素，而适当的运动锻炼则可以增强体力，为分娩做好准备。若缺乏运动，容易导致胎儿偏大甚至成为巨大儿，增加难产和剖宫产的风险。因此，孕期合理的营养与运动不仅是胎儿生长发育的重要保障，有助于预防妊娠期贫血和妊娠糖尿病等妊娠并发症，还可以促进胎头入盆，增加分娩的容易度，对母亲及胎儿健康具有重要意义，但不建议做剧烈运动。

一、妊娠期人群的生理与运动特点

1. 妊娠期人群的生理特点

从妊娠开始到产后哺乳，母体需经历一系列生理调整的过程。这些因生理负荷增加所产生的功能性调节，是为了提供胎儿一个最佳的生长环境，并维持母体健康。妊娠可分为3个时期：孕早期（12周及以前）、孕中期（13~27周）、孕晚期（28周及以后）。在受精卵形成及胚泡着床后，人绒毛膜促性腺激素分泌逐渐增多，促进胚泡的生长和胎盘的形成，并在妊娠8~10周达到高峰。同时在妊娠10周时，胎盘逐渐形成并分泌雌激素、孕激素或孕酮等。随着妊娠时间的增加，胎盘增大，母体内雌激素、孕激素及胎盘激素的水平升高。从孕中期开始，母体和胎盘产生肾上腺皮质激素释放激素（corticotropin releasing hormone，CRH），随孕期进展不断升高，孕后期血清CRH水平可增加约50倍。胎盘CRH刺激胎儿腺垂体合成促肾上腺皮质激素，促进胎儿肾上腺合成皮质醇，同时母体血浆中皮质醇升高。在孕晚期，基础代谢率升高约15%~20%，每日约增加627kJ。

2. 妊娠期人群的运动特点

母体自受孕开始，各种生理机能和机体状态都发生了极大的改变，如基础代谢率和产热量的升高、激素分泌的改变、营养素需求的改变、体重的增加以及体型的改变等。科学合理的运动对妊娠期人群和胎儿的健康均有益处，不仅可以缓解妊娠期人群孕期的各种疼痛及浮肿，还可增强母体腹肌、腰背肌和骨盆底肌的弹性和力量，缩短分娩时间，减少止痛、人工破羊水与助产的需求，降低会阴侧切的概率和患孕期糖尿病的风险。

妊娠期人群根据自身的体能和以往的锻炼情况，在保证充足的水分和充分热身后开展可承受的活动强度的运动。但剧烈运动和大幅度运动需避免。通常认为，妊娠期人群运动最适宜的时间是从怀孕后4~7个月。适合妊娠期人群的运动活动包括散步、游泳、瑜伽、低强度的有氧操和力量训练等。一直有力量训练习惯的妊娠期人群，在得到医生许可后仍可继续练习，但需减轻训练的负重量并在专业教练指导下进行。此外，并非所有的妊娠期人群都适宜参加体育活动，如身体状况不良、患有基础性疾病或有流/早产史者，则应避免运动。

二、妊娠期人群运动时的能量与物质代谢特点

1. 妊娠期人群运动时的能量代谢特点

女性在孕期的基础代谢率较孕前提高约15%~23%，需要增加能量摄入以满足孕期胎儿及母体生殖器官的生长发育、产后泌乳的脂肪储备等需要。由于孕期对营养素需求的增加大于对能量需求的增加，通过增加食物摄入量以增加营养素摄入可能引起能量过剩，导致体重增加过多。因此，孕期应密切监控体重、合理调整膳食并注重科学运动。定期的体育锻炼可增强妊娠期人群的新陈代谢能力以及对胰岛素的敏感性，提高肌肉和骨骼在体重中的占比，并能更好地利用体内的脂肪储备去满足身体的能量需求，提高脂肪利用率，维持血糖稳定。

2. 妊娠期人群运动时的产能营养素代谢特点

（1）碳水化合物　由于胎儿体内脂肪酸氧化酶活性极低，很少能够利用脂肪来提供能量，因而葡萄糖几乎是胎儿唯一的能量来源。怀孕早期胎儿肝脏尚未发育完全，不能发挥作用，需通过胎盘的糖酵解酶将储存的糖原转化成葡萄糖后再供给胎儿。由于早孕期的妊娠反应，常导致碳水化合物摄入不足，使胎儿能量供应缺乏，从而影响其正常发育，尤其是孕吐严重的妊娠期人群食物摄入不足，需要动员身体脂肪来产生能量。大量脂肪酸在肝

脏经 β 氧化产生酮体。若酮体的生成量高于清除量，则可能导致酮症酸中毒或酮血症，对胎儿造成伤害。因此，妊娠期人群每天必须保证足够的碳水化合物摄入。由于孕期运动的运动强度不高，能量消耗较少，一般不需要额外的碳水化合物补充。但是，若在孕中期增加运动强度或延长运动时间，则需适当增加碳水化合物的摄入，以避免脂肪分解过多导致体内酮体增加，对胎儿造成不良影响。

（2）脂肪　由于产后泌乳的需要，孕期需要增加体内脂肪的储备。由于磷脂及长链多不饱和脂肪酸对人类生命早期脑和视网膜的发育至关重要，故孕期对脂肪和特殊脂肪酸的需要量也相应增加。2023 年《中国居民膳食营养素参考摄入量》推荐妊娠期人群膳食脂肪供能百分比为 20%～30%。通常，孕期运动的能量消耗量小，一般不需额外补充能量物质，均衡膳食即可。

（3）蛋白质　由于妊娠期间蛋白质需求量增加，大约需要 925g 蛋白质来维持胎儿、胎盘、羊水、血容量增加、母体子宫、乳房等组织的生长发育；同时由于胎儿早期肝脏尚未发育成熟而缺乏合成氨基酸的酶，胎儿必须摄入所有氨基酸来满足身体生长发育所需，这些氨基酸都需要母体提供。2023 年《中国居民膳食营养素参考摄入量》推荐孕早、中、晚期的妊娠期人群（18～52 岁）蛋白质摄入量分别为 55g/d、70g/d、85g/d。由于孕期一般运动强度小、运动时间较短，蛋白质不会过度代谢分解，但若在孕中期运动量增加，则可适当增加优质蛋白质的摄入。

3. 妊娠期人群运动时的矿物质与水分代谢特点

（1）矿物质　在运动过程中，妊娠期人群的新陈代谢加快，汗液和尿液生成增多，钾、钙、锌和碘等微量元素会随体液一同排出体外。同时，剧烈的运动会抑制机体对微量元素的吸收。通常认为，妊娠期人群通过摄取平衡膳食可以满足各种微量元素的生理需求。

首先，在女性怀孕期间，体内雌激素水平上升可使钙的吸收率增加 1 倍以上，这有助于胎儿获得足够的钙，满足胎儿骨骼和牙齿生长所需。运动可以改善骨骼以及血液循环，增加骨骼的代谢，提高钙的吸收利用率。钙的最佳来源是乳及乳制品、豆类及其制品、小虾皮和海带等海产品。其次，孕期妇女平均需储备铁 3.57mg/d；孕 30～34 周，铁的需要达到高峰，需要铁 7mg/d。动物肝脏、动物血和瘦肉是铁的良好来源。最后，母体摄入充足的锌可促进胎儿的生长发育并预防先天性畸形。2023 年《中国居民膳食营养素参考摄入量》推荐 18～52 岁的妊娠期人群的膳食锌摄入量为 10.5mg/d。

（2）水　怀孕后，由于基础代谢增加，体内水的消耗量也相应增加，而运动会加快妊娠期人群体内水分的散失。因此，妊娠期人群需根据自身运动强度和汗液流失量的多少，在运动前、后及运动期间，及时补充足够水分以维持体内水平衡。同时，多喝水还可以减少尿路感染的风险，减少便秘发生。妊娠期人群应注意避免在已有口渴感时才进行补水，并禁止饮用碳酸饮料和果汁，应尽量饮用温水为宜。通常，妊娠期人群的适宜饮水摄入量为 1500～2000mL。

4. 妊娠期人群运动时的维生素代谢特点

妊娠期人群在运动时，体内的水溶性维生素会随着汗液而排出体外。同时，由于运动不仅要消耗大量能量，还会需要大量的氧，诱导体内自由基的产生，因此可消耗机体内一定程度的维生素 C 和维生素 E 等抗氧化营养素，导致机体对维生素的需求量增大。故 18～52 岁的妊娠期人群可根据运动强度来初步判断自身维生素代谢情况，参考摄入量包括平均需要量（estimated average requirement，EAR）、推荐摄入量（RNI）、可耐受最高摄入量（UL）和适宜摄入量（AI）见表 7-5 和表 7-6。

表 7-5 妊娠期人群（18～52 岁）膳食水溶性维生素参考摄入量（DRIs）

怀孕周期/周	维生素 B_1		维生素 B_2		维生素 B_6		
	EAR/(mg/d)	RNI/(mg/d)	EAR/(mg/d)	RNI/(mg/d)	EAR/(mg/d)	RNI/(mg/d)	UL/(mg/d)
1～12	1.0	1.2	1.0	1.2	1.9	2.2	60
13～27	1.1	1.4	1.1	1.3	1.9	2.2	60
≥28	1.2	1.5	1.2	1.4	1.9	2.2	60

怀孕周期/周	维生素 B_{12}		泛酸	叶酸			烟酸	
	EAR/(μg/d)	RNI/(μg/d)	AI/(mg/d)	EAR/(mg/d)	RNI/(μgDFE/d)	UL/(μg/d)	EAR/(mgNE/d)	UL/(mg/d)
1～12	2.4	2.9	6.0	520	600	1000	10	12
13～27	2.4	2.9	6.0	520	600	1000	10	12
≥28	2.4	2.9	6.0	520	600	1000	10	12

怀孕周期/周	烟酸	胆碱		生物素	维生素 C		
	UL/(mgNE/d)	AI/(mg/d)	UL/(mg/d)	AI/(μg/d)	EAR/(mg/d)	RNI/(mg/d)	UL/(mg/d)
1～12	35	460	3000	50	85	100	2000
13～27	35	460	3000	50	95	115	2000
≥28	35	460	3000	50	95	115	2000

表 7-6 妊娠期人群（18～52 岁）膳食脂溶性维生素参考摄入量（DRIs）

怀孕周期/周	维生素 A/(μgRAE/d)			维生素 D/(μg/d)			维生素 E/(mg α-TE/d)		维生素 K/(μg/d)
	EAR	RNI	UL	EAR	RNI	UL	AI	UL	AI
1～12	470	660	3000	8	10	50	14	700	80
13～27	520	730	3000	8	10	50	14	700	80
≥28	520	730	3000	8	10	50	14	700	80

三、妊娠期人群运动时的营养补充与膳食建议

1. 孕早期少量运动，少食多餐

母体受孕会使身体基础代谢率升高、激素分泌的改变、营养素需求的改变、体重的增加以及体型改变等。孕期运动干预的目的是帮助妊娠期人群在心理及生理上作好准备，以度过一个健康的孕期，使产程顺利，并加速产后恢复，但应避免剧烈运动。怀孕前3个月，如果妊娠期人群体力允许，可以做少量缓和的运动，有目的和足够次数的运动可以使肌肉发生相应的变化。因此，若无明显早孕反应，则不需要额外补充过多的能量和营养；若早孕反应较明显，则可能会影响妊娠期人群对营养素的摄入，则应少食多餐，挑选开胃、清淡、易消化和易吸收的食物，如粥、面、薯类或鲜玉米等；若早孕反应严重影响妊娠期人群进食，为保证基本能量的供应，每日至少需摄入130g碳水化合物。此外，在计划妊娠时就开始补充叶酸，常吃含铁丰富的食物，选用碘盐（图7-5）。

图7-5 妊娠期人群的代谢特点与膳食建议

2. 孕中期中等强度训练，强化身体

在孕中期每天可进行15~30min中等强度的身体活动。妊娠期人群应根据自己的身体状况和孕前的运动习惯，结合主观感觉，量力而行，循序渐进。锻炼应从大约5min的热身运动开始，并以相同时间的放松活动结束。推荐的运动类型包括散步、游泳、瑜伽和跳舞等，避免剧烈运动。训练时不能空腹，因为燃烧脂肪供能后所产生的物质对胎儿不利。饮食搭配上，在孕中期可参考谷类约350~450g/d；大豆制品50~100g/d；鱼、禽、瘦肉交替选用约150g/d，鸡蛋每日1个；蔬菜500g/d（其中绿叶菜300g），水果150~200g/d；牛乳或酸乳250g/d，每周最好进食1次海产品，以补充碘、锌等微量元素；每周进食1次（约25g）动物肝脏，以补充维生素A和铁。

3. 孕晚期锻炼肌肉，保证能量摄入

在孕期的最后3个月，运动仍然要坚持，这不仅是为了减轻怀孕的不适，更是为胎儿的顺利出生做准备。妊娠期人群在怀孕期间还应锻炼手臂、肩部和背部的肌力，这可以使

在分娩后照顾婴儿的过程中发生肌肉疲劳和紧张的概率降低。孕晚期对蛋白质、能量以及维生素和矿物质的需要明显增加。胎儿体内组织、器官迅速增长，大脑发育加快，骨骼开始钙化，同时妊娠期人群子宫增大、乳腺发育增快。因此，需保证适量的脂肪摄入，尤其是多不饱和脂肪酸，如深海鱼类含较多 n-3 多不饱和脂肪酸，每周可食用 2~3 次；保证谷类、豆类、蔬菜和水果的摄入；鱼、禽、蛋和瘦肉合计 250g/d，每日 1 个鸡蛋。此外，每周还可进食动物肝脏 1 次，动物血 1 次；饮乳至少 250mg/d，同时补充钙 300mg/d。

7-3 延伸阅读 小威廉姆斯

第七节　围绝经期女性运动行为与营养特点

围绝经期又称更年期，大约在 44~54 岁，是女性从性成熟期进入老年期的过渡阶段。在此期间，卵巢功能逐渐衰退直至萎缩，不能继续排卵，雌激素分泌严重不足，最突出的表现为停经和生殖能力丧失，同时其他内分泌也发生变化，甚至身体各器官还会出现不同程度的功能障碍。丰富、均衡的膳食可满足女性在围绝经期阶段的营养需求，可以增强机体的调节与抵抗能力；合理的运动有助于新陈代谢、提高消化能力、增强肌力和骨质、改善呼吸功能、增强心血管系统功能和免疫力等。由此可见，食疗和健身活动是改善围绝经期女性各种不适症状、平稳过渡围绝经期的最有效方法。

一、围绝经期女性的生理及运动特点

1. 围绝经期女性的生理特点

女性约 40 岁时月经量开始减少，并出现周期不规律的情况，这一变化是步入围绝经期的初步征兆。围绝经期是指女性由能够生育至不能生育的一个过渡时期，包括停经前期及停经两个阶段。此时，卵巢功能退化，女性性激素逐渐减少，因而出现了许多相关的"围绝经期综合征"，如不同程度的尿频、脸部潮红、夜间盗汗、疲倦、健忘、心情低落、烦躁、失眠、消化不良以及骨质疏松和心血管疾病等。

女性绝经是围绝经期卵巢功能衰退最显著的标志，是机体内分泌激素发生变化的结果。绝经后，由于雌激素水平下降，卵巢功能的衰退，围绝经期女性内分泌发生变化，生殖器官逐渐萎缩，在绝经前后使雌激素水平分泌减少甚至不再产生，代谢紊乱，会出现糖代谢异常、骨质疏松、高血脂、高血压、发胖等情况。

2. 围绝经期女性的运动特点

围绝经期女性由于内分泌代谢紊乱，会出现卵巢功能降低，雌激素缺乏、糖代谢异常、骨质疏松、高血脂、高血压和发胖等情况；心理或精神方面也可能会出现紧张焦虑、喜怒无常、疲倦、易激动、忧虑、郁闷、失眠和头痛等神经功能紊乱的症状。因此，围绝经期女性在运动锻炼时，应根据自身生理和心理健康状况，结合个人兴趣爱好，确定适合恰当的运动方式、强度、时间及频率，进行有计划的周期性体育锻炼，以达到防病治病和康复身心的目的。

围绝经期女性不适合参加一些对抗性或强度较大的运动，而应选择一些强度相对较小的运动方式。有氧运动在缓解围绝经期症状方面效果明显，如散步、慢跑、游泳、打太极拳、骑自行车和跳舞等。此外，以力量性运动为基础的运动，如坐位抬腿、静力靠墙蹲、举哑铃和拉弹力带等也能有效改善肌肉力量和身体功能。每周不低于 15min 中等强度的有氧运动以及 2~3 次力量性锻炼，可以调节围绝经期女性的骨骼系统和神经功能，增加肌肉量和肌力，改善卵巢的内分泌状态，维持一定的雌激素和孕激素水平，改善心脑血管的供氧，调节免疫系统功能，促进机体代谢，并有效缓解围绝经期女性的焦虑和抑郁等症状，但不能过度训练。运动前还应与医生进行沟通，确定运动方式及强度，并根据实际情况进行调整。

二、围绝经期女性运动时的能量与物质代谢特点

1. 围绝经期女性运动时的能量代谢特点

进入围绝经期后，由于雌激素水平降低导致基础代谢率下降，活动量减少，易导致能量过剩，体脂率升高，因而能量供应可适当降低。围绝经期女性应维持适宜的体重，身体质量指数处于 $18.5~23.9 kg/m^2$ 范围内为正常，腰围应 $< 80cm$。体脂率过高会增加心脑血管疾病风险，体脂率过低则会增加患骨质疏松症风险。在同等运动强度下，体脂率少者能耗更大。

2. 围绝经期女性运动时的产能营养素代谢特点

（1）碳水化合物　碳水化合物是机体最重要的热量来源，应尽量选择全谷物或高纤维食物等，减少糖类摄入，以免增加体重。碳水化合物是机体获取能量的重要途径之一，运动时骨骼肌可利用糖分，主要有糖酵解和糖有氧氧化过程。短时间、高强度运动所需能量大部分由糖提供，而长时间、低强度运动同样先利用糖氧化供能，当可利用糖耗竭后机体才动用脂肪或蛋白质。围绝经期女性应根据年龄、身体情况爱好和环境等因素选择不同的运动方式。

（2）蛋白质　正常情况下，机体的蛋白质处于稳定的总氮平衡状态，而运动锻炼则会引起机体蛋白质代谢速率的改变。运动和蛋白质的摄入均会对机体的氮平衡产生显著的影响，耐力运动时机体的蛋白质分解速率可超过合成速率。若蛋白质摄入不足，会导致在运动过程中出现负氮平衡。蛋白质是维护和修复机体组织的物质基础，围绝经期卵巢功能退化，体内性激素降低，一些组织器官功能也随之衰退。为延缓机体退化，维持其功能，围绝经期女性就需要保证适量蛋白质的摄入，特别需要注意补充优质蛋白质，如瘦肉、乳类、

鱼类、禽类、蛋类和豆类等，从而提高食物蛋白质的利用率。

（3）脂肪　由于围绝经期女性雌激素水平下降，对血脂的调节作用减弱，往往会出现高血脂的情况，因此需要通过运动来促进体内脂肪代谢。另外，不同脂肪酸对血脂的影响也不同，围绝经期女性平时宜摄入适量的多不饱和脂肪酸，降低血浆中胆固醇和低密度脂蛋白的含量，并保持甘油三酯水平稳定。因此，建议少吃动物性脂肪，适当摄入植物油，如菜籽油、葵花子油和橄榄油等富含不饱和脂肪酸的食用油类。但是，若脂肪摄入过少，则会影响脂溶性维生素的吸收。

3. 围绝经期女性运动时的矿物质与水分代谢特点

（1）矿物质　矿物质是组成体机体组织和体液的成分，具有维持机体渗透压平衡和维持神经、肌肉的应激性等功能。其中，钠会随着因运动引起的流汗而排出体外；钾会因运动锻炼引起糖原和蛋白质合成代谢增强而被额外消耗；铁会参与氧气和二氧化碳的转运、交换和组织呼吸过程；锌影响骨骼肌的生长和发育；钙可参与骨骼构成和肌肉组织的能量代谢。由于女性在围绝经期时易发生机体钙、磷代谢紊乱、骨质脱钙和骨质疏松症等，故在保持运动习惯的同时应重视对矿物质的摄入。

（2）水　水与运动锻炼密切相关，围绝经期女性运动时的水代谢会相应增强。一方面，为满足运动时的能量需求，机体内产能营养素的分解使代谢水含量相应增多。另一方面，运动过程中机体会产热，并以汗液蒸发的方式散发热量。运动强度是影响出汗率的主要因素，运动强度越大，出汗率越高，机体水分散失越大。研究表明，跑步 1h 的出汗量是机体安静时的 2～3 倍。出汗率还与运动时间、环境温度与湿度、热辐射强度以及机体的适应程度等因素有关。此外，机体的水分还会在运动过程中因呼吸频率加快、幅度加深从呼吸道丢失。

4. 围绝经期女性运动时的维生素代谢特点

维生素是维持机体生命活动所必需的一类有机物质，也是保持机体生理健康的重要活性物质，具有广泛的生理功能，任何一种维生素都不可缺乏。围绝经期女性因自身吸收能力有所降低，加上运动可使代谢增强，维生素在汗液、尿液及粪便中的排出量增加，应适量按需补充。如维生素 D 可以促进钙的吸收，维生素 C、维生素 E 等具有抗氧化作用，对围绝经期女性尤为重要。通常认为，适合围绝经期女性的中、小强度运动不会引起维生素营养状况的恶化，故切忌过量补充。

三、围绝经期女性运动时的营养补充与膳食建议

1. 科学饮食，稳定情绪

女性进入围绝经期后，雌激素水平的降低会导致基础代谢率下降，且围绝经期女性适合运动强度较低、负荷较小的运动。因此，围绝经期女性无须过多补充营养素，但其日常饮食需进行科学搭配，保证各种营养摄入均衡，定时定量，避免无节制（图 7-6）。

图 7-6　围绝经期女性的代谢特点与膳食建议

围绝经期女性应避免摄入油炸、油煎食物，尽量少食高脂肪、高蛋白的肉类酸性食物，限制饱和脂肪酸摄入、避免反式脂肪酸摄入，少食动物脂肪、胆固醇（<300mg/d），限盐（<6g），控糖（包括含糖饮料，≤50g/d），少油（25~30g/d），限酒（酒精量≤15g/d），尽量避免咖啡、浓茶、辣椒等刺激性食物，以免加剧神经系统的兴奋性，造成情绪不稳定。

2. 搭配均衡，保证代谢

围绝经期女性机体退化，营养吸收能力降低，会出现卵巢功能降低、糖代谢异常、骨质疏松、高血脂、高血压和发胖等情况（图 7-6）。适当增加新鲜瓜果蔬菜、菌藻类等天然碱性食物的摄入，同时保证粗粮、豆制品、乳制品以及富含胡萝卜素、维生素 C、维生素 E 及各种微量元素，如铁、镁、碘、硒、锌和钙等食物的摄入。食物摄入量只需保持机体能量代谢即可，同时注意足量饮水（1500~1800mL/d）。围绝经期女性无须过多补充营养素，但其日常饮食需进行科学搭配，保证各种营养摄入均衡。

3. 营养多样，预防贫血

对于有头昏、失眠和情绪不稳定等症状的围绝经期女性，要选择富含 B 族维生素的食物，如小米、麦片、豆类、瘦肉、牛乳、绿叶菜和水果等，这些食品对维持神经系统功能、促进消化都有一定作用；对于月经紊乱和经血量多甚至贫血的人，可选择蛋白质含量较高的肉禽鱼类，以及富含维生素 C、叶酸的水果和绿叶蔬菜，预防缺铁和贫血；如果食欲不好，厌油腻，可用红枣、桂圆和红糖熬制红枣桂圆汤饮用，或用红枣、红豆煮粥当点心，起到健脾补血的功效。

7-4 延伸阅读　地中海饮食

第八节　繁重体力劳动者运动行为与营养特点

根据国家标准对重体力劳动的规定，体力劳动按照强度进行分级，分别为轻体力劳动者、中度体力劳动者、繁重体力劳动者和特别繁重体力劳动者四个级别。繁重体力劳动者是指 8h 工作日平均耗能 11304.4kJ，劳动时间率为 77%，包括矿工、冶炼工、建筑工人等。繁重体力劳动者能量消耗较大，作业时间较长，同时作业环境可能涉及高温、粉尘、低温、噪声等对机体的营养代谢有一定影响。本节重点介绍矿工和冶炼工等作业的营养特点，并介绍合适的营养建议。

一、矿工的运动行为与营养特点

矿工是指从事矿产开采的作业人员，属于繁重体力劳动者。矿工基础代谢较高，能量消耗大，水盐流失大，另由于作业环境的特性（粉尘、噪声和高湿等），导致机体生理活动和营养代谢改变，容易引发多种职业病。根据矿工的特殊营养需求，合理膳食，可以有效提高矿工劳动效率，预防矿工职业病。

1. 矿工作业环境及运动行为特点

（1）矿工作业环境特点　矿产开采环境如振动、噪声、粉尘和高湿等对矿工身心造成危害，引发多种职业病。其中粉尘的危害位居第一，矿工长期吸入较高浓度的粉尘，可导致肺部病变为主的全身性疾病，称为尘肺病。其中硅肺（吸入大量游离硅尘所致）是尘肺病中发展最快，病情最严重的一种。此外，金属性和放射性物质的粉尘还易引发肺癌。矿工在高温环境下进行重体力劳动，会出现食欲下降和消化功能减退等症状，同时机体大量出汗，水分、氯化钠和水溶性维生素流失严重。

（2）矿工运动行为特点　进入矿井前，矿工需要换衣服，防止个人衣物摩擦产生静电，在井下产生火花引发瓦斯爆炸。另外矿工需要领取专业的矿帽、矿靴和防尘面具等装备，主要是防水、防止坠物砸伤脚及防止粉尘等，然而这些装备往往比较重，因此矿工需要负重工作，甚至会出现身穿重达几十千克的工作服进行工作。

2. 矿工的能量与物质代谢特点

（1）能量　矿工属于繁重体力劳动者，劳动强度大，作业时间长，又处于特殊环境（高温、高湿等）当中，机体能量代谢增加，建议矿工能量需求量暂定为 16743kJ/d，并根据实际情况进行适当增减。若矿工患尘肺病，由于肺组织受损，维持患者呼吸所需能量需进一步增加。

（2）蛋白质　机体对外界某些有害因素的抵抗力与蛋白质的营养水平密切相关。而矿工劳动强度大，出汗多，含氮物质易流失，造成透支体质，蛋白质需求量增加，尤其是某些肺部疾病患者蛋白质需求量进一步增加，另外机体血浆白蛋白含量及巯基含量均降低。研究发现，给矿工膳食中提供丰富的优质蛋白，可改善蛋白质的代谢，使血清蛋白恢复正常水平。考虑到矿工劳动强度大及长期处于危害环境中，建议矿工蛋白质摄入量约 120g/d，占总能量摄入的 12%~15%，其中动物源及大豆蛋白等优质蛋白的占比为 1/3~1/2。

（3）脂肪和碳水化合物　脂肪是机体内储存能量并为机体提供能量的物质。对于矿工这类繁重体力劳动者，脂肪必不可少。有研究表明，硅肺患者摄入过量脂肪，肺组织中会出现脂质蓄积，引起肺纤维化。另有研究发现，矿工摄入足量脂肪可以降低硅肺的患病率。而我国矿工营养调查发现，脂肪摄入量偏低。因此，建议矿工摄入脂肪供能比为20%～25%，碳水化合物供能比60%～70%。

（4）水和矿物质　矿工在高温环境下进行较大强度的体力劳动，大量出汗，引起钠、钾、钙等矿物质和水分的流失。为保持体内水分平衡，建议每日补充水分2～4L，采用少量多次的方式。矿工高温作业时，每日经汗排出的钠约为20g，建议每日摄入10～20g钠。同时适量补充钙和钾等矿物质。

（5）维生素　调查发现，矿工维生素摄入普遍偏低，部分维生素严重摄入不足。然而矿工长期在井下进行作业，缺乏光照，体内容易缺乏维生素A和维生素D，而这两种维生素对于视力保护、骨骼强化等具有重要作用。同时，维生素A可以维持上皮细胞组织的完整性，增强上呼吸道的防御功能，保护生物膜的稳定性，防止和减少粉尘对机体的危害。另外，矿工劳动强度大，出汗量多，水溶性维生素C、维生素B_1及维生素B_2大量流失。因此，应注意这些维生素的摄入，建议维生素A的每日摄入量为1～1.5mg，维生素D为10μg，维生素C为150～200mg，维生素B_1及维生素B_2的摄入量为3～5mg。

3. 矿工的营养补充与膳食建议

（1）摄入足够的能量　矿工属于繁重体力劳动者，长时间负重工作需要补充大量的能量。脂肪是身体能量的重要来源，矿工需要从植物油和各类动物脂肪中摄入足够的脂肪，以保证体力。同时需保证充足的蛋白质摄入，每日需从动物性食物和豆类中摄入120～150g蛋白质。

（2）增加蔬菜和水果的摄入　矿工在高温高湿环境下工作会大量出汗，体内会缺乏水溶性维生素。多选择新鲜的富含维生素C、胡萝卜素和矿物质的叶菜类蔬菜。同时适当摄入动物肝脏和蛋类等，保障机体对维生素A、维生素B_2及维生素D的需求。另外，每日适当摄入一定量水果，水果中不仅含有丰富的矿物质、维生素及膳食纤维，还存在一些活性物质，如类黄酮和异黄酮等可以提高机体的免疫力和抗氧化作用等。

（3）促进食欲　频繁夜班破坏了矿工的生活规律，造成食欲不振，另外高温高湿环境也会导致机体食欲不佳。因此，矿工的三餐应合理搭配，做到香甜可口、花色齐全，适当增加山楂、酸乳等开胃零食，增进食欲。

（4）调整膳食制度　矿工为轮班作业，作业时间不固定，可早可晚，根据矿工的劳动特点，分配合适的三餐比例。下井前的一餐矿工应摄入丰富的营养素并尽量吃饱，该餐的能量占比40%～45%；班中餐体积不宜过大，营养素含量应较高，能量占比25%～30%；下班后的一餐应较为清淡，并提供足够的新鲜水果蔬菜，能量占比25%～30%。

二、冶炼工的运动行为与营养特点

冶炼工是指从事金属提取工作的人员。通常需要采用焙烧、熔炼、电解以及化学药剂等方法，从矿石中提取某种金属。冶炼工属于繁重体力劳动者，长期处于高温环境，也可能会暴露于铅、砷等有毒物质。长年的繁重体力劳动对冶炼工营养代谢具有一定的影响，并使他们的身体严重透支。高温环境及有毒物质对机体的部分器官及机能造成严重影响。根据冶炼工的膳食营养特点，合理营养膳食，是保持冶炼工健康和作业的物质基础，是影响身体素质的先决条件。

1. 冶炼工作业环境及运动行为特点

（1）冶炼工作业环境特点　冶炼现场环境温度较高，工人在高温环境下工作时，身体内的蓄热会引起一系列的病理生理改变。皮肤血管扩张及大量出汗会导致体内水分和盐分的流失，血液变得浓稠，有效血容量减少，心脏负担加重，可能导致急性循环衰竭；后期尿量减少，尿中出现蛋白，严重者可能出现急性肾功能不全；消化道供血量和唾液分泌量减少，阻碍胃的正常蠕动，同时电解质紊乱，血液中 Cl^- 含量减少，胃酸降低，引起消化不良等消化道疾患；大脑皮层更加兴奋，通过负诱导抑制中枢神经系统运动区，降低注意力和反应速度，早期表现为暂时性可逆的功能紊乱，晚期出现脑出血脑水肿、神经细胞混浊肿胀等不可逆变化。

冶炼工作业期间，有可能接触砷、铅等有毒有害的化学物质。不同有毒化学物质毒作用机制不同，会造成接触部分的局部损害，如刺激性气体可能对眼睛、呼吸道及皮肤产生刺激作用，引起极性炎症和水肿等。另外也会造成其他部位的损害，如汞和铅等金属可能会造成神经系统的毒害。

（2）冶炼工运动行为特点　常规冶炼设备必须长期连续运行，因此冶炼工一般为三班倒作业，会引起机体生物钟错乱，对神经系统及消化系统有一定影响。冶炼作业工序多，冶炼工劳动强度大，持续劳动时间长，起重运输工作量大，能量消耗大。另外冶炼时炉壁周边温度高达上千摄氏度，冶炼工在炉边长时间操作，尤其是高温季节，很容易造成机体大量出汗出现中暑等现象。

2. 冶炼工的能量与物质代谢特点

（1）产能营养素　冶炼工能量消耗大，需氧量高，机体物质代谢旺盛。冶炼作业时的高温环境影响机体对脂肪的摄入，导致机体对碳水化合物摄入量减少，也会加快组织蛋白质的分解。另外，冶炼工作业时可能会接触有毒有害物质，这些有毒物质会影响营养素的吸收或导致营养素的分解。蛋白质摄入量少或者质量差时，可能会影响有毒化合物与含硫氨基酸的结合，减慢有毒物质排出体外的速度，从而增加对机体的毒性作用。此外，碳水化合物的摄入有利于解毒，其中膳食纤维具有吸附作用，可以减少有毒化合物的吸收。一般情况下建议铅作业人员的蛋白质供能比为15%，增加富含硫氨基酸的优质蛋白摄入。然而，增加脂肪的摄入会促进脂溶性有毒化合物的吸收。因此，建议限制脂肪的摄入量。针对铅作业人员，建议脂肪供能比小于20%。

（2）维生素　冶炼工是繁重体力劳动者，并且长时间处于高温环境，作业时大量出汗，维生素C、B族维生素等随着汗液大量流失，需要摄入足够的维生素。此外，维生素对化学毒物具有一定的解毒作用。研究表明，维生素A和胡萝卜素不仅具有清除有毒化学物质代谢过程产生的自由基的作用，还可以影响细胞内质网多功能氧化酶（mixed-functional oxidase，MFO）的活性，从而降低某些化学物的致癌性。维生素B_2有利于铁的吸收和利用，可以防护有毒化合物对红细胞的损伤。维生素C对大部分有毒化合物都具有解毒作用，这是因为维生素C可以提高MFO的活性，同时其具有一定的抗氧化作用。

（3）矿物质和水　冶炼工作业时丢失大量的水和盐，包括钠、钾、钙等矿物质，可能会引起血钠降低、血容量减少、电解质紊乱，出现倦怠无力、嗜睡、抽筋等症状。应充分考虑矿物质的联合补充。此外，冶炼工可能会接触有毒有害的物质，而矿物质对毒害物质具有一定的解毒作用。研究表明，摄入富含硫和磷的肉类及谷类食物可以使骨骼中铅形成可溶性的磷酸氢铅，加速铅排出体外。另外，一些重金属如铅、锰等可能会影响铁的吸收利用，引起缺铁性贫血。因此需要补充适量的铁。

3. 冶炼工的营养补充与膳食建议

（1）补充足够的能量　冶炼工属于重体力劳动者，消耗大量的能量，并且冶炼工作业环境为高温环境，进一步增加了能量消耗，需要及时补充能量，但要注意防止脂肪过度摄入，降低脂溶性有毒化合物在体内被吸收蓄积的风险。可适当增加碳水化合物的摄入，有利于解毒。

（2）增加水果蔬菜的摄入　冶炼工对维生素C、B族维生素及胡萝卜素的需要量增加，因此应该增加水果和蔬菜的摄入，推荐维生素C的摄入量为130~180mg，维生素B_1的摄入量为1.8~2.4mg，维生素B_2的摄入量为1.7~2.3mg。建议每日蔬菜摄入量不少于500g，水果不少于400g，多食用草莓、火龙果、猕猴桃等富含钾、维生素与B族维生素的食物。

（3）增加优质蛋白的摄入　冶炼工劳动强度大，蛋白质分解代谢增加，同时蛋白质的营养水平与机体对有害物质的抵抗能力密切相关。膳食中提供富含甲硫氨酸的优质蛋白，可以改善蛋白质的代谢。建议蛋白质供能比为12%~15%，其中优质蛋白占总蛋白的50%为宜，多食用鱼虾和蛋乳等富含优质蛋白的食物。此外，建议摄入一定量的肝脏和牛羊肉等，不仅含有丰富的铁，并且吸收率较高。

三、建筑工的运动行为与营养特点

建筑施工作业属于繁重体力劳动，使建筑工身体疲劳，代谢产热量增加，长年的繁重体力劳动对建筑工营养代谢具有一定的影响，使他们的身体严重透支。根据建筑工的膳食营养特点，合理营养膳食，是保持建筑工身体健康和高效作业的物质基础。

1. 建筑工作业环境及运动行为特点

（1）建筑工作业环境特点　建筑工露天作业多，约占整个工作量的70%。高温酷暑环境被广泛认为会对建筑工人的健康及生产率造成负面影响。机体在高温环境下，散热受到抑制，体温调节机制失调，导致机体体温过高，大量出汗，造成体内钠、钾等流失增多。此外，由于高温环境造成建筑工身体疲劳、认知能力受损，容易引发其他施工事故。

（2）建筑工运动行为特点　建筑业大多工种都是手工操作，建筑工作业时间长、能量消耗大，需要持续的能量供应，导致作业后期血糖低、肌肉疲劳、中枢神经系统疲劳，注意力分散，容易引起安全生产事故。

2. 建筑工的能量与物质代谢特点

（1）能量　机体能量代谢水平受环境温度和劳动强度有关。建筑工人属于重体力劳动者，一般每天消耗15069～16743kJ。《高温作业人员膳食指导》指出：工作环境温度每增加1℃，能量摄入量应比现行一般人群推荐值增加0.5%。充足的能量摄入对建筑工人的劳动效率十分重要。

（2）产能营养素　充足的热量对建筑工来说十分重要。一般地，蛋白质、脂肪和碳水化合物的最适比例分别为12%～15%、20%～30%、60%～65%。

（3）矿物质　建筑工人的工作劳动强度大，出汗多，容易引起钙、钠等矿物质的大量流失。研究发现，建筑工人钙的摄入量远远低于标准供给量，只占推荐量的40%左右，属于严重不足，长期钙缺乏可增加骨质疏松的危险。同时铁、锌摄入量也偏低，与瘦肉、水产品等动物性食品的摄入缺乏有关。研究还发现，建筑工人钠的摄入量严重超标，可达到推荐量的4倍左右。钠的超标会影响体内的电解质平衡，导致水盐代谢紊乱。

（4）维生素　由于建筑工人的大量出汗，很容易造成水溶性维生素代谢紊乱。建筑工人高强度的体力活动，身体承受的抗氧化压力加大，需要更多的维生素C保护机体，维生素C缺乏会影响肌肉力量，容易疲劳，降低工作效率。B族维生素对营养素的释放十分重要，摄入不足会影响机体的劳动能力。

3. 建筑工的营养补充与膳食建议

（1）调整膳食结构，补充足够的热量　建筑工劳动强度大，特别在夏天，常在高温下施工，机体的基础代谢率增强，热量消耗较大，蛋白质分解加速。因此，需要在饮食上补充足够的热量。另外，调查发现建筑工人膳食结构不合理，食物种类单调。建议主食以大米、面、粗粮等为主，同时增加蛋白质类食物的摄入，如肉、鱼类、蛋类等。

（2）摄入足够的钙　乳及乳制品是膳食钙最丰富的来源，但是大部分建筑工从不喝牛乳，另外豆类和鱼虾等钙源的摄入不足，容易引起骨质疏松等病症。因此，建议摄入含钙较多的豆类及鱼虾等食物。

（3）注意水盐平衡　建筑工作业过程中大量出汗，应注意补充水盐，尤其是夏季高温环境时，建筑工应补充水分3~6L，防止食欲减退，减少水分蒸发。每日应摄入钠20~25g，以补充汗液中排出的钠。研究发现，由于膳食种类单一，建筑工人较多食用味重食物以提高食欲，导致机体钠超标。因此，要摄入充足的水维持机体水盐平衡。

（4）摄入蔬菜和水果　建筑工人随汗液流失大量维生素C和维生素B_1等，增加水果蔬菜摄入可以补充流失的维生素及矿物质。建议摄入富含维生素C的水果，如橙、橘子、猕猴桃和山楂等。为减少粉尘危害建议多吃富含胡萝卜素的果蔬，如胡萝卜和南瓜等。

7-5 延伸阅读　别把"浮肿"当"肥胖"

第九节　野外作业人员运动行为与营养特点

野外作业是指完成生产、科考、军事训练任务等活动，野外作业人员包括极地科考人员、热带雨林保护员、地质勘探员等。野外作业应注意高温、低温、缺氧等环境对机体生理功能和营养代谢的影响。本节重点介绍极地科考人员、热带雨林保护员及地质勘探员野外作业时的营养需求，并阐述这些野外作业人员的营养需求。

一、极地科考人员的运动行为与营养特点

神秘的极地是影响全球气候变化的重要地区，也是开展气象、海洋、生物等科学研究的天然实验室。极地科考是指人类在地球南北极进行科学考察活动。极地在地球的南北两端，常年白雪覆盖，是地球上最寒冷的地方。恶劣的外部环境造成机体的生理功能和营养代谢会发生显著变化，导致机体的营养需求也产生变化。

1. 极地科考人员作业环境及运动行为特点

（1）极地科考人员作业环境特点　极地地区常年严寒，南极年平均气温在-25℃，最低气温可达-88.3℃。北极年平均气温-18℃，最低气温达到-66.7℃。在极端低温下，机体热量消耗增加，胃液分泌量增加，食物消化较为充分，食欲增加，更喜摄入高热量、高脂肪的食物。长期处于低温环境，机体关节温度降低速度高于骨骼肌温度降低速度，导致关节囊液黏度升高，关节活动阻力增大，关节灵活性减弱。因此科考人员肩、肘、腕、膝关节疼痛的发生率较高。同时寒冷环境会导致呼吸道中流失的水分增多，并出现利尿作用。

由于极地上空大面积的臭氧空洞，极地的紫外线高于其他地区。过量紫外线照射会导

致皮肤、眼睛和免疫系统的损伤。另外，极地通常伴有高海拔环境，科考人员在缺氧、干燥的环境下作业，容易产生中枢神经系统、心、肺和消化系统等的生理改变，出现头昏、头疼、恶心和呕吐等症状，引起高山病。

（2）极地科考人员运动行为特点　极地科考人员需要乘坐飞机或者轮船到达目的地。部分科考人员需要经过长时间的海上航行才能到达目的地。然而长距离海上航行容易导致机体免疫力下降，产生晕船、睡眠紊乱等现象。开展相关活动时科考人员需要身着厚重的御寒服，行动困难，容易造成大量出汗，从而造成机体出现脱水现象。极地科考人员长期在相对封闭环境里工作生活，昼夜交替周期的变化等会影响科考人员的睡眠，产生睡眠系统紊乱，导致狂躁抑郁症等心理性疾病。

2. 极地科考人员的能量与物质代谢特点

（1）能量　极地的低温及高原环境下，机体能量消耗增加，且以原来的碳水化合物供能为主逐渐转变为以蛋白质和脂肪供能为主。中国第22次、24次南极中山站越冬科考员平均能量摄入分别为11976kJ和12055kJ，与中、重体力劳动者所需推荐能量11302~13395kJ相符。但是科考人员劳动强度均不高于重体力劳动者。有研究发现，在极地地区生活，机体的基础代谢率提高25%。同时笨重的防寒服使科考人员额外负重，同样增加能量消耗。

（2）蛋白质　寒冷环境中蛋白质供应量达到普通人群正常供给量的上限即可。调查发现，南极科考队员蛋白质的摄入量超过我国普通人群推荐摄入量，这个与南极特殊寒冷气候有关。研究表明，某些氨基酸有利于机体对寒冷环境的适应性，如甲硫氨酸，该氨基酸经甲基转移作用而提供寒冷适应中所必需的甲基。谷氨酰胺可以增加直肠温度，降低体温过低的发生率。推荐蛋白质的供能比为15%，其中动物蛋白应在50%~65%，并保证摄入足够的甲硫氨酸。

（3）脂肪　较高的机体脂肪供给可以增加机体对低温的耐受。在膳食组成不变的情况下，机体处于寒冷环境后脂肪利用率增加。极地的高海拔环境，氧气不足，但脂肪氧化需要更多的氧气，应该降低脂肪膳食的摄入。但研究发现，初入高原的急性缺氧期需要适当降低脂肪的摄入，然而习惯高原环境者不必过分考虑低脂膳食。一般地，脂肪供给量占总能量比为35%~40%。

（4）碳水化合物　寒冷环境中，碳水化合物是耐寒产热过程中主要的作用底物。肝脏和肌肉糖原迅速减少甚至消失，而血糖上升。碳水化合物在体内吸收快，对机体活动产热有利。我国建议寒冷环境下碳水化合物的供能比为45%~50%。

（5）矿物质　科考人员到北极工作的最初3~4个月，每昼夜排尿量为3.5L，其中氯化钠高达18g，以致血容量减少，同时血中锌、镁和钙含量下降，但铁和钾含量无明显变化。另外，高原环境下，机体对铁和锌的需求量显著增加。而膳食调查结果显示，生活在寒冷地区的人群钠、钙和镁等摄入不足。因此，科考人员应注意钠、钙和锌等矿物质的摄入。

（6）水　寒冷地区，机体会出现排尿量增多现象，并且由呼吸道中流失的水分也会增多。科考人员外出作业需要身着笨重的防寒服，也会导致机体大量出汗。因此，机体容易出现脱水情况，导致食欲降低。故应注意摄入足够的热水。

（7）维生素　一般认为低温环境下维生素的摄入量较温带地区增加30%~50%，其中维生素C与寒冷环境适应性有密切关系。研究发现，低温环境下，补充大量维生素C可以提高机体对寒冷的适应力。极地环境下机体能量消耗增加，与其相关的B族维生素的需求量也随之增加。一般地，极地环境维生素C的供给量至少为70~120mg/d。

3. 极地科考人员的营养补充与膳食建议

极地环境下机体能量和各种营养素的需求量都有所改变。寒冷环境下主要的问题是低体温、脱水和高能量需求。制定极地科考人员营养标准是人类是否可在极地长期健康生存的基础。

（1）增加碳水化合物和脂肪的供给量　极地科考人员需要增加10%~40%的能量摄入，其中蛋白质供给量达到普通人群正常供应量的上限即可，需要提高脂肪和碳水化合物的供给量来满足能量增加部分。适当增加粮食和粮油的供给量，并在副食品中增加脂肪含量较高的食物。

（2）注意热水及矿物质的摄入　极地环境下，需要补充足够的热水，防止机体脱水。另外需要保证矿物质的供应，每人每天食盐摄入量应在15~20g，并适当摄入钙和锌等矿物质。

（3）保障足够蔬菜的摄入　科考人员应摄入足够的蔬菜，满足机体对维生素C、胡萝卜素的需求量，增加机体抗寒能力。同时适当增加肝脏、蛋类和瘦肉的摄入，保障维生素A、维生素B_1和维生素B_2等的摄入。然而极地地区蔬菜供应量有限，可以采用窖藏、腌制和暖房技术等增加蔬菜的生产和贮藏。

（4）调整膳食制度　根据极地科考人员较大能量需求的特点，同时考虑科考人员科考活动强度和时间等因素，建议每日安排四餐，每餐占能比分别为：早餐占25%，间餐占15%，午餐占35%，晚餐占25%。

二、热带雨林保护员的运动行为与营养特点

热带雨林保护员是从事热带雨林保护、病虫害防治和森林防火等工作。热带雨林保护涉及高温、高湿和多雨等环境特点，其中高温高湿是热带雨林保护员面临的重要环境。高温环境是指工作环境平均湿球黑球温度（wet black globe temperature，WBGT）大于等于25℃（气温在30℃以上，相对湿度超过80%）。热带雨林保护员作业期间要面对多变的气候，较高的温度和湿度环境，此外还有多种有害昆虫和植物，容易发生毒虫咬蜇伤、过敏反应和虫媒传染病等。

1. 热带雨林保护员作业环境及运动行为特点

（1）热带雨林保护员作业环境特点　高温是热带雨林作业危害最严重的因素。高温环境下作业，机体体内大量产热，需要增加散热才能维持热平衡，但是外部较高的温度不利于散热，引起机体生理状况发生变化，如体温升高、水盐与水溶性维生素流失严重、食欲下降和消化功能减退等。

热带雨林空气湿度常达90%以上。研究表明，在相对湿度较高（高于80%）环境下，排汗困难，热能积蓄在体表，造成机体体温上升，湿热难受，烦躁不安，食欲不振，甚至中暑。另外，机体处于高温高湿环境，中枢神经系统处于抑制状态，人们会感到压抑不安、易激动或无精打采、注意力不集中、心烦意乱，同时也会引起血压上升和心率加快等。长期处于高湿环境不利于热带雨林保护员的心理健康，甚至患上心理疾病。

（2）热带雨林保护员运动行为特点　为及时监测雨林里的动植物变化、消除安全隐患、发现和驱逐雨林里的盗猎和盗采者，热带雨林保护员每天至少要徒步在崎岖的山路里巡逻10~20多千米。另外，在雨季到来之前1个月内热带雨林保护员需要巡逻约580km，日常巡逻30~40km，体力消耗很大，容易发生各种疾病。

2. 热带雨林保护员的能量与物质代谢特点

（1）能量　热带雨林保护员工作环境的一个突出特点就是高温，在这样的环境下机体的能量消耗增加。同时劳动强度与高温环境相互作用，加剧了机体能量代谢变化，出现严重的热负荷。2018年，中华人民共和国国家卫生健康委员会颁布实施的《高温作业人员膳食指导》指出作业环境中WBGT指数超过25℃时，工作环境温度每增加1℃，能量摄入量应比现行一般人群推荐值增加0.5%，并要求中餐能量达到总能量的30%。

（2）产能营养素　高温环境抑制组织蛋白的合成，但是增强了组织蛋白的分解，汗液和尿液中含氮物质如尿素、氨等排出增加。热带雨林人员蛋白质的需求量稍高于正常人，建议每日蛋白质的摄入量为72~79g，蛋白质供能比为12%~15%，其中优质蛋白质占膳食总蛋白50%为宜。

与常温环境中能量消耗相比，高温高湿环境下碳水化合物参与供能比增加，脂肪参与供能比减小。高温高湿环境导致机体食欲下降，而影响碳水化合物和脂肪的摄入量，《高温作业人员膳食指导》中推荐每日脂肪供能比为20%~30%，碳水化合物每日供能比为55%~65%。

（3）水　高温高湿环境，机体通过汗液蒸发来散发体内的热蓄积，大量出汗失水是导致高温中暑的原因之一。机体失水会引起血液浓缩、循环血量减少、体温增高、机体耐受力下降。当失水达到体重2%~4%时，机体出现口渴、头昏、头疼、视力减弱和作业能力下降等症状；若急性失水达到体重5%~10%时，机体出现衰竭；失水达体重的18%~20%时可导致昏迷及死亡。《高温作业人员膳食指导》中推荐适度饮水量详见表7-7。

表 7-7　不同 WBGT 指数与劳动强度的每小时饮水量　　　　　单位：mL

WBGT 指数 /℃	劳动强度		
	轻度	中度	重度
25 ~ 30	310	380 ~ 530	380 ~ 560
31 ~ 35	330	560 ~ 680	600 ~ 740
36 ~ 40	380	710 ~ 830	780 ~ 930
41 ~ 45	480	860 ~ 970	970 ~ 1110

（4）矿物质　高温环境下，机体日出汗量可达 3000 ~ 4000g，经汗排出的盐量约 20 ~ 25g，大量排汗会引起水盐代谢紊乱。钠是保持肌肉正常收缩，调节体内水分与渗透压、维持酸碱平衡的重要因素。大量流失钠会引起电解质紊乱，出现嗜睡、恶心呕吐、倦怠及抽筋等症状。因此，推荐热带雨林保护员每日钠的摄入量为 4000 ~ 6500mg。钾对稳定细胞内液和细胞容积有重要作用。研究表明，高温作业人员钾的总排出量是常温对照人员的 8 倍，尿钾排出量可达 1798.7 ~ 2932.6mg/d，出汗丢失的钾含量约 3910.2mg/d。因此，建议热带雨林保护员每日钾的摄入量为 2750 ~ 3200mg。钙在维持正常骨代谢和心脏功能，调节神经、肌肉兴奋性等方面发挥重要作用。高温环境下经汗丢失的钙含量随着体力劳动强度的增加和作业环境温度的升高而逐渐升高。因此，建议每日钙的摄入量为 800 ~ 1000mg。

（5）维生素　热带雨林保护员作业期间，大量出汗，水溶性维生素 C、维生素 B_1 和维生素 B_2 随着汗液流失增加。在热应激时，机体内的下丘脑 - 垂体 - 肾上腺素皮质系统功能增强，糖皮质激素分泌增多，维生素 C 是合成糖皮质激素的辅助因子，因此维生素 C 的消耗增加。推荐每日维生素 C 的摄入量为 130 ~ 180mg，每日维生素 B_1 和维生素 B_2 的摄入量分别为 1.8 ~ 2.4mg 和 1.7 ~ 2.3mg。

高温环境下，机体维生素 A 的代谢加快，消耗增加。研究表明，当作业温度由 25℃升高到 34℃时，大鼠血浆和肝脏中维生素 A 的浓度分别下降 54% 和 17%。我国学者建议高温作业人员每天维生素 A 的摄入量为 3900μg。

3. 热带雨林保护员的营养补充与膳食建议

热带雨林保护员可能会出现食欲不振、中暑和消化减退等情况，严重时机体内将产生特异性病理变化，危及生命。合理膳食可以保护机体健康，有助于增加机体对高温高湿环境的适应力。

（1）摄入足够的水盐　热带雨林保护员巡逻作业期间会丢失大量的水盐，因此日常膳食应增加汤类的种类，如菜汤、鱼汤和肉汤交替选择。若当日出汗量特别大时，单纯的膳食已经无法满足补充水盐的需求，需要在两餐间或在高温现场及时补充含盐或电解质饮料。对特殊大量出汗者，推荐摄入含有多种盐类的盐片，2 ~ 4 片 /d，溶于水饮用。

（2）多吃蔬菜和水果　热带雨林保护员作业期间会大量出汗，随汗液流失大量维生素C、维生素B_1、维生素B_2及维生素A，蔬菜水果中含有多种维生素，增加水果蔬菜摄入补充流失的维生素及矿物质。建议每日蔬菜摄入不少于500g，水果不少于400g。建议选择猕猴桃、火龙果、草莓、紫菜和黄豆等富含钾、维生素C和B族维生素的果蔬种类。

（3）增加优质蛋白摄入量　热带雨林保护员在高温高湿环境作业，蛋白质的需求量稍高于正常人。推荐多吃富含优质蛋白的食物，如蛋、乳、鱼虾和大豆等。建议每日乳类摄入量不低于300g，大豆及其制品不低于50g，此外还可以摄入富含铁和锌等矿物质的优质蛋白。

（4）注意膳食搭配　热带雨林保护员作业期间食欲下降，为了促进食欲，要注意膳食合理搭配。菜汤和肉汤可以促进消化液分泌，进而促进食欲，因此进餐前可适当准备。另外还可搭配一些开胃甜点（酸乳、山楂等）及凉菜，可以适当补充盐分，同时亦可增加食欲。

三、地质勘探员的运动行为与营养特点

地质勘探是指对一定地区的岩石、地层和矿产等地质情况进行勘探、调查研究的活动。地质勘探员种类繁多，包括物探勘探员和地质构造勘探员等。地质勘探员作业环境包括高原、放射性污染、电离辐射和高温等，处于不同的作业环境，地质勘探员机体会受到不同程度的损害，对其健康和生命构成巨大威胁。

1. 地质勘探员作业环境及运动行为特点

（1）地质勘探员作业环境特点　高原环境是指海拔3000m以上的地区，地理位置特殊，大部分高原地区自然资源丰富，对于地质勘探具有重要意义。高原地区具有气压低、氧分压低的典型特点，导致机体腹部膨胀，动脉血氧饱和度降低，容易出现缺氧症状，严重时会诱发肺水肿和高原心脏病等。同时低氧环境引起机体食欲下降，造成能量和营养素的摄入不足。另外，高原地区还存在日照长、紫外线强、寒冷和湿度低等多种情况，导致勘探员机体疲劳、兴致不高。高原地区大气中水蒸气分压降低，空气干燥，造成机体皮肤皲裂、体内脱水，甚至诱发血栓。

地质勘探员作业时还会受到电离辐射危害。电离辐射作用后，机体DNA受到损伤，体内多种细胞、组织和器官等都受到辐射损伤。长时间低剂量的辐射会影响机体的神经系统和心血管系统等，导致机体出现头晕、头疼、记忆力衰退、低血压和心律不齐等症状，甚至可能诱发恶性肿瘤。

（2）地质勘探员运动行为特点　地质勘探员作业时需配备野外生存指南、救生包、勘探设备和仪器等，负重作业。在悬崖和陡坡进行地质勘探作业，要求勘探员清除上部浮石，消耗大量能量。另外，地质勘探员常饥一顿饱一顿，身体所需的营养得不到及时补充，容

易出现因缺乏营养而产生的疾病。

2. 地质勘探员的能量与物质代谢特点

（1）能量　高原环境下，地质勘探员的基础代谢、休息或作业时的能量消耗均高于平原地区。主要是因为高原环境缺氧，为了获得足够的氧气，机体呼吸频率加快。我国《军人营养素供给量》中规定高原部队每日能量供给量比平原部队高10%。

研究发现，机体能量代谢率高低与辐射敏感程度有关，一般地，能量代谢率高，辐射损伤严重。实验动物摄入低能量食物，造成严重辐射损伤，增加实验动物死亡率。长期处于低剂量照射的人群应摄入足够的能量，防止能量不足造成辐射敏感程度增加。建议每日膳食摄入10883~12558kJ能量。

（2）蛋白质　研究表明，缺氧时，机体蛋白质分解代谢加强，合成代谢减弱，机体易出现负氮平衡。某些氨基酸（色氨酸、酪氨酸等）能够提高缺氧耐力，需要摄入一定量的蛋白质。但是蛋白质氧化时耗氧量最多，缺氧环境中高蛋白不易消化可能会导致组织胺等在体内积聚。因此，蛋白质的摄入量可适当增加，建议蛋白质供能比10%~15%，尤其要注意维持氨基酸平衡。

辐射作用会加快机体蛋白质的代谢，组织分解增多，尿氮排出量增加，机体出现负氮平衡。研究表明，机体在辐射作用下对谷氨酸和组氨酸等氨基酸需求量增加，机体的合成不能满足需求，使机体蛋白质含量减少，影响免疫球蛋白的合成和分泌，从而影响机体免疫力。建议蛋白质每日摄入量为85~90g，其中优质蛋白摄入量高于50%，蛋白质供能比为12%~18%。

（3）脂肪　高原人群脂肪分解大于合成，脂肪储备减少。高脂膳食不利于人群对缺氧环境的适应性。建议脂肪供能比为20%~25%。

辐射作用造成机体甘油三酯合成加快、分解减少和血脂升高，其中中性脂肪增加最多，其次是磷脂与胆固醇。研究发现，缺少必需脂肪酸的动物对辐射的敏感程度高，辐射损伤严重。因此，建议接触辐射的勘探员增加必需脂肪酸的摄入，但由于辐射可引起血脂升高，不宜增加脂肪供能比。

（4）碳水化合物　在高原地区，机体对葡萄糖的利用能力增强。碳水化合物氧化时耗氧量较少，另外糖的呼吸熵最高，消耗等量的氧气时产生的二氧化碳最多，高比例二氧化碳可增强呼吸运动，增加肺的排气量，促进机体供氧。应保证碳水化合物摄入，维持地质勘探员的体力，建议碳水化合物供能比65%~75%。

辐射作用初期，机体食欲下降，机体血糖和糖原含量降低，碳水化合物的摄入不能满足机体需求，建议碳水化合物的供能比为60%~65%。另外果糖和葡萄糖具有防辐射效果，注意摄入水果，以提供果糖和葡萄糖。

（5）水和矿物质　初入高原环境者，体内水分排出量较多，机体水代谢呈负平衡，电解质平衡紊乱，导致细胞水肿。研究发现，进入高原环境后，机体造血功能亢进，红细胞增加，而铁是血红蛋白的重要成分，因此机体对铁的需求量增加。建议地质勘探员每日铁的摄入量为 25mg，钙的摄入量为 800mg，锌的摄入量为 20mg。

辐射作用后会引起机体水盐代谢紊乱。通常机体受到大剂量辐照后，会出现食欲不振、呕吐和腹泻等症状，造成机体脱水，钠和钾等矿物质排出量增加。建议保持机体水盐代谢平衡，适量增加锌、铁、钠和钾等矿物质的摄入，增加机体防辐射能力。

（6）维生素　维生素是机体多种辅酶的构成成分，参与有氧代谢，在呼吸链电子传递过程中起到重要作用，有利于 ATP 的生成。高原缺氧环境下，辅酶含量下降，呼吸酶活性受到抑制。研究表明，高原地区人群对维生素 C 和维生素 B_2 的需求量明显增加。推荐的高原地区成年人维生素的每日摄入量详见表 7-8。

表 7-8　推荐高原地区成年人维生素的每日摄入量

劳动强度	维生素 A/μgRE	维生素 B_1/mg	维生素 B_2/mg	维生素 C/mg
轻度	1000	1.5	1.5	100
中度	1000	2.0	2.0	120
重度	1000	2.5	2.5	140

辐射产生大量的自由基，会严重消耗具有抗氧化作用的维生素，如维生素 C、维生素 E 和 β- 胡萝卜素。研究发现，腹部放射治疗 4~10 周后，患者血中维生素 C、维生素 B_{12} 及维生素 E 含量均减少。为减少辐照介导的活性氧对机体的损伤和增强脑保护作用，需要摄入足够维生素 C 和适量脂溶性维生素（维生素 A、维生素 E 和维生素 K）。建议维生素 A 每日摄入量 1000μg 视黄醇活性当量，其中 50% 来自动物性食物或油脂，维生素 D 每日摄入 32.5~50μg，维生素 C 100mg，维生素 E 50~100mg。

3. 地质勘探员的营养补充与膳食建议

地质勘探员在高原、辐射环境下，机体容易出现食欲下降、睡眠障碍和高原心脏病等症状，组织会受到不同程度损伤，甚至发生癌变。通过合理膳食或营养干预方法有效减轻高原反应，提高高原作业能力，减轻组织损伤，促进组织修复效果。

（1）合理膳食　进入高原初期，遵循"高碳水化合物、低脂肪、适量蛋白质"的膳食原则，摄入富含碳水化合物的食物。接触辐射的探勘员可适量增加能量摄入，并保持多种营养素相应的比例。某种营养素过多或过少都会造成辐射损伤加重。

（2）多食富含生物活性成分的食物　辐射环境下作业的地质勘探员体内会产生大量的自由基，建议摄入能够清除自由基，修复自由基所致的分子损伤的食物及生物活性物质。另外苹果、橘子及十字花科植物及植物性食物（如海藻、灵芝等）中提取的多糖均具有较好的抗辐射作用。

（3）摄入足够的矿物质和维生素　摄入富含维生素的食物，尤其是富含 B 族维生素、维生素 A 和维生素 C 等的食物，稳定机体酶系统，增强机体的抵抗力。适量摄入动物肝脏、鱼肝油和蔬菜及水果，达到补充维生素 A 和维生素 C 的目的。矿物质对辐射损伤有较好的防治效果，各种矿物质都有其特定功能。摄入富含锌的鱼类和贝类可促进创伤组织的再生，同时摄入富含铁和锌等矿物质的动物源食物。

本章小结

  人类从出生起，身体就开始不断生长发育，在这过程中生理特点和营养代谢都会出现阶段性区别。儿童时期，身体各项技能往往发育不完全，神经兴奋和抑制发展不均衡，兴奋性较高，行动好动，难以集中注意力。青少年时期的快速生长发育阶段通常发生在女生的 10~12 岁和男生的 12~14 岁，但此时神经系统和心血管系统尚未发育完全，神经细胞工作耐力差、容易疲劳。成年时期的年龄跨度较大，在 18~25 岁阶段，身体逐渐成熟，身体的各项机能达到鼎盛时期；多数人身体功能在 25~30 岁时达到高峰，体力、灵敏度、反应力和手工技能等都处于最佳状态；但 30 岁之后身体的各项机能逐渐退化，不论是体力还是肌肉力量，都处于下滑状态，骨质流失明显，骨骼会越发脆弱。到老年时期，组织再生能力降低，导致功能性的实质细胞不断减少，突出表现为肌肉组织重量减少而出现的肌肉萎缩，以及骨组织矿物质含量、骨基质含量和骨密度的下降引起骨强度下降，上述改变，使得老年人的活动能力受到极大影响。在身体发育的不同阶段，应根据相应的生理特点选择不同的运动方式，进行合理的营养补充。

  由于女性生理结构的不同，和男性相比，绝大多数的女性还需经历妊娠期和围绝经期，这两个时期的女性在生理特点和营养代谢方面存在着显著差异。妊娠期女性自受孕开始，各种生理机能和机体状态都会发生极大的改变，如基础代谢率和产热量升高、激素分泌改变、营养素需求改变、体重的增加以及体型改变等。围绝经期女性卵巢功能退化，性激素逐渐减少，因而会出现许多相关的"围绝经期综合征"，如不同程度的尿频、脸部潮红、夜间盗汗、疲倦、健忘、心情低落、烦躁、失眠、消化不良以及骨质疏松和心血管疾病等。

  除正常生长发育带来的身体各项功能变化外，所从事的工作性质及工作环境也会对人体各项机能产生影响。如劳动时间率为 77% 的繁重体力劳动者，包括矿工、冶炼工、建筑工人等，繁重体力劳动者一般能量消耗较大，作业时间较长。野外作业人员包括极地科考人员，热带雨林保护员、地质勘探员等，一般需要在极端环境工作。上述特殊人群更应注意身体的各项指标情况，选择合适的运动方式，针对性地补充所需营养成分。

  由于生理特点与营养代谢的区别，不同人群在锻炼时，运动方式和饮食方案应有所调整。儿童宜进行摸高、爬杆、引体向上等利于生长发育的运动，应避免举重等负重运动；饮食需要注意碳水化合物、蛋白质、脂类的摄入比例，以及矿物质和维生素等的充足摄入。青少年运动时要保证休息时间，灵活调整运动强度；日常膳食应多摄入天然含碳水化合物高的食物来满足日常运动需要，食物以丰富和均衡为主，善用营养补充剂。成年人可适当进行高强度的运动，运动的时长和频率也可随之有所增加，运动的频率最低不能少于每周三次；饮食注意保证各种营养摄入均衡，定时定量，避免无节制摄入。老年人可进行有规律的有氧运动，如慢跑、散步和太极拳等，运动要量力而行，避免碰伤、跌倒等事件发生；饮食以营养均衡和清淡饮食为主。妊娠期人群可进行瑜伽、低强度的有氧操等运动，但剧烈运动和大幅度运动需避免；根据运动情况合理选择营养膳食和科学补水，切忌营养过剩或不足。围绝经期女性不适合参加一些对抗性或强度较大的运动，而应选择一些强度相对较小的运动方式如慢跑、跳舞和骑自行车等；饮食方面注意控油控糖，适当增加食新鲜瓜果蔬菜、菌藻类等天然碱性食物，保证富含胡萝卜素、维生素C、维生素E及各种微量元素食物的摄入。繁重体力劳动者的特点之一是能量消耗大，饮食应提供足够的能量，适当增加蛋白质和脂肪，如肉和蛋等，摄入足够的水分、蔬菜和水果，针对某些特殊工作，需要补充特定的营养成分，保证器官不受损害。野外作业人员工作强度大，消耗热量大，出汗多，饮食需要摄入足够的能量和水分，在特殊环境下如辐射环境等工作的人员，注意多食用富含生物活性成分的食物，清除体内的氧自由基。

总之，不同的运动人群需清晰地认知自身所处的能量与物质代谢水平，根据个人的需求和身体状况，合理调整饮食结构，选择正确的运动方式，使运动、能量代谢与膳食营养相互结合、相互促进，保持身体健康。

思考题

1. 简述儿童运动行为对碳水化合物、脂肪和蛋白质三大营养素代谢特点和营养需求。
2. 与成人相比，儿童运动行为与营养需求有哪些特点？
3. 结合青少年的生理发育特点，谈谈青少年运动的能量补充。
4. 结合青少年的生理发育和运动特点，谈谈青少年合理的膳食补充。
5. 请阐述成年人运动的营养需要。
6. 请阐述运动中如何正确补液。
7. 简述妊娠期人群的生理变化。
8. 简述妊娠期人群的饮食与运动策略。
9. 适宜围绝经期女性的运动项目有哪些？有什么益处？
10. 简述老年人的营养需求及膳食原则。
11. 老年人的主要身体变化是什么？简述老年人的运动特点。
12. 繁重体力劳动者的膳食特点是什么？
13. 高温从业人员的营养特点是什么？
14. 航天人员的营养特点是什么？
15. 潜水人员的膳食原则是什么？

第八章
慢性病患者运动行为特点与营养补充

学习目标

1. 掌握高血压、高脂血症、糖尿病、肥胖症、骨质疏松症、阿尔茨海默病和抑郁症等慢性病患者的生理特点,重点学习各类慢性病患者适宜的运动种类、运动时间、运动强度等,学习运动时机体的变化。

2. 了解高血压、高脂血症、糖尿病、肥胖症、骨质疏松症、阿尔茨海默病、抑郁症等疾病的危害,熟悉运动行为、营养补充与各种慢性病的关系及运动后能量与产能营养素、维生素、矿物质等代谢特点。

3. 了解科学合理的运动训练对这些慢性病预防及控制的帮助,根据各类慢性病患者不同的生理特征,为运动后的各类慢性病患者制定科学搭配的日常膳食,给出每日饮食建议和营养需求。

第一节 引言

一、慢性病的现状

慢性病指在一年内干扰正常生活和(或)需要治疗 ≥ 3 个月的疾病,它是一个世界范围内的公共问题,随着人口老龄化、城市化和生活方式的改变,人们的患病率正在迅速增加，成为全世界疾病死亡的一个主要原因，也是高收入国家中迄今为止最大的死亡原因。

随着工业化、城市化、经济发展和市场全球化在过去十年中迅速加速，人们的饮食和生活方式迅速发生变化。食品及其产品已成为生产和交易的商品，其市场已从基本的本地基地扩大到日益全球化的市场。世界粮食经济的变化反映在饮食模式的转变上，例如，高脂肪（特别是饱和脂肪）和低未经精制的碳水化合物的高能量密集饮食的消费增加。这对人们的健康和营养状况产生了重大影响，特别是发展中国家和正处于转型期的国家。虽然生活水平提高了，食品供应扩大了，而且更加多样化，获得服务的机会增加了，但也产生了不适当的饮食模式、身体活动减少和烟草使用增加，与饮食有关的慢性病也相应增加。与这些模式相结合的是，久坐的生活方式、机动交通、家中节省劳力的设备、工作场所需要体力的手工工作的逐步淘汰以及休闲时间主要用于不需要体力的消遣活动所导致的能量消耗下降。

由于饮食和生活方式模式的这些变化，慢性非传染性疾病正日益成为发展中国家和发达国家残疾和过早死亡的重要原因，给本已负担过重的国家卫生预算带来额外负担。慢性疾病的负担在全世界迅速增加。据计算，2001 年，慢性疾病约占世界死亡总数的 60%，约占全球疾病负担的 46%。预计 2023 年，非传染性疾病负担的比例将增加到 57% 以上。几乎一半的慢性疾病死亡可归因于心血管疾病，肥胖和糖尿病所占比例也在逐年上升。慢性病不仅影响了很大一部分人口，而且它们出现的时间越来越早，不再是老年人患病率高，青少年的患病率也在逐年上升。

慢性疾病问题不仅局限于世界发达地区，发展中国家也在日益遭受与慢性疾病有关的严重公共卫生问题。全世界因慢性病造成的所有死亡中，79% 发生在发展中国家。2020 年，慢性疾病占全世界几乎 3/4 的死亡，其中，70% 的糖尿病死亡将发生在发展中国家。在发展中国家糖尿病患者的人数将增加 2.5 倍以上，从 1995 年的 8400 万人增加到 2025 年的 2.28 亿。在全球范围内，60% 的慢性病负担将发生在发展中国家。事实上，在中国和印度，心血管疾病的数量甚至比世界上所有经济发达国家的总和还要多。至于超重和肥胖，不仅目前的患病率已经达到前所未有的水平，而且在大多数发展中地区的年增长速度也相迅速。

二、慢性病的成因

不良饮食和缺乏运动构成了慢性病死亡率和疾病负担的风险因素来源中的前 15 个风险源。这些危险因素通常包括超重和肥胖、高胆固醇、缺锌、缺铁、饮酒、儿童体重不足、缺乏运动、维生素 A 缺乏以及水果和蔬菜摄入不足。虽然治疗这些慢性疾病的方法是多方面的，但这些方法的核心都是营养和饮食干预及规律的身体活动。缺乏运动也是患慢性疾病的主要原因之一，研究表明缺乏运动不仅会导致心血管疾病、肥胖症、骨质疏松症，还与其他日益严重的问题有关，例如阿尔茨海默病和抑郁症等（图8-1）。通过身体活动消耗的能量是决定能量平衡的重要组成部分。体力活动减少导致的能量消耗减少很可能是导致全球超重和肥胖流行的主要因素之一。除此之外，体育活动对身体组成（脂肪、肌肉和骨组织的数量）有很大的影响。研究表明，体育活动可以显著减少超重和肥胖对健康的影响，在很大程度上，身体活动和营养物质共享相同的代谢途径，并可以以不同的方式相互作用，影响多种慢性疾病的风险和发病机制。因此，体育锻炼有利于改善身体素质，降低患慢性病的风险，但目前一般人群的运动率仍然很低，久坐不动的生活方式是第三个千禧年日益增长且令人担忧的风险因素。

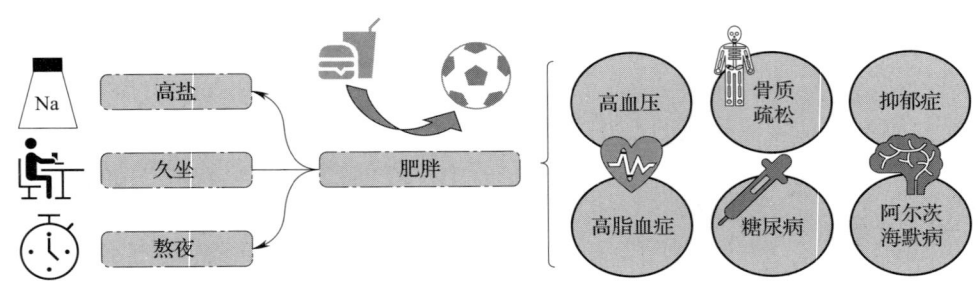

图8-1 慢性病的成因

此外，众所周知，我们的饮食习惯对我们的整体健康和福祉起着至关重要的作用，因此营养不良是慢性病重要的风险因素之一。虽然不良饮食和缺乏运动的一般概念看起来很简单，但实际上它们相当复杂。关于饮食问题，不良饮食可能是指摄入的特定营养素数量不足，导致营养失衡。它也可能指摄入大量精制碳水化合物，或过量饮酒，纤维过少，热量过多，或在摄入足够量的大量营养素的情况下仍可能发生的摄入过量或特定营养不足。从预防的角度来看，它也指的是在保持热量平衡和适当营养的同时，摄入过少的富含植物化学物质的食物。因此运动和营养在慢性疾病的预防中发挥着重要作用。

三、常见慢性病

1. 高血压

在现代社会中，高血压所导致的心血管疾病严重危害着人类的健康，据世界卫生组织统计，世界各地高血压患者发病率为1%~18%，据推算，全世界约有5亿高血压病人。多数流行病学专家预测，到2025年，中国高血压人数可能超过3亿人。近年来，由高血压导致的心脑血管疾病已经成为中国人第一死亡原因。采取良好健康的生活方式、合理膳食、适当运动、戒烟戒酒、避免心理失衡，可减少600万患者死亡。因此，如何对高血压患者进行健康管理，让高血压患者提高生活质量，已成为我国重要的公共卫生课题。

2. 高脂血症

随着生活水平的提高，人们的饮食习惯和膳食结构发生了巨大的改变，由此带来的最显著效应就是人们的血脂逐渐提高。据统计，全国30岁以上的成年人中，高脂血症的发病率在10%～20%之间，高脂血症患者人数高达9000万，这严重威胁着人类的身体健康和生命安全。

3. 糖尿病

糖尿病作为现代人类社会高速发展形成的一类慢性非传染性疾病已严重影响到人类的身体健康和生命安全。随着社会发展及人们生活水平质量的提高，糖尿病已成为全球性疾病。目前，仅次于心脑血管疾病和癌症，列为第三位疾病。而糖尿病本身是一种与生活方式相关的疾病，合理的膳食结构和科学的运动习惯有利于预防和治疗糖尿病。

4. 肥胖症

肥胖是一种常见的营养障碍性疾病，目前已与艾滋病、吸毒和酗酒并列为世界四大生活难题，被公认为是困扰人类健康的重要顽症之一。据不完全统计，全世界肥胖症正在以每5年翻一番的速度增长。目前，患者已近5亿，每年由肥胖造成直接死亡的人数已达30万。我国目前超重和肥胖症的患病率分别为22.8%和7.1%，现有超重和肥胖患者分别为2亿人和6000万人。尤其值得注意的是，我国儿童超重和肥胖的发病率明显增加。肥胖不仅是一种疾病，还是多种疾病的危险因素。因此，如何预防和治疗肥胖症将是我国未来社会需要面临的重大健康问题。

5. 骨质疏松症

随着人民生活水平的提高和人口老龄化进程的发展，骨质疏松症的发病率呈现逐年上升的趋势。骨质疏松症是威胁老年人健康的老年退行性疾病之一，它是以骨量减少，骨组织微结构恶化，并且伴随着骨脆性增高，骨折的敏感度增加的全身性骨骼疾病。骨质疏松症被称为"静悄悄的疾病"，其发病率已跃居常见病的第七位，被称为"21世纪的流行病"。世界卫生组织将每年的10月20日定为"国际骨质疏松日"，加强骨质疏松症的防治力度。骨质疏松症的发生除了受遗传因素的影响外，年龄、性别、生活方式、运动等都是影响因素。其中运动和饮食是可以通过自我调控进行管理的。

6. 阿尔茨海默病

随着社会的进步，人类平均寿命的延长，我国已提前步入老龄化社会。危害老年健康的主要疾病有高血压病、心脑血管病、糖尿病、阿尔茨海默病等，而阿尔茨海默病是其中最严重的一个病种。我国是世界上阿尔茨海默病患者最多的国家，约有超过500万的患者，65岁以上人群患病率高达10.1%，并随年龄的增长而增多，80岁以上老年人患病人数可高达20%。阿尔茨海默病正成为继心脏病、癌症、中风之后，严重威胁我国老年人健康的第四大主要疾病。

7. 抑郁症

近年来，随着现代社会人们生活压力的加大和生活节奏的加快，抑郁症在我国的发病率也呈逐年上升的趋势。抑郁症是一种危害人类身心健康的常见情感障碍性疾病，目前全世界约有1亿人患有抑郁症，且数量有增无减，抑郁症已成了21世纪一种相当流行的病症，被誉为世界第二大疾病。虽然说抑郁症是心理疾病，但它的发生与缺乏运动及营养失衡不无关系，合理的锻炼和膳食对于避免抑郁症具有重大意义。

慢性病是严重威胁我国居民健康的一类疾病，已成为影响国家经济社会发展的重大公共卫生问题。近年来，各地区、各有关部门认真贯彻落实党中央、国务院决策部署，深化医药卫生体制改革，着力推进环境整治、烟草控制、体育健身、营养改善等工作，初步形成了慢性病综合防治工作机制和防治服务网络。慢性病防治工作已引起社会各界高度关注，健康支持性环境持续改善，群众健康素养逐步提升。为加强慢性病防治工作，降低疾病负担，提高居民健康期望寿命，努力全方位、全周期保障人民健康，依据《"健康中国2030"规划纲要》，制定了《中国防治慢性病中长期规划（2017—2025年）》，其基本原则为：① 坚持统筹协调。统筹各方资源，健全政府主导、部门协作、动员社会、全民参与的慢性病综合防治机制，将健康融入所有政策，调动社会和个人参与防治的积极性，营造有利于慢性病防治的社会环境；② 坚持共建共享。倡导"每个人是自己健康第一责任人"的理念，促进群众形成健康的行为和生活方式。构建自我为主、人际互助、社会支持、政府指导的健康管理模式，将健康教育与健康促进贯穿于全生命周期，推动人人参与、人人尽力、人人享有；③ 坚持预防为主。加强行为和环境危险因素控制，强化慢性病早期筛查和早期发现，推动由疾病治疗向健康管理转变。加强医防协同，坚持中西医并重，为居民提供公平可及、系统连续的预防、治疗、康复、健康促进等一体化的慢性病防治服务；④ 坚持分类指导。根据不同地区、不同人群慢性病流行特征和防治需求，确定针对性的防治目标和策略，实施有效防控措施。充分发挥国家慢性病综合防控示范区的典型引领作用，提升各地区慢性病防治水平。

四、慢性病患者运动后营养补充的基本原则

1. 平衡能量摄入

运动锻炼会消耗机体的能量，耗能增加，锻炼后会增加食欲，在锻炼期要控制总能量的摄入。提供能量的三大能源物质（碳水化合物、脂肪、蛋白质）应分别占总热量的55%~60%、25%~30%、10%~15%。严格控制脂肪和胆固醇的摄入，增加优质蛋白质的供应量。

2. 保证均衡饮食

运动除了消耗一定量的能量外，微量元素、无机盐、矿物质也有不同程度的丢失。因此，运动后应注意荤素搭配，保证营养素的摄入均衡。

3. 膳食纤维的摄入

增加食物纤维，尤其是可溶性食物纤维的摄入。因此，应注意多吃水果和蔬菜，适当

多吃粗粮，以保证足够食物纤维的摄入。

4. 保持良好的生活方式

日常生活中少吃零食，规律饮食，减少食盐的摄入量，不吸烟，少饮酒或不饮酒。

第二节 高血压患者运动行为与营养特点

一、高血压患者的生理与运动特点

1. 高血压患者的生理特点

高血压是一种以动脉压升高为特征，可伴有心脏、血管、脑和肾脏等器官功能性或器质性改变的全身性疾病。近年来，由高血压导致的心脑血管疾病已经成为中国人第一死亡原因。但高血压又是一种可以防治的疾病，如采取良好的生活方式、合理膳食、适当运动等方式都能积极有效地预防和控制高血压，进一步有效预防与遏制心血管疾病的流行。因此，如何对高血压患者进行健康管理，提高高血压患者生活质量，已成为我国重要的公共卫生课题。

1999年，WHO和国际高血压学会在高血压治疗指南中将高血压定义为：未服抗高血压药情况下，收缩压≥140mmHg和、或舒张压≥90mmHg。我国1999年第四次修订的高血压诊断标准与目前国际上的血压分类基本一致（表8-1）。

表8-1 血压水平的定义和分类（世界卫生组织/国际高血压学会）

类别	收缩压/mmHg	舒张压/mmHg	类别	收缩压/mmHg	舒张压/mmHg
理想血压	<120	<80	2级高血压（中度）	160~179	100~109
正常血压	<130	<85	3级高血压（重度）	≥180	≥110
正常高值	130~139	85~89	单纯收缩性高血压	≥140	<90
1级高血压（轻度）	140~159	90~99	亚组：临界高血压	140~149	<90
亚组：临界高血压	140~149	90~94			

注：若患者的收缩压与舒张压分属不同的级别时，则以较高的分级为准。

高血压可分为原发性高血压和继发性高血压。原发性高血压是指病因尚未完全阐明的一类高血压，占高血压的95%以上。继发性高血压又称症状高血压，其病因明确，血压升高只是某些疾病的一种表现。这些疾病中肾脏疾病又占70%以上。2002年全国营养调查显示，我国高血压患病率已高达 18.8%，接近高血压患病率的上限（高血压患病率一般为 10%~20%）。研究表明，许多不良生活方式会诱发高血压，如吸烟、喝酒、高盐饮食、肥胖等，而这些不良生活方式是可以调控的。因此，如何及时控制和降低高血压发病率，将是我国慢性病预防控制工作中面临的一项艰巨任务。

2. 高血压的危害

高血压对人体最大的危害来自它所引发的并发症，长期的高血压可能直接造成机体各个部分，包括心、脑、肾等重要器官组织的损害。最常见也是最严重的有以下六种。

（1）冠心病　长期的高血压可导致动脉粥样硬化的形成和发展。冠状动脉粥样硬化会阻塞或使血管腔变狭窄，或者因冠状动脉功能性改变而导致心肌缺血缺氧、坏死而引起冠心病。

（2）脑血管病　包含脑出血、脑血栓、脑梗死、短暂性脑缺血发作。脑卒中又称中风，其病势凶猛，且致死率极高，即使不致死，大多数也会致残，是急性脑血管病中最凶猛的一种。

（3）高血压心脏病　高血压心脏病是高血压长期得不到控制的一个必然趋势，最后可能会因心脏肥大、心律失常、心力衰竭而影响生命安全。

（4）高血压脑病　主要发生在重症高血压患者中。临床上以脑病的症状和体征为特点，表现为弥漫性严重头痛、呕吐、意识障碍、精神错乱，严重的甚至会昏迷和抽搐。

（5）慢性肾功能衰竭　高血压对肾脏的损害是一个严重的并发症，其中高血压合并肾功能衰竭约占 10%。高血压与肾脏损害可以相互影响，形成恶性循环。一方面，高血压引起肾脏损伤；另一方面，肾脏损伤会加重高血压病。

（6）高血压危象　高血压危象发生时，会出现头痛、烦躁、眩晕恶心、呕吐、心悸、气急，以及视力模糊等严重的症状。

3. 高血压患者的运动特点

（1）运动对高血压的作用

① 运动改善神经调节：运动锻炼首先影响大脑皮层兴奋与抑制过程，增强大脑皮层与肌肉之间、大脑皮层与内脏之间、大脑皮层与内分泌之间的反射联系。有氧运动作用于大脑皮质和皮质下血管运动中枢，降低交感神经的活性，使心率减慢，心输出量减少，血压下降。

② 运动调整激素分泌水平：运动使升高血压的激素分泌下降，如儿茶酚胺类、5-羟色胺水平下降，且其下降幅度与收缩压和舒张压下降幅度呈正相关。同时，运动可使降低血压的激素分泌增加，具有促进血管平滑肌松弛、舒张血管等作用。

③ 运动调节胰岛素水平：高胰岛素血症或胰岛素抵抗在高血压形成中起着一种独立的致病作用。胰岛素可以通过增加交感神经兴奋性和肾对钠的重吸收，导致机体血压升高。适当的运动可使高血压病人血清胰岛素水平降低，从而降低血压。

④ 运动改善高血压发病的危险因素：有氧运动可降低血脂水平，改善血液动力学反

应。坚持有规律的适宜强度的运动可以降低血清甘油三酯、总胆固醇、低密度脂蛋白水平，增加高密度脂蛋白水平等，改善血脂水平。除此之外，参加有规律的运动可改善情绪，陶冶性情，改变不良性格，解除身心紧张，从而改善血压调节机制，减少血压波动幅度，起到降低血压作用。

（2）合理运动

① 运动种类：由于疾病的特殊性，应以有氧代谢运动为主。在运动过程中尽量避免做推、拉、举重等力量性练习或憋气等练习，这些不利于高血压病情的稳定，且很有可能引起较大麻烦。而全身性、有节奏、易放松的运动项目，如太极拳、降压操、散步、慢跑、游泳等，是较为适宜的选择（表8-2）。

表 8-2　适合高血压患者运动的时间参考

运动方式	持续时间
散步	每次 10～30min
慢跑	时间由少逐渐增多，每次 15～30min
游泳	不宜过长，水中停留 30～60min 即可
瑜伽	每次 30min 左右
广播体操	每次 15min

② 运动强度：不同的高血压患者要根据自身的健康状况，如血压控制情况、安静时心率、年龄等，合理选择适合的运动量。

③ 运动时间和频率：高血压患者适宜的运动时间是：每天至少 30min，60min 最理想；每周的运动时间达到 180min 以上即可。

二、高血压患者运动时的能量与物质代谢特点

1. 高血压患者运动时的能量代谢特点

体重指数与血压呈明显的正相关，体重指数 ≥ $24kg/m^2$ 者患高血压的危险是体重正常者的 3～4 倍。减轻体重已成为降血压的重要措施。体重减轻 9.2kg 可引起收缩压降低 6.3mmHg，舒张压降低 3.1mmHg。肥胖导致高血压的机制可能与肥胖引起高血脂、脂肪组织增加导致心输出量增加、交感神经活动增加以及胰岛素抵抗增加等有关。由于超重、肥胖与血压升高密切相关，因此通过限制能量摄入使体重控制在正常范围内，就可以降低血压升高的风险。

2. 高血压患者运动时的产能营养素代谢特点

（1）碳水化合物　低碳水化合物饮食是指通过减少或限制碳水化合物的摄入，相应地

提高蛋白质或脂类的摄入量，以缓解、控制或预防疾病的一种饮食结构。低碳水化合物饮食可以降低血压，但低碳水化合物饮食可能会影响内皮细胞功能，从而增加心血管疾病，因而在进行低碳水化合物饮食时，可减少碳水化合物的数量，但需要提高碳水化合物的质量，尽量选择杂粮、粗粮，以降低心血管疾病的危险度。

（2）脂肪　60%以上的高血压病人伴有肥胖或超重。超重和肥胖是高血压的重要危险因素，特别是向心性肥胖则是高血压的重要指标。脂肪摄入过多会导致大量脂肪沉积在血管壁，使得血压升高。脂肪堆积过多会导致肥胖，使得血压进一步升高。除此之外，胆固醇容易吸附在血管壁，导致血压升高。

（3）蛋白质　在运动中，蛋白质加速分解，因此运动后要补充蛋白质。我国人群研究表明，人群平均每人每天摄入的动物蛋白质热量百分比增加1个百分点，收缩压及舒张压均值分别降低0.9mmHg及0.7mmHg。

3. 高血压患者运动时的矿物质与水分代谢特点

膳食中的高盐钠会导致血液中钠浓度升高，血管外肌肉组织中的水分会大量进入血管内，使血液总量增加，血压对血管壁的压力增大，引起血压升高。食盐摄入与高血压显著正相关。限制食盐摄入可降低高血压发病率。高钾或高钙的膳食可阻止或减轻高食盐诱导的高血压反应。限制食盐后不仅血压降低，还可改善症状，并且可以减少对降压药的需求。

患了高血压以后，只有以下两种情况，需要注意控制水分的摄入：一是高血压合并肾功能障碍；二是高血压合并心衰。如果没有这两种并发症，高血压患者完全不需要限制水分摄入。多喝水反而可以帮助高血压患者稀释血液，减轻血液黏稠度，预防心脑血管疾病的发生；在运动过程中要保持充足的水分，避免饮用过多的咖啡和饮料。

4. 高血压患者运动时的维生素代谢特点

维生素摄入的种类数量越多，高血压的患病风险越低。研究显示，与没有满足平均需要量的研究对象相比，维生素A、维生素B_6、维生素C、维生素E、硫胺素、核黄素以及叶酸摄入满足平均需要量的研究对象，高血压患病风险显著降低，其他维生素与高血压的关系无统计学意义。

三、高血压患者运动时的营养补充与膳食建议

高血压是由多基因遗传和环境多种危险因素相互作用所致的全身性疾病。环境因素中，超重和肥胖、膳食中高盐、中度以上饮酒是国际公认的高血压发病危险因素。我国流行病学研究也证实这三大因素与高血压发病显著相关。另外吸烟、社会心理因素如长时间的精神紧张以及患者的性格特征、职业、经济条件等对高血压的发生也有重要影响。日常饮食活动对高血压有重要的影响，针对自身高血压危险因素进行科学合理的饮食干预可降低高血压的发

病率，且通过合理的营养补充和膳食调整可改善已患高血压人群的生活质量（图 8-2）。

1. 保持能量摄入与消耗的动态平衡

控制体重可使高血压的发生率减低 28%～40%。控制并维持体重正常的措施包括两个方面：一是限制能量的摄入，二是增加能量的消耗即增加体力活动。高血压患者在进行运动期间会消耗能量，促进食欲增加。因此应该科学计算需要摄入的总能量，保证能量摄入与消耗的动态平衡。在限制能量的同时，也要注意营养平衡和三餐热能的合理分配。

图 8-2 控制血压的方式

2. 限制钠盐摄入，增加钾、钙、镁等矿物质摄入

人群膳食中如平均每人每日摄入食盐增加 2g，则收缩压和舒张压均值分别增高 2.0mmHg 及 1.2mmHg。高血压患者在运动过程中消耗了部分无机盐，因此运动结束后要及时补充机体中的无机盐，但要限制钠的摄入。高血压患者宜选用低钠膳食辅以高钾，可以增加降压效果。除此之外，钙、镁的摄入也可产生降压效果，因此高血压患者应该多吃水果、蔬菜、豆类、牛乳等食物。同时，水果、蔬菜中含有丰富的膳食纤维，可以增加高血压患者饱腹感，同时延缓糖和脂肪的吸收，达到降压的效果。

3. 控制膳食脂肪酸比例，减少高胆固醇摄入

高脂肪、高胆固醇的膳食会导致动脉粥样硬化，故高血压患者膳食中应该少摄入动物性脂肪和胆固醇高的食物。研究表明，增加多不饱和脂肪酸的摄入和减少饱和脂肪酸的摄入都有利于降低血压。高血压患者一方面应限制膳食脂肪的摄入量，使其控制在总能量的 25% 或更低；另一方面要使膳食脂肪酸保持良好的比例，即饱和脂肪酸、单不饱和脂肪酸和多不饱和脂肪酸的比例应为 1∶1∶1。除此之外，高血压患者在日常膳食或运动后应该少摄入胆固醇含量高的食物，如蛋黄、动物皮和内脏。

4. 补充适量优质蛋白

在运动锻炼中，蛋白质加速分解，因此在运动后需要及时补充优质蛋白质。如牛乳、瘦肉、鸡蛋、鱼类、大豆等。膳食中应减少含脂肪高的食物，如猪肉，增加含蛋白质较高而脂肪较少的食物，如禽类及鱼类，使得蛋白质占总热量 15% 左右，其中动物蛋白占总蛋白质 20% 为宜。除此之外，对于血尿素氮升高者，要限制蛋白质的摄入量，以免造成肾负担加重，不利于高血压患者健康。

5. 限制饮酒，养成良好生活习惯

流行病学研究发现，男性持续饮酒者比不饮酒者 4 年内高血压发生危险增加 40%。少量饮酒有利于血管舒张，具有活血通胀，增加食欲，消除疲劳的作用，因此适量饮用酒精度低的啤酒、果酒等对身体有益。但是过量饮酒会显著增加高血压的发病风险，且其风险随着饮酒量的增加而增加，过量饮酒还会降低药物降血压的作用，运动后大量饮酒会引起血压进一步升高，故运动后应该限酒。减少饮酒也是高血压患者预防血压升高的措施之一。吸烟也会造成血压升高，因此高血压患者应该戒烟、戒酒，养成良好的生活习惯。

第三节 高脂血症患者运动行为与营养特点

一、高脂血症患者的生理与运动特点

1. 高脂血症患者的生理特点

血脂是血浆中的胆固醇、甘油三酯以及类脂如磷脂等的总称。甘油三酯和胆固醇不能直接在血液中被转运，也不能直接进入组织细胞，必须与特殊的蛋白质和极性类脂一起组成脂蛋白，才能在血液中被运输，并进入组织细胞。脂蛋白主要由胆固醇、甘油三酯、磷脂和蛋白质组成。

应用超速离心方法，可将血浆脂蛋白分为五大类，分别是乳糜微粒、极低密度脂蛋白、中密度脂蛋白、低密度脂蛋白及高密度脂蛋白。不同脂蛋白的组成、来源和特征见表8-3。

表8-3 血浆脂蛋白的组成、来源和特性

种类	乳糜微粒	极低密度脂蛋白	中密度脂蛋白	低密度脂蛋白	高密度脂蛋白
密度/（g/mL）	<0.95	0.95~1.006	1.006~1.019	1.019~1.063	1.063~1.210
合成部位	小肠	肝脏、小肠	血液循环、肝脏	肝脏	肝脏、小肠
功能	转运外源性甘油三酯及胆固醇	转运外源性甘油三酯及胆固醇	低密度脂蛋白前体	转运内源性胆固醇	逆向转运胆固醇
致动脉硬化作用	0	+	+++	++++	-
甘油三酯/%	80~95	70	40	10	5
胆固醇/%	5	10	30	50	20
磷脂/%	5~7	15	20	20	25
蛋白质/%	2	10	10	25	50
主要的载脂蛋白	A-Ⅰ A-Ⅳ B-48 C-Ⅰ C-Ⅲ	B-100 C-Ⅰ C-Ⅱ C-Ⅲ	B-100 E	B-100	A-Ⅰ A-Ⅱ

高脂血症是指各种原因导致的血液内总胆固醇和甘油三酯以及相关脂蛋白的升高，而高密度脂蛋白胆固醇的降低也是一种血脂代谢紊乱。血脂升高与很多疾病相关，如高血压、冠心病、脑卒中、糖尿病等。因此，高脂血症已经成为不容忽视的危害人类健康的重要因素。

根据血脂异常成分不同，高脂血症常分为三类。高胆固醇血症：血清总胆固醇水平增高。高甘油三酯血症：血清甘油三酯水平增高。混合型高脂血症：血清总胆固醇与甘油三酯水平均增高。除此之外，根据病因不同，高脂血症可分为原发性高脂血症和继发性高脂血症。继发性高脂血症是指由全身系统性疾病所引起的血脂异常。常见的病因有糖尿病、肾病综合征、甲状腺机能减退症，其他疾病还有肾功能衰竭、肝脏疾病、系统性红斑狼疮等。此外，某些药物如利尿剂、糖皮质激素也可引起继发性血脂升高。在排除了继发性高脂血症后，即可诊断为原发性高脂血症。

中国人群血脂水平和血脂异常患病率虽然尚低于多数西方国家，但随着人们生活水平的提高以及生活方式的变化，人群平均的血清总胆固醇水平正逐步升高，且与血脂异常密切相关的疾病如糖尿病和代谢综合征在我国也十分常见。因此，对高脂血症的防治必须予以重视。

2. 高脂血症的危害

高脂血症是人体脂肪代谢紊乱的临床表现。它是一个慢性疾病过程，可能十几年或者更长的时间才能出现临床症状，如心绞痛、头晕等。高脂血症患者由于血脂含量高，所以在动脉内壁脂肪斑块沉积速度快，当达到一定的程度（即斑块将血管内壁阻塞到一定程度），使血液供应发生不足时就出现临床症状。高脂血症的最大危害是它最终将会导致冠心病和脑血管疾病；当阻塞到脑动脉或其分支时，即出现脑血管疾病。

大量的基础研究资料和临床实践证明，高脂血症与动脉粥样硬化的形成和发展有着极为密切的关系。在高血脂的持续作用下，血管壁细胞不能维持脂类代谢平衡，脂类即在动脉壁堆积；高血脂可改变血管壁细胞生物膜的脂质组分，使之更易遭到自由基攻击，导致功能结构改变，甚至细胞死亡，形成粥样物质。此外，高脂血症可以改变血液黏稠度，影响红细胞、血小板聚集，可以增加血液黏度，使血液处于高凝状态，血栓易于形成，诱发心绞痛、心肌梗死等。20世纪80年代以来，我国心脑血管疾病患病率和发病危险因素在持续上升，心脑血管疾病已成为致死、致残的主要原因。不仅如此，高脂血症还是糖尿病、肾脏疾病、甲状腺功能减退的临床表现。因此医学专家们发出"积极防治高血脂、高血压、高血黏，减少心脑血管疾病发病率"的呼吁。

3. 高脂血症患者的运动特点

（1）运动对高脂血症的作用

① 运动改善脂代谢：运动可降低总胆固醇、低密度脂蛋白，增加高密度脂蛋白。经常运动人群，由于体内低密度脂蛋白代谢加快，血浆中低密度脂蛋白的水平也明显降低。另

外，进行规则运动训练的人，血浆高密度脂蛋白水平明显高于静态生活的人。

② 运动增加脂蛋白脂肪酶的活性：有氧运动能够增加脂蛋白脂肪酶的活性，促进肌肉对游离脂肪酸的吸收与利用，加速富含甘油三酯的乳糜微粒和极低密度脂蛋白的分解，降低血液中甘油三酯的含量。

③ 运动改善卵磷脂–胆固醇转酰酶活性：运动对高胆固醇血症有效是由于运动使卵磷脂–胆固醇转酰酶活化作用于高密度脂蛋白，从血中和组织的脂蛋白中把胆固醇转移到肝脏进行代谢。因而降低了血清中总胆固醇水平。

（2）合理运动　运动锻炼可增加消耗、改善脂质代谢，防止体脂和血脂增多。运动可使高甘油三酯血症患者的血脂含量完全降至正常水平。不仅如此，运动还能提高人体血液中高密度脂蛋白的含量，改善心脏功能，增加心脏的侧支循环，从而也起到防治冠心病的良好作用。除此之外，对于健康状况良好，又无冠心病的高脂血症患者，应该进行经常性运动，如长跑、骑自行车、游泳、打球、爬山等。但对已合并有冠心病以及有严重的高血压和糖尿病等疾病者则不宜进行剧烈的运动。这类患者应在医师指导下，根据病情进行适当的医疗体操、太极拳等锻炼。

① 运动种类：包括太极拳和健步走等。太极拳运动能够在柔中带刚，一呼一吸中促进全身血液循环，进而对人体的血脂产生一定的调节作用。健步走这种轻便的运动成为中老年人普遍的运动方式，它不易发生运动损伤，方法也很容易被人掌握而且不受场地和年龄的限制，可以根据自己的时间随时随地进行锻炼。

② 运动强度：运动前必须严格体检，确定患者的身体状况和有无并发症，尤其是高龄、体胖、有心血管病倾向、平时不活动者。开始锻炼时，须经医务人员的同意和指导，以确保运动的安全性。运动应循序渐进，从低强度、小运动量开始，逐渐增加至所需要的运动强度和运动量。

③ 运动时间和频率：高脂血患者运动应遵循三、五、七原则，即每次运动30min，每周进行5次体育锻炼，运动的强度以心率不超过"170–年龄"（例如65岁老人，心率不超过170–65=105）为宜。

二、高脂血症患者运动时的能量与物质代谢特点

1. 高脂血症患者运动时的能量代谢特点

当人体能量摄入与能量消耗平衡时，体重可维持恒定。如果长期摄入过多的能量会导致摄入的总热量超过人体需要，以致多余的热量将以甘油三酯的形式储存于脂肪组织中，导致体内潴留大量的脂类物质和肥胖，进而引起胆固醇升高，患上高脂血症。

2. 高脂血症患者运动时的产能营养素代谢特点

（1）碳水化合物　摄入大量碳水化合物，将使葡萄糖代谢增强，细胞内ATP增加，从

而促进脂肪合成。研究发现，过多摄入碳水化合物，特别是高能量密度、缺乏纤维素的双糖或单糖类，可使血清极低密度脂蛋白胆固醇、甘油三酯、总胆固醇、低密度脂蛋白胆固醇水平升高。

（2）脂肪　单不饱和脂肪酸有降低血清总胆固醇、甘油三酯和低密度脂蛋白胆固醇水平的作用，同时可升高血清高密度脂蛋白胆固醇。油酸（C18∶1）是膳食中的主要单不饱和脂肪酸，橄榄油中油酸含量非常高（达84%）。此外，用亚油酸和亚麻酸替代膳食中的饱和脂肪酸，可使血清中总胆固醇、低密度脂蛋白胆固醇水平显著降低，并且不会升高甘油三酯。其中，$\omega-3$多不饱和脂肪酸可以通过阻碍甘油三酯渗入肝的极低密度脂蛋白胆固醇中，从而降低血液中甘油三酯水平。

（3）蛋白质　增加优质蛋白质的供给，可以平衡脂肪、碳水化合物、蛋白质的比例，有利于调节血脂的水平。蛋白质的来源非常重要，含优质蛋白质的食物含有丰富的不饱和脂肪酸，有助于降低血液中胆固醇和甘油三酯的含量，对于高脂血症患者降低血脂有一定的效果。

3. 高脂血症患者运动时矿物质与水分代谢特点

研究发现，微量元素的缺乏和过量都会影响机体血脂水平。钙、锌、镁、铬等元素与脂代谢密切相关。缺钙可引起血总胆固醇和甘油三酯升高，补钙后则使血脂恢复正常。血清锌含量与总胆固醇、低密度脂蛋白胆固醇呈负相关，而与高密度脂蛋白胆固醇呈正相关。铬是葡萄糖耐量因子的组成成分。研究表明，血清铬与高密度脂蛋白胆固醇水平呈明显正相关。铬缺乏时，可出现血清总胆固醇浓度增高，高密度脂蛋白胆固醇浓度下降；补充铬后，血清高密度脂蛋白胆固醇水平上升，总胆固醇和甘油三酯水平降低。镁具有降低胆固醇和降低冠状动脉张力以及增加冠状动脉血流量等功能，因而对心血管系统有保护作用。

早晨起床后和晚上睡觉前喝一大杯白开水可降低血液黏稠度。饮酒可使血液黏稠度增高。平时还可多喝茶，喝茶不仅能补充水分、稀释血液，还可降低血脂和抗癌。

4. 高脂血症患者运动时的维生素代谢特点

维生素C能促进胆固醇降解并转变为胆汁酸而降低血清总胆固醇水平，还可以通过增加脂蛋白脂酶活性，加速血清极低密度脂蛋白胆固醇、甘油三酯降解。同时，维生素C的抗氧化作用可以防止脂质的过氧化反应。除此之外，维生素E作为抗氧化剂，同样能抑制细胞膜脂质的过氧化，并能增加低密度脂蛋白胆固醇的抗氧化能力，减少氧化型低密度脂蛋白胆固醇的产生。维生素E还能影响胆固醇分解代谢中的酶的活性，促进胆固醇的转运和排泄，从而对血脂水平发挥调节作用。

三、高脂血症患者运动时的营养补充与膳食建议

由于血脂异常与饮食和生活方式密切相关，所以，饮食治疗和改善生活方式是各种高

脂血症治疗的基础，特别是对原发性高脂血症患者，饮食治疗更应作为首选的方法，即使是在进行药物降脂治疗，也必须坚持控制饮食和改善生活方式。

1. 维持消耗和摄入平衡

高脂血症患者运动后应该减少高能量、高糖、高脂肪的膳食。患者运动后，伴随热能消耗增加，容易感到劳累和饥饿，可以使用含糖、脂肪少的食物。运动后切忌使用白糖、红糖及其精制甜食，使用植物性油脂替代动物性油脂，减少胆固醇的摄入。高脂血症患者运动后可以多食用蔬菜，蔬菜含有大量的膳食纤维，水分多、供能低、饱腹感强，是高脂血症患者锻炼后必不可少的食物。

2. 补充优质蛋白，减少胆固醇摄入

运动过程中伴随大量的蛋白质流失，因此高脂血症患者运动后要及时补充蛋白质，其中以优质蛋白质为主。患者宜选用大豆及其制品，其含有优质蛋白质的同时不含有引起患者血脂升高的胆固醇，具有降血脂的作用。除此之外，患者运动后，尽量少食用或不食用胆固醇含量高的蛋黄和动物内脏。

3. 增加膳食纤维摄入，限制饮酒

高脂血症患者运动后主食可选用粗粮替代部分精米、精面。粗粮中含有丰富的膳食纤维，具有降低血脂和血糖的作用。除此之外，蔬菜、水果中也含有大量的膳食纤维，对于高脂血症患者的血糖和血脂的控制也具有良好的作用。

良好的生活习惯对高脂血患者至关重要，酒类主要含有酒精，产热高，其他健康营养素基本没有，对患者不利。因此，高脂血症患者运动后不宜饮酒。除此之外，吸烟会导致血管壁狭窄或堵塞，致使血液流通速度减慢。

第四节　糖尿病患者运动行为与营养特点

一、糖尿病患者的生理与运动特点

1. 糖尿病患者的生理特点

糖尿病是一种以空腹高血糖为特征的代谢疾病，由胰岛素分泌缺陷、胰岛素作用缺陷或两者兼有引起，它是导致心脏病、肾功能衰竭、脑卒中、失明和非创伤性下肢截肢及其他并发症的主要原因。

糖尿病可分为四大类：①1型：由导致胰岛β细胞破坏的自身免疫机制引起；②2型：由于胰岛素抵抗和胰岛素分泌缺陷导致；③妊娠：由于胰岛素功能或释放受损导致；④其他：与遗传、感染、肿瘤、药物、激素和创伤导致的胰岛素释放和功能受损或葡萄糖代谢缺陷有关。目前，临床医生比较熟悉的是 1 型糖尿病及 2 型糖尿病，分别约占病例的 5%~10% 和 90%~95%。妊娠糖尿病也是由代谢介导的，病因与 2 型糖尿病相似，其通常是短暂性的。我们可以根据空腹血糖（>7.0mmol，126mg/dL）或标准化的 75g 口服葡萄糖耐受试验（2h>11.1mmol，200mg/dL）来具体确定糖尿病。如果患者的随机血浆葡萄糖 >11.1mmol（200mg/dL）或糖化血红蛋白糖 >6.5% 可诊断为糖尿病。胰岛素抵抗和葡萄糖不耐受状态或空腹血糖受损通常是糖尿病前期阶段，这种状态通常是可逆的。具体诊断标准见表 8-4。

表 8-4 糖尿病、妊娠糖尿病和糖尿病前期阶段的诊断标准

类型	标准
糖尿病	空腹（>8h）血浆葡萄糖 >7.0mmol（126mg/dL）或 空腹（>8h）后 75g 口服葡萄糖耐受试验，2h 血浆葡萄糖 >11.1mmol（200mg/dL）或 随机血浆葡萄糖浓度 ≥ 11.1mmol（200mg/dL）或 糖化血红蛋白 >6.5%
妊娠糖尿病	妊娠 24~28 周之间禁食（>8h）后 75g 口服葡萄糖耐受试验 空腹血糖 >5.1mmol（92mg/dL） 1h 血浆葡萄糖 >10mmol（180mg/dL） 2h 血浆葡萄糖 >8.5mmol（153mg/dL）
糖尿病前期阶段	空腹血糖受损 空腹血浆葡萄糖 5.6~6.9mmol（100~125mg/dL）或葡萄糖耐受受损 75g 口服葡萄糖耐受试验，2h 血浆葡萄糖 7.8~11.0mmol（140~199mg/dL）

2. 糖尿病的危害

糖尿病对人体的危害，主要在于因长期病情控制不佳而引发的各种急慢性并发症。有调查表明，50% 的失明是由糖尿病引起的，50% 的心脑血管病是由糖尿病引起的，60% 的慢性肾功能衰竭是由糖尿病引起的，30% 的截肢是糖尿病引起的。由于糖尿病患者机体抵抗力低下，而且血糖高于正常值，对细菌起到一个类似培养基的作用，因此糖尿病患者更容易合并各种感染。如糖尿

8-1 延伸阅读 胰岛素的发现

8-2 延伸阅读 小鼠口服糖耐量试验

病合并肺结核，易发生皮肤化脓性感染、疖、痈，有时引起败血症等严重后果。糖尿病的并发症涉及人体的心、脑、肾、眼、皮肤、神经等各个方面，其危害是严重的。

3. 糖尿病患者的运动特点

运动可以提高胰岛素的敏感性和减少体脂，进而提高身体对葡萄糖的吸收。不管是否合并药物或营养治疗，还是单独采用合理的运动康复都是有效的。研究表明，无论肥胖程度如何，增加体力活动都会降低患 2 型糖尿病的风险。每周 5 次以上的剧烈运动（以年龄预测的最大心率的 80%~90% 的训练强度）有可能显著提高胰岛素的敏感性。因此，运动作为控制糖尿病的三大手段之一，已逐渐被广泛接受和应用。

（1）运动对糖尿病的作用　减轻外周组织对胰岛素的抵抗，提高肌肉组织对葡萄糖的利用率，调节糖代谢，降低血糖，减少尿糖。促进脂肪组织分解，纠正脂肪代谢紊乱，减少体内脂肪，降低血脂，调节体重而减肥。提高体力，促进健康，预防和控制感染及其他并发症的发生。

（2）合理运动

① 运动种类　适合于2型糖尿病的运动有以下几类：中等强度节律性有氧运动，如散步、慢跑、骑自行车、游泳；全身肌肉都参与活动的中等强度的有氧体操，如医疗体操、健身操、木兰拳、太极拳等；适当的娱乐性球类活动，如门球、保龄球、羽毛球，肥胖型糖尿病患者可以选择上述各类活动。但运动强度宜偏低，运动时间宜适当延长。患者可根据自己的特点和爱好进行选择。

② 运动强度　2型糖尿病患者运动时的运动强度以采用中等强度较为适宜，这对降低血糖和尿糖有明显作用。运动强度较低的运动，能量代谢以利用脂肪为主；运动强度中等的运动，有明显的降低血糖和尿糖的作用。若运动中患者出现了例如血糖波动较大以及出现疲劳感明显且难以恢复等不适应的情况，则应立即减小运动强度或停止运动。值得注意的是，虽然2型糖尿病为非胰岛素依赖，病情较轻，但患者多为中老年人，体力较差，运动水平低。因此，运动中有效心率范围最好是依据运动耐力试验的结果来确定。

③ 运动时间和频率　在初始阶段，运动时间可以稍短，5~10min/次，以后可根据机体对运动的适应情况以及患者身体状态可逐渐延长。运动过程中充分考虑运动时间和运动强度的搭配，当运动强度较大时，运动持续时间应相应缩短；当运动强度较小时，运动持续时间则可适当延长。对于年龄小、病情轻、体力好的患者，可采用前一种方式，而年老者或肥胖者则应采用运动强度较小，持续时间较长的运动。糖尿病患者一般以每周3~5次运动为宜，具体视运动量的大小而定。而对于1型糖尿病患者而言，坚持每天锻炼形成运动的良性循环显得尤其重要，每次锻炼的持续时间为10~30min。

二、糖尿病患者运动时的能量与物质代谢特点

1. 糖尿病患者运动时的能量代谢特点

糖尿病患者运动锻炼后会消耗较大能量，使得患者食欲增加，因此患者在锻炼后要控制总能量的摄入。总能量的摄入过多，不仅会造成机体者体重增加，还会使得胰岛素敏感性降低，对糖尿病患者不利。

2. 糖尿病患者运动时的产能营养素代谢特点

（1）碳水化合物　一次摄入大量的碳水化合物可使血液葡萄糖浓度迅速升高，刺激胰岛素分泌增多，促进葡萄糖氧化分解，从而使血糖浓度维持相对平衡。如果血糖长期处于较高状态以致需要更多的胰岛素，或由于肥胖等导致机体出现胰岛素抵抗时，机体则需要

分泌大量的胰岛素来维持正常的血糖浓度，由此加重胰腺负担，使胰腺过度刺激而产生病理变化和功能障碍，导致胰岛素分泌的绝对或相对不足，从而出现糖尿病。除摄入量外，碳水化合物的相对分子质量、种类及组成不同也会对糖尿病发病产生影响。如单糖和双糖比多糖更易升高血糖，支链淀粉升高血糖和胰岛素水平比直链淀粉明显。

（2）脂肪　由于过多的脂肪均以甘油三酯的形式储存于脂肪细胞，从而可引起肥胖，肥胖导致机体对胰岛素不敏感，以致出现糖尿病。此外，肥胖者体内脂肪酸生成量较非肥胖者多，血浆游离脂肪酸浓度也较高，于是机体摄取脂肪酸进行氧化供能的作用增强，这样葡萄糖的利用减少，出现胰岛素抵抗，增加发生糖尿病的风险。大量膳食脂肪的氧化分解也会消耗更多的葡萄糖分解的中间产物，阻止了葡萄糖的彻底氧化，从而使血糖水平升高，胰岛素分泌增加，胰腺负担加重。

（3）蛋白质　糖尿病患者代谢紊乱使体内蛋白质分解过速消耗量大，易出现负氮平衡，因此，蛋白质的供应需充足，应占总热量的12%~30%。蛋白质的需要量与蛋白质的质量关系密切，如缺乏必需氨基酸，即使蛋白质摄入的量足够，甚至过多，体内仍会呈现负氮平衡。尿毒症及肝昏迷患者，应限制蛋白质的摄入。

3. 糖尿病患者运动时的矿物质与水分代谢特点

三价铬是葡萄糖耐量因子的主要组成成分，也是胰岛素的辅因子，能改善糖耐量，调节血糖水平。补充三价铬对糖尿病预防有积极作用。锌能直接影响胰岛素的合成、储存、分泌和结构的完整性及胰岛素本身的活性。锌还是多种酶的辅因子，直接参与糖的氧化供能。同时，锌也能协助葡萄糖在细胞膜上的转运。有研究报道，糖尿病人普遍缺锌。几种糖尿病并发症或合并症也与细胞锌或锌依赖抗氧化酶的降低有关。

运动后出汗较多，机体失水量较大，应注意多补充水分。糖尿病多尿是因为血糖高，口渴是体内缺水的表现，如果限制饮水，很容易造成脱水，加重糖尿病的病情，甚至导致非酮症高渗性昏迷，增加尿路感染的机会。所以，糖尿病患者不应限制饮水，应该多喝白开水或茶水，但不宜饮用可乐、雪碧等含糖饮料。老年糖尿病患者由于失水后渴感不明显，应注意主动补充水分。

4. 糖尿病患者运动时的维生素代谢特点

糖尿病病人代谢相对旺盛，易导致B族维生素和维生素C消耗过多，因此患者运动后需要及时补充。维生素C缺乏对糖尿病的控制以及糖尿病的各种并发症尤其是高脂血症、血管病变等均不利，甚至会加重胰腺的损伤，使病情加重。

三、糖尿病患者运动时的营养补充与膳食建议

糖尿病病因及发病机制十分复杂，目前尚未完全阐明，一般认为与遗传、环境、饮食、运动、其他疾病、身体状况、不良生活方式等多种因素有关。糖尿病的产生与不合理的膳

食结构密切相关，改变不合理的膳食结构，形成平衡的膳食结构，是预防和治疗糖尿病的基本措施。在糖尿病的营养因素研究中，碳水化合物、脂肪、蛋白质、矿物质、维生素等膳食成分均能对其产生影响。糖尿病是一种与生活方式相关的疾病，合理的饮食结构和科学的运动习惯在预防和治疗糖尿病的过程中发挥重要的作用。目前，糖尿病的治疗包括饮食、运动、药物、自我监测与教育五项措施。其中，饮食与运动相结合方式是治疗糖尿病最基本的治疗措施。

1. 控制总能量摄入，均衡饮食

合理控制总能量的摄入，以维持理想体重为宜，对糖尿病患者有益，糖尿病患者摄入的碳水化合物、蛋白质、脂肪分别占总能量的 55%～60%、10%～15%、25%～30% 为宜。除此之外，糖尿病患者也应该根据自身身体状况、体力选择合适的运动强度。不同劳动强度的能量供给标准见表 8-5。

表 8-5 不同劳动强度的能量供给标准　　　　　　　单位：kJ/（kg·d）

体重	劳动强度			
	重体力	轻（中）体力	极轻体力	卧床
正常（±10% 标准体重）	167.44	146.51	125.58	62.79～83.72
肥胖（≥20% 标准体重）	146.51	125.58	83.72～104.65	62.79
消瘦（≤20% 标准体重）	167.44～209.3	167.44	146.51	83.72～104.65

2. 限制脂肪食用量，增加优质蛋白质摄入

脂肪摄入量应适当限制，其中饱和脂肪酸比例应小于总能量的 10%，多不饱和脂肪酸亦不宜超过总能量的 10%，单不饱和脂肪酸可占总能量的 10%～20%，或三者的比值为 1∶1∶1。对于糖尿病患者而言，应多食用牛乳、瘦肉、大豆及其制品等优质蛋白含量高的食物，烹饪过程中使用植物油脂代替动物油脂，对于胆固醇含量高的食物，如蛋黄、动物内脏等要限量食用。

3. 建议多食用粗粮，增加膳食纤维的摄入物

糖尿病患者饮食中碳水化合物应占总能量的 50%～60% 为宜，应以多糖类食物为主，尽量避免食用单、双糖以及富含精制糖的甜点；糖尿病患者在运动结束之后应当多吃点高纤维素的食物，这样能够促进机体的糖代谢。多食用粗粮，粗粮中含有大量的膳食纤维、矿物质和维生素。膳食纤维有助于增强患者饱腹感，吸附胆固醇和脂质，同时可以降低空腹血糖和餐后血糖以及改善葡萄糖耐量的作用，从而控制脂类代谢紊乱。除此之外，水果、蔬菜中含有丰富的膳食纤维，若食用水果，应适当减少主食摄入量。

4. 多吃水果、蔬菜，增加矿物质和维生素的摄入

在保证矿物质基本供给量的基础上，可适当增加铬、锌、硒等元素的摄入。此外，为防止和减轻高血压、高血脂、动脉硬化以及肾功能不全，应限制钠盐摄入。缺钙会让患者的病情加重，糖尿病患者在运动之后钙流失会更加严重，且糖尿病患者易患骨质疏松，因此，还应注意补充维生素 D、钙、磷。水果、蔬菜中含有丰富的维生素和矿物质，因此糖尿病患者在运动后，可以通过摄入含糖量低的水果、蔬菜及时补充机体由于运动流失的维生素和矿物质。

5. 限制酒精摄入，养成良好生活习惯

酒对血糖的影响不仅与饮酒量有关，同时也与所进食物有关。乙醇不仅抑制糖异生，还抑制生糖激素的释放。因此，接受胰岛素或口服降糖药物治疗的糖尿病人如果只饮酒不进食就会产生低血糖。为了避免低血糖应同时进食，还应避免空腹饮酒。糖尿病患者伴有胰腺炎，脂质紊乱（特别是甘油三酯升高）或有神经病变者应减少饮酒次数或戒酒。当人体运动的时候，肌肉中的糖原被消耗，随着运动的持续，血液里的葡萄糖也会逐渐被肌肉吸收，消耗，血糖会降低；酒精损害人体胰腺，使人体内胰岛素在短时间内缺乏或过量，造成血糖过高或过低。运动后饮酒，糖尿病患者会出现急性糖代谢紊乱，出现高渗性昏迷和低血糖昏迷等症状。

第五节　肥胖症患者运动行为与营养特点

一、肥胖症患者的生理与运动特点

1. 肥胖症患者的生理特点

随着人们生活水平的不断提高，肥胖已成为世界各国普遍存在的问题。目前，肥胖已经成为全球性的公共卫生问题，并且有日益严重的趋势。据估计，全球约有 3 亿人患有肥胖症，约 10 亿人超重。在经济发达地区，肥胖的发病率更高。目前医学普遍认为，肥胖是损害健康的先兆，可引起人体的生理、生化、病理、神经 – 体液调节等一系列变化，严重者甚至会影响生命，已经成为 21 世纪威胁人类健康与生命安全的杀手。但是，肥胖可以通过合理膳食和科学运动的方式进行预防。

肥胖是由于食物摄入过多或机体代谢的改变而导致体内脂肪积聚过多造成体重过度增长与脂肪层过厚，引起人体病理、生理改变的一种状态。它是一种多因素慢性代谢性疾病，发病过程非常复杂。肥胖一般分为单纯性肥胖、继发性肥胖和药物引起的肥胖。单纯性肥胖是肥胖中最常见的一种，约占肥胖人群的 95% 左右。这类病人全身脂肪分布比较均匀，没有内分泌紊乱现象，也无代谢障碍性疾病，其家族往往有肥胖病史，主要是由遗传因素及营养过度引起的。继发性肥胖是由内分泌紊乱或代谢障碍引起的一类疾病，占肥胖病的

2%~5%。肥胖只是这类患者的重要症状之一，同时还会有其他各种各样的临床表现。有些药物在有效地治疗某种疾病的同时，还有使患者身体肥胖的副作用，这类肥胖患者占肥胖病的2%左右。一般情况下，只要停止使用这些药物，肥胖情况可自行改善。但也有些患者因此成为"顽固性肥胖"患者。

肥胖是多因素作用引起的综合征，肥胖主要受遗传、神经内分泌、饮食、运动不足、生活方式等因素的影响。世界卫生组织推荐的国际统一使用的肥胖判断方法，计算公式为：

$$体重指数（BMI）= 体重（kg） \div 身高的平方（m^2）（kg/m^2） \qquad (8-1)$$

其标准是：18.5~24.9为正常，25~29.9为超重，大于30为肥胖。我国近年提出了适合中国居民的体重指数判断标准：BMI<18.5为消瘦，BMI=18.5~23.9为正常；BMI≥24为超重；BMI≥28为肥胖。

2. 肥胖症的危害

8-3 延伸阅读 BMI由来

肥胖不仅本身是一种疾病，还和其他多种疾病的发生密切相关。肥胖是影响冠心病发病和死亡的一个独立危险因素。肥胖症患者往往有高血压、高血脂和葡萄糖耐量异常。由于肥胖与许多慢性病有关，因而控制肥胖是减少慢性病发病率和病死率的一个关键因素。除此之外，肥胖会导致许多社会心理问题。从小就发胖的儿童容易产生自卑感，对各种社交活动产生畏惧而不愿积极参与，造成心理问题。青年人肥胖者往往容易受社会观点、新闻媒介宣传的影响，对自身的体形不满，总认为肥胖体型在社交中会受到排斥和歧视。在受到中、高等教育的年轻女性中尤其易受这种心理驱使，把"减肥"作为时尚，往往出现正常体重的人还在奋力减重的现象，有人甚至因此产生厌食症。

3. 肥胖症患者的运动特点

经常性体力活动或运动不仅可增加能量消耗，而且可使身体的代谢率增加，有利于维持机体的能量平衡。大多数肥胖者相对不爱活动，坐着看电视的休闲消遣方式已成为发生肥胖的主要原因之一。肥胖不仅损害身心健康，降低生活质量，而且与发生慢性病息息相关，因此，必须对肥胖采取预防和治疗措施。肥胖的治疗应以限制和调配饮食为基础，但只限制饮食而不增加体力活动或不采取其他措施时，减重的程度和持续效果均不易达到满意的程度。建议采用中等降低能量的摄入并积极参加体力活动的做法，使体重逐渐缓慢地降低到目标水平。

（1）运动对肥胖症的作用　作用于神经内分泌系统，恢复它对新陈代谢的调节，刺激机体消耗脂肪，进而促进脂肪代谢。使肌肉对血液内游离脂肪酸和葡萄糖利用率增高，使脂肪细胞变小。另一方面，多余的糖被消耗而不再转化为脂肪，减少了脂肪的形成。增加了呼吸肌的力量、胸廓活动范围及肺活量，改善肺通气及换气机能，气体交换加快，有利于更多地氧化燃烧多余的脂肪。

（2）合理运动

① 运动种类：运动减肥主要是以中等强度、较长时间的有氧运动为主，辅以力量运动

及球类运动等,可以根据肥胖者的体质和个人爱好选择运动项目。目前普遍流行的有节律的动力性有氧运动主要有长距离步行、远足、健跑、自行车、游泳、跳舞、划船、上下楼梯、骑马、健身操以及水中运动(如水中行走、水中跑、水中跳跃、踢水等)。另外,可以适当选择一定的力量训练,以增加机体的瘦体重,使体形更加健美。力量性的运动主要是进行躯干和四肢大肌群的运动,主要活动方式有仰卧起坐、下蹲起立,俯卧撑等,也可以利用哑铃或拉力器进行力量练习。有氧运动可以有效地改善心血管系统、呼吸系统的机能,提高人体的最大吸氧量,但并不提高机体瘦体重的含量,力量练习虽然不能有效地改善心肺机能和最大摄氧量,但却可以明显增加体内瘦体重的含量。瘦体重的增加可以提高人体安静状态下的代谢率。也就是说,瘦体重多的人比瘦体重少的人消耗的能量要多。因此,有氧运动结合力量练习是最有效的减肥方法。

② 运动强度:一般用运动中的脉搏数反映运动的强度,准确测量 10s 脉搏数乘以 6 即代表运动中的每分钟心率。运动中个人"最适运动心率"的计算公式如下:

$$最大心率(次/min)=220-年龄(岁) \quad (8-2)$$

$$心率储备 = 最大心率 - 安静心率 \quad (8-3)$$

$$最适运动心率 = 心力储备 \times 75\% + 安静心率 \quad (8-4)$$

一般认为,运动强度在55%～65%的最大心率强度较为适宜,但也要根据个人肥胖程度及其并发症的程度而做适当调整,一次的运动量不应低于一日所消耗总能量的10%～15%。在以55%～65%的运动强度运动时,碳水化合物和脂肪燃烧供能的比例几乎相同,此时体内环境的变化更适合于参与脂质代谢的各类酶的活化作用。该强度相当于平时没有运动习惯人的无氧运动强度,即使长时间运动一般也不会造成乳酸等物质的堆积,对心脏和下肢运动也不会产生影响,该强度对肥胖者来说是最为适宜的运动强度。

③ 运动时间和频率:运动持续时间与运动强度相互影响,增加运动强度则运动时间会减短。反之,负荷减轻时则可以持续运动更久,持续时间可用距离或能量消耗来表示。在以中等强度运动时,机体在开始阶段并不会立即动用脂肪供能,因为脂肪组织中脂肪的水解及脂肪酸经血液转运并进入肌组织中需要一定的时间,至少需要 15min。因此,要有效地消耗脂肪,运动时间必须长于 30min。运动持续时间与运动强度不同,每周的运动频率也不同。

二、肥胖症患者运动时的能量与物质代谢特点

1. 肥胖症患者运动时的能量代谢特点

体重主要由能量的摄取和消耗两种因素维持,即维持着能量的摄入和消耗的动态平衡是体重稳定的基本条件。由于摄取的食物过多,即摄入的能量过剩,体内多余的能量则以脂肪的形式储存于脂肪组织,如果长期摄取的能量多于消耗的能量,导致体内脂肪的增加,

就会发生肥胖。

2. 肥胖症患者运动时的产能营养素代谢特点

（1）碳水化合物　碳水化合物消化吸收快，会刺激胰岛素的分泌，促使糖转化为脂肪储存起来，耐饥饿性较差，易诱发食欲。糖类，尤其是单糖类中的蔗糖，果糖等在体内转变为脂肪的可能性很大，并能提高甘油三酯的水平，所以应该严格限制糖，尤其是单糖类的摄入。

（2）脂肪　人体脂肪代谢与脂肪细胞的特性有关。脂肪组织由白色脂肪和棕色脂肪组成。当前的研究认为，肥胖的发生可能与棕色脂肪的功能下降有关。棕色脂肪功能障碍会引起热能代谢不平衡，使摄入体内的能量不能以热的形式散发出去，而在体内转化为脂肪。另外，白色脂肪细胞的数量和体积也与肥胖有关。正常情况下，脂肪细胞中脂肪的合成和分解代谢保持平衡，如果该平衡一旦被打破，脂肪的合成大于分解，则肥胖症就会发生。

（3）蛋白质　蛋白质比脂肪和淀粉更容易让人产生饱腹感。所以蛋白质是减肥的秘密武器。摄入足够的蛋白质，不但对身体肌肉有利，还能加速脂肪燃烧，同时增加饱腹感。即摄入同样量的蛋白质、脂肪、淀粉，最让人有饱腹感的一定是蛋白质。

3. 肥胖症患者运动时矿物质与水分代谢特点

有人对部分 3~6 岁肥胖症儿童血清中的铁、锌、硒、铜等元素进行测定和分析，结果发现：铁与硒含量明显低于非肥胖症儿童的对照组，锌与镁含量与对照组未见明显差异，而铜含量则高于对照组。但从肥胖儿童的个体观察看，锌、镁含量低的较多，故肥胖症儿童除补充铁、硒外，还应补充锌、镁的不足。为维持肥胖症儿童体内微量元素的平衡，以利于机体的正常生长发育与身体健康，每日饮食的种类应有所选择。

水在体内有重要的生理功能，是构成人体的重要成分。体内的消化吸收、物质代谢、血液循环、体温调节及排泄等过程都离不开水。如体内水分不足，正常人或肥胖症者中，就会发生生理功能的障碍，其健康也会受到不同程度的影响。因为体内代谢脂肪所需要的水，比代谢糖类要多，故体内缺水就会影响脂肪的代谢，不利于减肥。减少水的摄入量，反而可降低减肥的效果。

4. 肥胖症患者运动时的维生素代谢特点

营养学家通过反复研究发现，有些肥胖症的原因，是因为饮食中缺乏能使脂肪转变为能量的营养素，这些营养素就是 B 族维生素的维生素 B_2、维生素 B_6 和烟酸等。这类肥胖症者，如果多吃富含上述 B 族维生素的食物，就能促使体内脂肪释放能量，从而收到减肥的效果。

三、肥胖症患者运动时的营养补充与膳食建议

肥胖的预防重于治疗，预防效果也大于治疗。成年人，特别是中年以后，随着年龄

的增长，机体热能的需要量也随着减少，与青年时期相比，40~60岁应减少5%~10%，60岁以上以减少20%为宜。所以，随着年龄的增长，应及时调整每日进入的热能总量，及时避免体内的热能过剩，就能防止肥胖的发生。一旦患了肥胖症应当通过运动及运动后的饮食管理来减肥，争取早日康复。

1. 控制总能量的摄入

一般来说，合适的能量摄入量，即：每天应摄入的总能量（kJ）= 理想体重（kg）×（83.72~104.65）（kJ/kg）。全天能量的分配：早餐30%、午餐40%、晚餐30%。开始减肥阶段，为解决饥饿问题，可在午餐或早餐中留相当于5%能量的食物，约折合主食25g，在下午加餐。研究多认为，单纯运动或单纯节食效果不如运动结合限制饮食减肥的效果好，限制能量摄入与有氧运动结合是最佳减肥方案。

2. 供能营养素的能量分配比例

运动消耗能量进而减脂，运动质量的好坏也决定了燃脂的效率，而饮食的目的是为运动提供足够的优质能量，合适的营养比例对于减脂来说是至关重要的。三大供能营养素的分配原则是蛋白质占总热能的20%，脂肪占20%，碳水化合物占60%。在蛋白质的选择中，动物性蛋白质可占总蛋白质的50%左右。动物性食品以鱼、虾等水产品、禽类和瘦肉为好。要减少烹调油，一天不超过25g，适当增加粗杂粮限制甜食、含糖饮料。

3. 减少碳水化合物的摄入量

因摄入过多的碳水化合物，在机体内可转化为脂肪，而使肥胖加重，故肥胖症者应在运动后减少碳水化合物的摄入量。运动后应忌用或少用糖果、甜食、含糖饮料、蛋糕、巧克力、蜂蜜、红薯、马铃薯、粉条等。碳水化合物是人体主要的能量来源之一，其摄入量过高或过低，均会影响机体的代谢功能。所以，肥胖症者每日主食供给量以控制在250g以内为宜，不能低于150g。主食不能过少，因主食中的碳水化合物有节约体内蛋白质的作用，当碳水化合物与蛋白质同时摄入时，还有促进蛋白质合成、利用的作用。主食中的碳水化合物有促进脂肪氧化成二氧化碳和水的作用，从而防止脂肪氧化不彻底而产生酮体，对健康不利。

4. 保证维生素和无机盐的供给，增加膳食纤维

注意合理的食物选择和搭配。新鲜蔬菜、水果、豆类、牛乳等是维生素和无机盐的主要来源。肥胖症者每日运动后，应食用新鲜蔬菜500g左右，才能满足机体的生理需要。水果的热能高于蔬菜，肥胖症者运动后最好以水果代替部分主食，每日可供给200~500g水果，其供给的热能相当于25g主食的热能。必要时，运动后可在医生的指导下，适当服用多种维生素和无机盐制剂。食用富含膳食纤维的食物，运动后最好能保证每天的膳食纤维摄入量为30g左右，相当于500~750g绿叶蔬菜和100g粗杂粮中所含的膳食纤维。

第六节 骨质疏松症患者运动行为与营养特点

一、骨质疏松症患者的生理与运动特点

1. 骨质疏松症患者的生理特点

在整个生命周期中，骨组织都在成骨细胞介导的骨生成和破骨细胞介导的骨吸收作用下不断地进行重建，当骨吸收能力大于骨生成时，容易导致骨质疏松症的发生。骨质疏松症是以骨密度下降、骨微观结构破坏、骨脆性增加以及易骨折为典型特征的慢性病。常说的骨质疏松症主要是指原发性骨质疏松症，包括绝经后骨质疏松症（1型）、老年性骨质疏松症（2型）和特发性骨质疏松（包括青少年型）三种。

在我国，骨质疏松症已经成为一个严重的公共健康问题。2018年，我国首次进行了基于社区人群的大规模多中心中国居民骨质疏松症流行病学的调查，中国疾病控制中心慢病中心与中华医学会骨质疏松和骨矿盐疾病分会联合完成了11个省（市）44个县（区）2万余人的流行病学调查，结果显示三大方面的问题：骨质疏松症已经成为我国50岁以上人群的重要健康问题，中老年女性骨质疏松问题尤为严重；我国居民对骨质疏松症认知普遍不足，骨密度检测率亟待提高；随着我国城市化、人口老龄化进程的不断加快和不健康生活方式的广泛流行，我国骨质疏松症的防控形势日益严峻。因此，如何有效预防骨质疏松症的发生具有更重要的现实意义。

2. 骨质疏松症的危害

骨质疏松症是一种全身性骨病。骨质疏松的初期无明显的症状，随着病情的进展会出现腰背疼痛，甚至全身骨痛，当增加负荷时疼痛加重或活动受限。严重的骨质疏松还可导致驼背、脊柱畸形等脊柱变形情况的出现。骨质疏松最严重的后果在于任何轻微的活动或创伤都可能诱发脊柱胸腰段椎体、桡骨远端、肱骨远端手和髋部等部位的骨折，且发生过一次脆性骨折后，再次发生骨折的风险也随之增加。骨质疏松性骨折的危害性很大，尤其是对于老年人，还会加重心脑血管疾病、引发肺部感染和褥疮等多种并发症的发生，导致病残率和死亡率的增加。

8-4 延伸阅读　骨质疏松症高危人群的自我检测

3. 骨质疏松症患者的运动特点

骨质疏松是一种常见的代谢性骨病，也是可预防的疾病。适量规律的运动、适当补充钙及维生素D、饮食调节等良好的生活方式是预防骨质疏松有效、安全、经济的措施。

体育运动对骨骼的刺激对于骨骼发育很重要，可以增加骨量和骨密度。青春期体力运

动可以促进骨形成，增加成年后的峰值骨量，抗阻力性和高冲击性运动具有较好的效果。中年人进行适当的体育活动可维持较高的骨密度，老年人进行适当的体育运动可以减缓骨量的丢失、增加肌肉力量、降低跌倒的风险，从而降低了因跌倒引发的骨折风险。不同的运动均具有一定的成骨效应，这种积极作用与运动项目特点、强度以及运动量密切相关，不同的运动方式对身体的作用部位及锻炼效果不同。

（1）运动对骨质疏松的作用　人在运动过程中会不停地刺激骨组织，不断地对骨的生长和重建产生积极效应，同时刺激骨组织对钙及其他矿物质的吸收和利用，从而达到预防骨质疏松的目的。人们在进行体育锻炼时，一方面可以使骨骼粗壮，保持和增加骨骼中矿物质的含量，另一方面可以加强关节、肌肉的灵活性和协调性，让中老年人减少跌倒的概率，减低发生骨折意外的伤害。运动能调节内分泌功能，如提高前列腺素和性激素的水平，降低促骨吸收相关细胞因子的分泌，促进骨生成。适宜的运动可以提高机体的雌激素水平，其影响程度与运动强度及运动量有关。适宜的体育锻炼能够上调信号通路中关键因子的表达，有利于骨形成，进而促进骨骼生长发育。此外，这些信号通路上的关键因子还能与一些细胞因子协同作用，共同调节骨代谢。

（2）合理运动

① 运动种类：包括有氧运动、渐进抗阻训练、冲击性运动和民族传统健身运动。在一定的负荷范围内，有氧运动预防骨质疏松的效果与其运动强度及运动量成正比。有氧运动包括走路、跑步、骑车以及球类运动等。这些运动可以作用于整个骨结构，可以有效地增加骨强度。渐进抗阻训练能够增加肌肉的横截面积、肌纤维数量，从而提高肌肉力量。渐进抗阻训练能够提高受试者股骨颈、腰椎、大转子等部位的骨密度，能有效地预防骨质疏松。冲击性运动能刺激骨骼，从而促进骨形成，防止骨质流失。冲击性运动能够提高绝经前期、绝经后女性髋部、股骨、胫骨、股骨颈、大转子等部位的骨密度，防止骨质流失，从而达到预防及治疗骨质疏松的效果。民族传统健身运动包括太极拳、五禽戏、八段锦等。太极拳等传统健身运动能够促进骨形成，防止骨质流失，对于预防骨质疏松有着一定的效果。此外，易筋经、八段锦、五禽戏以及六字诀能够显著提高绝经女性桡骨、尺骨远端以及腰椎骨密度以及血清碱性磷酸酶，降低尿脱氧吡啶啉排泄率。

② 运动强度：低强度运动对提高骨密度的作用不明显；中等强度的各种形式的运动对改善骨代谢、提高骨密度有积极作用；过大强度运动可能会导致骨密度下降，对骨健康产生负面影响。

③ 运动时间和频率：无论选择哪种运动方式，尽量保证每天的锻炼时间不少于30min，并长期坚持，从而不断地刺激骨骼系统，保持良好的骨骼状态。对于骨质疏松患者而言，保守的方法是必要的，刚开始的负重保持在8~12次每组重复进行，然后逐渐增加，在频率增加的基础上增加负重，每周进行3~4d训练，隔天进行恢复。

二、骨质疏松症患者运动时的能量与物质代谢特点

1. 骨质疏松患者运动时的能量代谢特点

骨形成由成骨细胞主导。成骨细胞具有高代谢活性。有研究表明，体外培养的成骨细胞，其分化过程伴随着细胞内 ATP 生成、能量代谢及线粒体膜电位的变化。成熟成骨细胞的 ATP 生成量和线粒体膜电位均高于未成熟的成骨细胞。与此同时，在骨基质合成、分泌和矿化的每一个过程中，均需要大量的能量供给。骨吸收由破骨细胞主导。破骨细胞是一种多核巨细胞，是目前已知唯一具有骨吸收能力的细胞。质子泵，又称 H^+–ATP 酶，在骨吸收的过程中起关键作用。H^+–ATP 酶能够水解 ATP 产生能量，并促进 H^+ 逆浓度梯度跨膜传输。在骨吸收时，破骨细胞不断将 H^+–ATP 酶从胞浆储存池转运到刷状膜处。因此，ATP 水平、细胞线粒体膜电势均够影响破骨细胞的活性及凋亡。有研究表明，成熟破骨细胞中的 ATP 水平低于破骨细胞前体细胞，而且 ATP 水平越低、膜电势越高，破骨细胞越易凋亡，同时 ATP 还可通过调控细胞骨架结构影响破骨细胞的分化和功能。由此可见，骨形成与骨吸收的过程均伴随能量代谢。

2. 骨质疏松患者运动时的产能营养素代谢特点

（1）碳水化合物　碳水化合物在人体的消化道中分解缓慢，其产物很快地被机体吸收，一般不会引起血糖突然升高。如老年人膳食中进食的碳水化合物不足，可使肝糖原消耗过快、酶类钝化、胰岛素分泌减弱等。老年人的糖代谢异常时，空腹血糖值可基本处于正常范围，但在糖负荷后的血糖值即使大于正常值，也不会很高；可是要使其恢复到正常水平，则需经历的时间很长，因而要求在膳食中可直接引起血糖波动的蔗糖和糖果类食品宜少食用。

（2）脂肪　既往脂肪组织仅被认为是一个储存脂肪的"仓库"，但经研究后发现，脂肪组织也是一个内分泌组织，脂肪细胞可分泌多种细胞因子和激素，且这些细胞因子和激素可作用于脂肪组织自身和其他器官组织。目前已发现的存在于脂肪组织中的脂肪细胞因子已达数百种，其通过自分泌、旁分泌或内分泌等方式调控人体的病理、生理等过程。此外，脂肪细胞因子还可影响软骨细胞功能、内皮完整性和葡萄糖稳态，与骨骼肌肉疾病、代谢性疾病等均密切相关。脂肪细胞因子不仅参与能量代谢，还可通过多种途径作用于骨组织。在老年骨质疏松症患者骨密度降低过程中，多种脂肪细胞因子存在不同程度的表达失调，从而打破骨吸收与骨形成的平衡状态，影响骨质流失。

（3）蛋白质　蛋白质是骨骼的主要成分（即骨胶原蛋白），大约是骨骼体积的一半，同时蛋白质能增加血清中的胰岛素样生长因子–1（insulin-like growth factor 1，IGF-1）含量，IGF-1 对骨骼具有营养作用。而且 IGF-1 有一定的阈值，不会随着蛋白质增加而持续增加。高蛋白的摄入可能减少髋部骨折的风险。蛋白质的摄入量表现在骨骼的物理特性中，儿童摔倒不易骨折；而老年人容易出现骨折的风险。

3. 骨质疏松患者运动时的矿物质与水分代谢特点

矿物质营养细胞外钙离子浓度增高能抑制破骨细胞的正常代谢功能，导致破骨细胞收缩并加速凋亡，骨吸收明显下降。同时，成骨细胞膜上有钙感受器，细胞外液钙离子浓度增加时，能促进成骨细胞的增殖能力。增加膳食中磷的摄入量可以降低钙的肠道吸收，特别是高磷低钙的膳食对处于骨质增长期的患者，可能会妨碍骨质正常生长修复。骨骼的无机成分主要为由钙磷组成的羟基磷灰石，膳食中应注意钙磷的比例平衡，适宜的钙磷比例为 1.5~2.1，有助于维持骨稳态。镁占骨矿物质含量的 1% 左右，流行病学调查发现镁缺乏是骨质疏松的危险因素之一，缺镁使得骨骼变脆，更容易断裂。镁也是骨骼健康的重要因子，注重镁/钙平衡对于骨质疏松患者可能是一个有效的、低成本的预防措施。

骨质疏松患者有时需要钙制剂来补钙，大多数钙制剂都具有可溶性，因此服用钙剂之后要多喝水，使钙离子能够更快地被人体吸收和利用。

4. 骨质疏松患者运动时的维生素代谢特点

维生素 D 既能控制和调节钙的吸收和平衡，又是调节骨代谢的重要体液因子。破骨细胞和成骨细胞分化与增殖都受维生素 D 的调节。维生素 D 需经体内代谢羟化后，才能发挥生物活性，羟化后的维生素 D 又称活性维生素 D。维生素 D 除钙磷效应外，还具有骨骼外作用。维生素 K 主要是在合成类钙中发挥一些辅助的作用。维生素 K 充足，可使骨质的生成和减少保持平衡，从而对骨密度产生促进的作用。研究表明，血液中维生素 K 的不足可能会导致骨质疏松症甚至骨折的产生，对绝经后的妇女影响更大。

三、骨质疏松症患者运动时的营养补充与膳食建议

骨质疏松症常发病于各个年龄段，尤其是绝经期女性或老年人，日常的生活方式及饮食习惯在某种程度上影响骨质疏松症的发生。不平衡膳食不仅影响基础的骨量积累水平，而且导致中老年后的骨量流失，增加发生骨质疏松症的风险。因此，预防骨质疏松症的发生，应高度重视膳食营养。中国营养学会于 2018 年 12 月专门成立了骨营养与健康分会，越来越多的科研工作者从膳食角度出发，探究食源性成分对于骨骼系统的营养与健康作用。

骨组织中的骨基质是由无机质和有机质组成，无机质的主要成分为羟基磷灰石，而有机质成分主要为 I 型胶原蛋白和非胶原基质蛋白质。膳食营养对于骨骼的发育至关重要，应做到"平衡膳食"。通过适量摄入钙、磷、镁、维生素 D、微量元素、维生素 K、雌激素、蛋白质以及其他可以调节骨健康的活性因子，可以预防骨质疏松发生。

1. 多食用含钙磷高的食品，注意适宜的钙磷比例

钙是人体骨骼的重要组成部分，钙的主要来源是富含钙的食物，我国成人每日钙推荐

摄入量为 800mg，50 岁以上人群每日钙推荐摄入量为 1000mg。人体内约 85% 的磷存在于骨骼中，磷酸盐在大多数食品中都很丰富，不建议补充磷酸盐。可多食用鱼、虾、海带、牛乳、鸡蛋、豆类、全谷物、芝麻、瓜子、绿叶蔬菜等。同时，多接受日光浴，促进钙的吸收。

2. 适当补充维生素 D 和维生素 K

维生素 D 在骨代谢中发挥着重要的作用，能够有效促进肠道对钙的吸收，并促进血钙进入骨骼。同时维生素 D 能够促进肾脏对钙的重吸收，避免出现大量钙流失的情况。维生素 D 可促进成骨细胞合成和分泌骨钙素，促进骨生成；也可协同甲状旁腺激素刺激骨吸收，维持骨组织的稳态。

在骨组织中，骨钙素是骨内主要的非胶原蛋白，也是一种维生素 K 依赖性蛋白。在维生素 K 的介导下，骨钙素发生 γ 羧化，调节成骨细胞和破骨细胞活性。维生素 K 是骨骼重要的营养成分，能够促进骨组织矿化，促进骨形成，抑制骨吸收，在骨质疏松的预防中具有重要作用。

3. 保证蛋白质的摄入

蛋白质是骨合成胶原蛋白的重要原料，充足的蛋白质摄入有助于维持骨骼和肌肉功能，降低骨质疏松症发生的风险。长期蛋白质缺乏造成骨机制蛋白质合成不足，导致新骨生成落后，如同时有钙缺乏，骨质疏松则加快出现。在运动过程中，人体消耗了储存的糖类之后，会开始蛋白质的消耗。因此，骨质疏松患者在运动后要保证蛋白质的摄入。牛乳富含蛋白质，长期给予 8~15 岁儿童摄入适量的牛乳及其制品，可提高其桡骨的皮质骨面积和含量。每天优先选择鱼和禽类，每周摄入鱼 280~525g，畜禽肉 280~525g，蛋类 280~350g，平均每天摄入总量 120~200g；每日 1 个鸡蛋，不弃蛋黄；经常吃豆制品，适量吃坚果；保证乳及乳制品摄入，摄入量相当于每天液态乳 300g（约 300mL）为宜。

4. 适量摄入大豆及其制品

绝经后妇女体内雌激素水平明显下降，导致容易发生骨质疏松症。膳食中天然存在的黄酮类化合物有助于减少骨流失。适量摄入大豆及其制品可降低绝经期女性骨质疏松的发病风险，其中摄入高于 90mg/d 的大豆异黄酮可以增加髋关节和腰椎的骨密度，减少骨吸收，从而发挥预防骨质疏松的作用。

5. 注重膳食多样化，保证薯类摄入

平均每天摄入 12 种以上食物，每周 25 种以上，包括谷薯类、蔬菜水果类、畜禽鱼蛋乳类、大豆坚果类等食物，其中以谷类为主。每天谷薯类食物 250~400g，其中全谷物和杂豆类 50~150g，薯类 50~100g；蔬菜 300~500g，深色蔬菜应占 1/2；新鲜水果 200~350g，果汁不能代替鲜果。

第七节　阿尔茨海默病患者运动行为与营养特点

一、阿尔茨海默病患者的生理与运动特点

1. 阿尔茨海默病患者的生理特点

阿尔茨海默病表现为记忆减退、词不达意、思维混乱、判断力下降等脑功能异常和性格行为改变等，严重影响日常生活，给家庭和社会带来沉重的负担。阿尔茨海默病最先发病的位置是脑缘系统的海马，位于颞叶内侧，负责短期记忆、长期记忆和空间定位这几个功能，随着阿尔茨海默病病情逐渐进展，病灶慢慢扩大到大脑的各个区域，整个大脑日渐萎缩，患者也渐渐丧失更多行为能力以及记忆。从无损伤期到重晚期可以分为 7 个阶段：症状前时期，神经元开始死亡，但数量较少，阿尔茨海默病的症状还没显现；轻度记忆及行为能力的下降；短期记忆开始出现障碍；阿尔茨海默病的典型表现，如忘记自己刚说过的话，忘记自己是否刚吃过饭，但还能维持生活自理；中度症状，会忘记时间、空间，生活已无法自理；大量神经元死亡，无法行使正常思维功能，开始出现明显的人格变化，经常无缘无故发脾气，变得很暴躁，但仍然能认得亲人朋友；阿尔茨海默病患者完全丧失辨认能力和自理能力。阿尔茨海默病的早期预防至关重要。

阿尔茨海默病主要是大脑和特定皮层下的神经元和突触受到损伤，导致大脑功能区域萎缩，从而表现出智力下降、记忆减弱、语言退化等症状。虽然研究证实阿尔茨海默病的病理学特征主要为淀粉样斑块、神经元纤维缠结以及神经元的丢失，但是具体发病机制至今尚未研究清楚，只存在多种假说。

（1）自由基损伤假说　氧化应激是由于体内的氧化还原反应失去平衡，产生过多的活性氧自由基（reactive oxygen species，ROS）。ROS 引起的氧化应激是阿尔茨海默病的主要特征，是阿尔茨海默病的治疗靶点之一。各种来源的 ROS 会对蛋白质、脂类和核酸造成损害，对神经细胞造成无法逆转的伤害。ROS 过多的积累还可导致 β- 淀粉样蛋白（amyloid β-protein，Aβ）聚集，促进 Tau 蛋白（microtubule-associated protein tau，Tau）发生过度磷酸化和聚集。所以，抗氧化剂可以清除体内过多的 ROS，在一定程度上缓解阿尔茨海默病患者的病情。

（2）胆碱能损伤假说　大脑中胆碱能系统与人的学习、记忆功能是密切相关的。乙酰胆碱酯酶（acetylcholinesterase，AChE）作为分解乙酰胆碱（acetylcholine，ACh）的关键酶，可以通过抑制其活性，减少 ACh 的水解，从而提高脑中 ACh 水平，起到改善认知的作用。FDA 批准的阿尔茨海默病用药如多奈哌齐、加兰他敏、卡拉巴汀即为乙酰胆碱酯酶抑

制剂。

（3）Aβ 毒性假说　Aβ 是由 38～43 个氨基酸组成的多肽，与阿尔茨海默病相关的主要是 Aβ-40 和 Aβ-42，其中 Aβ-42 更容易聚合且毒性也更强。而研究者把造成患者认知功能障碍的原因归结于 Aβ 的过度聚集，尤其是可溶性 Aβ 寡聚体对突触与神经元的毒性影响。因此，Aβ 毒性假说认为，预防和治疗阿尔茨海默病的关键是减少 Aβ 的产生、抑制 Aβ 的聚集和促进 Aβ 的清除。

2. 阿尔茨海默病的危害

阿尔茨海默病的发生不仅会对患者的身心造成双重摧残，严重影响生活质量，而且加重家庭的经济负担，导致患者的家属情绪障碍。阿尔茨海默病的后期会出现营养不良、肺部感染等并发症，因此，要重视阿尔茨海默病的危险因素和初期的信号，及早地进行预防与治疗，从而减轻对家庭和社会的负担。

阿尔茨海默病最常见的危险因素有糖尿病、高血压、高胆固醇、肥胖、有阿尔茨海默病家族史、低文化程度、有脑外伤病史等，年轻人也要注意预防，大约 5% 的患者在 30 岁、40 岁或 50 岁时出现症状，即早发性阿尔茨海默病。目前还没有任何有效的治疗方法，唯有预防。形成健康的生活方式，如培养运动习惯和兴趣爱好，健康饮食，戒烟限酒，多学习，多用脑，多参加社交活动，保持乐观的心态，避免与社会隔离，可以帮助减少罹患阿尔茨海默病的风险。

3. 阿尔茨海默病患者的运动特点

阿尔茨海默病和缺乏锻炼是有一定的关系的。很多研究都表明，长期坚持体育运动的人，罹患阿尔茨海默病的风险会比较低。而长期久坐不动缺乏锻炼的人，罹患阿尔茨海默病的风险会明显升高。

阿尔茨海默病是一种典型的脑部综合征，要加强脑力锻炼，勤于用脑。经常做适度的有氧运动，可以增进循环系统健康，促进足够的氧气供应大脑，从神经细胞、突触和分子水平等多方面保持脑细胞代谢旺盛，减缓大脑的衰老。运动可以降低患心脏病、癌症和其他疾病的风险，同时可以减少压力、焦虑和抑郁情绪。任何一种运动都能防止脑随着年龄缩小，以及能将患阿尔茨海默病的概率降低至少 50% 以上。参与更多体育活动老年人，他们的大脑体积更大。其中一些关键部分额叶、颞叶和顶叶也变大。体育活动的频率与老年人的认知功能呈正相关。每周至少锻炼 5d，每天锻炼至少 30min，可延缓阿尔茨海默病。

不同运动强度、运动频率和运动方式，对阿尔茨海默病患者的疗效也存在较大差异。只有运动达到一定的强度和持续较长的时间才能改善认知。运动不仅可以通过改善器官的血流量、加快血管生成，丰富脑部的微血管网，加强神经细胞间的联系，触发大脑区域的可塑性；还可以调控一系列的生长因子如脑源性神经营养因子（brain derived neurotrophic factor，BDNF）、IGF-1、血管内皮生长因子（vascular endothelial growth factor，VEGF）等的释放，促进海马齿状回的神经细胞增殖。

（1）运动对阿尔茨海默病的作用

① 调节 Aβ 和 Tau 蛋白、改变表观遗传修饰：运动通过提高 α- 分泌酶和间接降低胆固醇含量而抑制 β-、γ- 分泌酶的活性，影响 Aβ 的形成。运动可以通过 DNA 甲基化、H_3 乙酰化等多种表观遗传途径改变阿尔茨海默病相关的蛋白转录和翻译，进而在一定程度上对阿尔茨海默病产生积极的影响，可以改善大脑的认知学习能力。

② 调节神经营养因子：运动增强大脑微血管循环，诱导 BDNF 表达，降低大脑氧化损伤，进而提高神经功能。运动刺激 VEGF 和 IGF-1 等神经生长因子释放，促进神经与血管再生，增加毛细血管厚度和海马体的体积。运动也会增强皮质活动，增加多巴胺、乙酰胆碱、5- 羟色胺和去甲肾上腺素等神经物质的分泌。这些神经递质的释放，能够改善心肺功能、增强大脑皮层神经活动的兴奋性，提升中枢神经之间的协调性，从而延缓大脑衰老，并减慢阿尔茨海默病患者的认知功能下降的速度。在运动期间，一种名为鸢尾素的信使蛋白由肌肉组织中释放出来，进入血液循环，并对远处的靶标产生作用。鸢尾素能增强运动的促认知效应。

③ 激活腺苷酸活化蛋白激酶（AMP-activated protein kinase，AMPK）信号通路：AMPK 即 AMP 依赖的蛋白激酶，是保持葡萄糖平衡所必需的一种关键信号分子。阿尔茨海默病的神经退行性病变与脑能量代谢紊乱有关，运动通过激活 AMPK 信号通路，调节线粒体能量代谢，减少神经元 Aβ 沉积，进而改善阿尔茨海默病脑功能。

④ 改善神经免疫功能：经常进行体育运动，可以减少大脑的炎症反应，改善机体免疫功能，改善神经元细胞的损害，从而增强阿尔茨海默病认知和学习记忆功能。

（2）合理运动

① 运动种类：包括手指动作、散步等有氧运动。经常做手指动作如下棋、书法、绘画等，可以促进大脑血液循环及增加脑细胞活动，还有助于保持和增强记忆功能。经常使用手指旋转钢球或核桃，或用双手伸展握拳运动，可刺激大脑皮质神经，促进血液循环，增强大脑灵活性，延缓脑神经细胞老化，可预防阿尔茨海默病。散步有助于预防心脏病、糖尿病和其他疾病，有助于刺激脑细胞，延缓神经细胞退化的进程，提高记忆力和思考能力，有效预防阿尔茨海默病。其他有氧运动如太极拳、游泳、瑜伽等。有氧运动会促进血液流向大脑中处理记忆的部分，可显著改善皮层神经元的连接和激活；增加突出可塑性相关基因的表达；增加海马树突长度和树突棘的复杂性；诱导海马齿状回的神经发生等。

② 运动强度：一般可以脉率和心率作为运动量的指标。如果运动量大，心率、脉率就会加快。如果运动之后，锻炼者食欲增进，睡眠良好，情绪轻松，精力充沛，这是运动量适宜的表现。反之，如运动后食欲减退，头昏头痛，自觉劳累汗多，精神倦怠者，说明运动量过大，应适当减少。如减少运动量后，仍有上述症状或出现极度疲劳，则应进行身体检查。

③ 运动时间和频率：每个人要根据自己的身体状况、年龄阶段、体质等来选择相宜

的运动方法和运动量,为预防脑血管病的发生,可尽量多锻炼左侧肢体活动。老年人运动一般为每日或隔日1次,或每周不少于4次,间隔时间不宜超过3d。初次参加运动的人,开始运动次数及运动量应少些,每周3次,每次15~30min较适宜。以后每周3~5次,每次30~50min。体质稍差,年龄偏大或初次参加体育锻炼的人,每次15~30min,每周2~3次,经过几周或几个月后,根据体质情况再增加运动频率。身体健康的老年人,每天可坚持锻炼一次,每次30min左右,一般运动不要超过1h。

8-5 延伸阅读 多巴胺的发现

二、阿尔茨海默病患者运动时的能量与物质代谢特点

1. 阿尔茨海默病患者运动时的能量代谢特点

阿尔茨海默病患者由于智力逐渐下降,所以日常生活能力逐渐减退,体力渐衰,活动量逐渐减少,热量消耗也随着降低,因此对其热量供给量应适当减少。一般60~75岁的老人热量需求比成人减少10%,75~80岁老人比成人减少20%左右,以控制在7116~10046kJ为宜。

2. 阿尔茨海默病患者运动时的产能营养素代谢特点

(1)碳水化合物　碳水化合物是脑细胞活动所需能量的主要来源,阿尔茨海默病患者的糖代谢率降低,给予葡萄糖可提高患者的记忆力。但过多的碳水化合物,特别是精制糖摄入过多,易使脑功能出现神经过敏或神经衰弱等症状。

(2)脂肪　不饱和脂肪酸能促进脑组织发育和神经突触生长,增进神经系统功能。缺乏不饱和脂肪酸可导致脑细胞膜的生成障碍、脑细胞死亡及老年人认知功能衰退,从而诱发阿尔茨海默病的发生。卵磷脂人体自己不能合成,只能从食物中摄取。它是人体细胞膜的重要组成部分,并且参与神经递质乙酰胆碱的合成,因此补充卵磷脂可延缓记忆力衰退的进程,预防和推迟阿尔茨海默病的发生。高胆固醇水平则是阿尔茨海默病的危险因素,且胆固醇水平与阿尔茨海默病的严重程度有关。

(3)蛋白质　蛋白质是维持大脑功能活动的第一物质,蛋白质缺乏是阿尔茨海默病发生的危险因素之一。它与核酸是一切细胞的重要组成部分,人体器官的各项生理生化机能都有蛋白质参与。中老年人特别是老年人阿尔茨海默病患者,体质比较差,患此病后,更加虚弱,应补充足够的蛋白质,以保持充分的营养,改善其脑组织代谢机能。

3. 阿尔茨海默病患者运动时矿物质与水分代谢特点

一些矿物质与防治阿尔茨海默病有密切的关系,例如钙可以调节神经肌肉的兴奋性,维持心功能的正常活动,改善老年人的认知能力。镁是各种酶反应的辅助因子,与钾、钙等元素协同维护心肌和防治动脉硬化,从而增强脑的血流量,有利于预防阿尔茨海默病的发生。锌是许多蛋白质、核酸合成酶的成分,它参与合成的碱性磷酸酶存在于所有神经细胞内，在髓鞘形成和大脑成熟过程中有重要作用。研究发现，脑组织锌含量降低会使神经递质的活性受到影响，影响自由基的清除功能，使脂褐素、老年斑形成增多，导致老化加速，进而在临床上出现痴呆。硒是与谷胱甘肽过氧化物酶活性相关的一种微量元素，必需量的硒可能是一种防卫因子，通过提高该酶的活性起到抗自由基、抗氧化的防卫作用，保护机体，从而提高老年人群的认知能力，降低阿尔茨海默病的发病率。

水是维持生命的必需的营养物质之一。老年人细胞内液减少、萎缩，故膳食中要有充足的水分。老年人对酒精的耐受性差，肝脏解毒功能低，过量饮酒会造成大脑神经退行性变化，导致小脑萎缩而终患阿尔茨海默病，或使感觉、运动、思维、视觉、听觉等都受到损害，从而使老年人阿尔茨海默病加重。

4. 阿尔茨海默病患者运动时的维生素代谢特点

维生素 B_{12} 的辅酶具有甲硫氨酸合成酶的辅酶作用，可以从 5′－甲基四氢叶酸盐转移甲基，增强叶酸的代谢，从而降低体内高半胱氨酸的含量。由于叶酸与维生素 B_6、维生素 B_{12} 具有降低体内高半胱氨酸的作用，补充叶酸和维生素 B_6、维生素 B_{12} 将有助于防止阿尔茨海默病的发生。维生素 K 参与神经鞘脂类的合成，并且是髓鞘的重要组成部分。研究显示，在阿尔茨海默病的早期阶段，维生素 K 摄入量明显低于正常。因此，维生素 K 有望成为改善老年人认知能力的又一重要营养素。

三、阿尔茨海默病患者运动时的营养补充与膳食建议

运动与饮食结合是防治阿尔茨海默病的一种方法，除了身体上的运动，大脑同样需要运动。认知训练是一种很好的改善认知的锻炼方式，多做一些益智类的游戏，例如纸牌接龙、数独、下棋等，同时要注意饮食结构的调整。饮食中含有大量汉堡包、薯条、薯片和汽水的人中，大脑中与学习、记忆和精神健康相关的部分会变小。另一方面，浆果、全麦、坚果和绿叶蔬菜可以保护大脑功能，减缓智力衰退。在日常生活中，注意补充富含卵磷脂、维生素 A、维生素 E 和锌、硒等微量元素的食物；动物肝脏、肉、鱼、鸡蛋、牛乳等多种优质蛋白食品能够强化大脑机能，适当食用植物油，保证 B 族维生素的摄入，多吃绿色蔬菜。维生素 D 具有多靶点的神经保护作用，适量补充维生素 D 以及多晒太阳。苹果有助于预防阿尔茨海默病，苹果中的天然化合物（槲皮素或二羟基苯甲酸）可刺激神经元的产生，也与苹果皮和果肉中含有前神经源性化合物有关系。

另外，姜黄素、表没食子儿茶素没食子酸酯、白藜芦醇等膳食多酚能通过减轻氧化应激损伤、抑制 AChE 活性、阻断 $A\beta$ 的聚集和减弱 $A\beta$ 引起的细胞毒性、缓解神经炎症、抑制 Tau 蛋白磷酸化等机制缓解认知障碍，降低阿尔茨海默病的发病风险，也为预防阿尔茨海默病提供了一个丰富的资源宝库。

"地中海式饮食"，即含高碳水化合物和低脂肪的饮食。地中海式饮食的典型特征是以

蔬菜、豆类、水果和谷物为主，摄入橄榄油之类的不饱和性脂肪酸和较少的饱和脂肪酸，适量地多进食鱼类，少量食用乳制品、肉类及家禽，并适量饮用葡萄酒。流行病学研究发现地中海式饮食对预防和延缓阿尔茨海默病等神经系统疾病具有良好的效果。

第八节 抑郁症患者运动行为与营养特点

一、抑郁症患者的生理与运动特点

1. 抑郁症患者的生理特点

据世界卫生组织统计，抑郁症已成为中国第二大负担疾病，临床上抑郁症常表现出显著持久的心情低落、思维与认知功能受损、活动能力减退，严重者还会出现自残、自杀等行为。抑郁症具有"懒、呆、变、忧、虑"五大表现特征，即医学上说的"五D症"。青少年，怀孕期、产后哺乳期、更年期的女性及老年人，都是抑郁症的高发人群。抑郁症的病因复杂，与生物、心理与社会环境诸多方面因素有关。生物学因素主要涉及遗传、神经生化、神经内分泌、神经再生等方面；早期情感忽视和虐待、成年期严重应激等在抑郁症的发展过程中发挥重要作用。抑郁症的发病病因复杂，目前存在的潜在机制如下：

（1）遗传因素　抑郁症一级亲属患病风险是普通人群的3倍，研究证实抑郁症是一种多基因紊乱疾病，单个基因变异很难导致发病，而多个基因联合变异则可诱发抑郁症。2019年，一项全基因组测序发现了15个与抑郁症相关的基因组，抑郁症临床样品显示抑郁症存在表观遗传改变，主要发生DNA甲基化、组蛋白修饰、RNA甲基化以及microRNA调控。

（2）单胺类神经递质及其受体异常　单胺类递质包括5-羟色胺、多巴胺、去甲肾上腺素等。抑郁症患者血清中吲哚胺2，3-双加氧酶的活性明显升高，加快色氨酸分解速率，从而抑制了色氨酸向5-羟色胺途径的代谢，降低了突触间隙神经递质5-羟色胺的浓度。此外，抑郁症患者多巴胺转运蛋白浓度明显高于普通人，而体内高浓度的多巴胺转运蛋白能使突触末梢多巴胺的回收率上升，进而表现为突触间隙多巴胺的水平降低，诱导体内抑郁症的发生。

神经递质受体的失调也会诱发抑郁症。研究发现，抑郁症患者脑中突触后膜5-羟色胺敏感性和5-羟色胺受体数量呈现降低的情况。当特异性的阻断突触前膜β2受体时，可降低体内对5-羟色胺的负反馈调节能力，从而使突触间隙5-羟色胺的含量增加，产生抗抑郁的效果。

（3）下丘脑-垂体-肾上腺轴激活　抑郁症的患者常出现下丘脑-垂体-肾上腺轴

（hypothalamic-pituitary-adrenal axis，HPA）功能的亢进，即体内促肾上腺皮质激素释放因子（corticotropin-releasing factor，CRH）和糖皮质激素（glucocorticoid，GC）含量升高。HPA 功能异常活跃时，体内会分泌过量的皮质醇，而过量的皮质醇则会引起海马神经元的损伤，损伤的海马不能够较好地抑制 HPA 功能的异常活跃，因此形成一个恶性循环，最终诱发抑郁症。

（4）脑源性神经营养因子分泌异常　抑郁症患者海马及前额皮质中 BDNF 的含量显著降低。BDNF 可以通过与酪氨酸激酶受体 B 结合，激活细胞内磷脂酰肌醇 -3- 羟激酶、丝裂原活化蛋白激酶、磷脂酶 C 等信号通路，进而发挥调节突触可塑性、促进神经递质受体的表达、促进神经元的修复及再生等功能。当 BDNF 含量降低时，易诱发抑郁。

目前在治疗和预防对策上，心理和抗抑郁药物治疗是最主要的方法，但是心理和药物治疗手段是有限性，因此需不断地寻求更多可能的辅助治疗和预防途径保持人们良好的心理健康状态。

2. 抑郁症的危害

抑郁症是一种常见的以情绪低落、持续性疲乏、动力缺乏等为核心症状的心理疾病，被称为"世界上第一号心理杀手"。抑郁症患者不仅影响自己的身心健康，而且影响他人的身心健康。抑郁症的发生会对认知功能造成损伤，同时危害身心健康，多数抑郁症患者伴有睡眠障碍，严重的抑郁症患者可产生自伤、自杀及攻击行为。58% 抑郁症患者曾出现过自杀意念或自杀行为，其中 15% 抑郁症患者死于自杀。抑郁症是一个特殊的健康问题，具有持续存在的特点，会对正常生活产生重大的影响，并造成长期的健康后果。

3. 抑郁症患者的运动特点

（1）运动对抑郁症的作用　规律运动作为一种非药物治疗手段，可有效改善不同性别、年龄的轻度、中度抑郁症患者的抑郁症状，潜在机制包括：

① 社会心理机制：运动可以通过提高抑郁者的自我评价、自我效能以及身体自我，或者通过将人们从负面情绪中进行有效的转移、激发积极行为的方式来达到缓解抑郁症状的作用。

② 神经生物学机制：运动具有调节神经递质分泌，改善下丘脑 - 垂体 - 肾上腺轴系统、神经免疫调节和促进神经再生作用。

调节神经递质分泌：运动可以刺激单胺类神经递质的分泌，减缓抑郁作用。大鼠运动后，下丘脑组织中的多巴胺和海马组织中 5- 羟色胺含量升高，并促进多巴胺与多巴胺受体的结合，共同发挥抗抑郁作用。

改善下丘脑 - 垂体 - 肾上腺轴系统：由于雌激素可以加强 HPA 轴的应激反应，而以睾酮为代表的雄激素则起抑制作用，运动通过 HPA 轴产生抗抑郁的机制存在性别差异。运动通过调节促肾上腺皮质激素、糖皮质激素受体、皮质醇水平等改善 HPA 功能。

神经免疫调节：运动在调节促炎细胞因子和抗炎细胞因子之间的平衡起着重要作用，

可以扭转抑郁发生和发展的趋势。有氧运动可以通过降低血清白介素 IL-6、IL-8、TNF-α 和 C 反应蛋白，降低抑郁反应。

促进神经再生：适当的运动促使成年海马神经发生以及神经营养因子表达增加。运动可以促进 BDNF 及其受体的表达。另外，血管内皮因子、胰岛素样生长因子 1 也可促进神经再生，在运动诱发的抑郁减缓过程中发挥显著作用。运动同样可以改善海马和其他脑区体积、海马微结构及其可塑性。

运动调节肠道微生物群的种类，增加有益微生物群，降低有害微生物群的丰度，改善肠道微生态的多样化；运动可调节肠道炎症相关细胞因子与肠道微生物之间的双向关系，介导肠道免疫功能；运动调控肠道微生物的代谢产物以及介导神经递质的分泌，在上述共同作用下通过肠 – 脑轴介导抗抑郁作用。

（2）合理运动

① 运动种类：适宜抑郁症患者的运动类型以散步、慢跑等有氧运动为主，可与力量练习及柔韧性练习相结合。

太极拳：太极拳是一种治疗抑郁症的有效方式，它能使神经和肌肉保持和谐的节奏，影响机体的心理和生理变化，抑郁症患者将习练太极拳作为改善情绪和生活质量进而治疗抑郁症已经形成了共识，其可以改善抑郁患者的身心健康，改善机体间的协调能力，激活器官功能，提高睡眠质量。

八段锦：八段锦作为辅助手段对与抑郁症的干预效果明显，练习八段锦可以使抑郁症患者心境放松，能够帮助患者摆脱抑郁症困境，对改善抑郁症患者身心健康、人际关系等方面具有重要意义。八段锦对抑郁症患者不仅在提高睡眠质量、缓解焦虑等方面有明显的效果，并且在镇静中枢神经系统等方面也有明显作用。

五禽戏：习练五禽戏可以改善抑郁症患者脑部血液循环，起到降低抑郁水平的作用，对改善抑郁症效果明显，但目前研究对象主要针对中老年抑郁症患者，关于五禽戏是否可以有效治疗青少年抑郁症患者的实验研究较少，在未来的研究中可以加大对青少年抑郁症患者群体的关注与研究力度。

瑜伽：瑜伽可以调节练习者的身心状况和体内激素水平，是一项很好的辅助治疗抑郁症手段，它能够刺激患者的身体反应，使其身心愉悦；同时练习瑜伽对抑郁产妇情绪的稳定有极大帮助。

跑步：跑步治疗抑郁症方面的文献相对较少，但其能够激发大脑分泌内啡肽，对抑郁症起到非常好的治疗作用，与其他运动方式相比，跑步简单且对环境要求较低，可以作为辅助治疗抑郁症的主要体育手段。

② 运动强度：宜以患者自选的、能接受的强度为宜，运动形式建议与病友或家人结伴进行。针对不同人群也可选用不同的运动形式、运动项目和运动强度，对于儿童抑郁症患者应适当增加运动强度，选用集体协作性的运动项目；对于中青年抑郁症患者应选择中等

强度的有氧练习或力量性练习；而对于老年抑郁症患者则尽量选择健身气功、太极拳等传统体育运动项目。

③ 运动时间和频率：运动干预持续时间为 60min，具有显著的改善效果。对抑郁症患者实施的运动方案应该强调运动持续时间，至少应超过 5 个月以上，这表明在运动处方中，运动的持续时间将是一个重要的参考标准，若只是采取短期的运动方案可能效果不明显。每周运动干预 3~4 次具有显著的改善效果。

二、抑郁症患者运动时的能量与物质代谢特点

1. 抑郁症患者运动时的能量代谢特点

食物为大脑提供能量，制造神经递质把信息传送到身体各个部位。神经递质包括血清素和肾上腺素，当体内的这两种化学物质处于平衡状态时，人就会感到心情愉快。而抑郁症患者正是因为体内缺乏这些神经递质而导致大脑功能降低。通过合理进食，可保持体内高浓度神经递质，从而使人心情开朗。

2. 抑郁症患者运动时的产能营养素代谢特点

（1）碳水化合物　长期摄入高糖食品促使许多人出现持续的疲乏和心情抑郁，而患有重度抑郁症的人又往往有糖代谢异常。有些人吃过糖后出现情绪波动的恶性循环，先产生短暂快感，随后由于血糖下降后，脑中 5-羟色胺减少，情绪又开始低落。为振作精神，这些人又吞食更多的糖，于是血糖再次忽高忽低，使他们感觉更糟糕，所以有科学家指出，长远的解决办法就是节制碳水化合物的用量或吃低升糖指数的碳水化合物。

（2）脂肪　避免富含饱和脂肪的食物，会导致行动缓慢、思考迟钝及疲劳。脂肪抑制脑部合成神经冲动传导物质，并造成血球凝集，导致血液循环不良。而深水鱼油中的 ω-3 脂肪酸可产生抗抑郁药如碳酸锂的类似作用，使人的心理焦虑减轻。

（3）蛋白质　中枢神经系统大概有 2%~3% 的色氨酸用来合成 5-羟色胺，而后者与人的抑郁情绪有着密切的关系。蛋白质促进多巴胺及肾上腺素的制造，因而提高警觉性。吃含必需脂肪酸和碳水化合物的蛋白质能增加警觉性，当饮食综合了多糖及蛋白质，脑部便达到平衡。

3. 抑郁症患者运动时的矿物质与水分代谢特点

抑郁症病人还应该多吃些含钙的食物，可增加食欲，促进消化吸收，易使人保持愉快的情绪。补充足量的水分，促进体内有害物质的排泄；抑郁症患者应减少喝酒，因为多喝一两杯酒会使人情绪低落，而且会抑制食欲，造成营养不良，有损健康；咖啡因摄取太多（每天喝 4 杯以上咖啡或 6 杯以上的茶）也会加重抑郁症。

4. 抑郁症患者运动时的维生素代谢特点

叶酸是 B 族维生素复合体之一，与维生素 B_{12} 和同型半胱氨酸同属于一碳单位。叶酸

进入人体后会先转化为 5- 甲基四氢叶酸，5- 甲基四氢叶酸参与了脑内 5- 羟色胺和多巴胺等单胺类神经递质的合成和代谢，叶酸也因此被认为与情绪和心境障碍有关。叶酸与抑郁症的关系很早就被发现，体内叶酸水平过低与较高的抑郁症发病率相关。更新的研究表明，不只是叶酸，血浆内的维生素 B_{12} 偏低或同型半胱氨酸水平偏高（通常由叶酸、维生素 B_6 或 B_{12} 缺乏导致）都与抑郁风险升高有关。摄入富含叶酸和维生素 B_{12} 的膳食则会显著降低抑郁症的发病风险。

三、抑郁症患者运动时的营养补充与膳食建议

1. 增加镁、钙、锌、锰等矿物质及不饱和脂肪酸的摄入

镁在 1921 年时就成为第 1 个被认可的抑郁症干预物质，主要来源于绿色蔬菜、粗粮和坚果等；钙可以维持神经肌肉兴奋，主要来源于乳制品、豆制品、蛋黄、鱼类、贝类、虾皮、海带等；锌能够维持大脑正常功能，主要来源于海产品、红肉、谷物胚芽和麦麸等；锰可以缓解抑郁，主要来源于茶叶、坚果、粗粮、蔬菜和水果等。二十碳五烯酸（eicosapentaenoic acid，EPA）和二十二碳六烯酸（docosahexaenoic acid，DHA）均不能由人体自身合成，只能从食物中获取，研究发现，EPA 和 DHA 的缺乏会导致神经功能障碍，其来源主要是鱼类，含量丰富的是鲭鱼、三文鱼、金枪鱼、沙丁鱼等。

2. 补充氨基酸，特别是色氨酸和酪氨酸

氨基酸氧化可满足运动中 5%~15% 的能量需求。在体内肌糖原耗竭时氨基酸供能可上升至 10%~15%，这取决于运动的类型、强度和持续时间。运动后适量补充氨基酸，可加速疲劳的修复。色氨酸和酪氨酸，这 2 种氨基酸属于必需氨基酸，是需要从食物中补充的。色氨酸参与合成 5- 羟色胺，可改善情绪；酪氨酸具神经刺激作用，可影响情绪和认知。色氨酸和酪氨酸含量丰富的食物是乳制品、香菇、香蕉、小米、紫菜、葵花籽、海蟹、黑芝麻、黄豆、南瓜籽、鸡蛋、鱼片等。适量饮用茶叶也可缓解抑郁症状，茶叶中的茶氨酸通过触发脑中释放 γ- 氨基丁酸激活对头脑有镇静作用的神经递质。

3. 适量补充 B 族维生素、维生素 C、维生素 D 和维生素 E

运动会大量流汗，易导致一些水溶性维生素的流失，运动也会增加维生素的消耗。而维生素 B_3、维生素 B_6、维生素 B_8、维生素 B_{12}、叶酸，直接或间接参与 5- 羟色胺及其他神经递质的合成，增加 S- 腺苷甲硫氨酸，减轻抑郁症状。主要来源是动物内脏、瘦肉、豆类、坚果、全谷物、绿叶蔬菜、柑橘、哈密瓜、利马豆、海军豆和全麦面包等食物。

维生素 C、维生素 D 和维生素 E 均可在一定程度上减少抑郁症。维生素 D 会增加大脑中的血清素水平。当血清素激素水平升高时，抑郁症状可能会减轻。体内合成多巴胺、肾上腺素时，维生素 C 是重要成分之一。维生素 E 可以保持大脑中的神经递质健康。主要来源为葡萄柚、橙子、浆果、菜花、西蓝花、番茄、花生、鱼、鱼油、葵花籽、绿叶蔬菜、

杏仁、椰子油。因此，抑郁症患者要在日常饮食及运动后适量补充维生素。

4. 多食用含花青素丰富的食物，推荐地中海饮食

研究证实花青素可以有效抑制单胺氧化酶的活性，还能调整代谢、延长运动的时间和水平。主要来源为蓝莓、紫甘蓝、樱桃、血橙、草莓、桑椹等。从营养学的角度，参与炎症、氧化应激和影响肠道菌群平衡的饮食，会干预大脑的正常功能，参与抑郁症的发生机制。应尽量减少快餐摄入，以防反式脂肪酸替代有益脂类；推荐地中海饮食，特点是食用油多选橄榄油，食材以水果、蔬菜、坚果、豆类、谷类为主，并辅以适量的鱼类、肉类、禽类、乳类，外加少量葡萄酒。另外，平时可饮用甘麦大枣汤、莲子榄仁桂圆瘦肉汤、合欢金针解郁汤、银耳百合鸽蛋汤，缓解焦虑，有助于治疗抑郁症。

本章小结

60%以上的慢性病发病原因是个人不健康的生活方式造成的。在这些不健康的生活方式中，身体活动不足及膳食不合理是慢性病的两大主要危险因素。控制慢性病的关键在于要让更多的人意识到并逐渐养成科学、文明、健康的生活方式，其中科学、适度的健身活动也是防治慢性病的重要一环。本章重点介绍了高血压、高脂血症、糖尿病、肥胖症、骨质疏松症、阿尔茨海默病及抑郁症这七类慢性病的生理与运动特点及能量与物质代谢特点，对慢性病患者的运动饮食提出建议。

高血压是一种常见的对身体危害极大的非传染慢性病，是全球疾病负担的首要病因，也是中国面临的重要公共卫生问题。由于高血压是慢性疾病，往往起病慢，临床症状通常不明显，从而造成患者对疾病重视程度不足，长期高血压会引起身体各个器官的并发症，严重损害健康。养成健康的生活方式利于血压稳定，降低患者血压水平和并发症的发生风险，因此，改变不良的生活习惯，合理膳食搭配运动，对预防和辅助治疗高血压有很大的帮助。高脂血症比较隐匿，几乎没有什么特异的症状，有时会有头晕乏力、健忘失眠、胸闷等症状，很容易与其他疾病的症状混淆。高脂血症的危害也正源于此，它会在不知不觉中破坏患者的血管和器官，引起全身性的动脉粥样硬化，甚至冠心病、脑卒中等重症。所以，高脂血症患者一定要积极治疗，加强运动，并调整生活习惯和饮食结构，以改善血脂状况。

糖尿病主要分为1型糖尿病和2型糖尿病，糖尿病患者的年龄范围较广，糖尿病病因及发病机制十分复杂，与遗传、环境、饮食、运动、其他疾病、身体状况、不良生活方式等多种因素有关。一般糖尿病的典型症状为多饮、多食、多尿和消瘦等，还会引起多种并发症，严重危害人体健康。而控制糖尿病的最基础治疗手段便是运动和控制饮食，适度运动搭配合理膳食，可改善糖尿病患者的病情，提高生活质量。肥胖症是常见的代谢综合征，是能量失衡引起的，是一种可能影响人类身体健康的慢性疾病，而且与许多疾病的发病率升高有关。肥胖症的产生可能与不良的饮食习惯及体力活动减少有关。虽然人们提出了各种各样的措施来预防和矫治肥胖症，但目前看来，运动是长期成功控制体重的较好方法。

进行体育锻炼的同时，辅助以合理的膳食补充，可以达到长期、健康、有效的减肥效果。

骨质疏松症是可预防的慢性疾病，健康的生活方式将有助于骨骼的健康。在各个年龄阶段骨骼的健康状态均应得到关注，儿童青少年阶段应尽可能多地积累骨质，而在中老年阶段应尽可能减缓骨质的流失。对于骨质疏松症高危人群应进行个性化的健康干预，提供合理的运动方式和膳食营养配方推荐。阿尔茨海默病是继心脑血管疾病和恶性肿瘤之后，又一威胁人类健康的杀手，因此，预防阿尔茨海默病的发生具有重要的社会价值。随着运动改善阿尔茨海默病的机制以及多种膳食成分健康作用的挖掘，将有助于降低阿尔茨海默病的发生率，改善居民的健康状况和生活质量。在降低阿尔茨海默病发生率方面，健脑饮食法（mediterrannean-DASH intervention for neurodegenerative delay，MIND）>地中海饮食>得舒饮食法（dietary approaches to stop hypertension；DASH）。抑郁症是一种发病率很高的心理疾病，也是世界上最容易致残的疾病之一。合理参与体育运动可以刺激中枢神经系统，是一种安全、无副作用的缓解抑郁症的措施。另外，多种膳食营养素也可以缓解抑郁情绪，未来的研究应该更多地综合考虑饮食模式以及营养元素组合对抑郁症的影响，饮食和运动的配合有望成为抗抑郁的新方法。

总之，对于患有慢性病的患者，在积极配合治疗的同时要通过运动与饮食结合，来辅助治疗疾病，运动可以帮助患有慢性病的人应对症状，改善整体健康状况。但是，对于不同的慢性病患者，要"对症下药"，选择适宜的运动方式，运动宜坚持从小到大循序渐进的方式，从轻微活动开始，逐渐提高运动强度，同时根据病症特点搭配饮食，要食物多样，合理搭配，保持吃动平衡。

思考题

1. 运动是如何影响人体血压的？
2. 饮食中对高血压的影响因素。
3. 高脂血症的概念及分类。
4. 糖尿病的概念及饮食治疗原则。
5. 糖尿病患者运动时的注意事项有哪些？
6. 成人超重和肥胖的体重指数判定标准。
7. 肥胖症的防治措施有哪些？
8. 骨质疏松症患者与运动及营养失衡有何内在联系？
9. 如何通过营养的方式预防骨质疏松症的发生？
10. 举例说明哪些运动方式有助于缓解阿尔茨海默病？
11. 试述阿尔茨海默病患者的膳食指南？
12. 运动在改善抑郁症中的作用有哪些？
13. 膳食营养成分与抑郁症的关系是什么？

第九章 运动营养食品研发策略

学习目标

1. 了解运动营养食品的分类及其基本概念;掌握运动营养食品的功能、特点及其实现特有功能的机制;掌握运动营养食品的研发原则和搭配原则;熟悉常见的运动营养补充及对应的功能。

2. 熟悉增肌、增加爆发力及耐力、减脂、抗疲劳和体能恢复、特殊人群及调节肠道菌群的运动营养食品对人体合成代谢和运动能力的影响,掌握各类运动营养食品的研发原则和搭配策略。

3. 掌握植物源运动营养食品和动物源运动营养食品的分类,熟悉植物及动物中常见的活性成分以及其对运动时机体机能和代谢的影响,了解运动营养食品与肠道微生物的关系。

第一节 引言

体育运动在提高人民身体素质和健康水平、促进人的全面发展等方面有着不可替代的作用。体育既是国家强盛应有之义,也是人民健康幸福生活的重要组成部分。近年来,从燃遍华夏大地的"马拉松热",到"带动3亿人参与冰雪运动"目标的实现,群众体育的热潮一浪高过一浪。无论是田间地头,还是都市街道,体育锻炼的身影随处可见。党的二十大报告在"推进文化自信自强,铸就社会主义文化新辉煌"部分中特别指出,要"促进群众体育和竞技体育全面发展,加强建设体育强国",从而把新时代体育工作方向和体育强国目标上升为社会主义文化新辉煌的重要内容。同时报告中也提出了要"树立大食物观""构建多元化食物供给体系",践行"大食物观",必须顺应"大健康"时代人民群众食品消费结构的变化趋势,在保障食物品种丰富与数量供给的基础上,改善居民膳食结构与营养供给,不断满足人民群众对食物多样化、精细化、营养化、生态化的膳食新需求。

运动营养食品是为运动人群设计的,旨在满足运动人群的营养、健康、肌肉生长及运动后快速恢复的需求。《健康中国行动(2019—2030年)》提出,鼓励每周进行3次以上、每次30min以上中等强度运动,或者累计150min中等强度或75min高强度身体活动。均衡的饮食可满足运动人群的能量需求,提高适应体能训练的能力。运动营养素是指食物中含有的可用于提高身体能力的营养物质,可确保定期参与运动的人群和专业运动员的能量代谢需求,是维持身体健康和运动能力的基础。运动营养食品可作为膳食补充剂食用,其营养成分和组成与普通食品存在本质区别。运动营养食品的营养成分可分为基本营养成分和功能因子,基本营养成分是指人体所需的营养素或其代谢物,包括碳水化合物、蛋白质、脂类等,功能因子是指动植物的活性或功能成分,如葡萄糖胺、姜黄素、左旋肉碱和番茄红素等。20世纪30年代末,瑞典率先展开运动营养学的相关研究,运动营养食品工业在此之后得到迅速发展。进入21世纪,运动营养食品的发展已经较为成熟,相关的国家标准也在不断修订和完善。据预测,2020年全球运动营养食品市场的总销售额将达到336亿美元。根据欧瑞国际调查数据,预计到2023年,中国运动营养市场规模将突破10亿美元。由于美国等发达国家对运动营养食品的开发较早,目前发达国家在运动营养食品市场处于领先地位。而我国仍处于发展的初级阶段,运动营养食品产业创立较晚,但发展速度很快。运动营养食品研发未来的发展趋势可总结如下:① 人群细分、定位细化;② 人工合成成分减少,天然活性物质比例增加;③ 功能性成分组合使用。在产品研发时,可根据运动人群的运动方式、阶段和强度来区分;天然活性物质相比人工合成成分的优势在于其安全性,更能激起消费者的消费欲望,如藻蓝蛋白、虾青素和动、植物提取物等,这些功能性成分的合理搭配可发挥出运动营养食品的效用。

一、运动营养食品的定义及分类

《食品安全国家标准 运动营养食品通则》(GB 24154—2015)中对运动营养食品的定义是为满足运动人群(指每周参加体育锻炼3次及以上、每次持续时间30min及以上、每次运动强度达到中等及以上的人群)的生理代谢状态、运动能力及对某些营养成分的特殊需求而专门加工的食品。运动营养食品可分为以下三类:能量补充类、蛋白补充类和能量控制类。能量补充类可为运动人群快速、持续地提供能量,例如长跑运动员在竞赛时会消耗大量能量来为机体供给能量，促进新陈代谢，如补充运动饮料可防止因蛋白质分解过多导致的尿素增多从而产生的身体疲劳。蛋白补充类，如蛋白粉和肌酸类可为运动人群提供优质蛋白质来促进肌肉的生长和发育。能量控制类则具有较低的能量，有维持体型和减脂的作用。

二、运动营养食品的来源

1. 动物源运动营养食品

动物源食品原料的研发，包括畜禽肉、畜肉、水产品等，主要是为人体提供蛋白质、脂肪、矿物质、维生素 A 和 B 族维生素。肉类富含大量的蛋白质和脂肪，其中蛋白质的含量平均在 10%~20%，脂肪含量平均在 10%~30%。鱼类食品中含有一定量的碘盐和钾盐，对人体健康有重要的意义。

动物源活性物质的研发包括胶原蛋白类、肌酸类、左旋肉碱类活性物质（表 9-1），活性物质主要以补剂的形式添加在运动人群的膳食中。在人体内，胶原广泛分布于皮肤、骨骼、肌腱、角膜、软骨等组织中，对机体或器官起支持和保护的作用。肌酸类运动营养补充剂主要通过维持体内三磷酸腺苷总量、增加糖原储备、调节糖代谢、维持肌细胞酸碱稳定和刺激肌细胞增殖分化等作用机制来提高机体运动能力和恢复能力。运动可以影响左旋肉碱的合成和代谢，补充左旋肉碱能有效延缓运动疲劳，提高身体进行有氧和无氧运动的能力，促进身体运动后的恢复。

2. 植物源运动营养食品

植物源运动营养食品主要分为粮食类、蔬菜类、水果类、茶、药食同源中药等食品。大部分植物源运动营养食品中存在维生素 C，如水果、蔬菜，适当补充维生素 C 能够缓解机体运动疲劳，增加有氧耐力。还有部分植物源运动营养食品存在 B 族维生素，如全谷类食品，B 族维生素能够确保最佳的能量供应，很好地构建和修复肌肉组织，促进运动中的能量供应，促进红细胞生成，参与蛋白质合成和组织修复与维护。

除维生素、矿物质等营养物质外，植物源运动营养食品中还蕴含着各种生物活性物质，例如大豆中存在大豆异黄酮、大豆多肽等对恢复机体运动疲劳，增强运动耐力有一定作用的活性物质。目前已知的植物源活性物质主要为多肽、多糖、多酚类化合物、皂苷、生物碱、二十八烷醇、牛蒡子苷元、萝卜硫素等（表 9-1）。这些活性物质均对运动表现的提升具有不同程度的帮助。

3. 发酵类运动营养食品

发酵食品是指利用有益微生物加工制造的食品或饮料。发酵食品大体可分为发酵谷物品、发酵豆制品、发酵果蔬制品、发酵乳制品以及发酵肉制品等。谷物类发酵食品中含有很多生理活性成分，如功能性低聚糖、多肽及氨基酸、抗氧化活性物质、降胆固醇及降血

表 9-1 植物及动物来源的活性成分名称、分子式及结构式

名称	分子式	结构式	名称	分子式	结构式
左旋肉碱	$C_7H_{15}NO_3$		精氨酸	$C_6H_{14}N_4O_2$	
儿茶素	$C_{15}H_{14}O_6$		肌酸	$C_4H_9N_3O_2$	
咖啡因	$C_8H_{10}N_4O_2$		槲皮素	$C_{15}H_{10}O_7$	
姜黄素	$C_{21}H_{20}O_6$		花青素	$C_{15}H_{11}O_6$	
大豆异黄酮	$C_{15}H_{10}O_2$		白藜芦醇	$C_{14}H_{12}O_3$	
二十八烷醇	$C_{28}H_{58}O$				

压物质、益生菌及酶和功能性脂类等。豆类发酵制品有豆豉、腐乳、酱油、豆酱，天贝、纳豆等。发酵过程中，大豆中的豆腥味物质、抗营养因子等发生不同程度的降解，在改良了发酵制品的风味同时增加了发酵豆制品的消化吸收特性和生物利用率。发酵乳制品是以牛、羊、马乳为原料，经乳酸菌、双歧杆菌和酵母等发酵制成的，其代表性产品有酸乳、干酪、开菲尔乳等。乳品经过发酵，其中的各种成分发生降解，增加了可溶性的磷和钙，并合成了一些水溶性的维生素。常见的发酵肉制品有萨拉米香肠、美国夏季肠、帕尔玛火腿，以及我国金华火腿、腊肉和腊肠等腌腊肉制品。原料肉经发酵而形成具有特殊风味、色泽和质地以及较长保藏期。在微生物发酵及内源酶的共同作用下，形成醇类、酸类、杂环化合物等大量芳香类物质，赋予产品独特的风味。

三、运动营养食品的功能及特点

运动营养食品有以下功能：能量储存和利用、控制体重、调控内分泌、增强免疫功能、提高机体抗氧化能力。

1. 能量储存和利用

运动饮料可为运动员在短时间内提供能量，主要功能成分包括葡萄糖、三磷酸腺苷、碳酸氢盐、肌酸和肉碱等。

2. 控制体重

运动营养食品中添加左旋肉碱、咖啡因和丙酮酸可有效控制运动人群的体重。如咖啡因可增加或延长去甲肾上腺素对能量和脂肪代谢的刺激作用。

3. 调控内分泌

运动会影响儿童和青少年的内分泌系统和代谢系统。传统中药六味地黄汤具有修复内分泌系统失衡的能力，大蒜素可以有效调节免疫来抑制神经内分泌系统。

4. 增强免疫功能

适度的运动可增强免疫功能，但长期高强度运动可能会损害免疫功能。而葡聚糖、咖啡因、鹿茸多肽、谷氨酰胺、大蒜素、硒等功能成分添加到运动营养食品中可提高免疫能力。

5. 提高机体抗氧化能力

中低强度耐力训练可有效提高心肌抗氧化能力。规律的有氧运动训练课增加体内抗氧化物质和抗氧化酶的活性。多酚类物质，如白藜芦醇、花青素、茶多酚、鞣花酸等植物提取物添加到运动营养食品中可减少活性氧对身体的伤害。

运动营养食品具有体积小、重量轻、方便运动时携带、具有功能性等特点，合理摄入可以促进机体健康、保护机体、提高运动效果，运动后摄入可加速机体消除疲劳、恢复机能等。

四、运动营养食品研发原则

运动营养食品研发是指企业依据最新的基础理论知识，采用新技术、新工艺、新生产方式来改善运动营养食品的质量，开发出新产品。运动营养食品研发原则总体包括以下三点：① 围绕不同人群，尤其是特殊人群的不同需求，进一步加大产品功效开发研究；② 根据不同需求提出解决方案并进行应用技术研究；③ 开发和引进先进的研究设备和生产设备，提高运动营养食品研发的科技含量和生产水平。下面介绍运动营养食品的选材和搭配原则。

1. 运动营养食品的选材原则

（1）针对不同人群和运动特点，选择不同的功效成分。
（2）安全性原则，尽量选用天然来源的动、植物提取物。
（3）功能成分搭配组合使用可发挥其最大效用。
（4）基本营养成分搭配功能性成分。
（5）以运动科学和食品科学的基础理论知识为指导进行选材。

2. 运动营养食品的搭配原则

（1）均衡原则，基本营养成分与功能性成分的搭配要科学、合理。
（2）避免基本营养成分和功能性成分"相克"。
（3）将营养学理论和中医养生理论结合，将中药的活性成分和基本营养成分进行搭配。
（4）强化原则，各种功能性成分的搭配可提高单一成分的效用。
（5）动植物功效成分相互搭配。

五、运动营养补充剂

1. 运动营养补充剂概述

食品补充剂的概念是由欧洲议会（2002/46/EC）于2002年提出，"除正常饮食外有目的补充由浓缩的营养素或其他具有营养功效的物质通过单一或组合的方式组成的，可按一定剂量制成胶囊、片剂、丸剂等不同形式进行商业化销售。"运动营养补充剂是一类不同于日常的食品，以运动科学的理论为依据研制的，具有特定功能的食品。运动营养补充剂是由天然食物中提取的营养素制成，含有蛋白质、氨基酸、肌酸、肉碱、维生素、矿物质等，不含国际奥委会所禁止的兴奋剂物质（表9-2），运动员可以适当地服用，用来提高运动成绩及加快运动后身体机能的恢复，针对不同的体育运动项目及不同的运动强度可以选择性地使用不同的运动营养补充剂。

人在运动时，机体代谢加快，机体对某些营养素的需求量相应增多，所以需要适量摄入营养补充剂。对于不同的运动、不同的运动强度，人体的代谢速度及所需的营养素也都

表 9-2 国际奥委会禁用的兴奋剂

类别	代表性物质
蛋白同化制剂	蛋白同化雄性类固醇、其他蛋白同化制剂（克伦特罗、选择性雄激素受体调节剂和依诺波沙等）
肽类激素、生长因子、相关物质和模拟物	促红素类以及影响红细胞生成的制剂、肽类激素及其释放因子、生长因子以及生长因子调节剂
$\beta2$-激动剂	非诺特罗、福莫特罗、去甲乌药碱等
激素及代谢调节剂	芳香酶抑制剂、选择性雌激素受体调节剂、其他抗雌激素作用物质（氯米芬、环芬尼、氟维司群）、激活素受体ⅡB活化抑制剂类、代谢调节剂
利尿剂和掩蔽剂	去氨加压素、丙磺舒、血容量扩充剂类

不同。例如，速度性运动是一种高强度的运动，运动时人体代谢快，会产生酸性代谢物，人体也会出现缺氧的情况。因此，参加速度性运动的人需要补充维生素 C、维生素 B_2 及碳水化合物等易吸收的物质，防止酸性代谢物在体内堆积。根据用途不同，可以将运动营养补充剂分为增加肌肉合成代谢和肌力的特殊运动营养补充剂、促进能量代谢的特殊运动营养补充剂、促进疲劳消除和体能恢复的特殊运动营养补充剂以及减轻和控制体重的特殊营养补充剂这四类。

2. 运动营养补充剂的功能

从广义上来说，任何对运动人群有益，能影响机体代谢、功能或营养状态的功能性成分都可以称为运动营养补充剂。对于大多数运动人群来说，直接从膳食中获取功能性成分是比较容易且经济的方式。表 9-3 中给出了代表性的运动营养补充剂及其功能。

表 9-3 代表性的运动营养本补充剂及其功能

功能	代表性运动营养补充剂
增加肌肉合成代谢和肌力	乳清蛋白、大豆蛋白、氨基酸、肌力皂苷、蒺藜提取物
促进能量代谢	肌酸、1,6-二磷酸果糖（FDP）、运动饮料（电解质、糖等）
促进疲劳消除和体能恢复	抗氧化剂（白藜芦醇、花青素和茶多酚等）、葡聚糖、咖啡因*
减轻和控制体重	丙酮酸、左旋肉碱和膳食纤维

注：* 表示专业运动员不推荐摄入。

3. 运动营养补充剂对运动能力的影响

（1）蛋白质和氨基酸类运动营养补充剂对运动能力的影响 常见的蛋白质类营养补充剂有乳清蛋白和大豆蛋白。乳清蛋白为机体提供能量的同时可促进机体蛋白质的合成、提高机体免疫力、延缓中枢疲劳的产生和发展、提高机体的抗氧化能力，维持机体功能，提高运动能力。大豆蛋白可降低血浆甘油三酯和低密度脂蛋白水平、缓解机体钙流失、防治骨质疏松。足量蛋白质的摄入对运动员耐力的提高具有重要作用，补充蛋白质类运动补充剂可以提高运动员的耐力、缓解运动员进行剧烈的耐力性运动后的肌肉酸痛感。

氨基酸在长时间运动时是主要的供能物质之一，通过葡萄糖-丙氨酸循环过程供能。常见的氨基酸类运动营养补充剂有支链氨基酸、牛磺酸、谷氨酰胺、氨基葡萄糖、β-羟基-β-丁酸甲酯（HMβ）。如谷氨酰胺可减轻机体的应激反应，提高机体的免疫能力，可促进剧烈运动后肌肉的恢复。

（2）碳水化合物类运动营养补充剂对运动能力的影响　低碳水化合物水平会导致运动早期疲劳，运动强度越高，运动员对碳水化合物的依赖程度越高。因此，在短期或持续的高强度运动中应及时补充碳水化合物。运动饮料中的碳水化合物主要是葡萄糖和蔗糖，通过补充血液中的葡萄糖为肌肉活动提供能量。

（3）脂类运动营养补充剂对运动能力的影响　脂类是机体保证正常生理功能所需的物质。脂质的摄入不能超过总摄入能量的30%，不得低于20%。此外，脂质代谢可提供或吸收适量的必需脂肪酸和脂溶性维生素。运动时适量补充甘油三酯脂肪酸可加速人体脂肪的分解，从而为机体提供能量。补充ω-3系列多不饱和脂肪酸（ω-3PUFAs）可以改善肌肉适应、能量代谢和肌肉恢复，并可预防运动损伤。

（4）维生素类运动营养补充剂对运动能力的影响　维生素可调节代谢、能量合成和防止细胞损伤。分为脂溶性和水溶性维生素，脂溶性微生物包括维生素A、维生素D、维生素E和维生素K，而水溶性微生物由B族维生素和维生素C组成。补充维生素D可增加肌肉力量，降低运动员受伤的风险。维生素E可帮助机体在运动后恢复身体机能，还可阻断脂质过氧化的链式反应，促进蛋白质合成，通过改善肌肉的供血和营养提高肌肉质量。补充维生素B_1和维生素C可加速乳酸代谢，提高运动能力，加快疲劳的消除，缩短恢复期。

（5）矿物质类运动营养补充剂对运动能力的影响　矿物质是酶和激素的重要组成部分，在新陈代谢和神经功能中起到重要调节作用，缺乏矿物质会导致身体机能的下降。补充钙元素可帮助易患早发性骨质疏松症运动员维持骨量。补充铁可提高易缺铁或贫血运动员的运动能力。在运动训练初期，氯化钠的补充有助于维持液体平衡和防止脱水。

（6）其他类运动营养补充剂对运动能力的影响

① 肌酸类运动营养补充剂：肌酸是通过增加骨骼肌、心肌和神经系统的能源合成与储备以及促进肌纤维摄取蛋白的水平来提高人体运动能力的。补充肌酸，可以提高运动时肌肉的能量供应，缩短肌肉力量的恢复时间，减少乳酸的产生，提高无氧运动耐力。

② 左旋肉碱类运动营养补充剂：机体在长时间、高强度的运动下，左旋肉碱可以促进

体内的脂肪氧化分解。同时，左旋肉碱可减少机体的糖原消耗，有效缓解机体疲劳。适当补充左旋肉碱可以在减轻体重的同时提高运动能力，高强度的运动训练会使人体肌肉中游离的左旋肉碱浓度下降20%，通过补充左旋肉碱，可以抑制葡萄糖分解，防止乳酸堆积从而缓解机体疲劳。

4. 运动营养补充剂的补充原则

（1）适量补充原则　运动后人体营养补充的重要性不言而喻，但是营养补充要确保适量原则。不可超过人体所需极限，否则会带来负面影响从而导致身体受损。要根据运动强度和运动项目的不同，做好营养补充的调整选取，避免出现营养补充过剩现象。

（2）酸碱平衡原则　饮食中食物的酸碱含量各不相同，在饮食选取中要根据食物的酸碱含量，科学合理地实施营养补充计划，尽量保证食物搭配互补，确保人体酸碱平衡。要熟知肉类、水果和蔬菜等各种食物的酸碱含量，在选择饮食材料时充分发挥营养补充的积极效应。

（3）差异化原则　不同人群的身体素质和身体机能不同，参加不同运动后人体所需的营养补充也各不相同，所以在运动后饮食选取上就要体现出差异化原则。所以，营养补充要做到因人而异，以满足不同运动人群的营养需求。

（4）均衡性原则　饮食的选取要保证多样化，包括营养成分的均衡，通过摄取蔬菜、水果、面食和肉乳蛋，且辅以适量的营养强化剂，以确保运动后营养补充的均衡性。

六、运动营养食品的机遇与挑战

随着经济水平和生活质量的不断提高，人们对健康管理越来越重视。因此，越来越多的人参与运动，导致运动营养食品也受到广泛的关注。消费水平的提高和消费习惯的改变推动运动营养食品产业的创新和变革。近年来发酵工程、基因工程、酶工程、蛋白质工程、代谢工程等现代生物技术的发展，促进了功能性成分——运动营养补充剂的开发和应用。目前运动营养食品种类繁多、方便携带。此外，个性化的运动营养食品产品和服务为运动营养食品产业的发展提供了新的发展方向。传统体育食品产业的重心已经从制造型向服务型转变。

近年来参加体育运动的人数急剧增加扩大了运动营养食品的市场，但行业的发展仍然面临一些挑战：① 运动营养食品潜在的安全问题，某些功能性成分和营养素缺乏深入研究，其对运动能力的影响机制和安全剂量还未确定；② 商品价格、供给和需求是运动营养食品市场拓展的重要因素；③ 运动营养食品的创新和研发是影响其产业发展的关键因素；④ 运动营养食品法律监管体系不健全。尽管面临一些挑战，但我国运动营养食品的市场广阔、发展总体向好。

第二节　增加肌肉的运动营养食品

一、增肌运动营养食品概述

人体骨骼肌质量随年龄的增长而下降，并且伴有肌肉力量和功能的部分丧失。40岁之后，健康的成年人每10年就会减少8%的肌肉，且在70岁之后增长到15%。因此，可通过短跑、跳高、球类以及力量器械练习等颇具力量型的运动来增加肌肉。但增肌只靠单一的力量训练是达不到预期效果的，还要有充足的营养补充。营养成分通过影响肌细胞的内稳态和能量代谢对肌肉健康有重要影响。运动人群可通过结合科学的训练和营养来达到增肌的目的。力量训练增强了恢复早期阶段的蛋白质转换，导致蛋白质合成率快速提高的同时也提高了蛋白质降解率，因此在高强度力量训练后若不及时补充额外的营养，则肌肉蛋白质降解率高于合成率，导致肌肉质量的下降。从运动营养学的角度分析，提高肌肉蛋白质合成、促进肌肉生长以及增强肌肉的收缩能力需要大量的营养物质，因此选择正确的运动营养食品至关重要。目前，常见的增肌运动营养食品为乳清蛋白粉，通常和其他运动营养补充剂搭配使用，如牛磺酸、肌酸、维生素和碳水化合物等。因此，目前增肌运动营养食品已从单一组成成分发展为多种营养成分搭配组成的具有多种功能的商品。可根据不同运动能量代谢的特点不同，选择特定的增肌运动营养食品。

二、运动与增肌

运动作为一种非药物的干预方法，在改善代谢方面具有显著效果，运动可提高代谢率，从而促进肌肉的产生以及脂肪和体重的减少。运动发挥增肌作用的机制与线粒体代谢有关，线粒体通过不中断的融合和裂变，维持机体的稳态和平衡。过量运动会导致肌肉纤维的氧化损伤和线粒体功能障碍，导致机体代谢紊乱。肌纤维损伤后，处于基膜和肌膜之间的肌卫星细胞通过分裂、增殖等形式融合成多细胞核的肌管来修复损伤的肌纤维。当肌肉损伤、进行大强度运动或在病理条件下，骨骼肌卫星细胞在各种信号因子的作用下被激活，通过增殖与分化和损伤的肌纤维进行融合，实现骨骼肌的修复和肌纤维的增殖，达到增肌的目的，如图9-1所示。传统的增肌训练包括抗阻训练、离心训练和加压运动。

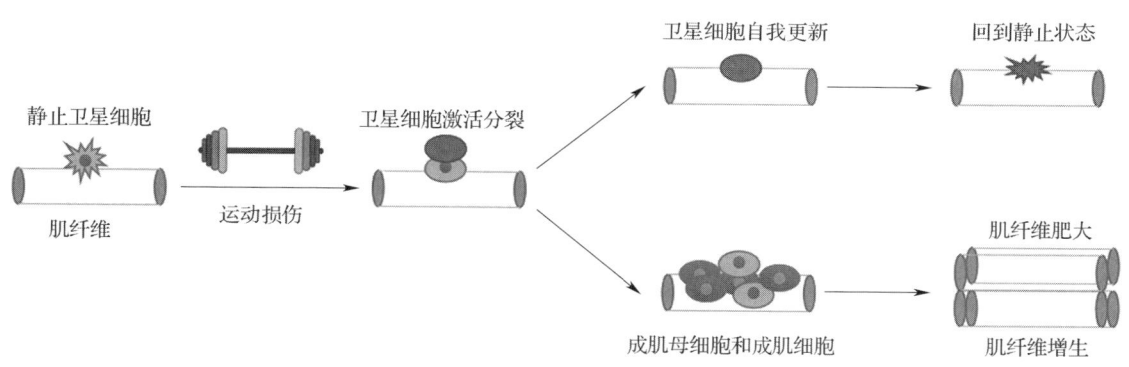

图9-1 运动与增肌机制图

三、营养素对运动增肌的影响

增肌训练时能量主要由糖原提供，摄入适量的碳水化合物可以将肌肉由分解供能状态转变为合成状态，将蛋白质和脂肪转化成肌肉。蛋白质是肌肉的组成成分，是机体所需能量的重要来源。蛋白质参与运动引起的骨骼肌的修复，还在运动过程中提供能量。蛋白质缺乏会导致机体氮失衡，导致分解代谢紊乱。脂肪可提供适量的必需脂肪酸和脂溶性维生素，运动营养食品中添加 ω-3 系列多不饱和脂肪酸可改善肌肉适应、能量代谢和肌肉恢复，并预防运动损伤。维生素 D 具有增大肌纤维的作用，是维持肌肉和骨健康的重要营养素。维生素 D 的缺乏很容易导致肌肉修复能力降低，而且会增加肌肉损伤的概率。维生素 E 能阻断脂质过氧化的连锁反应，促进蛋白质合成，改善肌肉的血供和营养，改善肌肉的质量。

9-1 延伸阅读 自律的苏炳添

四、增加肌肉食品的研发

1. 具有增加肌肉作用的食品

（1）牛肉　牛肉富含蛋白质、钾、肌氨酸、肉碱、锌等营养元素。机体中钾含量过低会抑制蛋白质的合成，影响肌肉的生长。牛肉中的肌氨酸能增肌，肉碱用于支持脂肪的代谢，产生支链氨基酸，对增长肌肉起重要作用。增肌最好选用脂肪较少的部位，如牛腩和牛腿。

（2）鸡胸肉　鸡肉蛋白质含量高，脂肪含量低。鸡肉中的蛋白质经分解后形成氨基酸，可促进肌肉的合成。且鸡肉的成本远低于牛肉，适合大部分有增肌需求的运动人群作为健身食材。

（3）鸡蛋　鸡蛋富含丰富的蛋白质，运动人群经高强度力量训练后会对肌肉的肌纤维造成损伤，而鸡蛋蛋白作为消化利用率最高的蛋白可帮助快速合成肌肉。

（4）海鲜　相比其他肉类，海鲜的热量和脂肪含量都比较低，蛋白质和肌酸含量较高。例如三文鱼除含有高蛋白质和肌酸以外，还含有丰富的锌和镁，对增肌是非常有利的。

2. 具有增加肌肉运动功能的活性物质

（1）大豆肽　大豆肽是大豆蛋白的酶解后的产品，以大豆蛋白为原料，经过复合酶解、去异味、调配、浓缩、干燥等工艺流程加工成大豆肽。大豆肽易被人体吸收，可促使交感神经的活化，诱发褐色脂肪组织功能的激活，促进了能量的代谢，能有效地减少体脂，保持骨骼肌的重量不变。

（2）乳清蛋白　乳清蛋白是存在于牛乳乳清中的一类营养价值高的蛋白质，含有丰富的必需氨基酸且种类齐全、比例适中，更易被人体吸收利用，为肌肉的合成提供原料，是目前发现的肌肉增长的最佳蛋白质来源。乳清蛋白含有丰富的支链氨基酸，而支链氨基酸具有阻止肌肉分解，促进肌肉合成的功效，对于修复运动损伤也很有效。

（3）肌酸　肌酸作为一种天然存在的非蛋白氨基酸化合物，可以转化为磷酸肌酸从而合成人体活动所必需的 ATP，进而快速提升能量，为肌肉高强度收缩时提供必需的能源物质，增加肌肉的爆发力和耐久力，促进肌肉快速生长，提高身体素质和运动成绩。肌酸是人体内天然存在一种的营养素。人体可通过食物摄入和体内合成两条渠道获得肌酸。

3. 增肌运动营养食品的研发实例

（1）脱脂牛乳　脱脂牛乳含有丰富的蛋白质、矿物质和维生素，且脂肪含量较少，可降低体内对于脂肪的吸收，可帮助增肌。

（2）高蛋白即食牛肉　选取牛腿和牛里脊等蛋白含量高、脂肪含量低的部位，采用低温慢煮，采用多种香辛料滚揉低温腌制，做成低脂、低碳水、不额外添加油脂的高蛋白即食牛肉，对于普通运动人群来说是比较好的优质蛋白质来源。

（3）低脂鸡胸肉　选取鸡胸肉，采用最新的保水加工工艺，鸡胸肉保持住水分，让鸡胸肉不干柴，嫩度品质较高，在补充蛋白质的同时也能有鲜嫩的口感。

4. 增肌运动营养食品的研发策略

（1）搭配原则　研发增肌食品时，在充分考虑原料与活性物质的基础上，根据不同原料的不同特点合理搭配，各原料相辅相成、搭配开发，营养互补，针对有增加肌肉需求的人群，研发高效健康的增肌食品。研发时不仅要使食品具有增加肌肉合成的作用，同时要满足人体所需的营养素。在研发增肌食品时，同时可以选择两种或者两种以上的原料或活性物质，这些原料含有丰富的蛋白质、碳水化合物、不饱和脂肪酸、肌酸和多种微量元素等，可以为人体提供优质的蛋白质，保持蛋白质代谢处于相对平衡状态，以及促进肌肉的修复与合成。同时可以将不同类型的食品搭配开发出一种具有多功能的食品，通过丰富食用种类，达到营养物质短板互补的效果。开发增肌食品时，也可添加具有特殊功效的活性物质，如大豆肽、乳清蛋白、肌酸和谷氨酰胺等。

（2）加工原则　由于增肌运动营养食品主要是由蛋白质组成。例如常见的蛋白粉是利用大豆蛋白、牛肉蛋白或乳清蛋白制作而成，其中含有许多致敏性成分。因此，在加工过程中需尽量去除过敏原，以防运动人群食用后产生过敏反应。由于含有蛋白质等热敏性成分，因此在加工过程，如运输、分离、纯化和杀菌等步骤中尽量避免高温，以防蛋白质和其他运动营养补充剂失活。

（3）储存原则　蛋白质及其他运动营养补充剂大部分容易被微生物所利用，导致其发生变质，失去可食用性和功能性。因此，增肌运动营养食品需常温低湿度储存，还要保持环境的干燥，从而维持其水分含量的稳定性。增肌运动营养食品中可能会添加脂质和光敏性的活性成分，因此需在阴凉避光处储存，以防止脂质发生氧化、活性成分失活。

9-2 延伸阅读　安东尼威廉饮食疗法

第三节　增加爆发力和耐力的运动营养食品

一、概述

需要爆发力量型运动项目包括有举重、短跑、搏击、游泳、篮球、足球等运动，这些项目具有运动强度大、爆发力强、以无氧酵解供能为主、热能消耗较大等特点，同时对神经肌肉系统的要求较高，运动过程神经系统高度兴奋易疲劳。膳食中应注意保证维生素营养充分，增加碱性食物缓冲糖酵解过程产生的乳酸，同时还要补充大量的液体以维持正常的水合状态。

力量性项目运动者一般体重较大，肌肉粗壮，在锻炼时需要供给充足的蛋白质营养物质，有益于增加自身蛋白质的合成及肌肉力量的加强。蛋类、乳类、鱼类、海鲜、牛肉、禽类和豆类都是日常饮食中较好的选择。大强度运动期间可以适当补充乳清蛋白粉、支链氨基酸等营养补充剂，以弥补膳食蛋白质摄入不足。

耐力型运动项目包括有长距离竞走、马拉松赛、自行车赛、赛艇、长距离游泳、铁人三项和10000m跑等运动，这些运动项目特点是持续时间较长，运动中间歇时间短，都需要运动员具备高水平的耐力，需要运动者拥有良好的有氧以及有氧无氧混合型的供能能力，可以有效抵抗长时间运动产生的疲劳。耐力训练运动者营养代谢主要是以碳水化合物和脂肪氧化为主，运动中热能与各种营养素的消耗量大，随着运动时间的增加，肌糖原消耗在不断增加，蛋白质分解增强，氨基酸转变成葡萄糖的速率加快，脂肪成为主要供能物质。因此，耐力型运动员对各种营养素的需要量均较高；应为耐力运动员的饮食提供充足的热能。

二、运动对爆发力和耐力的影响

运动对增加耐力和爆发力具有重要意义。耐力越强的人，就越具备对抗疲劳的能力，就算是已经进行很长时间的高强度运动，还是具备一定的负荷能力。日常进行的有氧运动，如骑自行车、跑步、游泳，对于增加耐力都是必要的。爆发力则是人体快速力量的一个组成部分，是肌肉在克服极限阻力过程中产生的最大加速度的能力。通过运动，可以达到提升爆发力的效果。肌肉反射拉长肌肉、深度跳跃、杠铃负重等方式都可以训练爆发力。良好的爆发力可以增加肌肉速度，表现为更好的运动能力。

三、营养素对运动增加爆发力和耐力的影响

1. 蛋白质对爆发力和耐力的影响

力量性项群运动使蛋白质分解加强，同时活动肌群蛋白质的合成也增加，并大于分解的速度，因而肌肉壮大，使机体对蛋白质的需要量增加。国外一些研究中，建议进行爆发力和耐力运动者的蛋白质摄取量应控制在 1.4~1.8g/kg。但是蛋白质日摄入过量（超过 2.0g/kg），会引起体液酸碱平衡紊乱、尿钙丢失增多以及肝、肾负担加重等病例症状。因此，在日常膳食中蛋白质的补充应适量，以避免对机体造成不良影响。

2. 碳水化合物对爆发力和耐力的影响

通常情况下，进行爆发力和耐力运动者基础膳食中糖的摄入应以含糖量较多的粮食和薯类为主，同时也应注意补充水果和蔬菜。糖并非摄入越多越好，尤其是举重运动员更要注意防止肥胖病的发生。另外，运动后补糖可以尽快使运动中所消耗的糖原得到恢复，有助于力量性项群运动员缓解肌肉酸痛，快速恢复肌力，其方法是在运动后 6h 内进行补糖，此时肌肉中糖原合成酶含量多，可使进入肌肉的糖达到最大量。

3. 脂质对爆发力和耐力的影响

一定数量的脂肪是确保充足的能量与营养素摄入所必需的。脂溶性维生素 A、维生素 D、维生素 E、维生素 K 必须借助脂肪才能供给机体。特定的机体功能所需要、而自身又无法合成的必需脂肪酸，也是必须摄入的。适当的脂肪摄入有助于提高耐力，但需要注意的是脂肪过多氧化不全时，会导致机体酮体蓄积，反而降低机体耐力。

4. 维生素对爆发力和耐力的影响

B 族维生素能促进蛋白质的代谢、保持神经系统的正常功能、提高骨骼肌供能能力、加强肌肉收缩能力，还可以清除运动中进行爆发力和耐力运动者体内自由基的产生和积累，延缓运动性疲劳的产生。B 族维生素可以促进氨基酸的转换，与力量素质有很大的关系，进行爆发力和耐力运动者日需要量为 2mg 左右。维生素 C 对爆发力和力量性项群运动员能缓解肌肉酸痛、消除疲劳，以及通过促进蛋白质的合成，提高肌肉质量，还可以在一定程

度上改善机体的免疫能力和肌肉的收缩能力等。

5. 矿物质对爆发力和耐力的影响

微量元素的补充对于增加爆发力和耐力具有重要意义，适量补充钙、铁、锌、镁等微量元素有助于耐力和爆发力的增加。微量元素不能过量补充，达到平衡才是理想状态。

四、增加爆发力和耐力运动营养食品的研发

1. 具有增加爆发力和耐力作用的食品原料

（1）牛肉　牛肉是含铬这种微量元素最多的食物之一，铬的主要作用是维持身体中的葡萄糖含量，从而增加身体对体力劳动的抗疲劳性，增加耐力。除此之外，干酪、蛋白类、肝脏、香蕉、啤酒、面包、胡萝卜等也含有铬。

（2）红薯　红薯能提高耐力的关键在于它的膳食纤维、维生素含量丰富，食用后红薯在胃里进行缓慢消化，能有效增强饱腹感。红薯有"益气力，健脾胃"的功效，也是运动后碳水化合物来源的首选，因为红薯属于优质碳水，同时也是蛋白质合成的催化剂，帮助运动后肌肉的修复。

（3）黑巧克力　黑巧克力具有多种健康益处，能够为身体提供强劲的动力。黑巧克力含的天然咖啡因和可可碱可以改善运动表现，可可碱能起到血管扩张剂的作用。

（4）燕麦片　燕麦片是可溶性纤维的重要来源，可以增加饱腹感。锻炼前食用燕麦片，可在锻炼过程中使血糖保持稳定，而碳水化合物则有助于增加耐力和燃烧脂肪。

（5）香蕉　富含纤维和天然果糖的香蕉更适合补充能量、增加耐力。香蕉属于高钾食物，钾离子能够强化肌耐力。另外香蕉里的果糖可以迅速转化为葡萄糖，快速补充能量。

2. 具有增加爆发力和耐力作用的活性物质

（1）咖啡因　咖啡因是一种中枢神经系统兴奋剂，可以帮助运动者进行更高强度的训练。咖啡因还能增强训练时的注意力，提高肌肉的力量和耐力，并促进训练期间的体脂燃烧。咖啡因能通过影响肌肉纤维内的分子水平的变化，提高肌肉力量，并能通过提高肌肉对疼痛的耐受力，增强肌肉耐力，以及促进身体燃烧体脂来提供能量。

（2）精氨酸　精氨酸是一氧化氮促进补剂的主要成分，很容易在体内转化为一氧化氮。一氧化氮可以使血管膨胀，从而使更多的血液流进肌肉群里。在力量训练前，增加肌肉的血流量，可以把更多的营养物质及葡萄糖和脂肪及合成代谢激素输送给肌肉。

（3）左旋肉碱　左旋肉碱也可以提高训练时的肌肉血流量。在力量训练前，混合摄入精氨酸和左旋肉碱这两种营养补剂可以使肌肉更好充血。

（4）肌酸　肌酸可以帮助运动者快速提升能量，提高肌肉的爆发力和耐久力。在力量训练前摄入肌酸，可以确保肌肉内有足够的肌酸。肌酸还能把更多的水分引领到肌肉细胞

里面，因此，肌酸能有效地促进肌肉充血。运动者应多摄入富含肌酸的食物如牛肉、鳕鱼、三文鱼等，运动者为了保持较高水平的运动和训练能力，可适当补充肌酸类的运动营养补充剂。

3. 增加爆发力和耐力的运动营养食品

（1）搭配原则　开发增加爆发力和耐力运动食品时，添加具有特殊功效的成分，如左旋肉碱、咖啡因、精氨酸和肌酸等。许多研发人员采用垂直细分和跨界融合的模式研发成分多样性、功能复合性、产品差异化、作用有效性的规范化、多元化的特色运动营养产品，极大地满足群众对增加爆发力和耐力的需求。在研发过程中可以选择不同种原材料进行搭配，促进肌肉蛋白质的合成、消除运动疲劳、缩短运动后肌肉恢复时间等作用。

（2）加工原则　加工时应充分利用好现代加工技术，补充特殊营养素，研发针对有需求人群的高效健康的食品。下面介绍几种具有增加爆发力和耐力功能的产品的研发过程的加工方式。电解质含糖饮料的制备方法是先配制原糖浆，再加入其他电解质成分，并加入甜味剂、酸味剂，最后加入维生素，补充纯化水，并经过滤、灭菌等加工工艺。牦牛蛋白粉是采用藏北地区牦牛肉，利用酶解消化和喷雾干燥技术对牦牛肉进行处理，制得一种牦牛肉蛋白质粉，并对这种蛋白质粉进行调制，开发出一种以牦牛肉蛋白质粉为主要原料的固体饮品型运动补剂，使其成为可以食用的运动补剂。

（3）储存原则　在储存时注明时间、剂量及针对人群等必要信息。在传统的保藏技术上发展新技术，如在在单一冷冻冷藏基础上发展的食品冷藏链技术、玻璃化保藏和抗冻蛋白技术、高压处理技术。对多种技术进行综合使用，以达到全效的食品保藏的目的。

4. 增加爆发力和耐力运动营养食品的研发实例

（1）能量棒　以 20%～40% 谷物粉、10%～30% 蛋白质粉、5%～10% 粉葛、3%～10% 胡萝卜粉、1%～4% 桂花粉、1%～3% 黑芝麻、2%～10% 坚果、黏合剂（巧克力、蜂蜜、花生酱等）25%～35% 为原料，得到一种营养价值高，食用效果较好，可增加爆发力与耐力的谷物能量棒。

（2）海带牛肉汤料　以海带汁和牛肉粉为原料，参照中国传统海带汤和韩式海带汤的制作方法，开发一种海带牛肉汤料产品。确定最佳配方为海带汁 20%、牛肉粉 8%、食用盐 25.2%、味精 5%、白砂糖 5%、酵母抽提物 0.6%、香油 1%、香辛料 0.2%、麦芽糊精 1.6%、玉米淀粉 3%、生抽 2%、水 28%。

（3）百香果皮酵素饮料　以百香果皮为原料研制百香果皮酵素饮料。百香果皮酵素饮料的最佳发酵工艺条件为复合乳酸菌接种量 17.3%、初始糖度为 12.3°Bx、发酵温度为 38.4℃、发酵时间为 31h，所得饮料色泽均一，发酵后的百香果皮清香味浓郁，酸甜适中。动物实验结果表明，可显著延长小鼠的负重游泳时间，显著性提高小鼠肝糖原与肌糖原的含量，在发展为增加爆发力和耐力食品方面具有很好的前景。

9-3 延伸阅读　从女子万米奥运金牌看耐力项目营养

第四节　减脂运动营养食品

一、概述

肥胖是由于体内脂肪堆积过多或分布异常，而导致身体质量增加，是一种多因素慢性代谢疾病。肥胖很危险，会引起很多疾病，现在已经被世界卫生组织列为诱发疾病的最危险因素之一。中国已经成为世界上超重和肥胖人数最多的国家。2012年中国居民营养与健康监测数据显示，42%的成年人和16%的儿童青少年超重，其中11.9%的成年人和6.4%儿童青少年肥胖。也就是说在我国已经有4.4亿成年人超重，其中近1.3亿人肥胖。传统的减脂活动主要是指以自主的运动增加身体热量消耗，同时减少热量以膳食的方式摄入，以形成热量缺口。其主要原理为热量平衡，即减少膳食中热量的摄取，热量平衡板偏向体内，机体出现热量缺口，使得体内脂肪氧化分解提供能量，从而减少身体脂肪组织含量，降低体重。

减脂运动营养食品的合理食用不仅可以加快身体运动疲劳的恢复，维持身体各器官功能稳态，还有助于运动后窗口期人体免疫功能的恢复，以达到保证身体各类营养物质供应的基础上减少热量摄入，实现健康减脂的目的。在未来市场中，新的减肥功能食品能否满足市场发展的需要，很大一部分在于如何取得消费者的信任，迎合消费者的喜好。除此之外，保证生产品质是未来发展所必须的条件之一。

二、运动对减脂的影响

运动对减脂具有重要的意义。很多肥胖者处于长期的肥胖状态中，大多数情况是由于能量消耗存在着明显不足，且能量的新陈代谢存在着某些缺陷。科学合理的有氧运动还可以明显地降低摄食效率，促进人体能量新陈代谢，抑制脂肪细胞的积累，减少体脂沉积。体育活动的稳步开展，能够有效改善人体内血浆中的脂蛋白水平，使得人体内部脂肪的代谢得到良好转变。因此，运动与合理饮食需要紧密结合。通过适当的运动及调整饮食结构，可以帮助人体减脂，维持身体健康。

三、营养素对运动减脂的影响

1. 蛋白质对运动减脂的影响

蛋白质是维持组织修复和新生的原料，补充充足的蛋白质，利于受伤肌肉生成和修复，缓解疲劳与肌肉酸痛等症状。摄入的蛋白质可以维持减脂运动时的正常生理活动，促进肌肉壮大，还能预防运动性贫血的发生。但是，蛋白质摄入过多时，也会产生一些负面影响。所以，要合理地进行膳食补充，一般减脂运动中蛋白质的摄入量为 1.8~2g/kg。

2. 碳水化合物对运动减脂的影响

碳水化合物在减脂运动中除了一般的生理功能外，还有抗生酮方面的作用。在脂肪分解的过程中，会产生中间产物酮体，酮体必须与葡萄糖的代谢产物草酰乙酸结合，才能继续代谢。如果体内缺少了糖，会导致脂肪代谢不完全，体内酮体会堆积，给机体带来不良的影响。所以，减脂运动时，适当地补充碳水化合物会促进脂肪的代谢。

3. 脂类对运动减脂的影响

减脂过程中也要摄入必需脂肪酸。减脂并不是一味地拒绝脂肪，而是各营养素要保持平衡。脂肪摄入不足时容易导致细胞对水的通透性增加，毛细血管的脆性和通透性增高，皮肤出现水代谢紊乱、湿疹病变、脂溶类维生素缺乏等症状。脂肪还起着支撑和保护内脏的作用。所以，减脂人群需要从植物油中获得必需脂肪酸，同时还需摄入一定的动物脂肪，获得脂类溶剂和脂溶性维生素。

4. 维生素对运动减脂的影响

运动会大量出汗，造成水溶性维生素的流失。适量的补充维生素会对减脂起到事半功倍的效果。B 族维生素具有促进体内新陈代谢，燃烧脂肪功效。进行减脂运动时，配合营养餐的使用，可以增强减脂效果，特别是可以缓解便秘、消除肚腩。其中以维生素 B_1、维生素 B_2、维生素 B_6、维生素 B_{12} 的效果最为明显。维生素 C 可以影响代谢水平，有效地改变人们体内的脂肪。维生素 E 能促进人体代谢吸收、改善血液循环、促进食物的消化吸收、清除体内废物。

5. 矿物质对运动减脂的影响

进行减脂运动时，会大量出汗，体内会丢失大量的水分和无机盐，影响运动能力。持续 3h 以上运动强度在 30%~70% 最大耗氧量的运动中容易出现低血糖、肌糖原耗竭和脱水等现象，而且还会引起低血钠症。所以，参加减脂运动时，要补充 Na^+、K^+、Cl^-、Ca^{2+}、Mg^{2+} 等电解质和水。同时，为了维持机体健康，需补充丢失的微量元素和维生素。因此，应多食用新鲜瓜果、蔬菜及海产品等富含纤维的食品。

四、减脂运动营养食品的研发

1. 具有减脂作用食品原料的研发

（1）荞麦　荞麦富含蛋白质、不饱和脂肪酸、维生素、微量元素等营养成分，其中芦丁和膳食纤维等成分对降血脂有明显的作用。除此之外，荞麦还能降血糖，提高记忆力，并能预防肠癌和肥胖症，防治高血压、冠心病。食用荞麦还可以增加饱腹感、清脂减肥。

（2）红薯　红薯含有淀粉、膳食纤维、胡萝卜素等。相同质量的红薯热量只有大米的1/3，而且富含的纤维素和果糖具有阻止糖分转化为脂肪的特殊功能，减少脂肪吸收，利于通便。

（3）黄瓜　黄瓜含有蛋白质、铁、磷等微量元素，具有丰富的营养价值。黄瓜中还含有丙醇二酸，有助于抑制食物中的碳水化合物在体内转化为脂肪。黄瓜可以抑制糖类物质转化为脂肪，促进新陈代谢，起到预防发胖的作用。此外，黄瓜中含有丰富的维生素E，有抗衰老的作用。含有的黄瓜酶具有很强的生物活性，可以有效地促进肌肤的新陈代谢。

（4）魔芋　魔芋块茎的主要化学成分为葡甘露聚糖、淀粉和其他多糖，较多的食物纤维、粗蛋白等。魔芋葡甘露聚糖具有很强的溶胀能力，吸水性很强，成为黏性纤维素，黏性纤维素可减慢食物从胃至小肠的通过，延缓消化和吸收营养物质，起到减肥的作用。葡甘露聚糖吸水膨胀后产生一种饱腹感，在一定程度上起到控制饮食作用。

（5）燕麦　燕麦中的B族维生素如烟酸、叶酸、泛酸都比较丰富，燕麦还含有丰富的维生素E，每100g燕麦粉中高达15mg。燕麦煮粥可以降低胆固醇，对脂肪肝、糖尿病、便秘等也有辅助疗效。燕麦可以降低血压、降低胆固醇、防治肠癌和防治心脏疾病。

2. 具有减脂作用活性物质的选择

（1）左旋肉碱　补充外源性左旋肉碱可以提高机体内的肉碱的含量，加速脂肪的氧化分解，有利于减轻体重。但是要注意在补充外源性左旋肉碱的同时，要与有氧运动结合，单纯补充左旋肉碱还不能有效地促进脂代谢的加强。

（2）儿茶素　儿茶素属于黄烷醇类化合物，是茶叶中最主要的生物活性成分之一。儿茶素单体可显著激活法尼酯X受体（farnesoid x receptor，FXR）、过氧化物酶增殖体活化受体（peroxisome proliferators-activated receptor γ，PPARγ）等，激活该类受体可以抑制脂肪及胆固醇的合成，降低血液中脂肪的含量。酯型儿茶素对FXR、PPARγ受体的激活作用极显著，能够更加有效地降低血液中的脂肪含量。

（3）茶褐素　茶褐素能够有效降低肥胖模型小鼠血液中的脂肪含量，特别是茶褐素类物质可显著降低高脂血症大鼠血清中总胆固醇、甘油三酯及低密度脂蛋白水平，提升高密度脂蛋白含量，并且能够减少大鼠肝脏脂肪沉积，预防脂肪肝形成。

3. 减脂运动营养食品的研发策略

（1）搭配原则　各原料相辅相成，相互促进。研发减脂食品时，在充分考虑上述原料的基础上，根据不同原料的不同特点，合理搭配，合理复合，针对运动人群和运动类型，研发高效健康的减脂食品。要使食品具有减脂功效的同时满足人体所需的营养素。如现有一种复方荷叶减脂功能饮料，是一种由荷叶、淡竹叶和甘草组成的药食两用中药材复合配方制作的饮料。按照一定比例辅以相关佐料，在保证产品功能的同时增加其风味。这款饮料具有减脂、降血糖、抗炎等保健作用，并且含有丰富的矿物质和维生素，其中的荷叶所含的生物碱具有减脂的效果，淡竹叶含镁丰富，故还具有清心除烦的作用，二者的结合让饮料的营养功效更均衡。

（2）加工原则　世界卫生组织提出了关于减脂的 5 个标准：不饥饿、不乏力、不腹泻、不出现营养素缺乏、不出现身体功能损伤。在减脂运动营养食品的加工中，也需遵循这个原则，摒弃"高糖高盐"添加，尽量采用营养天然的配方进行加工。

（3）储存原则　减脂运动营养食品储存不当可能会影响其风味及功能，其储存应遵循不同食品原料的特点进行储存。① 对于需冷藏或冷冻保存的食物，应及时放进冰箱；② 饼干糕点等代餐产品应放置在干燥防潮的地方，并避免囤积；③ 功能饮料等饮品类食物开盖后尽快饮用。

4. 减脂运动营养食品的研发实例

（1）减脂功能性华夫饼　以全麦面粉为基准，添加玉米淀粉 25%、鸡蛋 93.3%、牛乳 62.5%、干酵母粉 0.6%、泡打粉 3.3%、木糖醇 33.3%、红花籽油 13.3%。其中，添加的木糖醇的甜度与蔗糖相当且木糖醇属于单糖，热量仅有 10.04kJ/g，因此作为高热量的白糖的替代品。添加的燕麦具有减肥瘦身、排毒通便的功效。添加的红花籽油的主要成分是亚油酸，亚油酸是一种具有降低血脂、抑制脂肪沉积、促进生长发育等多种生理功能的类脂功能性因子，具有良好减肥功效。

（2）瘦身减脂山楂糕　以质量份数为新鲜山楂 700~800 份、陈皮 50 份、荷叶干 200 份、藕粉 60~65 份、白糖 300 份、紫花苜蓿 60 份、生姜 20 份、酵母 6 份、菊粉 3 份、薏苡仁 150 份、红枣 50 份、山药 20 份、银耳 20 份、中药提取物 15 份为原料，制得一种瘦身减脂山楂糕。其中，荷叶具有调理脾胃和减肥的功效；山楂可以促进脂肪类食物消化，促进胃液分泌。薏苡仁可以排出身体废物，加快新陈代谢。该产品是一种具有减肥功效的可以随身携带的方便零食。

第五节　抗疲劳和体能恢复的运动营养食品

一、概述

随着人们生活水平的提高以及保健意识的不断加强，功能性食品也越来越多地走进了人们的生活。由于人们参与运动活动的热情不断地升温，怎样迅速消除疲劳、保持旺盛的精力已经成为社会需要。疲劳是指机体生理过程不能将其机能持续在一个特定水平上或各器官不能维持其特定的运动强度。运动性疲劳，即生理性疲劳。这是由于工作或活动本身引起的，以区别于例如疾病、环境和营养等原因所致的疲劳。

了解疲劳的产生、发展和症状形成的机制对于功能食品研发也是十分必要的。能源耗竭学说认为机体运动的过程中，原先积累在体内的能源物质会被大量分解消耗，在机体没有及时有效补充的情况下，这些能源物质的含量急剧下降，血糖含量偏低，从而导致机体产生一系列疲劳表征；代谢产物堆积学说认为营养物质分解会产生乳酸、丙酮酸等酸性代谢产物。当这些物质在机体内积留时，造成内环境的改变，从而导致疲劳的产生；大脑皮层的保护性抑制学说认为在大运动量时，控制运动中枢的大脑皮层为保护机体正常代谢，避免过度运动带来的机体伤害，会产生运动抑制冲动，导致机体运动能力下降，产生疲劳反应。

二、运动对体能和疲劳的影响

当运动负荷超过机体承受的能力，而产生的暂时的生理机能减退的现象称为运动性疲劳。运动性疲劳是运动训练中必然发生的复杂过程，在生物学上表现为能源物质的消耗，代谢产物的堆积，中枢神经机能调节紊乱，工作能力下降等。由于人体是一个统一的复杂有机体，疲劳的产生并不是单一因素的变化，而是神经、内分泌、免疫系统等综合的表现。运动性疲劳不仅阻碍运动能力的正常发挥，还会增加运动性损伤与疾病的风险，从而对人体造成伤害。因此，在运动的过程应该及时恰当地补充营养素及相关营养物质。

三、营养素对抗疲劳与体能恢复运动的影响

1. 蛋白质对抗疲劳和体能恢复的影响

从大豆蛋白中分离得到的大豆多肽，除具有易消化、易吸收等营养效果外，还具有促进并改善脂质代谢、抗过敏、使疲劳恢复等生理功能。另外，牛乳蛋白质来源的生理活性的肽都具有免疫调节活性。

2. 碳水化合物对抗疲劳和体能恢复的影响

糖是构成人体的重要组成成分，是人体的主要供能物质。人体中的糖主要是葡萄糖和糖原，分别存在于血液、肝脏及肌肉中，人体剧烈运动至衰竭时，肌糖原可下降到安静水平的25%，肝糖原和血糖水平也明显下降，从而影响脑细胞的功能，造成中枢神经疲劳，导致运动能力下降。如果人体内糖的储存量增加，可以延缓上述现象的出现，提高运动的耐久力。

3. 脂质对抗疲劳和体能恢复的影响

脂肪供能主要在低强度的体力活动中或高强度的体力活动后期。对于持续时间短、强度大的体力作业而言，碳水化合物仍是最主要的供能物质，而对于持续时间较长的体力作业，由于脂肪供能比重增加，脂肪摄入过多氧化不全，反而会降低机体耐力。

4. 维生素对抗疲劳和体能恢复的影响

维生素能够有效地缓解机体疲劳。维生素 E 是抗氧化剂，能够清除体内的自由基并阻

断其引发的链反应，保护生物膜和脂蛋白中多不饱和脂肪酸免受自由基和氧化剂的攻击；维生素 C 帮助机体清除自由基，并将氧化型谷胱甘肽转化为还原型的谷胱甘肽，具有还原型抗坏血酸的作用；维生素 A 能够改善机体抗氧化状态，也能够抑制氧自由基在运动过程中的生成，减少机体氧化应激损伤，延缓机体的疲劳感，从而提升机体运动能力；B 族维生素中维生素 B_1 与维生素 B_2 都具有抗疲劳的作用，机体在维生素 B_1 缺乏后会有大量乳酸和丙酮酸堆积，机体中的维生素 B_2 可在三羧酸循环作为辅酶参与氧化还原反应及能量生成。

5. 矿物质对抗疲劳和体能恢复的影响

微量元素中镁元素对抗疲劳具有重要意义。含镁的食物来源比较丰富（肉类、鱼类、绿色蔬菜、豌豆及大部分水果均有丰富的镁），但是长期偏食，节食和消化功能紊乱的人会出现镁缺乏，导致疲劳。

四、抗疲劳与体能恢复运动营养食品的研发

1. 具有抗疲劳与体能恢复作用的食品原料选择

（1）香蕉　香蕉中含有生物碱，生物碱可以起到振奋人们精神和提高信心的作用，而且香蕉是色胺素和维生素 B_6 来源，这些物质可以帮助大脑制造血清素，从而延缓疲劳的产生。

（2）食药用菌　香菇、灵芝、虫草、茯苓、猴头菇、金针菇等大型食药用菌中含有多种活性成分。冬虫夏草可增强肾上腺皮质功能，有雄激素的作用，对造血功能有全面的促进作用。灵芝有滋补强壮、扶正固本的作用，可提高耐缺氧能力、改善心血管系统功能，具有明显的抗疲劳作用。红曲霉含有红曲色素，具有抗疲劳和增强体力的作用。

（3）螺旋藻　螺旋藻是人类目前所知食品中营养成分最全面、最充分、最均衡的食物。螺旋藻能提高铁的生物有效性和调理贫血病，饭后食用螺旋藻可提高血红蛋白含量，其各种营养成分与活性物质有利于补充体能，维持旺盛的新陈代谢，增强体力和耐力，消除疲劳。

（4）芦荟　近来药理实验证明芦荟抗氧化、消除运动性疲劳作用明显，芦荟具有的抗自由基氧化作用，可能与芦荟中含有多种抗氧化成分如芦丁等黄酮类物质，维生素及多种氨基酸等有关。

2. 具有抗疲劳与体能恢复作用活性物质的选择

（1）丙酮酸盐　丙酮酸盐由于具有帮助体内脂肪燃烧的功效，成为瘦身和减重产品的组分。同时丙酮酸还是身体内糖类或淀粉代谢生成能量时的必需产物。

（2）牛磺酸　牛磺酸是正常人体肌肉中含量十分丰富的氨基酸，它是一种促进肌肉快速增长的运动营养补剂，发挥生理作用的方式类似于胰岛素，能够抑制肌蛋白的分解，促肌肉变得更强大。

（3）多肽和支链氨基酸　运动性疲劳与支链氨基酸代谢之间有着密切关系。如果在机体运动的过程中，补充一定量的支链氨基酸，中枢神经将会在一定程度上向后延迟，并使肌肉组织中氨基酸得到充分应用，减少肌肉分解。同时支链氨基酸会最大程度地减轻运动导致的自由基损伤，使运动机体血乳酸浓度有一定程度的降低，可以促使运动机体在一定程度上恢复体能。

（4）皂苷类　皂苷是苷元为三萜或螺旋甾烷类的糖苷类化合物，它是红景天、人参、大豆、甘草中的主要有效成分。皂苷类化合物对中枢系统的影响占据了主导地位，因此在抗疲劳应用中剂量应该严格控制，以免产生兴奋剂样副作用。

（5）类胡萝卜素类　类胡萝卜素是广泛存在于新鲜瓜果蔬菜、动物、微生物中的一类脂溶性天然色素。类胡萝卜素类化合物都具有显著的抗氧化活性，从降低氧化应激的角度来看，它们是极具潜力的抗疲劳候选活性物质之一。

3. 抗疲劳与体能恢复运动营养食品的研发策略

（1）搭配原则　在研发抗疲劳与体能恢复运动营养食品时，可以选择生活中常见的食品原料，这些原料在生活中容易获取，并具有降血压、血糖、血脂、缓解疲劳等多种生理功能，如上文中提到的大葱、麦片、香蕉等物质；我国拥有极为丰富的天然中草药资源，如花粉、芦荟、灵芝等也都是研发抗疲劳功能食品的重要原料；最后，也可通过利用食物中具有抗疲劳和体能恢复作用的活性物质，如二十八烷、牛磺酸、大豆肽等。研发人员需充分挖掘、利用传统食物资源中的抗疲劳功能因子，设计开发出具有特色的抗疲劳功能产品。

（2）加工原则　抗疲劳与体能恢复运动营养食品适用于中、高强度或长时间运动后的人群。其加工原则与其他类的运动营养食品相似，加工过程中需遵循《食品安全国家标准 运动营养食品通则》。除此之外，在加工中应对产品合规性、生产工艺、质量安全进行综合论证，保证配方对食用人群的安全，满足营养需要。

（3）储存原则　消费者要求食品不但具有色香味佳、营养价值等特点，必须符合国家卫生质量标准。抗疲劳与体能恢复运动营养食品在储存时需注意各特殊营养素的生化特点，调节温度、湿度等外界条件，必要时可辅以抗氧化剂、干燥剂、防腐剂等添加剂。

4. 抗疲劳与体能恢复运动营养食品的研发实例

（1）植物复合抗疲劳饮料的研究　以猕猴桃汁5%、灵芝1%、枸杞子15%、桑椹15%提取液的比例研制，可得到一种无毒性，无副作用，具有较好的抗疲劳功能的植物复合抗疲劳饮料。枸杞子水提液能增强人体免疫和造血作用，并有较好的兴奋大脑神经和性神经的作用。桑椹内含多种有机酸、糖类、胡萝卜素，维生素A、维生素B_1、维生素B_2、维生素C、维生素D和矿物元素钙、磷、铁等，具有生津止渴之功效。灵芝有助于机体保持稳定，增强免疫能力，促进新陈代谢，具有抗衰老、抗癌等功效。

（2）二十八烷醇乳化液抗疲劳运动饮料　二十八烷醇作为一种具有抗疲劳活性的功能

性物质，是一种天然存在的长链饱和一元脂肪醇。实验结果表明，制备二十八烷醇乳化液的最优工艺条件为：油溶性乳化剂聚甘油蓖麻醇酸酯0.14%、水溶性乳化剂十聚甘油单油酸酯0.25%、稳定剂阿拉伯胶1%，在速度$18×10^3$r/min下高剪切乳化30min。使用上述工艺配制水包油型二十八烷醇乳化液，将其添加到运动饮料配方当中，可以研制出一种均匀稳定的抗疲劳功能性运动饮料。

第六节 特殊人群的运动营养食品

一、概述

营养物质是构建身体组织的重要物质基础，是机体进行运动行为的物质保证，因此运动前、中、后的营养补充是非常重要的，合理的营养补充应符合机体生理、生活和运动对营养物质的要求。而特殊人群的生理特点和营养需求与健康成人之间都有一定的差异，在运动过程中由于身体代谢的加快，需要更多地关注其特殊营养需求。以生理特点和营养需求为依据，运动人群可分为青少年、乳母、老年人、慢性病患者等特殊人群，根据各人群的特点，有针对性地研发了特殊人群的运动营养食品，以保证特殊人群在运动期间对营养的需求。

从运动营养的角度来说，青少年面临的首要任务是保证身体良好的生长发育。合理的营养补充对改善青少年体质、提高运动能力等方面而言十分重要；女性在怀孕期间，经常主动或被动地补充过量营养，使得营养失衡，破坏了胎儿和自身的内分泌平衡，导致怀孕期间体重异常增加；老年人随着年龄的增长机体的消化和代谢功能出现不同程度的衰退，适当的运动量有助于老年人保持良好的身体状况，但同时更加要注意合理地补充营养。

二、发育期青少年的运动营养食品

1. 发育期青少年在运动过程中生理及营养需求特点

青少年正处于青春发育期，身体和大脑都处于高速发育的阶段，这一时间段机体物质代谢旺盛，营养需求急剧增加。在运动过程中，青少年可能会出现运动性免疫力低下、水和电解质平衡紊乱和运动损伤等问题。如果青少年运动过度，身体机能就会出现失衡的现象。缓解青少年在运动过程中出现的神经系统疲劳和缓解肌肉疲劳一样重要，关注青少年肌肉发育不完全的特点，对提高青少年运动能力和身体素质的措施的制定有着重要的参考意义。当青少年出现运动性免疫力低下，容易引起感冒、发烧和其他疾病，在持续时间长、强度大的运动中，应注意合理补充谷氨酰胺和抗氧化剂。青少年运动过度会出现水和电解质平衡紊乱，运动能力、肌肉兴奋性、协调性下降，通过补充富含电解质的运动饮料可以减缓或预防。

碳水化合物能为青少年提供足够的能量参加体育活动，帮助青少年在运动后迅速恢复体力。对于糖供能而言，外源性糖的补充可以有效地提高机体内血糖和肌糖的含量，为运动储备足够的能源。脂肪在供能的过程中需要消耗大量的氧气，所以脂肪在无氧运动中不能被有效地利用，同时脂肪在供能过程中还会使得机体内的酸性代谢产物增加，出现肌肉酸痛等现象。因此青少年应控制好脂肪的摄入量，但脂肪摄入过少会影响机体吸收脂溶性维生素和利用糖脂的效果。矿物质具有构成身体组织和调节生理功能的作用，对青少年运动能力的提高和身体的健康成长至关重要。钙与骨骼发育密切相关，对青少年的成长发育十分重要。铁的缺失会导致贫血，从而降低血液输送氧气的能力，还会干扰肌肉细胞的氧化代谢过程，平时要多注意补充铁元素，特别是易于吸收的有机铁。维生素具有调节作用，能影响机体内物质的代谢。运动中旺盛的新陈代谢和激素分泌，加上大量汗水的排出，都会导致维生素流失，应在运动后及时补充维生素。

2. 发育期青少年运动营养食品的研发

（1）发育期青少年运动营养食品的食品原料及活性成分　谷类碳水化合物的利用率较高，是人体热能最经济的来源。谷物主要包括稻米、小麦、大豆等及其他杂粮。谷物通过加工为主食，为机体提供了50%~80%的热能、40%~70%的蛋白质。谷类是B族维生素的重要来源，其中维生素B_1、维生素B_2和烟酸较多。

肌酸补充剂可以促进磷酸肌酸和三磷酸腺苷的合成，青少年可从鱼类或肌酸营养补充剂中摄入肌酸。补充肌酸的同时需要注意补充糖和水，因为糖能加快胰岛素的分泌，而胰岛素是可以促进肌肉吸收肌酸，足够的水能确保细胞的水合作用，并避免肌肉痉挛等副作用。

补充抗氧化物是延缓运动疲劳和促进身体功能恢复的重要手段。参加运动的青少年应注意摄入富含抗氧化物的水果和蔬菜，如全谷物、芦笋、菠菜、新鲜胡萝卜、鱼油等富含维生素E，橙子、柠檬、草莓、猕猴桃和大多数绿色蔬菜等富含维生素C。当膳食补充不能满足人体对抗氧化物的需要时，可以合理地补充抗氧化剂，如维生素C、维生素E、虾青素和番茄红素制剂。

（2）发育期青少年运动营养食品研发实例　电解质饮料是用水将一组化合物溶解制成的饮料，可补充人体新陈代谢的消耗，迅速补充人体水分的消耗、迅速解除疲劳。饮料富含碳水化合物，在人体内可迅速转化为糖原储存于肝脏内或肌肉内。糖原可保护肝脏，可降低胆固醇的形成。维生素C和维生素B_6可促进肝脏的新陈代谢，有利于排除有害物质。钾离子可降低或消除人体新陈代谢的碱中毒。此饮料含有两种天然的缓冲剂，即磷酸盐缓冲剂和柠檬酸缓冲剂。由于接近人体体液，所以能够长时间储存在体内，长时间维持体内体液平衡。

三、哺乳期女性的运动营养食品

1. 哺乳期女性的生理及营养需求特点

孕妇分娩后就进入了哺乳期，在此期间的女性不仅要弥补分娩造成的营养损失还要哺乳婴儿。良好的营养供应有助于哺乳期女性组织和器官的恢复，并通过乳汁为婴儿提供足够的营养。乳汁中所有的营养物质都来自乳母，哺乳期女性的营养素摄入量不足时，机体为保持乳汁中的营养成分恒定，会动用机体内的营养储备。进入哺乳期之后的女性应进行适当锻炼以改善心肺功能，增加肌肉力量，减少脂肪堆积。哺乳期运动应该注意不能做剧烈的运动，适当进行散步、跳绳、慢跑等，有利于身体的健康。在哺乳期后期，有氧活动占主导地位，因为有氧运动主要消耗糖和脂肪，在改善身体状况的同时有助于体重的减轻。同时哺乳期女性因需泌乳喂养婴儿，其对营养物质的需求较普通妇女更高。

由于哺乳期女性需要喂养婴儿，其基础代谢率略高，同时每天泌乳量约800mL，会排出约10g蛋白质。母乳的喂养过程也需要能量，所以哺乳期女性能量和蛋白质的摄取量应该高于普通女性的平均水平。脂类与婴儿大脑的发育紧密相关，特别是不饱和脂肪酸对大脑神经的发展十分重要，而哺乳期女性脂肪的摄入含量与组成会影响到乳汁中脂肪的含量与成分，因此，应适当增加多不饱和脂肪酸的摄入量。乳汁中的钙元素含量不受乳母摄入钙含量的影响，相对来说比较稳定，然而，哺乳期女性往往因钙缺乏产生腰腿酸痛、小腿肌肉痉挛，甚至骨质软化等症状。锌和碘元素与婴儿的神经系统和免疫功能的发展联系紧密，哺乳期女性对锌和碘的摄入量会影响到乳汁中锌和碘的含量，因此哺乳期女性应适当地增加饮食中锌与碘的摄入。为了保持哺乳期女性的健康，确保乳汁中有含量稳定的多种维生素，满足婴儿和机体自身的营养需求，哺乳期女性应适度增加多种维生素的摄入量。

2. 哺乳期女性运动营养食品的研发

（1）哺乳期女性运动营养食品的原料及活性成分　哺乳期女性应多摄入富含蛋白质的动物源食品，如鱼、禽、蛋、瘦肉等，同时增加含碘食物如海带、鱼类和贝类等食品的补充，以确保乳汁中的不饱和脂肪酸、碘和维生素A能满足机体需求。乳类是钙的最佳营养来源，哺乳期女性应增加摄入量，以满足对钙的需求。

哺乳期女性需要泌乳哺育婴儿，婴儿需要摄入多种维生素，维生素A和维生素D都是脂溶性维生素，对婴儿的生长发育至关重要。维生素A存在于动物的肝脏尤其是鱼肝，其次是乳类和蛋类中。另一种是以胡萝卜素的形式存在于食物中，如胡萝卜、番茄、豆类和绿叶蔬菜等，在肝脏胡萝卜素转变为维生素A。维生素D主要存在于动物的肝脏，尤其是海鱼的肝脏中。

乳糖是人类生存发展必不可少的重要物质之一，是构成机体组织的重要物质，并参与细胞的组成和多种活动，具有增强肠道功能、抗生酮、节约蛋白质、解毒等多重作用，故哺乳期女性膳食中需包括谷类、蔬菜、水果、乳制品等食物，以增加乳汁中的乳糖含量，提高母婴健康。

（2）哺乳期女性运动营养食品研发实例　针对乳母的运动营养食品可考虑以乳粉的形式，因为乳粉本身含一定的优质蛋白质可以供给机体营养。脂肪供给能量，提供牛乳浓香。乳粉包含钙、铁、磷、锌、铜、锰、钼等，特别是含钙丰富，且钙磷比例合理，吸收率高。乳粉在用水冲服的过程中补充水分的同时供给机体营养。

四、老年人的运动营养食品

1. 老年人的生理及营养需求特点

人体进入老年阶段时，人体内神经、肌肉细胞各部位不再具有自行分裂的能力，器官功能也会随着年龄的增长不断减弱，肌肉会出现明显的缩减现象。人步入老年后身体成分发生变化，细胞内水分含量减少，骨骼中无机盐的含量增加，钙元素含量减少，导致骨骼弹性和韧性降低，容易骨折。机体氧化损伤增大，脂质过氧化产物增多沉积，导致老年斑出现。神经功能改变，胸腺萎缩，T淋巴细胞数量减少，导致免疫功能下降。

老年人对能量的需求减少，对蛋白质的需求增加。随着机体老化，体内细胞的衰亡和各种分解代谢的加强都不可避免地会造成人体蛋白质的丢失，并且老年人的消化和吸收功能下降，蛋白质吸收的质和量都很难达到机体要求，体内负氮平衡难以避免。老年人因胰岛素的分泌减少导致对碳水化合物的需求减少，碳水化合物若摄入过多则会使得体内血糖升高，复合碳水化合物的淀粉类应作为进食的主要选择。对膳食纤维的需求增加，消化系统功能减弱，应多选择粗粮，预防老年人患结肠癌和低血糖等疾病。老年人随着年龄增长骨钙丢失的速率增加，老年人容易发生钙缺乏。长期缺钙老人会有很多疾病隐患，因此老年人应特别注意钙元素的补充。

2. 老年人运动营养食品的研发

（1）老年人运动营养食品的食品原料及活性成分　人体对红肉中铁元素的吸收率相对水果和蔬菜中铁元素的吸收率而言较高。当机体明显缺铁时，可能会出现贫血、疲劳等症状。体育锻炼能影响身体对铁营养物质的吸收，经常参加体育活动的老年人会出现吸收铁不足的情况。因此在运动过程中，对于有贫血前兆的老年人更应补充铁、叶酸等影响生血的营养物质，例如黑木耳、菠菜、甜菜、动物肝脏等。

进行运动健身会加速过氧化的速度，对没有系统锻炼过的老年人还有可能造成肌肉损伤，具有抗氧化作用的维生素在此方面体现着重要作用。富含维生素的食品如白菜、芹菜、苦瓜、山药、胡萝卜、草莓、橙子、葡萄和柑橘等。老年人在补充维生素E和维生素C后，体内的中性粒细胞和肌酸激酶会随之增加，加快肌肉损伤的修复过程。除此之外，维生素还具有保护心血管系统、预防肿瘤等作用，在老年人运动营养食品中添加适量维生素E和维生素C对老年人运动能力的提高具有一定意义。

（2）老年人运动营养食品研发实例　中老年高钙片是补充老年人机体中所需钙成分。随着年龄的增长老年人患有骨质疏松的概率是比较高的，日常中补钙是一个比较简单有效的方法，可以对骨质疏松具有很大的缓解情况，老年人新陈代谢逐渐变缓，对钙的需求量相对增加，平时可以适当地补充一些碳酸钙，以减少钙的流失。

第七节　调节肠道菌群的运动营养食品

一、概述

人体肠道菌群是一个复杂的生态系统，可以调节宿主与环境的相互作用。人体与肠道菌群之间构成一个复杂、互作和动态平衡的生态系统。肠道菌群受众多内外因素的影响，其多样化微生态对于人体消化吸收代谢营养物质以及神经、免疫等众多系统的生理功能不可或缺。作为一个特殊而且必需的人体器官，肠道菌群在人体内发挥了重大的作用。很大一部分营养物质都是在肠道中被消化吸收的，而肠道内的菌群对这一生理过程起着重要的调节作用。

肠道菌群本身、菌群多样性差异以及菌群代谢产物也直接或间接影响宿主的多种生理机能、心理特质以及疾病的发生发展。如植物中的纤维素无法被人体直接消化，而肠道菌群中的拟杆菌等细菌则可分解纤维素为人体提供能量。未消化的食物成分在结肠中被肠道菌群发酵转化为短链脂肪酸。肠道菌群可以促进 $\omega-6$ 脂肪酸形成共轭亚油酸，共轭亚油酸可以通过调控过氧化物酶体增殖激活受体、环氧合酶和脂氧合酶的合成来影响胰岛素敏感性、癌症发生、动脉粥样硬化和脂肪生成等。

二、运动营养食品与肠道菌群的关系

食物的营养价值受宿主肠道菌群结构的影响，但同时食物也会影响肠道菌群基因及其组成。食物经小肠消化后，不能被小肠吸收的食物成分进入大肠后会被细菌代谢，生成不同的代谢物，不同的代谢底物的优势菌群有显著差异，进而也会影响肠道菌群结构。经常摄入富含碳水化合物、蛋白质的食物以及水果蔬菜等的人体内含有更高丰度的厚壁菌门和拟杆菌门类的微生物。谷物类食品中的膳食纤维可以影响肠道内菌群的代谢并影响肠道健康。

1. 碳水化合物补充与肠道菌群

肠道菌群发酵碳水化合物的产物主要是短链脂肪酸，包括乙酸、丁酸和丙酸。在长期以糖类物质为主要膳食的人群中，其肠道菌群代谢产物中短链脂肪酸含量相对较高。以膳

食纤维为主食的人群肠道细菌代谢产物中短链脂肪酸含量相对较高。另外，有些碳水化合物不被人体分泌的消化酶所消耗，直接进入肠道，可以特异性地刺激对宿主健康有益的细菌生长或代谢活动，这些碳水化合物被称为"益生元"，如菊粉、抗性淀粉、寡聚糖等。抗性淀粉能够避免小肠的消化，到达结肠并在菌群的作用下发酵产生短链脂肪酸，改善肠道环境。功能性低聚糖到达大肠产生大量短链脂肪酸，具有促进双歧杆菌、乳酸杆菌增殖，抑制肠杆菌、沙门菌等肠道有害菌的生理功能，其中低聚果糖和低聚半乳糖是典型的益生元。

2. 蛋白质/氨基酸补充与肠道菌群

蛋白质提供的能量占摄入总能量的比例在 25%~50%。肠道菌群发酵蛋白质/氨基酸，不仅会产生有利于肠道的代谢物，同样也会生成对人体健康不利的物质。不同蛋白对菌群发酵产物会产生影响。氨基酸在结肠中脱氨基可生成支链脂肪酸（包括异丁酸、2-甲基丁酸乙酯和异戊酸）和氨，大部分的氨会被迅速吸收，由肝脏代谢为尿素随尿液排出。芳香族氨基酸可发酵产生酚类和吲哚类化合物，含硫氨基酸如甲硫氨酸、胱氨酸等会在硫酸盐还原菌的作用下生成 H_2S，结肠中高浓度的硫化物可能与溃疡性结肠炎相关。还有研究表明肠道细菌发酵氨基酸和肽类物质的主要产物是乙酸、丙酸和丁酸，但同时会产生酚类和吲哚类等有害物质。

3. 脂类补充与肠道菌群

高脂肪含量的食品富含磷脂酰胆碱及胆碱，肠道菌群能将其转化成三甲胺，氧化的三甲胺进入血液会促进动脉粥样硬化，从而引发心血管疾病。高脂低膳食纤维饮食的小鼠肠道微生物产短链脂肪酸能力远远低于低脂高膳食纤维饮食的小鼠。脂肪对肠道菌群结构的影响研究主要集中在高脂饮食上。有研究表明对大鼠饲喂不同脂肪含量的饲料时，大鼠肠道菌群结构会发生显著性变化，相对正常饮食，高脂饮食会降低拟杆菌门和双歧杆菌数量，增加厚壁菌门和变形菌门数量。膳食中脂肪酸组成也会影响肠道菌群结构，富含高饱和脂肪酸的膳食会改变肠道菌群组成，且促进了原本较低丰度的亚硫酸盐还原菌和沃氏嗜胆菌的增殖。

4. 微量营养素补充与肠道菌群

不同形态和剂量的硒摄入可显著影响宿主肠道屏障和肠道免疫状态，且相关作用依赖于肠道菌群。维生素 D 缺乏导致小鼠肠道菌群多样性降低，厚壁菌门增多，疣微菌门和拟杆菌门减少，脊髓、十二指肠及结肠中的内源性大麻素的水平显著降低，最终导致小鼠的慢性疼痛。急性维生素 A 的缺乏显著影响肠道菌群组成和宏转录组水平，尤其诱导了普通拟杆菌的增殖，并通过转录因子来调节普通拟杆菌的转录机制，从而对维生素 A 缺乏的环境做出适应性应答。

5. 益生菌补充与肠道菌群

益生菌是一类对宿主有益的活性微生物，是定植于人体肠道、生殖系统内，能产生确切健康功效从而改善宿主微生态平衡、发挥有益作用的活性有益微生物的总称。运动营养食品与肠道菌群的关系如图9-2所示，已有大量研究证实了益生菌可通过调节肠道菌群改善宿主健康。肠道内主要的益生菌是乳酸菌和双歧杆菌，它们可以抑制病原微生物对胃肠道黏膜的黏附，维护肠道菌群群落结构的平衡并完善胃肠道黏膜的完整性和屏障功能。益生菌可以减轻肥胖并发症从而减轻肥胖症患者的身体负担。

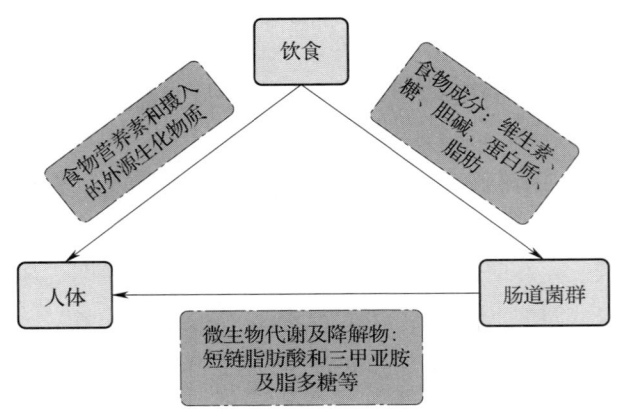

图9-2 运动营养食品与肠道菌群的关系

三、肠道菌群相关的运动营养食品

粗粮主要包括小米、玉米、高粱、燕麦、荞麦、麦麸以及各种干豆类，如黄豆、红豆、绿豆、黑豆等。含有丰富的不可溶性纤维素，能够刺激肠胃，改善肠道环境，粗粮中含有的纤维素可以抑制胆固醇吸收，从而促进肠道蠕动，减少便秘的症状。其中的可溶性纤维，可降低血液中低密度胆固醇和甘油三酯的浓度；增加食物在胃里的停留时间，延迟饭后葡萄糖吸收的速度，降低高血压、糖尿病、肥胖症和心脑血管疾病的风险。

合生元是由益生元和益生菌混合制成的生物制剂。所以合生元能够发挥益生菌和益生元的双重作用，既可以选择性地加速有益菌的生长代谢，又可以增强益生菌在肠道的定植能力。合生元是一种绿色、安全环保的微生态制品，研究发现，使用合生元比单独使用益生元或益生菌能更有效地调节肠道菌群。

四、调节肠道菌群食品的研发策略

1. 调节肠道菌群食品的研发原则

（1）搭配原则 益生菌可起到调节肠道菌群的功效，不同菌种的益生菌活性成分、效能各有特色，在生产过程中选择以某种菌种为主的复合型益生菌。在使用益生菌补充剂的过程中避免与抗生素类药物同时使用。

泡菜类、发酵豆类、发酵面粉、低聚糖类等类型食品，能够抑制消化道病菌，促进肠道有益菌的生长，调节微生态菌群平衡。通过食物搭配，调节肠道菌群的生态平衡，改善肠道健康。

（2）加工原则　益生菌产品加工选用国家已批准用于食品、保健品的菌种，能够通过历史证据或实验验证安全性的菌株，同时选用对环境耐受效果更好，功能效果更强的菌株。

在加工过程中，环境温度、湿度、pH、加工技术、洁净程度都会对产品造成不同程度的影响，选用合适的加工条件，保证产品的质量。

（3）储存原则　含有益生菌饮品大多没有经过包埋处理，必须低温冷藏保存。这样才能最大限度地保持其中活性益生菌的数量。经过微胶囊包埋、冷冻干燥等技术处理过的益生菌粉剂或片剂，可进行常温保存，较适宜的温度是25℃以下，最高不超过37℃，在相对较低的温度内储存，对菌的稳定性和功效会更有利。

益生菌饮品相对不稳定，要避免阳光直射导致的活菌过度发酵情况。益生菌粉剂或片剂产品在储存过程中注意避光、阳光直射或暴晒，避免损失活菌的调节能力和减少对产品口味造成影响。

2. 调节肠道菌群食品的研发实例

复合果蔬汁饮料是指以不少于两种的果蔬汁或浓缩浆、水为主要原料，添加或不添加糖、酸等调味料加工而成的制品，其风味与果蔬本身最接近。复合果蔬汁饮料较大程度地保留对人体有益的维生素、矿物质和膳食纤维等营养物质。果蔬饮料具有多种果蔬的芳香、色泽及其他矿物营养，起到营养互补、风味及口感相互协调等作用。例如将橙汁及胡萝卜汁合理搭配生产的橙胡萝卜果汁，含有丰富的维生素 A 及维生素 C。

酸乳生产中广泛使用嗜热链球菌和保加利亚乳杆菌作为发酵剂，而双歧杆菌作为肠道益生菌，也越来越引发人们的关注，并广泛应用在发酵食品中。酸乳改善便秘人群肠道菌群失调状况，对便秘人群具有一定治疗作用。酸乳益生菌能产生抗病菌的物质，通过抑制病原菌的生长繁殖，以维持肠道正常菌群平衡。

本章小结

本章主要介绍了运动营养食品的相关概念、分类、功能、特点、运动营养食品的研发原则以及运动营养补充剂的相关概念和分类，并简要介绍其作用途径和原因。运动营养食品中所含的基本营养元素和功能成分可以满足运动时机体的能量需求。其作用包括：保护关节软骨、改善肌肉质量、调节内分泌、控制体重、预防运动性贫血、增加能量储存和利用、增强免疫功能。因此，可根据运动类型和需求不同有选择性地补充含不同功能成分的运动营养食品。目前，运动营养食品主要包括运动饮料、固体运动营养食品、半固体运动营养食品和运动营养补充剂。

增肌食品通常含有较高的蛋白质含量，其通常由蛋白质和其他运动营养补充剂组成，运动人群在高强度的运动后，肌纤维会损伤，此时需补充蛋白质以促进肌纤维的重新形成，在损伤—恢复的循环过程中，达到增加肌肉的目的，而其他运动营养补充剂，如肌酸和谷氨酰胺等可以协助机体进行肌肉的合成，蛋白质和其他运动营养补充剂之间的搭配可达到增肌的目的。爆发力和耐力是在运动过程中取得优异成绩的关键，适当补充具有增加爆发力和耐力的食品原料及活性物质，可以与多样化的训练方法相辅相成。运动减肥是被公认的最合理、最有效、最健康、最科学的减肥方法，而减脂运动食品对于减脂健身具有重要意义。正确的选择具有减脂作用的食品原料、科学合理的搭配各营养素、掌握好搭配时的用量、有针对性的减脂运动的特定人群，是研发减脂运动食品的关键。运动性疲劳是运动训练中必然发生的复杂过程，在运动的过程应该及时恰当的补充营养素及相关营养物质。食源性抗运动疲劳活性成分主要包括肽类、氨基酸类、维生素、生物碱以及皂苷类等天然活性产物，且抗疲劳作用普遍与调节能量代谢和氧化应激作用明显相关。结合运动疲劳发生机制，以食源性功能成分为抗疲劳功能配方的物质基础，可为研发新型、高效、安全、价廉的抗疲劳产品提供理论基础和技术支撑。

特殊人群之间的生理及营养需求特点存在差异性，根据各人群的特点，研发针对不同人群的运动营养食品，满足特殊人群机体生理、日常活动和运动对营养物质的要求。青少年处于身体的高速发育时期，物质代谢旺盛，所需营养急剧增加，及时补充青少年运动需要的各种营养物质对青少年运动能力的提高和身体的健康成长至关重要。乳母在哺乳期有氧活动占主导地位，因为有氧运动主要消耗碳水化合物和脂肪，在改善身体状况的同时有助于体重的减轻、保持乳母的健康并确保乳汁中有含量稳定的多种维生素，以满足婴儿和哺乳期母亲的营养需求。人体进入老年阶段时，器官功能也会随着年龄的增长不断减弱，肌肉运动能力和神经敏感性有很大程度的减弱，身体的运动能力大幅下降。老年人对能量的需求减少，对蛋白质的需求增加，针对老年人的运动营养应减少碳水化合物的摄入，增加蛋白质的摄入，同时注重对钙元素的补充。

人体与其肠道菌群之间构成一个复杂、互作和动态平衡的生态系统。肠道菌群对于人体消化吸收代谢营养物质以及神经、免疫等众多系统的生理功能有重要调节作用。肠道菌群多样性差异以及其代谢产物也直接或间接影响宿主的多种生理机能、心理特质以及疾病的发生发展。碳水化合物的摄入量以及类型可明显影响肠道菌群及其代谢产物。机体摄入的蛋白质种类对菌群发酵产物也会产生影响，氨基酸在结肠中脱氨基可生成支链脂肪酸和氨膳食中脂肪酸组成也会影响肠道菌群结构，富含高饱和脂肪酸的膳食会改变肠道菌群组成。微量营养素的摄入可显著影响宿主肠道屏障和肠道免疫状态，且相关作用依赖于肠道菌群。

总之，运动营养食品产业的发展存在着许多机遇和挑战。在生产研发运动营养食品时，除添加特殊功效成分外，保证产品本身质量外，还需利用多种加工方式，多元化产品形式，以满足未来不同运动人群的需求提高消费者的可接受度，并取得良好市场效应。值得注意的是，存在某些活性物质来源于食品，但并不适用于专业运动员，在针对专业运动员的运动营养食品研发过程中还需要查阅相关规定，避免影响运动员比赛。

思考题

1. 哪几类运动营养补充剂适合运动后使用，哪几类适合运动前使用？
2. 运动减脂对营养素的补充有什么特殊要求？
3. 开发减脂食品时要注意什么？
4. 增加肌肉运动的营养需求及膳食特点是什么？
5. 简述蛋白质有利于肌肉增加的机制。
6. 简述肌酸的生理功能。
7. 简述运动性疲劳产生的几种机制。
8. 针对青少年人群的运动营养食品开发应注意一些什么问题？
9. 开发肌酸类运动营养食品时应注意什么问题？
10. 左旋肉碱为什么能影响机体的有氧运动能力？
11. 植物源抗疲劳活性物质有哪些？
12. 简述植物源活性物质的抗疲劳机制。
13. 发酵液可用于开发功能饮料的原因。
14. 食品发酵前后有什么区别？进行发酵的原因。

参考文献

[1] 孙长颢. 营养与食品卫生学[M]. 北京：人民卫生出版社，2017.

[2] 常翠青. 运动与营养[M]. 北京：新华出版社. 2009.

[3] 吴朝霞，张建友. 食品营养学[M]. 北京：中国轻工业出版社，2020.

[4] 张钧，张蕴琨. 运动营养学[M]. 北京：高等教育出版社，2019.

[5] 张泽生. 食品营养学（第三版）[M]. 北京：中国轻工业出版社，2022.

[6] 贝纳多特. 高级运动营养学[M]. 安江红等，译. 北京：人民体育出版社，2011.

[7] 常翠青. 中国营养学会. 运动与营养[M]. 北京：新华出版社，2009.

[8] 邓树勋. 运动生理学[M]. 北京：高等教育出版社，2015.

[9] 冯峰. 食品营养学[M]. 北京：化学工业出版社，2012.

[10] 张钧，张蕴琨. 运动营养学[M]. 北京：高等教育出版社，2010.

[11] 周登嵩. 学校体育学[M]. 北京：人民体育出版社，2004.

[12] CHRISTIAN V L. 健康营养全书[M]. 庄仲华，译. 北京：北京科学技术出版社，2018.

[13] 王淼. 食品生物化学[M]. 北京：中国轻工业出版社，2022.

[14] 黄泽元，迟玉杰. 食品化学[M]. 北京：中国轻工业出版社，2017.

[15] 张钧. 运动营养学[M]. 北京：高等教育出版社，2010.

[16] 陈吉棣. 运动营养学[M]. 北京：北京医科大学、中国协和医科大学联合出版社，2002.

[17] 杨月欣，葛可佑. 中国营养科学全书[M]. 北京：人民卫生出版社，2019.

[18] 孙明远，柳春红. 食品营养学[M]. 北京：中国农业大学出版社，2019.

[19] 翁锡全. 运动生物化学[M]. 北京：高等教育出版社，2019.

[20] 吕晓华. 运动营养学[M]. 成都：四川大学出版社，2005.

[21] 蔡美琴. 特殊人群营养学[M]. 北京：科学出版社，2017.

[22] 沈士良. 饮食营养与人体生理功能[A]. 北京食品学会1987年年会论文（摘要），1987.

[23] 张清. 不同强度有氧运动对大鼠肾脏形态结构和细胞凋亡的影响[D]. 武汉：华中师范大学，2016.

[24] 范丽敏. 中老年人肌肉耐力评价方法的研究[D]. 北京：北京体育大学，2015.

[25] 郑永康. 不同恢复方式对脑力疲劳改善作用研究[D]. 北京：北京体育大学，

2019.

［26］朱灵光．中国运动营养学的研究现状［J］．内江科技，2012，33（11）：13.

［27］袁志良．运动营养学研究进展［J］．科技信息（科学教研），2008（17）：49.

［28］马瑞红，卢忠瑾，马惠宁．运动营养学的研究现状与发展趋势［J］．科技信息（科学教研），2008（02）：168+183.

［29］杨锡让．运动生理学学科现状与进展［J］．北京体育大学学报，2004，（09）：1153-1158.

［30］王志丽，张琳．运动生理学视角下运动与营养的关系探究—评《运动营养学》［J］．食品安全质量检测学报，2022，13（08）：2717-2718.

［31］苏绍华．新教育理念下对运动营养学的几点认识［J］．知识经济，2017，（17）：112-113.

［32］张兵．浅析人体运动时的能量供应［J］．太原教育学院学报，1999（02）：38-40.

［33］谷枫，王玉霞，麻浩，等．运动过度致脏器损伤机制及天然多糖干预作用的研究进展［J］．中国药理学与毒理学杂志，2014，28（5）：788-793.

［34］孟丹妮，郭梦莹，肖俊杰，等．生命在于运动：运动对心脏和代谢的改善作用［J］．自然杂志，2020，42（1）：66-74.

［35］饶志坚，常芸，王世强，等．长期大强度耐力运动对心脏的不利影响［J］．体育科学，2016，36（06）：46-54+72.

［36］李军汉，高德润，江玲玲，等．有氧和抗阻运动对糖尿病脂肪肝大鼠肝脏内质网应激的影响［J］．中国康复医学杂志，2021，36（1）：23-31.

［37］刘建军，邹飞．有氧运动对肺动脉高压大鼠肺动脉舒张功能的影响［J］．山东体育学院学报，2012，28（2）：48-53.

［38］邓启烈，莫伟彬．过度运动与肾脏［J］．体育科技，2012，33（3）：72-75.

［39］宫瑞光，赵利红，朱祥飞，等．运动对肠道微生态的影响研究进展［J］．生物化工，2020，6（04）：137-139.

［40］张海滨，田雪文，王清路，等．运动干预肠道菌群对代谢性疾病的改善及其机制［J］．生理科学进展，2019，50（02）：107-111.

［41］李珏绘，刘欣宇，张媛，等．有氧运动及高脂膳食对大鼠骨骼肌脂代谢水平及内质网应激的影响［J］．南京体育学院学报（自然科学版），2017，16（4）：44-50.

［42］阳静，朱翠凤．肌肉减少症的营养与运动干预研究进展［J］．肿瘤代谢与营养电子杂志，2020，7（4）：502-505.

［43］陈补林．运动性疲劳的产生机理及其恢复［J］．科技资讯，2017，15（023）：207-208，210.

［44］陈鑫林．运动对原发性骨质疏松症的干预与机制［J］．中国组织工程研究，2018，

22（08）：1294-1299.

［45］孙成涛，杨鹐祥．运动疗法防治原发性骨质疏松症的研究进展［J］．中华中医药学刊，2016，34（9）：2249-2252.

［46］陈吉棣，杨则宜，李可基，等．推荐的中国运动员膳食营养素和食物适宜摄入量［J］．中国运动医学杂志，2001，20（4）：340-347.

［47］荆西民．运动员膳食营养管理研究进展［J］．食品与机械，2021，37（9）：222-225.

［48］丛林，朱静华．浅谈维生素和矿物质的作用及补充［J］田径，2011，（4）：20-22.

［49］王建明．运动员维生素和矿物质的合理补充［J］．冰雪运动，2012，（2）：60-63.

［50］许亚忠．竞技体育运动中的水平衡及合理用水［J］．文教资料，2006，000（009）：154-155.

［51］应一帆．牛磺酸对人体代谢水平及运动成绩的影响［J］．长春大学学报，2017，27（10）：28-32.

［52］刘弈．运动减脂与合理饮食［J］．文体用品与科技，2018（2）：161-162.

［53］徐倩．碳水化合物在运动中的重要性［J］．中国体育教练员，2010（4）：31-32.

［54］杨昊宇，苑宁，董贺楠，等．运动营养食品的研究进展［J］．粮食与油脂，2022，35（3）：30-33.

［55］牛怡君．基于大数据背景下健康管理的食品营养运用研究［J］．现代食品，2020（14）：129-131.

［56］雷芬芳，陈彦霖，罗少松．不同健身运动处方对大学生健康体适能的影响［J］．湘南学院学报，2013，34（05）：107-113.

［57］蒋子乐，郑莹莹．运动健身中的疲劳及营养补充策略研究［J］．科技与企业，2014，（23）：136.

［58］李思源．对健身活动中力量训练的分析［J］．当代体育科技，2015，5（11）：59-60.

［59］宋文波，袁艳朝．健身运动处方对大学生健康体适能的影响与改善［J］．体育科技文献通报，2020，28（02）：6+26.

［60］李高华，张兰，李庆学，等．篮球运动员专项耐力素质训练探讨［J］．湖北体育科技，2009，28（02）：197-199.

［61］刘双，窦杨．冬季两项运动员减脂的生化分析与合理营养探讨［J］．当代体育科技，2021，11（21）：17-19.

［62］孔凡明，朱苗苗，米靖，等．运动与脂肪氧化动力学特征的应用启示［J］．中国组织工程研究，2022，26（29）：4709-4715.

［63］唐雯.不同训练方法减脂效果的比较和机理分析［J］.当代体育科技，2021，11（06）：64-65+68.

［64］安然.浅谈健身与减脂［J］.当代体育科技，2016，6（22）：131-132.

［65］李林城.健身健美运动营养饮食文献研究［J］.西部皮革，2016，38（16）：143.

［66］周全富.运动减脂的生化分析和合理营养［J］.西安体育学院学报，2003（06）：33-34+41.

［67］陶嵘.阶段性训练对游泳运动员无氧工作能力及身体成分的影响［J］.当代体育科技，2020，10（12）：54-56.

［68］陈小平.有氧与无氧耐力的动态关系及其对当前我国耐力训练的启示［J］.体育科学，2010，30（04）：63-68.

［69］王娟，刘学保.耐力性项目运动员的能量供应特点与营养补充［J］.宿州学院学报，2006，（01）：110-112.

［70］崔金忠，王瑞玲，高守鑫，等.有氧运动对高脂饮食小鼠脂代谢相关酶和神经肽Y的影响［J］.新乡学院学报，2022，39（06）：26-31.

［71］谭箫妮，张培珍.不同运动方式对代谢综合征的防控作用研究进展［J］.中国健康教育，2022，38（07）：643-647.

［72］余宏，刘琰，李波.高强度循环训练超重人群身体成分、心肺功能及代谢指标的变化［J］.中国组织工程研究，2019，23（11）：1738-1742.

［73］谭琳.瑜伽运动的特点及其价值研究［J］.当代体育科技，2021，11（34）：182-185+190.

［74］张伟峰.浅谈合理膳食对减脂运动的影响及建议［J］.食品安全导刊，2022，（06）：118-120.

［75］闫晓萌，张宝军.冬奥会背景下我国大众冰雪运动发展［J］.当代体育科技，2020，10（30）：17-19+22.

［76］付彩姝，王旋，姜海兰.花样滑冰青年运动员体能训练的方法和手段［J］.冰雪运动，2006（02）：28-29.

［77］高一，孙玉巍.速滑运动员训练比赛期的营养干预［J］.冰雪运动，2012，34（06）：14-19.

［78］孙岩.女子花样滑冰运动员体重监控和营养干预［J］.冰雪运动，2011，33（02）：16-19.

［79］印文晟.冬季休闲滑雪运动中的营养学研究［J］.河北体育学院学报，2007，（04）：15-17.

［80］梁智恒.对冰球运动员专项力量素质与训练的理性认识［J］.冰雪运动，2006，（06）：19-21.

［81］胡秀红．射击运动员应怎样补充能量［J］．陕西体育科技，2008（3）：46-48.

［82］赵刚．射击运动员的疲劳恢复以及营养补充［J］．辽宁体育科技，2009，31（06）：94-95.

［83］张智盈，史仍飞．运动性肌腱损伤的营养恢复［C］．中国浙江温州：中国营养学会第十次特殊营养学术会议，2017.

［84］赖晓红，袁先艳，姚嘉为．田径运动员运动损伤防治的营养策略研究［J］．青少年体育，2021（04）：65-66.

［85］柳春红，彭权生．饮食习惯、烟酒使用行为与大学生心理压力的关系［J］．现代预防医学，2009，36（21）：4108-4110.

［86］赵立颖．用饮食缓解压力负担［J］．中国食品，2008（07）：50-51.

［87］曹强军，峇娜．皮划艇项目供能的特征及其营养的补充［J］．体育科技文献通报，2008，16（12）：39-41.

［88］许雅，孙金海，万建华，等．极地环境下人体健康相关因素的研究进展［J］．环境与职业医学，2016，33（3）：289-293.

［89］王微，叶虔臻，吴晓琴，等．膳食多酚防治阿尔茨海默症的研究进展［J］．食品研究与开发，2019，40（11）：205-212.

［90］胡亮，韩雨晴．运动抗抑郁的神经生物学机制研究新进展［J］．陕西师范大学学报（自然科学版），2019，47（03）：9-20+125.

［91］孙悦婉，王冬梅，王玮，等．老年人骨质疏松运动预防策略研究进展［J］．中国生物医学工程学报，2019，38（2）：233-239.

［92］徐超．运动锻炼对骨质疏松的预防作用［J］．中国老年学杂志，2018，38（24）：6139-6141.

［93］贾雪威，宋湘勤．运动对抑郁症治疗的研究进展［J］．心理月刊，2022，17（16）：234-237.

［94］王晓勇．运动有助于抑郁症康复［J］．江苏卫生保健，2021，（08）：39.

［95］李娜，丁忠．运动对高血脂症患者影响的研究进展［J］．当代体育科技，2016，6（10）：156-157.

［96］蒋妮．运动疗法对高脂血症的影响［J］．世界最新医学信息文摘，2016，16（58）：177.

［97］张云龙，王文杰，高健，等．膳食维生素摄入与高血压关系分析［J］．营养学报，2021，43（01）：32-35.

［98］高血压患者不用限制水分摄入［J］．家庭医药：就医选药，2021（8）：59-59.

［99］郭暝，任艳玲．中医药基于阴阳理论干预能量代谢防治绝经后骨质疏松症的机制研究［J］．世界科学技术－中医药现代化，2022，24（4）：1701-1706.

［100］杨昊宇，苑宁，董贺楠，等．运动营养食品的研究进展［J］．粮食与油脂，2022，35（03）：30-33．

［101］张伟峰．浅谈合理膳食对减脂运动的影响及建议［J］．食品安全导刊，2022（06）：118-120．

［102］魏振承，张名位，唐小俊，等．运动营养食品的现状与发展趋势［J］．广东农业科学，2012，39（22）：234-236．

［103］罗金华，王艳敏，何红秋．缓解体力疲劳功能食品的研制［J］．食品科技，2013，38（06）：118-122．

［104］谢凯．运动营养食品的市场现状、趋势与发展对策［J］．食品与机械，2021，37（06）：229-232．

［105］谈智武，秦丹．抗疲劳功能成分研究进展［J］．中国食物与营养，2009（05）：54-56．

［106］李志军，李八方．抗疲劳功能食品研究与开发［J］．食品科技，2000，（02）：25-27．

［107］许洪文，齐海萍．运动食品抗疲劳功能因子研究进展［J］．福建体育科技，2010，29（06）：7-9+19．

［108］张勤，莫迎锐．运动性疲劳产生机制的综述［J］．科技信息，2007，（10）：148．

［109］牛小明．植物复合抗疲劳饮料的研究［J］．食品研究与开发，2008，（06）：70-72．

［110］刘中永．青少年运动员的运动营养与疲劳消除研究［J］．青少年体育，2019，（11）：80-81．

［111］张乾．青少年运动员运动性疲劳及恢复研究［J］．青少年体育，2019，（09）：70-71．

［112］王思源，许梅花．膳食营养素与高血压关系的研究进展［J］．慢性病学杂志，2022，23（03）：393-398+401．

［113］李志超，黄鹤，廖晓阳．膳食营养素与高血压关系的研究进展［J］．现代预防医学，2016，43（11）：1959-1962．

［114］秦秀娇，李小平，武雪，等．肠道菌群与老年人疾病相关性的研究进展［J］．中华老年医学杂志，2021，40（07）：937-941．

［115］陈莹，江剑平．益生菌在保健食品中的应用研究进展［J］．保健医学研究与实践，2020，17（06）：89-92．

［116］任彩君，吴黎明，王凯．膳食多酚对肠道菌群影响研究进展［J］．食品工业科技，2022，43（01）：400-409．

［117］聂启兴，胡婕伦，钟亚东，等．几类不同食物对肠道菌群调节作用的研究进展

[J]．食品科学，2019，40（11）：321-330．

［118］李莎，李倩，于海威，等．肠道微生物与人体健康及饮食关系的研究进展［J］．内科，2021，16（04）：479-484．

［119］朱莹莹，李春保，周光宏．饮食、肠道微生物与健康的关系研究进展［J］．食品科学，2015，36（15）：234-239．

［120］罗佳，金锋．肠道菌群影响宿主行为的研究进展［J］．科学通报，2014，59（22）：2169-2190．

［121］夏勇，赵硕，傅剑云，等．灵芝粉抗疲劳作用的实验研究［J］．中国临床康复，2002，（17）：2618-2619．

［122］刘洋．不同茶类抗运动疲劳比较试验［J］．农业与技术，2017，37（06）：237-238+244．

［123］吴良文，陈宁．运动性疲劳的机制与大豆多肽对其调控的研究进展［J］．食品科学，2019，40（17）：302-308．

［124］魏振承，张瑞芬，邓媛元，等．花生多肽饮品抗氧化和缓解体力疲劳作用［J］．食品工业科技，2015，36（04）：357-361．

［125］陈慧，马璇，曹丽行，等．运动疲劳机制及食源性抗疲劳活性成分研究进展［J］．食品科学，2020，41（11）：247-258．

［126］闫勇江．植物提取物抗运动性疲劳作用的研究进展［J］．食品安全质量检测学报，2020，11（21）：7735-7739．

［127］林安贵，杨灵灵．植物提取物槲皮素调节小鼠的能量代谢和氧化应激［J］．基因组学与应用生物学，2020，39（01）：320-325．

［128］张建业．茶多酚的作用及其对运动能力的影响［J］．福建茶叶，2016，38（04）：21-22．

［129］李煦，白雪晴，刘长霞，等．天然花青素的抗氧化机制及功能活性研究进展［J］．食品安全质量检测学报，2021，12（20）：8163-8171．

［130］邓炳楠，金宏，李培兵，等．大豆异黄酮对游泳小鼠抗疲劳能力的影响［J］．营养学报，2012，34（01）：55-57+63．

［131］郭瑞．白藜芦醇抗疲劳作用及其机理研究［J］．食品研究与开发，2018，39（24）：174-179．

［132］王亚雯，辛中豪，高蔚娜，等．植物来源化合物抗疲劳作用研究进展［J］．军事医学，2016，40（12）：1009-1012．

［133］宋娜丽，包照日格图，万春平．胡椒碱的生物活性研究进展［J］．云南中医中药杂志，2010，31（09）：76-77．

［134］马丛丛，王梓平，许继取．二十八烷醇的抗疲劳作用研究进展［J］．中国食物与

营养，2021，27（11）：41-45.

［135］王章凤，薛君学，钟伟航，等. 白茅根金银花抗疲劳凉茶饮料的研制［J］. 饮料工业，2020，23（05）：34-36.

［136］李家民. 发酵食品的健康性比较［N］. 华夏酒报，2021-01-05（B12）.

［137］王亚琴，高振鹏. 益生菌发酵果蔬制品研究进展［J］. 中国果菜，2020，40（08）：38-44+76.

［138］龙强，聂乾忠，刘成国. 发酵肉制品功能性发酵剂研究现状［J］. 食品科学，2016，37（17）：263-269.

［139］姚粟，王鹏辉，白飞荣，等. 中国传统发酵食品用微生物菌种名单研究（第二版）［J］. 食品与发酵工业，2022，48（01）：272-307.

［140］颜晓庆，崔红燕，陈宏运，等. 植物发酵液在功能性运动饮料中的应用［J］. 食品与发酵工业，2016，42（01）：277-280.

［141］刘喜林. 百合枸杞发酵液抗运动疲劳作用的研究［J］. 食品科技，2017，42（01）：107-110.

［142］刘海燕，张建伟. 抗疲劳发酵花生芽浆的研制［J］. 食品研究与开发，2016，37（09）：94-100.

［143］王一然，孙雪姣，陶冬冰，等. 运动营养发酵乳产品开发［J］. 中国乳品工业，2017，45（10）：14-17+32.

［144］张忆如，林金生，黄启彰. 克菲尔发酵乳SYNKEFIR～（TM）提升运动表现与抗疲劳之功效研究［C］. 第十四届益生菌与健康国际研讨会摘要集，2019：85-86.

［145］王璟，秦雪，仝令印，等. 黄酒对小鼠抗疲劳能力和衰老小鼠免疫器官的影响［J］. 食品科学，2016，37（21）：224-228.

［146］THYFAULT J P, RECTOR R S. Exercise Combats Hepatic Steatosis: Potential Mechanisms and Clinical Implications［J］. Diabetes, 2020, 69（4）: 517-524.

［147］HUGHES R L. A Review of the Role of the Gut Microbiome in Personalized Sports Nutrition［J］. Frontiers in Nutrition, 2020: 191.

［148］MARTTINEN M, ALAJAAKKOL R, LAITILAL A, et al. Gut Microbiota, Probiotics and Physical Performance in Athletes and Physically Active Individuals［J］. Nutrients, 2020, 12（10）: 2936.

［149］MACINTYRE D L, REID W D, MCKENZIE D C. Delayed muscle soreness. The inflammatory response to muscle injury and its clinical implications.［J］. Sports Medicine, 1995, 20（1）: 24-40.

［150］MUELLER S M, GEHRIG S M, PETERSEN J A, et al. Effects of endurance training on skeletal muscle mitochondrial function in Huntington disease patients［J］. Orphanet Journal of

Rare Diseases, 2017, 12 (1): 184.

[151] KIM J Y, CHOI M J, SO B, et al. The Preventive Effects of 8 Weeks of Resistance Training on Glucose Tolerance and Muscle Fiber Type Composition in Zucker Rats [J]. Diabetes & Metabolism Journal, 2015, 39 (5): 424-433.

[152] TAKAYAMA T, TAKAOKA A, TAKAHASHI S, et al. Hormonal Responses after a Strength Endurance Resistance Exercise Protocol in Young and Elderly Males [J]. International Journal of Sports Medicine, 2007, 28 (05): 401-406.

[153] CRUZ-JENTOFT A J, HUGHES B D, SCOTT D, et al. Nutritional strategies for maintaining muscle mass and strength from middle age to later life: A narrative review [J]. Maturitas, 2019, 132 (1): 57-64.

[154] LESLIE W D, MORIN S N. Osteoporosis Epidemiol-ogy 2013: Implications for Diagnosis, Disk Assess-ment, and Treatment [J]. Current Opinion in Rheuma-tology 2014, 26 (4): 440.

[155] WANG Q S, ZHANG X C, LI R X, et al. A comparative study of mechanical strain, icariin and combination stimulations on improving osteoinductive potential via NF-kappaB activation in osteoblast-like cells [J]. Biomedical engineering online, 2015, 14 (1): 1-15.

[156] OOI F K, SAHRIR N A. Physical activity, bone remodelling and bone metabolism markers [J]. Journal of Exercise, Sports & Orthopedics, 2018, 5 (2): 1-4.

[157] SINAKI M, ITOI E, WAHNER HE, et al. Stronger back muscles reduce the incidence of vertebral fractures: A prospective 10 year follow-up of postmenopausal women [J]. Bone, 2002, 30: 836-841.

[158] MACNAUGHTON L S, WARDLE S L, WITARD O C, et al. The response of muscle protein synthesis following whole-body resistance exercise is greater following 40 g than 20 g of ingested whey protein [J]. Physiological reports, 2016, 4 (15): e12893.

[159] KERKSICK C M, WILBORN C D, ROBERTS M D, et al. ISSN exercise & sports nutrition review update: research & recommendations [J]. Journal of the International Society of Sports Nutrition, 2018, 15 (1): 1-57.

[160] SHUID A N, DAS S, MOHAMED I N. Therapeutic effect of Vitamin E in preventing bone loss: An evidence-based review [J]. International Journal for Vitamin and Nutrition Research, 2019, 89: 357-370.

[161] TERJUNG R. Comprehensive Physiology.Dehydration: Physiology, Assessment, and Performance Effects [J]. 2011, 1: 257-285.

[162] MCCARTNEY D, IRWIN C, COX G R, et al. The effect of different post-exercise beverages with food on ad libitum fluid recovery, nutrient provision, and subsequent athletic

performance [J]. 2019, 201: 22-30.

[163] TURNER L, CHALOUPKA F J. Continued Promise of School Breakfast Programs for Improving Academic Outcomes Breakfast Is Still the Most Important Meal of the Day [J]. Jama Pediatrics, 2015, 169 (1): 13-14.

[164] ZILBERTER T, ZILBERTER E Y. Breakfast: to skip or not to skip? [J]. Front Public Health, 2014, 2: 59.

[165] SAKAT M S, KILIC K, BERCIN S. Pharmacological agents used for treatment and prevention in noise-induced hearing loss [J]. European Archives of Oto-Rhino-Laryngology, 2016, 273 (12): 4089-4101.

[166] AL-QAHTANI A M, SHAIKH M A K, SHAIKH I A. Exercise as a treatment modality for depression: A narrative review [J]. Alex J Med, 2019, 54 (4): 429-435.